1982 年
《联合国海洋法公约》
评 注

第七卷

第七卷主编和 系列丛书总编	萨切雅·南丹		
中译本主编	吕文正	毛 彬	唐 勇
翻 译	焦永科	焦 健	秦 莉
审 定	毛 彬	吕文正	

海洋出版社

2021 年 · 北京

图书在版编目（CIP）数据

1982年《联合国海洋法公约》评注. 第七卷/
（斐济）萨切雅·南丹（Satya N. Nandan）主编；吕文正
等译. —北京：海洋出版社, 2021.2
书名原文：UNITED NATIONS CONVENTION ON THE LAW
OF THE SEA 1982 A COMMENTARY
ISBN 978-7-5210-0703-9

Ⅰ.①1… Ⅱ.①萨… ②吕… Ⅲ.①《联合国海洋法
公约》-研究 Ⅳ.①D993.5

中国版本图书馆CIP数据核字（2020）第268627号

图字：01-2020-3737

Original English version of "UNITED NATIONS CONVENTION ON THE LAW OF THE SEA 1982 A COMMENTARY" by Satya N. Nandan, C. F., C. B. E. © (2011) by Koninklijke Brill NV, Leiden, The Netherlands. Koninklijke Brill NV incorporates the imprints Brill Nijhoff, Hotei and Global Oriental. The Chinese version of "UNITED NATIONS CONVENTION ON THE LAW OF THE SEA 1982 A COMMENTARY" is published with the arrangement of Brill. 英文原版：博睿学术出版社（BRILL）地址：荷兰莱顿网址：http：//www.brillchina.cn

策划编辑：方 菁
责任编辑：任 玲
责任印制：赵麟苏

海洋出版社 出版发行

http://www.oceanpress.com.cn
北京市海淀区大慧寺路8号 邮编：100081
北京朝阳印刷厂有限责任公司印刷 新华书店北京发行所经销
2021年2月第1版 2021年2月第1次印刷
开本：787 mm×1092 mm 1/16 印张：44.5
字数：940千字 定价：280.00元
发行部：62132549 邮购部：68038093
海洋版图书印、装错误可随时退换

1982 年
《联合国海洋法公约》
评 注

第七卷

系 列 丛 书 主 编　麦隆·诺德奎斯特
第七卷主编和系列丛书总编　萨切雅·南丹
第 七 卷 副 主 编　詹姆斯·克拉斯卡

弗吉尼亚大学法学院海洋法律和政策中心

1982 年《联合国海洋法公约》评注

第七卷

《联合国海洋法公约》和《〈联合国海洋法公约〉评注》系列丛书综合索引

系 列 丛 书 主 编　麦隆·诺德奎斯特
第七卷主编和系列丛书总编　萨切雅·南丹
第 七 卷 副 主 编　詹姆斯·克拉斯卡

马蒂努斯·尼伊霍夫出版社
莱顿·波士顿
2011 年

（馆藏、出版、销售、版权等，略）

本卷为纪念我们亲爱的同事和朋友

沙卜泰·罗森（1917—2010 年）

编者的话

　　早在第三次联合国海洋法会议还在如火如荼地讨论制定《联合国海洋法公约》（以下简称《公约》）的 1976 年，时任联合国负责海洋法事务的副秘书长萨切雅·南丹大使就提出应为将来诞生的《公约》编撰一套评注式丛书，为《公约》的每一个条款和相关文件及附件的争论焦点和协商过程，提供翔实的历史史料和必要的法律渊源，并以评注的方式加以客观的分析和解读。在其倡导下，在美国弗吉尼亚大学法学院海洋法律和政策中心专门设立了编撰《1982 年〈联合国海洋法公约〉评注》（以下简称《评注》）的项目。《评注》由联合国第三次海洋法会议有关组织者、参加《公约》的起草和磋商的有关外交官和学者，以及联合国秘书处的一些关键人物分别撰写，由南丹大使任《评注》系列丛书的总编辑。《评注》系列丛书是公认的对《公约》进行全面理解和研究的权威著作。我们翻译出版该《评注》系列丛书中文版，旨在更好地了解第三次联合国海洋法会议的历史，以及《公约》在起草过程中和在历次会议上对《公约》的每一个条款及相关附件和文件的争论焦点和协商结果，追根溯源厘清认识，为我国海洋法研究和教学工作提供参考。

　　《评注》第七卷将《公约》和《执行〈联合国海洋法公约〉第十一部分的协定》（以下简称《执行协定》）进行了合编，在《公约》的第十一部分中已被《执行协定》修订或不再适用的有关条款下面，附上取而代之的《执行协定》的有关条款，形成了一目了然的单一的国际海底开发制度的合编文本，方便将《公约》和《执行协定》进行一起解读和应用。

　　翻译和编辑该《评注》系列丛书的原则是力求准确和尊重历史。原丛书资料来源中的文件国内基本上没有馆藏，更没有中文译本。因此，为便于读者查阅，译文的资料来源和脚注中所涉会议名称、文件名、书名、作者名等都尽量保持原文，脚注序号也按照原书章节中的序号编排。第七卷为该《评注》系列丛书的最后一卷，提供了《评注》第二卷至第六卷的主题索引，考虑到索引所涉及的事件、文件以及历史人物姓名基本上没有正式的中文出版物，为方便查索，也保持了主题索引英文原貌。该卷在不同的章节中对《公约》的全称有所不同，虽然《公约》已有中文本，并具有法律效力，但考虑到在不同历史时期产生的文件的真实性，在不同的章节中对《公约》的称谓仍保持原貌。

　　《评注》涉及的内容浩繁，发生的事件历史跨度大，不同章节内容又由不同的撰稿人提供，虽然他们都是亲历专家和官员，但往往由于他们对问题的看法角度不同致使有些地方存在歧义，所有这些都为翻译和编辑工作带来了极大的挑战。编、译者除反复查阅历史资料外，还尽可能请教国内外有关专家和当事人，以免误译或误导。尽管如此，我们在事后还是发现个别卷中有个别翻译差错，如在第二卷第916页正数第4行和倒数第2行中，以及在第919页正数第14行和第18行中的"大陆边外缘"被误译为"大陆边外部界限"，借此机会予以更正。此外，难免还有其他的翻译差错和疏漏，欢迎读者批评指正。

本卷的翻译和出版获得国家重点研发计划课题（2017YFC140550，2017YFC1405504）和国家自然科学资金（41830537，41476048）的资助，谨表感谢。

对《评注》系列丛书的翻译和出版没有依照丛书卷号的顺序进行，而是根据当时的工作需要确定丛书翻译和出版的先后。我们从2006年开始翻译《评注》系列丛书的第六卷，到2021年完成该丛书的收官之作第七卷的翻译和出版，历时15年。

该《评注》系列丛书得以成功的翻译和出版，我们首先要感谢自然资源部第二海洋研究所、中国大洋协会办公室、中国海洋发展战略研究所和国际合作司的始终如一的帮助和资助。在翻译和编辑过程中，我们还有幸地得到很多领导和专家的指导和帮助，对此已在有关卷中进行了致谢，这里不再赘述。最后，我们还要感谢丛书的翻译和编辑，这里特别要感谢担任全套丛书主要翻译的资深翻译家焦永科先生和焦健先生，以及一直承担丛书编辑的资深编辑方菁女士，正是他们对翻译和编辑工作的不辞辛劳和精益求精的敬业精神，才有可能使该丛书能以高质量的中译本奉献读者。

我们希望这套丛书的中译本能为我国对国际海洋法的研究、推进和发展《公约》建立起来的新的国际海洋制度，以及维护我国的海洋权益发一分热和光。

编者

2021年2月

目　次

· 1 ·

前　言

　　本卷是 1982 年《联合国海洋法公约》（以下简称《公约》）学术评注丛书第七卷。自 30 年前该项目启动以来，弗吉尼亚大学法学院海洋法律与政策中心赞助并支持了该系列丛书的工作。"弗吉尼亚评注"（即《1982 年〈联合国海洋法公约〉评注》——译者注）项目的编者对该项目进行了精心的构思，以满足对《公约》和 1996 年生效的《关于执行 1982 年 12 月 10 日〈联合国海洋法公约〉第十一部分的协定》中的条款进行客观和全面分析的需要。1982 年《公约》（即《联合国海洋法公约》——译者注），在其深海海底制度修改后，截至 2011 年初包括欧洲联盟已有 161 个缔约方。与分别在 1958 年和 1960 年举行的第一次和第二次联合国海洋法会议不同，第三次联合国海洋法会议，没有从国际法委员会编写的附有评论意见的案文草案开始。相反，《公约》条款的协商和起草则是在 1967 年开始的关于深海海底制度的 5 年审议过程中进行的。第三次联合国海洋法会议，从 1973 年召开的组织会议正式开始，但实际上，就实质性案文草案进行国家立场协调，是从 1974 年加拉加斯会议开始的。此后，大部分协商和具体案文的起草，都是以非正式的方式进行，很少有正式记录保存。因此，《公约》条款没有正式的立法史。

　　"弗吉尼亚评注"在整个系列丛书中，采用的评注格式是先提供《公约》的每个条款，然后再引用其文献资料来源。每个条款逐字逐句地发展按每届会议的时间顺序进行讨论。100 多名国际法学者或与会外交官，通过他们对《公约》广泛和多样化的评议，为评注的起草和审议做出了贡献。该系列丛书的编撰工作是非常独特的合作伙伴间的合作成果。丛书的主编为海洋法律和政策中心副主任麦隆·诺德奎斯特，总编为萨切雅·南丹和沙卜泰·罗森。南丹大使和罗森大使在海洋法方面的杰出贡献详见本系列丛书的每一卷。我只想在这里指出，我无法想象，会有一个比他们更好的评注丛书的编者、作者或评论家团队。

　　"弗吉尼亚评注"丛书现已牢固地确立了其为 1982 年《公约》国际法领域最权威的参考著作的地位。该系列丛书经常被世界各地司法诉讼和学术出版物所引用。对我个人来说，作为评注项目整个期间的中心主任，对项目的进展是非常满意的。我很高兴有机会在压轴卷上写下这篇前言。

海洋法律和政策研究中心主任

约翰·诺顿·摩尔

序言和致谢

这是一套精装系列丛书的第七卷，也是最后一卷。该系列丛书旨在对《联合国海洋法公约》的条款提供全面、客观和权威的评注。正如萨切雅·南丹在其所撰写的导言中所说明的那样，本卷为《公约》文本和整个系列丛书索引的合编文本。作为共同主编，我们决定将整个系列丛书精装出版，其中包括1982年《公约》原文与1994年《执行〈联合国海洋法公约〉第十一部分的协定》（以下简称《协定》）的合编文本，这样可以使1982年《公约》和1994年《协定》一起解读，形成了最终的《公约》合编本。我们还认为，该系列的最后一卷，应包括该系列丛书前六卷实质性评注的主题索引以及专门为执行《公约》条款的渔业协定。与此同时，我们认识到《公约》与其设立的3个国际机构的密切关系。为了适应这些独特的国际机构不断的演变和发展，我们决定编写一套以国际海底管理局、国际海洋法法庭和大陆架界限委员会为重点的配套平装书补编。补编还包括一些其他精心挑选的具有持久价值的相关文件。

该系列丛书的第一卷（1985年）包含《公约》的原文和介绍性材料，包括关于对会议极其复杂的文件说明，以及对其独特的协商进程的解释。后者由会议主席许通美和新加坡代表团团长山姆加姆·贾亚库马尔共同撰写。第二卷（1993年）集中于第三次联合国海洋法会议第二委员会（处理传统的海洋法主题）的工作，并对第一条至第八十五条，附件一和附件二，以及最后文件附件二进行了评注。第二委员会条款的第二部分载于第三卷（1995年）的第八十六条至第一三二条以及补充文件。第二卷和第三卷的卷主编是萨切雅·南丹和沙卜泰·罗森。该系列丛书的第四卷（1991年）专门集中于第三委员会的工作（主要是海洋环境和科学研究），对《公约》的第一九二条至第二七八条和最后文件附件六进行评注。第四卷的主编是沙卜泰·罗森和亚历山大·杨科夫，亚力山大·杨科夫在第三次联合国海洋法会议上担任第三委员会主席。第五卷（1989年）涉及争端解决的第二七九条至第三二〇条，以及一般和最后条款和附件五（调解）、附件六（国际海洋法法庭）、附件七（仲裁）、附件八（特别仲裁）、附件九（国际组织）和最后文件附件Ⅰ的决议一、决议三和决议四。第五卷的主编是沙卜泰·罗森和路易斯·索恩，索恩是第三次联合国海洋法会议争端解决条款的主要起草人。第六卷（2002年）是对《公约》条款进行实质性评注的最后一卷，其完稿推迟到1994年"深海海底制度执行协定"成功协商之后。本卷的主编是当时担任国际海底管理局秘书长的萨切雅·南丹。第六卷副主编是国际海底管理局法律顾问迈克尔·洛奇，沙卜泰·罗森还同时担任总编。第六卷的评注，涵盖第一三三条至第一九一条、附件三和附件四，以及最后文件附件一的决议二和关于实施第十一部分的协定。

"弗吉尼亚评注"项目的范围和持续的时间，对于国际法领域的学术事业是史无前例的。如果没有数百名个人供稿者之间的持久信任和友谊，这套系列丛书就不可能完成。最显著的方面是这些学者和外交官来自世界各地。由于所有参与者都以个人身份供稿，他们在许多问题上肯定持有不同意见。通常，协调不同的观点是一项挑战。主要负责起草和编辑评论的撰写者在每一卷中都已提及，鉴于系列丛书的篇幅，这里不再赘述，但对于指导整套系列丛书的编写不可或缺的人物在这里再次提及还是适当的。

约翰·诺顿·摩尔不仅是负责持续了30年的评注项目的海洋法律和政策中心主任，而且还是美国出席第三次联合国海洋法会议的总统大使和特别副代表。摩尔教授衷心赞赏人们对评注工作所作的重要努力，他在弗吉尼亚为该项目提供基地，这一坚定的支持，对于本系列丛书的成功至关重要。评注的权威性和可信度源于每卷主要作者的独特专业知识和会议实践经验。没有人比作为会议主席的许通美更有资格来描述第一卷中的协商过程。亚历山大·杨科夫是会议第三委员会主席，他亲自监督起草了第四卷有关海洋环境和科学条款的研究。路易斯·索恩几乎是第五卷所涉及的《公约》中关于争端解决条款的唯一起草人。萨切雅·南丹是1994年深海海底制度协定案文的主要起草人；迈克尔·洛奇和萨切雅·南丹一起在国际海底管理局工作，洛奇担任法律顾问。他们编写了评注的第六卷——他们的结合所形成的管理国际海底管理局活动的法律知识是无与伦比的。在第三次联合国海洋法会议第二委员会起草的传统海洋法条款中，可以找到支配海洋的法律制度的核心。这些条款涉及重要的经济和安全利益，是传统和习惯国际法的综合体。

萨切雅·南丹是第三次联合国海洋法会议第二委员会的报告员，他是《公约》原始案文的主要起草人。在这种情况下，他是唯一可以解释为什么选择特定措辞的人。沙卜泰·罗森将他的一丝不苟的眼光投入到《弗吉尼亚评注》的几乎所有实质性卷中。沙卜泰·罗森是评论项目中唯一的一位学者兼外交官，也是少数几位在第一次、第二次和第三次联合国海洋法会议上积极协商者之一。他是海洋法和一般国际法的活的百科全书。他在该领域里与同事进行了30年的合作，于2010年离世，每一个人甚至与该项目不太相干的人都非常想念他。我们将第七卷献给他作为纪念，以表达我们对这位亲爱的同事和朋友的敬爱和尊重。

最后，与前几卷一样，我们感谢所有帮助编写第七卷的各位同仁。在这里特别值得提及的是现任美国海军战争学院国际法教授詹姆斯·克拉斯卡中校。克拉斯卡中校是一位冉冉升起的年轻学者，他作为第七卷的副主编帮助将该卷汇编成册。我们的出版商博睿学术出版社的玛丽·谢尔顿和劳伦·丹纳希，对出版该卷提出了许多建设性的想法，而弗吉尼亚大学法学院海洋法律和政策中心的朱迪·埃利斯，则承担了第七卷及其配套补充材料的技术编辑。出版团队的帮助和朱迪·埃利斯的技术技能的结合，克服了看似几乎无法解决的格式问题。海洋法律和政策中心的其他工作人员，包括行政管理人员多纳·甘诺也提供了许多帮助。最后，一如既往，该系列丛书不可避免的错误和遗漏由系列丛书主编承担。

本系列丛书主编　麦隆·诺德奎斯特

导　言

本卷是对 1982 年 12 月 10 日《联合国海洋法公约》进行逐条评注的系列丛书的第七卷，也是最后一卷。① 第七卷包括四个部分。

第一部分载有 1982 年《联合国海洋法公约》（以下简称《公约》）与 1994 年 7 月 28 日联合国大会通过的《关于执行 1982 年 12 月 10 日〈联合国海洋法公约〉第十一部分的协定》（以下简称《协定》）② 合编文本。《协定》对《公约》第十一部分所载的深海海底采矿制度做了重大修改，因而解决了一些悬而未决的问题，这些问题在 1982 年 4 月 30 日第三次联合国海洋法会议通过《公约》时仍然存在争议。有关导致通过《协定》的协商详情，请参阅本系列丛书第六卷导言。该《协定》解决了第十一部分中使得美国和其他一些主要工业化国家（包括德国和英国）拒绝接受《公约》的一些问题。这些问题也使得许多签署了《公约》的工业化国家无法批准该公约。《协定》的通过为《公约》的普遍接受打开了大门。

根据《协定》，任何批准或正式确认或加入《公约》的任何文书也应表示同意受《协定》约束。任何国家或实体，除非其先前已经确立或同意接受该公约的约束，均不得同意接受本协定的约束。《公约》于 1994 年 11 月 16 日生效。为避免《公约》生效后存在的制度具有二元性，《协定》规定，如果其在《公约》生效之日未生效，则在其生效之前临时适用。该协定于 1996 年 7 月 28 日生效。在同一天，其临时适用终止。有关《协定》生效及其与《公约》关系的程序的更多细节，请参见第六卷导言 37。③

根据 1994 年《协定》第 2 条，《协定》和《公约》第十一部分"应作为一个文书一并解释和适用"，如果两者之间存在任何不一致，"以本协定的规定为准"。由于该《协定》是在《公约》生效之前进行协商和通过的，为了从《公约》生效之日起临时适用，《公约》中规定的正式修正程序不能用于必要的修改。还有人反对任何声明删除《公约》某些条款的措辞，因为生效所需的 60 个国家中已经有 50 多个批准了《公约》。

---

　　① 第三次联合国海洋法会议《正式记录》，第十七卷（联合国，出售品编号 E. 84. V. 2），A/CONF. 62/122 号文件；转载于本系列丛书第一卷。

　　② 该《协定》正式附在联大决议 48/263，48 GOAR，议程项目 36。转载于本系列丛书附件六作为文件附件一。它以 121 票赞成获得通过，其中包括德国、英国和美国，没有一票反对，7 票弃权。

　　③ 截至 2011 年 1 月底，共有 161 个《公约》缔约方（160 个国家和欧盟）。

在这种情况下，通过在《协定》中规定《公约》第十一部分和附件三中的某些条款"不适用"，而由《协定》文本中的某些其他规定取而代之适用于《公约》的实施，从而对这些问题实现了折衷解决。通过这种方式，对第十一部分和附件三的规定进行了必要的修改。所有缔约国，即《公约》之下的国际海底管理局的实际成员，已接受合并案文所反映的第十一部分协定的具有约束力的法律性质。如合编文本所反映的对深海海底采矿制度的修改，现已成为国际海底管理局决定的基础。此外，国际海洋法法庭海底争端分庭，于 2011 年 2 月 1 日发表了第一份关于赞助人员和实体国家在"区域"内活动的责任和义务的咨询意见。法庭确认，《协定》与《公约》一起规定了深海海底采矿制度，如果《公约》与《协定》之间发生冲突，则"应以《协定》的规定为准"。④

本卷中的合编文本将《公约》第十一部分与 1994 年《协定》的规定非正式合编。我们希望对国际海底管理局法律顾问迈克尔·洛奇先生及其同事提供这份合编文本表示感谢。

第二部分包括与 1982 年《公约》条款有关的第二个执行协定的案文。该协定的全称是《关于执行 1982 年 12 月 10 日〈联合国海洋法公约〉有关养护和管理跨界鱼类种群和高度洄游鱼类种群的规定的协定》。它通常被称为《联合国鱼类种群协定》或"UNFSA"。该协定于 1995 年 12 月 4 日在纽约通过，并于 2001 年 12 月 11 日生效。该协定是应 1992 年 6 月在里约热内卢举行的联合国环境与发展会议（以下简称"环发大会"）的要求于 1993 年在联合国召开的会议上协商达成的。《联合国鱼类种群协定》是对渔业养护和管理问题的重要回应。⑤

第三部分包含一份综合的案例表和一份综合条约表。第四部分包括对评论中的第一卷至第六卷的综合主题索引。我们非常感谢卡罗尔·罗伯特，他是一位专业人士，负责这项重要的工作，还提供了有关索引使用的说明。

《公约》构成了现代海洋治理的法律框架的基础，对法规作出了决定性的贡献。它规定了各国在海洋问题上的关系行为的原则和规范。因此，它对维护全球和平与安全作出了巨大贡献。这将是其持久的遗产。

《公约》被描述为海洋宪法。毫不夸张地说，几十年来，它在不知不觉中毫无疑问地赢得了国际社会的巨大成就的地位。它的影响超出了海洋法的范围，已成为以《联合国宪章》为基础的全球和平与安全体系的一部分。

《公约》的成就很多。它解决了许多关键问题，其中一些问题几个世纪以来一直没

---

④ 见海洋法庭 2011 年报告，第 17 号案。

⑤ 有关《联合国鱼类种群协定》的进一步评述，见下文。

有达成协议。它通过采用功能性方法建立各种海洋区域，并确定各国在这些区域，包括国家管辖范围以外的海洋空间的权利和义务，反映了在利用海洋及其资源方面的竞争利益之间的微妙平衡。

《公约》最终确定了 12 海里领海的宽度，保证在这些水域进行国际航行的通行权；它确保船只和飞机无阻碍地通过⑥世界各地用于国际航行的群岛水域和重要海峡；它确保沿海国家在 200 海里专属经济区内的资源和环境管辖权，而不限制国际社会在该区域内的其他合法活动；它规定所有国家都有义务通过适当的养护和管理措施，确保长期可持续地利用生物资源；它规定了扩展的大陆架管辖权，将科学和地质标准与距离标准相结合，以准确确定其外部界限，并规定从 200 海里以外的大陆架资源中分享收入；它保证内陆国家进出海洋；它规定了群岛国的制度；它建立了一个开发深海海底矿物资源的制度，这些资源是人类的共同继承财产⑦，人类作为一个整体将从中受益；它规定了进行海洋科学研究的规则；它规定了一套保护和保全海洋环境的最全面的规则，并规定所有国家有责任保护海洋免受所有污染源的侵害；它通过建立解释和适用《公约》条款所产生的强制争端的解决机制和程序，促进和平解决争端。

因此，《公约》确立了国际海洋法的确定性，取代了之前的混乱局面。审查旧法律并在必要时修订或取代旧法律，并通过引入新的概念和规范，以满足国际社会目前的需要，《公约》彻底变革了国际海洋法。这是通过对每个重要问题进行艰苦的协商以及通过会议达成共识的过程与随后通过执行协定来实现的。

《公约》的成功不仅取决于缔约国的数量——这是非凡的，超出了所有人的期望——而且取决于其实际成就。《公约》的基本规定在很大程度上始终如一地适用于国家实践。它仔细审查了世界各地国家的做法，这是不言而喻的。到目前为止尚未成为缔约国的少数国家有一些特殊的困难。这些问题要么是某些国家内部的法制问题，要么是双边性问题，无法通过全球条约加以解决。另一方面，在实践中，大多数这些国家承认《公约》反映了现行的国际海洋法。的确，《公约》被各国、国际法院、国际海洋法法庭和处理海洋问题的其他司法或仲裁机构视为国际海洋法的最佳来源。

《公约》通过将大片海洋置于主权国家的国家管辖范围内改变了世界的政治地理。随着《公约》几乎被普遍接受，今天的问题不是没有海洋治理的法律框架，而是各国应如何履行《公约》为他们的海洋治理规定的责任和行使的权利和义务。

值得注意的是，《公约》不是一项静态文书。它为各国在海洋问题上的关系提供了

---

⑥ 关于"通过"，包括无害通过领海和群岛水域的权利，通过用于国际航行的海峡的过境通道和群岛海域的群岛海道通道。见第二卷第二部分第三节、第三部分第二节和第四部分。

⑦ 见第六卷导言 3 关于"人类的共同继承财产"概念的发展。

一个基本框架。其原则和规范有助于进一步发展。从这个意义上讲，它具有内置的灵活性，可以在《公约》框架内制定新规范，以应对不断变化的情况。

我们已经在通过的两项执行协议中看到了这种情况。这两个协定的目标是不同的。在第一种情况下，目的是修改《公约》第十一部分的规定，以便解决《公约》通过时尚未解决的问题。在第二种情况下，目的是详细阐述《公约》中有关渔业养护和管理的原则和规范，以便使它们产生实际效果。

《公约》和1994年《协定》规定的制度，虽然规定了勘探和开采深海海底资源的基本原则，但还需要通过勘探和开采活动的规章进一步制定和实施。2000年7月，国际海底管理局大会⑧批准了关于多金属结核探矿和勘探的第一套此类规章。这一成就的重要性在于它完成了《公约》和国际"区域"资源管理协定⑨所载的计划，并通过签订合同，为那些想探索深海海底的人实际执行法律制度提供了机制。⑩

虽然会议讨论的重点是探索国际海底区域的多金属结核，但这只是海底提供的一种资源。最近的科学研究表明，含钴结壳和多金属硫化物的存在是潜在可行的经济资源。在《公约》和《协定》的总体框架内管理这些资源的规章正在制定，同时适当考虑到保护海洋环境免受潜在有害影响的必要性。2010年7月，国际海底管理局通过了第二套关于多金属硫化物探矿和勘探的法规。关于富钴结壳探矿和勘探的第三套法规正准备于2011年通过。

在渔业领域，到20世纪90年代初，人们普遍认识到鱼类资源过度开采导致重要鱼类资源的危险枯竭。还认识到，大部分已纳入1982年《公约》的1958年《日内瓦公约》中规定的公海捕鱼法律制度不足以保护公海的渔业资源，特别是那些被归类为跨界鱼类种群和高度洄游鱼类种群的公海渔业资源。环发大会通过的《21世纪议程》第十七章第49段⑪敦促"各国应酌情在分区域、区域和全球各级上采取有效行动，包括双边和多边合作在内，以确保公海渔业的管理遵照《联合国海洋法公约》的规定"。《21世纪议程》的方案领域C第十七章指出，"公海渔业管理在许多区域是不足够的，一些资源被过度利用了；注意到存在无管制捕捞、资本过多、船队规模过大、船只重新标记来规避管制、装备不足、数据库不可靠以及各国之间缺乏充分合作等问题。"因此，环发大会呼吁召开一次会议来解决公海渔业问题就不足为奇了。

---

⑧　见第六卷第4节。

⑨　根据《公约》第一条第1款第（1）项，"区域"的定义是"国家管辖范围以外的海床和洋底及其底土"。

⑩　已签发8份勘探合同，两份多金属结核勘探申请正在审批中。截至2010年12月，已提交了另外两份勘探多金属硫化物合同的申请。

⑪　1992年6月3—14日里约热内卢联合国环境与发展会议报告，第一卷：会议通过的决议一，附件二，第17.40段。

在跨界鱼类种群和高度洄游鱼类种群的背景下,《联合国鱼类种群协定》确立了渔业管理的规范和原则,其中许多规范和原则普遍适用于所有类型的鱼类种群和所有管辖区域。因此,由于会议正在处理发现此类种群的海洋生态系统,因此它间接解决了渔业管理问题。特别是,该协定在公海和国家管辖区域将预防方法的概念引入渔业管理。在这方面,《联合国鱼类种群协定》是渔业养护和管理的蓝图,渔业的未来取决于各国如何实施这一非常重要的渔业养护和管理协定。

该协定认可合作方法对渔业管理的重要性,并呼吁采取养护和管理兼容的措施。虽然该协定不以任何方式影响《公约》规定的国家管辖范围内生物资源主权权利的概念,但它强调了种群的相互依赖性,并认识到,归根结底,无论是沿海国还是远洋捕鱼国,都不能孤立地管理种群。

必须有一个框架,沿海国和捕鱼国可以通过这个框架合作建立管理制度,并商定分配和努力限制的问题。在这方面,已经详细阐述了《公约》的规定。区域渔业管理组织的作用和责任得到了澄清,其作为管理共享资源的论坛更有意义。特别是,不仅进一步制定和列举了对船旗国责任的要求,而且也补充了在船旗国不能或不愿意采取有效行动的情况下,要求区域组织成员可采取的措施。因此,通过该协定中提供的各种机制的结合和通过区域组织成员采取的措施,填补了有效落实渔业保护与管理措施的重大空白。

《联合国鱼类种群协定》的规定,得到了联合国粮农组织《负责任渔业行为守则》以及相关的《促进公海渔船遵守国际养护和管理措施的协定》的补充。[12]

1982 年《公约》中一个重要的特点是呼吁各国之间在实施其规定时进行合作,它贯穿于《公约》的许多部分。希望在使用海洋时发生的一切问题都能通过这种合作解决。

没有争端解决机制,任何法律框架都不会完整。在大多数国际条约中,都难以让各国都同意这种制度。甚至在《联合国宪章》规定的国际法院规约中,也没有强制性的具有约束力的争端解决机制。因此,《公约》所做出的最重要的贡献之一,是建立了在对《公约》的解释和适用中发生的争端的强制解决的机制和程序。为此,除现有的争端解决机制如仲裁、调解和国际法院外,《公约》还建立了一个新的国际机构,即国际海洋法法庭。[13]

当我们面对《公约》所处理的广泛的问题时,很显然,海洋空间的问题是密切相关的,需要作为一个整体来考虑。实际上,这个原则已经体现在《公约》的序言里,

---

⑫ 联合国粮农组织《行为守则》在补充材料中以文件四 B 作为本卷的姊妹篇。

⑬ 补充材料第二部分包含关于国际海洋法法庭的基本文件和相关事项。

《公约》各部分互相关联的关系都是以这项基本原则为前提的。因此，海洋的不同用途及其资源的开发，必须采用这种综合的办法才能见实效。只有通过这种办法，才可以维持《公约》中实现的相互冲突利益与海洋活动之间的微妙平衡。这种平衡被视为普遍和广泛接受《公约》的必要条件。

虽然《公约》规定了基本框架，但海洋治理的规范远远超出了《公约》的规定，那些规范载于涉及海洋的不同用途及其资源的开发的许多文书、宣言和决定中。自从《公约》通过以来，特别是自20世纪90年代以来，在《公约》的框架内产生了大量的国际文书，并对大多数已有的文书进行了修改，使其与《公约》保持一致。这些文书涵盖的主题包括航海和飞越领空、渔业、科学研究和海洋环境。此外，一些国际组织和技术机构正在讨论海洋治理的各个方面。这些发展是在《公约》确定的范围内进行的，是国际法和海洋治理规则逐步发展的最佳范例。

还有其他重要文书，如《伦敦倾销公约》《南极条约》《生物多样性公约》《气候变化框架公约》及相关议定书，这些文书也对海洋治理制度产生影响。在这些方面，还必须加上《斯德哥尔摩人类环境宣言》等宣言的影响，其中制定了保护和保全海洋环境的基本原则，纳入《公约》第十二部分和环发大会，会上产生了《21世纪议程》。特别是关于海洋的第十七章，以及《保护海洋环境免受陆上活动影响的全球行动纲领》。这些文书虽然没有条约法的地位，但却载有适用于海洋的重要原则，并对整个海洋治理制度作出了重要贡献。

通过全球和区域组织建立了大量技术监管措施。其中必须包括国际海事组织在海上安全和防止船舶污染方面通过的规则和准则，联合国粮农组织在负责捕鱼做法方面通过的规则、守则和公约，以及在联合国环境规划署主持下通过的区域海洋公约。

随着新的千年进展，世界海洋无疑将继续出现重大挑战。它们将受到其巨大资源的使用以及技术的快速发展、科学研究的增加、人口爆炸以及对海洋环境的关注的压力的推动。这些压力将来自对食物资源不断增长的需求，通信、贸易和运输的快速增长，以及来自海洋石油、天然气和其他矿物资源的需求。通过加强国际合作以及通过灵活和创造性的方法来实施《公约》所体现的原则和规范，可以更好地解决这些挑战。

萨切雅·南丹，C.F.，C.B.E

纽约

2011年3月

第七卷主(副)编简历

麦隆·诺德奎斯特博士 诺德奎斯特教授兼任弗吉尼亚大学海洋法律和政策中心副主任兼编辑，以及弗吉尼亚大学法学院国家安全法中心高级研究员。诺德奎斯特教授于1993年7月至1998年12月担任美国空军学院法学教授。在1995—1996年期间，他是美国海军战争学院的查尔斯·斯托克顿国际法教授。他于1990年9月至1993年7月担任空军部副部长兼代理总法律顾问。诺德奎斯特教授于1970年8月至1978年1月担任国家法律顾问办公室的律师顾问和立法顾问。在法律顾问办公室工作期间，诺德奎斯特教授是国家安全委员会海洋法机构工作团队办公室主任和美国出席第三次联合国海洋法会议代表团团长。他于1978年2月至1990年9月在华盛顿特区从事私法执业，专攻国际商法。多年来，他曾在美国大学、乔治华盛顿大学和丹佛大学法律系兼职任教。诺德奎斯特教授编辑了50多本关于国际法主题的书籍。他是弗吉尼亚大学海洋法律和政策中心主办的1982年《联合国海洋法公约》评注第七卷的主编。

萨切雅·南丹大使，C. F.，C. B. E. 南丹大使于1996—2008年期间担任国际海底管理局秘书长。他早些时候曾担任斐济外交部长。他于1983年3月至1992年2月担任联合国副秘书长。在1983—1992年期间他还担任联合国秘书长海洋法特别代表，负责国际海底管理局和国际海洋法法庭筹备委员会的工作，直至《公约》生效。

南丹大使是第三次联合国海洋法会议的领导人之一。作为第二委员会的报告员，他于1975年编写了非正式单一协商案文（ISNT），成为《公约》协商的基础。他还是会议前若干关键问题的协商小组主席。作为秘书长海洋法特别代表，他领导了有关深海海底采矿制度未决问题的磋商，这些问题阻碍了工业化国家对1982年《联合国海洋法公约》的接受。磋商促成了1994年《执行〈联合国海洋法公约〉第十一部分的协定》，为普遍参加1982年《公约》打开了大门。他当选为联合国跨界鱼类和高度洄游鱼类会议主席，并起草了1995年通过的协定协商案文，即《关于执行〈联合国海洋法公约〉有关养护和管理跨界鱼类种群和高度洄游鱼类种群的规定的协定》。他曾在2008—2010年期间担任中西部渔业委员会主席。

南丹大使撰写了大量关于海洋法、联合国及相关事项的文章。他是弗吉尼亚大学海洋法和政策中心出版的七卷《1982年〈联合国海洋法公约〉评注》系列丛书的总编辑，并且是第二、第三、第六、第七卷的卷主编。他目前是弗吉尼亚大学法学院海洋法律和政策中心杰出高级研究员。

詹姆斯·克拉斯卡中校 詹姆斯·克拉斯卡为美国海军中校，担任美国海军法官的辩护律师，并担任霍华德·莱维作战法主席，是美国海军战争学院设在罗得岛纽波特的非正规战争和武装团体中心的高级顾问。他还兼任外交政策研究所的高级研究员和伍兹霍尔海洋研究所海洋政策中心的客座研究员。克拉斯卡中校曾在亚太地区的联合和海军特遣部队服役，完成了两次日本和 4 次五角大楼的主要工作人员的委派任务，包括担任海洋政策顾问以及联合参谋部国际协商司司长。克拉斯卡的出版物包括《海上力量和海洋法》（牛津出版社出版）和《当代海盗》（普雷格出版社出版），他是《气候变化时代的北极安全》（剑桥出版社出版）的编者和《1982 年〈联合国海洋法公约〉评注》第七卷的副主编（博睿学术出版社出版）。他拥有从弗吉尼亚大学法学院获得的研究博士学位（J.S.D.）和法学硕士学位（L.L.M.），以及从布鲁明顿印第安纳大学毛雷尔法学院获得的法学专业博士学位（J.D.）。克拉斯卡还获得克莱蒙特研究生院政治与经济学院的国际研究文学硕士学位（M.A.I.S.）。2010 年，克拉斯卡被授予美国海军联盟的阿尔弗雷德·塞耶·马汉文学成就奖。

第 I 部分

联合国海洋法公约

本公约缔约各国，

本着以互相谅解和合作的精神解决与海洋法有关的一切问题的愿望，并且认识到本公约对于维护和平、正义和全世界人民的进步作出重要贡献的历史意义，

注意到自从一九五八年和一九六〇年在日内瓦举行了联合国海洋法会议以来的种种发展，着重指出了需要有一项新的可获一般接受的海洋法公约，

意识到各海洋区域的种种问题都是彼此密切相关的，有必要作为一个整体来加以考虑，

认识到有需要通过本公约，在妥为顾及所有国家主权的情形下，为海洋建立一种法律秩序，以便利国际交通和促进海洋的和平用途，海洋资源的公平而有效的利用，海洋生物资源的养护以及研究、保护和保全海洋环境，

考虑到达成这些目标将有助于实现公正公平的国际经济秩序，这种秩序将照顾到全人类的利益和需要，特别是发展中国家的特殊利益和需要，不论其为沿海国或内陆国，

希望以本公约发展一九七〇年十二月十七日第 2749（XXV）号决议所载各项原则，联合国大会在该决议中庄严宣布，除其他外，国家管辖范围以外的海床和洋底区域及其底土以及该区域的资源为人类的共同继承财产，其勘探与开发应为全人类的利益而进行，不论各国的地理位置如何，

相信在本公约中所达成的海洋法的编纂和逐渐发展，将有助于按照《联合国宪章》所载的联合国的宗旨和原则巩固各国间符合正义和权利平等原则的和平、安全、合作和友好关系，并将促进全世界人民的经济和社会方面的进展，

确认本公约未予规定的事项，应继续以一般国际法的规则和原则为准据，

经协议如下：

第一部分　序言

第一条　用语和范围

1. 为本公约的目的：

（1）"'区域'"是指国家管辖范围以外的海床和洋底及其底土。

（2）"管理局"是指国际海底管理局。

（3）"'区域'内活动"是指勘探和开发"区域"的资源的一切活动。

（4）"海洋环境的污染"是指：人类直接或间接把物质或能量引入海洋环境，其中包括河口湾，以致造成或可能造成损害生物资源和海洋生物、危害人类健康、妨碍包括捕鱼和海洋的其他正当用途在内的各种海洋活动、损坏海水使用质量和减损环境优美等有害影响。

（5）

（a）"倾倒"是指：

①从船只、飞机、平台或其他人造海上结构故意处置废物或其他物质的行为；

②故意处置船只、飞机、平台或其他人造海上结构的行为。

（b）"倾倒"不包括：

①船只、飞机、平台或其他人造海上结构及其装备的正常操作所附带发生或产生的废物或其他物质的处置，但为了处置这种物质而操作的船只、飞机、平台或其他人造海上结构所运载或向其输送的废物或其他物质，或在这种船只、飞机、平台或结构上处理这种废物或其他物质所产生的废物或其他物质均除外；

②并非为了单纯处置物质而放置物质，但以这种放置不违反本公约的目的为限。

2.（1）"缔约国"是指同意受本公约拘束而本公约对其生效的国家。

（2）本公约比照适用于第三〇五条第 1 款（b）、（c）、（d）、（e）和（f）项所指的实体，这些实体按照与各自有关的条件成为本公约的缔约国，在这种情况下，"缔约国"也指这些实体。

第二部分　领海和毗连区

第一节　一般规定

第二条　领海及其上空、海床和底土的法律地位

1. 沿海国的主权及于其陆地领土及其内水以外邻接的一带海域，在群岛国的情形下则及于群岛水域以外邻接的一带海域，称为领海。

2. 此项主权及于领海的上空及其海床和底土。

3. 对于领海的主权的行使受本公约和其他国际法规则的限制。

第二节 领海的界限

第三条 领海的宽度

每一国家有权确定其领海的宽度，直至从按照本公约确定的基线量起不超过十二海里的界限为止。

第四条 领海的外部界限

领海的外部界限是一条其每一点同基线最近点的距离等于领海宽度的线。

第五条 正常基线

除本公约另有规定外，测算领海宽度的正常基线是沿海国官方承认的大比例尺海图所标明的沿岸低潮线。

第六条 礁石

在位于环礁上的岛屿或有岸礁环列的岛屿的情形下，测算领海宽度的基线是沿海国官方承认的海图上以适当标记显示的礁石的向海低潮线。

第七条 直线基线

1. 在海岸线极为曲折的地方，或者如果紧接海岸有一系列岛屿，测算领海宽度的基线的划定可采用连接各适当点的直线基线法。

2. 在因有三角洲和其他自然条件以致海岸线非常不稳定之处，可沿低潮线向海最远处选择各适当点，而且，尽管以后低潮线发生后退现象，该直线基线在沿海国按照本公约加以改变以前仍然有效。

3. 直线基线的划定不应在任何明显的程度上偏离海岸的一般方向，而且基线内的海域必须充分接近陆地领土，使其受内水制度的支配。

4. 除在低潮高地上筑有永久高于海平面的灯塔或类似设施，或以这种高地作为划定基线的起讫点已获得国际一般承认者外，直线基线的划定不应以低潮高地为起讫点。

5. 在依据第 1 款可以采用直线基线法之处，确定特定基线时，对于有关地区所特有的并经长期惯例清楚地证明其为实在而重要的经济利益，可予以考虑。

6. 一国不得采用直线基线制度，致使另一国的领海同公海或专属经济区隔断。

第八条 内水

1. 除第四部分另有规定外，领海基线向陆一面的水域构成国家内水的一部分。

2. 如果按照第七条所规定的方法确定直线基线的效果使原来并未认为是内水的区域被包围在内成为内水，则在此种水域内应有本公约所规定的无害通过权。

第九条　河口

如果河流直接流入海洋，基线应是一条在两岸低潮线上两点之间横越河口的直线。

第十条　海湾

1. 本条仅涉及海岸属于一国的海湾。

2. 为本公约的目的，海湾是明显的水曲，其凹入程度和曲口宽度的比例，使其有被陆地环抱的水域，而不仅为海岸的弯曲。但水曲除其面积等于或大于横越曲口所划的直线作为直径的半圆形的面积外，不应视为海湾。

3. 为测算的目的，水曲的面积是位于水曲陆岸周围的低潮标和一条连接水曲天然入口两端低潮标的线之间的面积。如果因有岛屿而水曲有一个以上的曲口，该半圆形应划在与横越各曲口的各线总长度相等的一条线上。水曲内的岛屿应视为水曲水域的一部分而包括在内。

4. 如果海湾天然入口两端的低潮标之间的距离不超过二十四海里，则可在这两个低潮标之间划出一条封口线，该线所包围的水域应视为内水。

5. 如果海湾天然入口两端的低潮标之间的距离超过二十四海里，二十四海里的直线基线应划在海湾内，以划入该长度的线所可能划入的最大水域。

6. 上述规定不适用于所谓"历史性"海湾，也不适用于采用第七条所规定的直线基线法的任何情形。

第十一条　港口

为了划定领海的目的，构成海港体系组成部分的最外部永久海港工程视为海岸的一部分。近岸设施和人工岛屿不应视为永久海港工程。

第十二条　泊船处

通常用于船舶装卸和下锚的泊船处，即使全部或一部位于领海的外部界限以外，都包括在领海范围之内。

第十三条　低潮高地

1. 低潮高地是在低潮时四面环水并高于水面但在高潮时没入水中的自然形成的陆地。如果低潮高地全部或一部与大陆或岛屿的距离不超过领海的宽度，该高地的低潮线可作为测算领海宽度的基线。

2. 如果低潮高地全部与大陆或岛屿的距离超过领海的宽度，则该高地没有其自己的领海。

第十四条　确定基线的混合办法

沿海国为适应不同情况，可交替使用以上各条规定的任何方法以确定基线。

第十五条　海岸相向或相邻国家间领海界限的划定

如果两国海岸彼此相向或相邻，两国中任何一国在彼此没有相反协议的情形下，均无权将其领海伸延至一条其每一点都同测算两国中每一国领海宽度的基线上最近各点距离相等的中间线以外。但如因历史性所有权或其他特殊情况而有必要按照与上述规定不同的方法划定两国领海的界限，则不适用上述规定。

第十六条　海图的地理坐标表

1. 按照第七、第九和第十条确定的测算领海宽度的基线，或根据基线划定的界限，和按照第十二和第十五条划定的分界线，应在足以确定这些线的位置的一种或几种比例尺的海图上标出。或者，可以用列出各点的地理坐标并注明大地基准点的表来代替。

2. 沿海国应将这种海图或地理坐标表妥为公布，并应将各该海图和坐标表的一份副本交存于联合国秘书长。

第三节　领海的无害通过

A 分节　适用于所有船舶的规则

第十七条　无害通过权

在本公约的限制下，所有国家，不论为沿海国或内陆国，其船舶均享有无害通过领海的权利。

第十八条　通过的意义

1. 通过是指为了下列目的，通过领海的航行：
（a）穿过领海但不进入内水或停靠内水以外的泊船处或港口设施；或
（b）驶往或驶出内水或停靠这种泊船处或港口设施。

2. 通过应继续不停和迅速进行。通过包括停船和下锚在内，但以通常航行所附带发生的或由于不可抗力或遇难所必要的或为救助遇险或遭难的人员、船舶或飞机的目的为限。

第十九条　无害通过的意义

1. 通过只要不损害沿海国的和平、良好秩序或安全，就是无害的。这种通过的进行应符合本公约和其他国际法规则。

2. 如果外国船舶在领海内进行下列任何一种活动，其通过即应视为损害沿海国的和平、良好秩序或安全：

（a）对沿海国的主权、领土完整或政治独立进行任何武力威胁或使用武力，或以任何其他违反《联合国宪章》所体现的国际法原则的方式进行武力威胁或使用武力；

（b）以任何种类的武器进行任何操练或演习；

（c）任何目的在于搜集情报使沿海国的防务或安全受损害的行为；

（d）任何目的在于影响沿海国防务或安全的宣传行为；

（e）在船上起落或接载任何飞机；

（f）在船上发射、降落或接载任何军事装置；

（g）违反沿海国海关、财政、移民或卫生的法律和规章，上下任何商品、货币或人员；

（h）违反本公约规定的任何故意和严重的污染行为；

（i）任何捕鱼活动；

（j）进行研究或测量活动；

（k）任何目的在于干扰沿海国任何通讯系统或任何其他设施或设备的行为；

（l）与通过没有直接关系的任何其他活动。

第二十条　潜水艇和其他潜水器

在领海内，潜水艇和其他潜水器，须在海面上航行并展示其旗帜。

第二十一条　沿海国关于无害通过的法律和规章

1. 沿海国可依本公约规定和其他国际法规则，对下列各项或任何一项制定关于无害通过领海的法律和规章：

（a）航行安全及海上交通管理；

（b）保护助航设备和设施以及其他设施或设备；

（c）保护电缆和管道；

（d）养护海洋生物资源；

（e）防止违犯沿海国的渔业法律和规章；

（f）保全沿海国的环境，并防止、减少和控制该环境受污染；

（g）海洋科学研究和水文测量；

（h）防止违犯沿海国的海关、财政、移民或卫生的法律和规章。

2. 这种法律和规章除使一般接受的国际规则或标准有效外，不应适用于外国船舶的设计、构造、人员配备或装备。

3. 沿海国应将所有这种法律和规章妥为公布。

4. 行使无害通过领海权利的外国船舶应遵守所有这种法律和规章以及关于防止海上碰撞的一切一般接受的国际规章。

第二十二条　领海内的海道和分道通航制

1. 沿海国考虑到航行安全认为必要时，可要求行使无害通过其领海权利的外国船舶使用其为管制船舶通过而指定或规定的海道和分道通航制。

2. 特别是沿海国可要求油轮、核动力船舶和载运核物质或材料或其他本质上危险或有毒物质或材料的船舶只在上述海道通过。

3. 沿海国根据本条指定海道和规定分道通航制时，应考虑到：

（a）主管国际组织的建议；

（b）习惯上用于国际航行的水道；

（c）特定船舶和水道的特殊性质；和

（d）船舶来往的频繁程度。

4. 沿海国应在海图上清楚地标出这种海道和分道通航制，并应将该海图妥为公布。

第二十三条　外国核动力船舶和载运核物质或
其他本质上危险或有毒物质的船舶

外国核动力船舶和载运核物质或其他本质上危险或有毒物质的船舶，在行使无害通过领海的权利时，应持有国际协定为这种船舶所规定的证书并遵守国际协定所规定的特别预防措施。

第二十四条　沿海国的义务

1. 除按照本公约规定外，沿海国不应妨碍外国船舶无害通过领海，尤其在适用本公约或依本公约制定的任何法律或规章时，沿海国不应：

（a）对外国船舶强加要求，其实际后果等于否定或损害无害通过的权利；或

（b）对任何国家的船舶、或对载运货物来往任何国家的船舶或对替任何国家载运货物的船舶，有形式上或事实上的歧视。

2. 沿海国应将其所知的在其领海内对航行有危险的任何情况妥为公布。

第二十五条　沿海国的保护权

1. 沿海国可在其领海内采取必要的步骤以防止非无害的通过。

2. 在船舶驶往内水或停靠内水外的港口设备的情形下，沿海国也有权采取必要的

步骤，以防止对准许这种船舶驶往内水或停靠港口的条件的任何破坏。

3. 如为保护国家安全包括武器演习在内而有必要，沿海国可在对外国船舶之间在形式上或事实上不加歧视的条件下，在其领海的特定区域内暂时停止外国船舶的无害通过。这种停止仅应在正式公布后发生效力。

第二十六条　可向外国船舶征收的费用

1. 对外国船舶不得仅以其通过领海为理由而征收任何费用。

2. 对通过领海的外国船舶，仅可作为对该船舶提供特定服务的报酬而征收费用。征收上述费用不应有任何歧视。

B 分节　适用于商船和用于商业目的的政府船舶的规则

第二十七条　外国船舶上的刑事管辖权

1. 沿海国不应在通过领海的外国船舶上行使刑事管辖权，以逮捕与在该船舶通过期间船上所犯任何罪行有关的任何人或进行与该罪行有关的任何调查，但下列情形除外：

（a）罪行的后果及于沿海国；

（b）罪行属于扰乱当地安宁或领海的良好秩序的性质；

（c）经船长或船旗国外交代表或领事官员请求地方当局予以协助；或

（d）这些措施是取缔违法贩运麻醉药品或精神调理物质所必要的。

2. 上述规定不影响沿海国为在驶离内水后通过领海的外国船舶上进行逮捕或调查的目的而采取其法律所授权的任何步骤的权利。

3. 在第 1 和第 2 两款规定的情形下，如经船长请求，沿海国在采取任何步骤前应通知船旗国的外交代表或领事官员，并应便利外交代表或领事官员和船上乘务人员之间的接触。遇有紧急情况，发出此项通知可与采取措施同时进行。

4. 地方当局在考虑是否逮捕或如何逮捕时，应适当顾及航行的利益。

5. 除第十二部分有所规定外或有违犯按照第五部分制定的法律和规章的情形，如果来自外国港口的外国船舶仅通过领海而不驶入内水，沿海国不得在通过领海的该船舶上采取任何步骤，以逮捕与该船舶驶进领海前所犯任何罪行有关的任何人或进行与该罪行有关的调查。

第二十八条　对外国船舶的民事管辖权

1. 沿海国不应为对通过领海的外国船舶上某人行使民事管辖权的目的而停止其航行或改变其航向。

2. 沿海国不得为任何民事诉讼的目的而对船舶从事执行或加以逮捕，但涉及该船舶本身在通过沿海国水域的航行中或为该航行的目的而承担的义务或因而负担的责任，则不在此限。

3. 第 2 款不妨害沿海国按照其法律为任何民事诉讼的目的而对在领海内停泊或驶离内水后通过领海的外国船舶从事执行或加以逮捕的权利。

C 分节　适用于军舰和其他用于非商业目的的政府船舶的规则

第二十九条　军舰的定义

为本公约的目的，"军舰"是指属于一国武装部队、具备辨别军舰国籍的外部标志、由该国政府正式委任并名列相应的现役名册或类似名册的军官指挥和配备有服从正规武装部队纪律的船员的船舶。

第三十条　军舰对沿海国法律和规章的不遵守

如果任何军舰不遵守沿海国关于通过领海的法律和规章，而且不顾沿海国向其提出遵守法律和规章的任何要求，沿海国可要求该军舰立即离开领海。

第三十一条　船旗国对军舰或其他用于非商业目的的政府船舶所造成的损害的责任

对于军舰或其他用于非商业目的的政府船舶不遵守沿海国有关通过领海的法律和规章或不遵守本公约的规定或其他国际法规则，而使沿海国遭受的任何损失或损害，船旗国应负国际责任。

第三十二条　军舰和其他用于非商业目的的政府船舶的豁免权

A 分节和第三十及第三十一条所规定的情形除外，本公约规定不影响军舰和其他用于非商业目的的政府船舶的豁免权。

第四节　毗连区

第三十三条　毗连区

1. 沿海国可在毗连其领海称为毗连区的区域内，行使为下列事项所必要的管制：
（a）防止在其领土或领海内违犯其海关、财政、移民或卫生的法律和规章；
（b）惩治在其领土或领海内违犯上述法律和规章的行为。

2. 毗连区从测算领海宽度的基线量起，不得超过二十四海里。

第三部分　用于国际航行的海峡

第一节　一般规定

第三十四条　构成用于国际航行海峡的水域的法律地位

1. 本部分所规定的用于国际航行的海峡的通过制度，不应在其他方面影响构成这种海峡的水域的法律地位，或影响海峡沿岸国对这种水域及其上空、海床和底土行使其主权或管辖权。

2. 海峡沿岸国的主权或管辖权的行使受本部分和其他国际法规则的限制。

第三十五条　本部分的范围

本部分的任何规定不影响：

（a）海峡内任何内水区域，但按照第七条所规定的方法确定直线基线的效果使原来并未认为是内水的区域被包围在内成为内水的情况除外；

（b）海峡沿岸国领海以外的水域作为专属经济区或公海的法律地位；或

（c）某些海峡的法律制度，这种海峡的通过已全部或部分地规定在长期存在、现行有效的专门关于这种海峡的国际公约中。

第三十六条　穿过用于国际航行的海峡的公海航道或穿过专属经济区的航道

如果穿过某一用于国际航行的海峡有在航行和水文特征方面同样方便的一条穿过公海或穿过专属经济区的航道，本部分不适用于该海峡；在这种航道中，适用本公约其他有关部分其中包括关于航行和飞越自由的规定。

第二节　过境通行

第三十七条　本节的范围

本节适用于在公海或专属经济区的一个部分和公海或专属经济区的另一部分之间

的用于国际航行的海峡。

第三十八条　过境通行权

1. 在第三十七条所指的海峡中，所有船舶和飞机均享有过境通行的权利，过境通行不应受阻碍；但如果海峡是由海峡沿岸国的一个岛屿和该国大陆形成，而且该岛向海一面有在航行和水文特征方面同样方便的一条穿过公海，或穿过专属经济区的航道，过境通行就不应适用。

2. 过境通行是指按照本部分规定，专为在公海或专属经济区的一个部分和公海或专属经济区的另一部分之间的海峡继续不停和迅速过境的目的而行使航行和飞越自由。但是，对继续不停和迅速过境的要求，并不排除在一个海峡沿岸国入境条件的限制下，为驶入、驶离该国或自该国返回的目的而通过海峡。

3. 任何非行使海峡过境通行权的活动，仍受本公约其他适用的规定的限制。

第三十九条　船舶和飞机在过境通行时的义务

1. 船舶和飞机在行使过境通行权时应：

（a）毫不迟延地通过或飞越海峡；

（b）不对海峡沿岸国的主权、领土完整或政治独立进行任何武力威胁或使用武力，或以任何其他违反《联合国宪章》所体现的国际法原则的方式进行武力威胁或使用武力；

（c）除因不可抗力或遇难而有必要外，不从事其继续不停和迅速过境的通常方式所附带发生的活动以外的任何活动；

（d）遵守本部分的其他有关规定。

2. 过境通行的船舶应：

（a）遵守一般接受的关于海上安全的国际规章、程序和惯例，包括《国际海上避碰规则》；

（b）遵守一般接受的关于防止、减少和控制来自船舶的污染的国际规章、程序和惯例。

3. 过境通行的飞机应：

（a）遵守国际民用航空组织制定的适用于民用飞机的《航空规则》；国有飞机通常应遵守这种安全措施，并在操作时随时适当顾及航行安全；

（b）随时监听国际上指定的空中交通管制主管机构所分配的无线电频率或有关的国际呼救无线电频率。

第四十条　研究和测量活动

外国船舶包括海洋科学研究和水文测量的船舶在内，在过境通行时，非经海峡沿岸国事前准许，不得进行任何研究或测量活动。

第四十一条　用于国际航行的海峡内的海道和分道通航制

1. 依照本部分，海峡沿岸国可于必要时为海峡航行指定海道和规定分道通航制，以促进船舶的安全通过。

2. 这种国家可于情况需要时，经妥为公布后，以其他海道或分道通航制替换任何其原先指定或规定的海道或分道通航制。

3. 这种海道和分道通航制应符合一般接受的国际规章。

4. 海峡沿岸国在指定或替换海道或在规定或替换分道通航制以前，应将提议提交主管国际组织，以期得到采纳。该组织仅可采纳同海峡沿岸国议定的海道和分道通航制，在此以后，海峡沿岸国可对这些海道和分道通航制予以指定、规定或替换。

5. 对于某一海峡，如所提议的海道或分道通航制穿过该海峡两个或两个以上沿岸国的水域，有关各国应同主管国际组织协商，合作拟订提议。

6. 海峡沿岸国应在海图上清楚地标出其所指定或规定的一切海道和分道通航制，并应将该海图妥为公布。

7. 过境通行的船舶应尊重按照本条制定的适用的海道和分道通航制。

第四十二条　海峡沿岸国关于过境通行的法律和规章

1. 在本节规定的限制下，海峡沿岸国可对下列各项或任何一项制定关于通过海峡的过境通行的法律和规章：

（a）第四十一条所规定的航行安全和海上交通管理；

（b）使有关在海峡内排放油类、油污废物和其他有毒物质的适用的国际规章有效，以防止、减少和控制污染；

（c）对于渔船，防止捕鱼，包括渔具的装载；

（d）违反海峡沿岸国海关、财政、移民或卫生的法律和规章，上下任何商品、货币或人员。

2. 这种法律和规章不应在形式上或事实上在外国船舶间有所歧视，或在其适用上有否定、妨碍或损害本节规定的过境通行权的实际后果。

3. 海峡沿岸国应将所有这种法律和规章妥为公布。

4. 行使过境通行权的外国船舶应遵守这种法律和规章。

5. 享有主权豁免的船舶的船旗国或飞机的登记国，在该船舶或飞机不遵守这种法律和规章或本部分的其他规定时，应对海峡沿岸国遭受的任何损失和损害负国际责任。

第四十三条　助航和安全设备及其他改进办法
以及污染的防止、减少和控制

海峡使用国和海峡沿岸国应对下列各项通过协议进行合作：

（a）在海峡内建立并维持必要的助航和安全设备或帮助国际航行的其他改进办法；和

（b）防止、减少和控制来自船舶的污染。

第四十四条　海峡沿岸国的义务

海峡沿岸国不应妨碍过境通行，并应将其所知的海峡内或海峡上空对航行或飞越有危险的任何情况妥为公布。过境通行不应予以停止。

第三节　无害通过

第四十五条　无害通过

1. 按照第二部分第三节，无害通过制度应适用于下列用于国际航行的海峡：

（a）按照第三十八条第 1 款不适用过境通行制度的海峡；或

（b）在公海或专属经济区的一个部分和外国领海之间的海峡。

2. 在这种海峡中的无害通过不应予以停止。

第四部分　群岛国

第四十六条　用语

为本公约的目的：

（a）"群岛国"是指全部由一个或多个群岛构成的国家，并可包括其他岛屿；

（b）"群岛"是指一群岛屿，包括若干岛屿的若干部分、相连的水域和其他自然地形，彼此密切相关，以致这种岛屿、水域和其他自然地形在本质上构成一个地理、经济和政治的实体，或在历史上已被视为这种实体。

第四十七条　群岛基线

1. 群岛国可划定连接群岛最外缘各岛和各干礁的最外缘各点的直线群岛基线，但这种基线应包括主要的岛屿和一个区域，在该区域内，水域面积和包括环礁在内的陆地面积的比例应在一比一至九比一之间。

2. 这种基线的长度不应超过一百海里。但围绕任何群岛的基线总数中至多百分之三可超过该长度，最长以一百二十五海里为限。

3. 这种基线的划定不应在任何明显的程度上偏离群岛的一般轮廓。

4. 除在低潮高地上筑有永久高于海平面的灯塔或类似设施，或者低潮高地全部或一部与最近的岛屿的距离不超过领海的宽度外，这种基线的划定不应以低潮高地为起讫点。

5. 群岛国不应采用一种基线制度，致使另一国的领海同公海或专属经济区隔断。

6. 如果群岛国的群岛水域的一部分位于一个直接相邻国家的两个部分之间，该邻国传统上在该水域内行使的现有权利和一切其他合法利益以及两国间协定所规定的一切权利，均应继续，并予以尊重。

7. 为计算第1款规定的水域与陆地的比例的目的，陆地面积可包括位于岛屿和环礁的岸礁以内的水域，其中包括位于陡侧海台周围的一系列灰岩岛和干礁所包围或几乎包围的海台的那一部分。

8. 按照本条划定的基线，应在足以确定这些线的位置的一种或几种比例尺的海图上标出。或者，可以用列出各点的地理坐标并注明大地基准点的表来代替。

9. 群岛国应将这种海图或地理坐标表妥为公布，并应将各该海图或坐标表的一份副本交存于联合国秘书长。

第四十八条　领海、毗连区、专属经济区和大陆架宽度的测算

领海、毗连区、专属经济区和大陆架的宽度，应从按照第四十七条划定的群岛基线量起。

第四十九条　群岛水域、群岛水域的上空、海床和底土的法律地位

1. 群岛国的主权及于按照第四十七条划定的群岛基线所包围的水域，称为群岛水域，不论其深度或距离海岸的远近如何。

2. 此项主权及于群岛水域的上空、海床和底土，以及其中所包含的资源。

3. 此项主权的行使受本部分规定的限制。

4. 本部分所规定的群岛海道通过制度，不应在其他方面影响包括海道在内的群岛水域的地位，或影响群岛国对这种水域及其上空、海床和底土以及其中所含资源行使其主权。

第五十条　内水界限的划定

群岛国可按照第九、第十和第十一条，在其群岛水域内用封闭线划定内水的界限。

第五十一条　现有协定、传统捕鱼权利和现有海底电缆

1. 在不妨害第四十九条的情形下，群岛国应尊重与其他国家间的现有协定，并应承认直接相邻国家在群岛水域范围内的某些区域内的传统捕鱼权利和其他合法活动。

行使这种权利和进行这种活动的条款和条件，包括这种权利和活动的性质、范围和适用的区域，经任何有关国家要求，应由有关国家之间的双边协定予以规定。这种权利不应转让给第三国或其国民，或与第三国或其国民分享。

2. 群岛国应尊重其他国家所铺设的通过其水域而不靠岸的现有海底电缆。群岛国于接到关于这种电缆的位置和修理或更换这种电缆的意图的适当通知后，应准许对其进行维修和更换。

第五十二条　无害通过权

1. 在第五十三条的限制下并在不妨害第五十条的情形下，按照第二部分第三节的规定，所有国家的船舶均享有通过群岛水域的无害通过权。

2. 如为保护国家安全所必要，群岛国可在对外国船舶之间在形式上或事实上不加歧视的条件下，暂时停止外国船舶在其群岛水域特定区域内的无害通过。这种停止仅应在正式公布后发生效力。

第五十三条　群岛海道通过权

1. 群岛国可指定适当的海道和其上的空中航道，以便外国船舶和飞机继续不停和迅速通过或飞越其群岛水域和邻接的领海。

2. 所有船舶和飞机均享有在这种海道和空中航道内的群岛海道通过权。

3. 群岛海道通过是指按照本公约规定，专为在公海或专属经济区的一部分和公海或专属经济区的另一部分之间继续不停、迅速和无障碍地过境的目的，行使正常方式的航行和飞越的权利。

4. 这种海道和空中航道应穿过群岛水域和邻接的领海，并应包括用作通过群岛水域或其上空的国际航行或飞越的航道的所有正常通道，并且在这种航道内，就船舶而言，包括所有正常航行水道，但无须在相同的进出点之间另设同样方便的其他航道。

5. 这种海道和空中航道应以通道进出点之间的一系列连续不断的中心线划定，通过群岛海道和空中航道的船舶和飞机在通过时不应偏离这种中心线二十五海里以外，但这种船舶和飞机在航行时与海岸的距离不应小于海道边缘各岛最近各点之间的距离的百分之十。

6. 群岛国根据本条指定海道时，为了使船舶安全通过这种海道内的狭窄水道，也可规定分道通航制。

7. 群岛国可于情况需要时，经妥为公布后，以其他的海道或分道通航制替换任何其原先指定或规定的海道或分道通航制。

8. 这种海道或分道通航制应符合一般接受的国际规章。

9. 群岛国在指定或替换海道或在规定或替换分道通航制时，应向主管国际组织提出建议，以期得到采纳。该组织仅可采纳同群岛国议定的海道和分道通航制；在此以后，群岛国可对这些海道和分道通航制予以指定、规定或替换。

10. 群岛国应在海图上清楚地标出其指定或规定的海道中心线和分道通航制，并应将该海图妥为公布。

11. 通过群岛海道的船舶应尊重按照本条制定的适用的海道和分道通航制。

12. 如果群岛国没有指定海道或空中航道，可通过正常用于国际航行的航道，行使群岛海道通过权。

第五十四条　船舶和飞机在通过时的义务、研究和测量活动、群岛国的义务以及群岛国关于群岛海道通过的法律和规章

第三十九、第四十、第四十二和第四十四各条比照适用于群岛海道通过。

第五部分　专属经济区

第五十五条　专属经济区的特定法律制度

专属经济区是领海以外并邻接领海的一个区域，受本部分规定的特定法律制度的限制，在这个制度下，沿海国的权利和管辖权以及其他国家的权利和自由均受本公约有关规定的支配。

第五十六条　沿海国在专属经济区内的权利、管辖权和义务

1. 沿海国在专属经济区内有：

（a）以勘探和开发、养护和管理海床上覆水域和海床及其底土的自然资源（不论为生物或非生物资源）为目的的主权权利，以及关于在该区内从事经济性开发和勘探，如利用海水、海流和风力生产能等其他活动的主权权利；

（b）本公约有关条款规定的对下列事项的管辖权：

（1）人工岛屿、设施和结构的建造和使用；

（2）海洋科学研究；

（3）海洋环境的保护和保全；

（c）本公约规定的其他权利和义务。

2. 沿海国在专属经济区内根据本公约行使其权利和履行其义务时，应适当顾及其他国家的权利和义务，并应以符合本公约规定的方式行事。

3. 本条所载的关于海床和底土的权利，应按照第六部分的规定行使。

第五十七条　专属经济区的宽度

专属经济区从测算领海宽度的基线量起，不应超过二百海里。

第五十八条　其他国家在专属经济区内的权利和义务

1. 在专属经济区内，所有国家，不论为沿海国或内陆国，在本公约有关规定的限制下，享有第八十七条所指的航行和飞越的自由，铺设海底电缆和管道的自由，以及与这些自由有关的海洋其他国际合法用途，诸如同船舶和飞机的操作及海底电缆和管道的使用有关的并符合本公约其他规定的那些用途。

2. 第八十八至第一一五条以及其他国际法有关规则，只要与本部分不相抵触，均适用于专属经济区。

3. 各国在专属经济区内根据本公约行使其权利和履行其义务时，应适当顾及沿海国的权利和义务，并应遵守沿海国按照本公约的规定和其他国际法规则所制定的与本部分不相抵触的法律和规章。

第五十九条　解决关于专属经济区内权利和管辖权的归属的冲突的基础

在本公约未将在专属经济区内的权利或管辖权归属于沿海国或其他国家而沿海国和任何其他一国或数国之间的利益发生冲突的情形下，这种冲突应在公平的基础上参照一切有关情况，考虑到所涉利益分别对有关各方和整个国际社会的重要性，加以解决。

第六十条　专属经济区内的人工岛屿、设施和结构

1. 沿海国在专属经济区内应有专属权利建造并授权和管理建造、操作和使用：

（a）人工岛屿；

（b）为第五十六条所规定的目的和其他经济目的的设施和结构；

（c）可能干扰沿海国在区内行使权利的设施和结构。

2. 沿海国对这种人工岛屿、设施和结构应有专属管辖权，包括有关海关、财政、卫生、安全和移民的法律和规章方面的管辖权。

3. 这种人工岛屿、设施或结构的建造，必须妥为通知，并对其存在必须维持永久性的警告方法。已被放弃或不再使用的任何设施或结构，应予以撤除，以确保航行安全，同时考虑到主管国际组织在这方面制订的任何为一般所接受的国际标准。这种撤除也应适当地考虑到捕鱼、海洋环境的保护和其他国家的权利和义务。尚未全部撤除的任何设施或结构的深度、位置和大小应妥为公布。

4. 沿海国可于必要时在这种人工岛屿、设施和结构的周围设置合理的安全地带，并可在该地带中采取适当措施以确保航行以及人工岛屿、设施和结构的安全。

5. 安全地带的宽度应由沿海国参照可适用的国际标准加以确定。这种地带的设置应确保其与人工岛屿、设施或结构的性质和功能有合理的关联；这种地带从人工岛屿、设施或结构的外缘各点量起，不应超过这些人工岛屿、设施或结构周围五百公尺的距离，但为一般接受的国际标准所许可或主管国际组织所建议者除外。安全地带的范围应妥为通知。

6. 一切船舶都必须尊重这些安全地带，并应遵守关于在人工岛屿、设施、结构和安全地带附近航行的一般接受的国际标准。

7. 人工岛屿、设施和结构及其周围的安全地带，不得设在对使用国际航行必经的公认海道可能有干扰的地方。

8. 人工岛屿、设施和结构不具有岛屿地位。它们没有自己的领海，其存在也不影响领海、专属经济区或大陆架界限的划定。

第六十一条　生物资源的养护

1. 沿海国应决定其专属经济区内生物资源的可捕量。

2. 沿海国参照其可得到的最可靠的科学证据，应通过正当的养护和管理措施，确保专属经济区内生物资源的维持不受过度开发的危害。在适当情形下，沿海国和各主管国际组织，不论是分区域、区域或全球性的，应为此目的进行合作。

3. 这种措施的目的也应在包括沿海渔民社区的经济需要和发展中国家的特殊要求在内的各种有关的环境和经济因素的限制下，使捕捞鱼种的数量维持在或恢复到能够生产最高持续产量的水平，并考虑到捕捞方式、种群的相互依存以及任何一般建议的国际最低标准，不论是分区域、区域或全球性的。

4. 沿海国在采取这种措施时，应考虑到与所捕捞鱼种有关联或依赖该鱼种而生存的鱼种所受的影响，以便使这些有关联或依赖的鱼种的数量维持在或恢复到其繁殖不会受严重威胁的水平以上。

5. 在适当情形下，应通过各主管国际组织，不论是分区域、区域或全球性的，并在所有有关国家，包括其国民获准在专属经济区捕鱼的国家参加下，经常提供和交换可获得的科学情报、渔获量和渔捞努力量统计，以及其他有关养护鱼的种群的资料。

第六十二条　生物资源的利用

1. 沿海国应在不妨害第六十一条的情形下促进专属经济区内生物资源最适度利用的目的。

2. 沿海国应决定其捕捞专属经济区内生物资源的能力。沿海国在没有能力捕捞全部可捕量的情形下，应通过协定或其他安排，并根据第4款所指的条款、条件、法律和规章，准许其他国家捕捞可捕量的剩余部分，特别顾及第六十九和第七十条的规定，尤其是关于其中所提到的发展中国家的部分。

3. 沿海国在根据本条准许其他国家进入其专属经济区时，应考虑到所有有关因素，除其他外，包括：该区域的生物资源对有关沿海国的经济和其他国家利益的重要性，第六十九和第七十条的规定，该分区域或区域内的发展中国家捕捞一部分剩余量的要求，以及尽量减轻其国民惯常在专属经济区捕鱼或曾对研究和测定种群做过大量工作的国家经济失调现象的需要。

4. 在专属经济区内捕鱼的其他国家的国民应遵守沿海国的法律和规章中所制订的养护措施和其他条款和条件。这种法律和规章应符合本公约，除其他外，并可涉及下列各项：

（a）发给渔民、渔船和捕捞装备以执照，包括交纳规费和其他形式的报酬，而就发展中的沿海国而言，这种报酬可包括有关渔业的资金、装备和技术方面的适当补偿；

（b）决定可捕鱼种，和确定渔获量的限额，不论是关于特定种群或多种种群或一定期间的单船渔获量，或关于特定期间内任何国家国民的渔获量；

（c）规定渔汛和渔区，可使用渔具的种类、大小和数量以及渔船的种类、大小和数目；

（d）确定可捕鱼类和其他鱼种的年龄和大小；

（e）规定渔船应交的情报，包括渔获量和渔捞努力量统计和船只位置的报告；

（f）要求在沿海国授权和控制下进行特定渔业研究计划，并管理这种研究的进行，其中包括渔获物抽样、样品处理和相关科学资料的报告；

（g）由沿海国在这种船只上配置观察员或受训人员；

（h）这种船只在沿海国港口卸下渔获量的全部或任何部分；

（i）有关联合企业或其他合作安排的条款和条件；

（j）对人员训练和渔业技术转让的要求，包括提高沿海国从事渔业研究的能力；

（k）执行程序。

5. 沿海国应将养护和管理的法律和规章妥为通知。

第六十三条　出现在两个或两个以上沿海国专属经济区的种群或出现在专属经济区内而又出现在专属经济区外的邻接区域内的种群

1. 如果同一种群或有关联的鱼种的几个种群出现在两个或两个以上沿海国的专属经济区内，这些国家应直接或通过适当的分区域或区域组织，设法就必要措施达成协议，以便在不妨害本部分其他规定的情形下，协调并确保这些种群的养护和发展。

2. 如果同一种群或有关联的鱼种的几个种群出现在专属经济区内而又出现在专属经济区外的邻接区域内，沿海国和在邻接区域内捕捞这种种群的国家，应直接或通过适当的分区域或区域组织，设法就必要措施达成协议，以养护在邻接区域内的这些种群。

第六十四条　高度洄游鱼种

1. 沿海国和其国民在区域内捕捞附件一所列的高度洄游鱼种的其他国家应直接或通过适当国际组织进行合作，以期确保在专属经济区以内和以外的整个区域内的这种鱼种的养护和促进最适度利用这种鱼种的目标。在没有适当的国际组织存在的区域内，沿海国和其国民在区域内捕捞这些鱼种的其他国家，应合作设立这种组织并参加其工作。

2. 第1款的规定作为本部分其他规定的补充而适用。

第六十五条　海洋哺乳动物

本部分的任何规定并不限制沿海国的权利或国际组织的职权，对捕捉海洋哺乳动物执行较本部分规定更为严格的禁止、限制或管制。各国应进行合作，以期养护海洋哺乳动物，在有关鲸目动物方面，尤应通过适当的国际组织，致力于这种动物的养护、管理和研究。

第六十六条　溯河产卵种群

1. 有溯河产卵种群源自其河流的国家对于这种群应有主要利益和责任。

2. 溯河产卵种群的鱼源国，应制订关于在其专属经济区外部界限向陆一面的一切水域中的捕捞和关于第3款（b）项中所规定的捕捞的适当管理措施，以确保这种种群的养护。鱼源国可与第3和第4款所指的捕捞这些种群的其他国家协商后，确定源自其河流的种群的总可捕量。

3.

（a）捕捞溯河产卵种群的渔业活动，应只在专属经济区外部界限向陆一面的水域中进行，但这项规定引起鱼源国以外的国家经济失调的情形除外。关于在专属经济区外部界限以外进行的这种捕捞，有关国家应保持协商，以期就这种捕捞的条款和条件达成协议，并适当顾及鱼源国对这些种群加以养护的要求和需要；

（b）鱼源国考虑到捕捞这些种群的其他国家的正常渔获量和作业方式，以及进行这种捕捞活动的所有地区，应进行合作以尽量减轻这种国家的经济失调；

（c）（b）项所指的国家，经与鱼源国协议后参加使溯河产卵种群再生的措施者，特别是分担作此用途的开支者，在捕捞源自鱼源国河流的种群方面，应得到鱼源国的特别考虑；

（d）鱼源国和其他有关国家应达成协议，以执行有关专属经济区以外的溯河产卵种群的法律和规章。

4. 在溯河产卵种群洄游进入或通过鱼源国以外国家的专属经济区外部界限向陆一面的水域的情形下，该国应在养护和管理这种种群方面同鱼源国进行合作。

5. 溯河产卵种群的鱼源国和捕捞这些种群的其他国家，为了执行本条的各项规定，应作出安排，在适当情形下通过区域性组织作出安排。

第六十七条　降河产卵鱼种

1. 降河产卵鱼种在其水域内度过大部分生命周期的沿海国，应有责任管理这些鱼种，并应确保洄游鱼类的出入。

2. 捕捞降河产卵鱼种，应只在专属经济区外部界限向陆一面的水域中进行。在专属经济区内进行捕捞时，应受本条及本公约关于在专属经济区内的捕鱼的其他规定的限制。

3. 在降河产卵鱼种不论幼鱼或成鱼洄游通过另外一国的专属经济区的情形下，这种鱼的管理，包括捕捞，应由第 1 款所述的国家和有关的另外一国协议规定。这种协议应确保这些鱼种的合理管理，并考虑到第 1 款所述国家在维持这些鱼种方面所负的责任。

第六十八条　定居种

本部分的规定不适用于第七十七条第 4 款所规定的定居种。

第六十九条　内陆国的权利

1. 内陆国应有权在公平的基础上，参与开发同一分区域或区域的沿海国专属经济区的生物资源的适当剩余部分，同时考虑到所有有关国家的相关经济和地理情况，并遵守本条及第六十一和第六十二条的规定。

2. 这种参与的条款和方式应由有关国家通过双边、分区域或区域协定加以制订，除其他外，考虑到下列各项：

（a）避免对沿海国的渔民社区或渔业造成不利影响的需要；

（b）内陆国按照本条规定，在现有的双边、分区域、或区域协定下参与或有权参与开发其他沿海国专属经济区的生物资源的程度；

（c）其他内陆国和地理不利国参与开发沿海国专属经济区的生物资源的程度，以及避免因此使任何一个沿海国、或其一部分地区承受特别负担的需要；

（d）有关各国人民的营养需要。

3. 当一个沿海国的捕捞能力接近能够捕捞其专属经济区内生物资源的可捕量的全部时，该沿海国与其他有关国家应在双边、分区域或区域的基础上，合作制订公平安排，在适当情形下并按照有关各方都满意的条款，容许同一分区域或区域的发展中内陆国参与开发该分区域或区域的沿海国专属经济区内的生物资源。在实施本规定时，还应考虑到第 2 款所提到的因素。

4. 根据本条规定，发达的内陆国家应仅有权参与开发同一分区域或区域内发达沿海国专属经济区的生物资源，同时顾及沿海国在准许其他国家捕捞其专属经济区内生物资源时，在多大程度上已考虑到需要尽量减轻其国民惯常在该经济区捕鱼的国家的经济失调及渔民社区所受的不利影响。

5. 上述各项规定不妨害在分区域或区域内议定的安排，沿海国在这种安排中可能给予同一分区域或区域的内陆国开发其专属经济区内生物资源的同等或优惠权利。

第七十条　地理不利国的权利

1. 地理不利国应有权在公平的基础上参与开发同一分区域或区域的沿海国专属经济区的生物资源的适当剩余部分，同时考虑到所有有关国家的相关经济和地理情况，并遵守本条及第六十一和第六十二条的规定。

2. 为本部分的目的，"地理不利国"是指其地理条件使其依赖于发展同一分区域或区域的其他国家专属经济区内的生物资源，以供应足够的鱼类来满足其人民或部分人民的营养需要的沿海国，包括闭海或半闭海沿岸国在内，以及不能主张有自己的专属经济区的沿海国。

3. 这种参与的条款和方式应由有关国家通过双边、分区域或区域协定加以制订，除其他外，考虑到下列各项：

（a）避免对沿海国的渔民社区或渔业造成不利影响的需要；

（b）地理不利国按照本条规定，在现有的双边、分区域或区域协定下参与或有权参与开发其他沿海国专属经济区的生物资源的程度；

（c）其他地理不利国和内陆国参与开发沿海国专属经济区的生物资源的程度，以及避免因此使任何一个沿海国、或其一部分地区承受特别负担的需要；

（d）有关各国人民的营养需要。

4. 当一个沿海国的捕捞能力接近能够捕捞其专属经济区内生物资源的可捕量的全部时，该沿海国与其他有关国家应在双边、分区域或区域的基础上，合作制订公平安排，在适当情形下并按照有关各方都满意的条款，容许同一分区域或区域的地理不利发展中国家参与开发该分区域或区域的沿海国专属经济区内的生物资源，在实施本规定时，还应考虑到第3款所提到的因素。

5. 根据本条规定，地理不利发达国家应只有权参与开发同一分区域或区域发达沿海国的专属经济区的生物资源，同时顾及沿海国在准许其他国家捕捞其专属经济区内生物资源时，在多大程度上已考虑到需要尽量减轻其国民惯常在该经济区捕鱼的国家的经济失调及渔民社区所受的不利影响。

6. 上述各项规定不妨害在分区域或区域内议定的安排，沿海国在这种安排中可能给予同一分区域或区域内地理不利国开发其专属经济区内生物资源的同等或优惠权利。

第七十一条　第六十九和第七十条的不适用

第六十九和第七十条的规定不适用于经济上极为依赖于开发其专属经济区内生物

资源的沿海国的情形。

第七十二条　权利转让的限制

1. 除有关国家另有协议外，第六十九和第七十条所规定的开发生物资源的权利，不应以租借或发给执照、或成立联合企业，或以具有这种转让效果的任何其他方式，直接或间接转让给第三国或其国民。

2. 上述规定不排除有关国家为了便利行使第六十九和第七十条所规定的权利，从第三国或国际组织取得技术或财政援助，但以不发生第1款所指的效果为限。

第七十三条　沿海国法律和规章的执行

1. 沿海国行使其勘探、开发、养护和管理在专属经济区内的生物资源的主权权利时，可采取为确保其依照本公约制定的法律和规章得到遵守所必要的措施，包括登临、检查、逮捕和进行司法程序。

2. 被逮捕的船只及其船员，在提出适当的保证书或其他担保后，应迅速获得释放。

3. 沿海国对于在专属经济区内违犯渔业法律和规章的处罚，如有关国家无相反的协议，不得包括监禁，或任何其他方式的体罚。

4. 在逮捕或扣留外国船只的情形下，沿海国应通过适当途径将其所采取的行动及随后所施加的任何处罚迅速通知船旗国。

第七十四条　海岸相向或相邻国家间专属经济区界限的划定

1. 海岸相向或相邻的国家间专属经济区的界限，应在国际法院规约第三十八条所指国际法的基础上以协议划定，以便得到公平解决。

2. 有关国家如在合理期间内未能达成任何协议，应诉诸第十五部分所规定的程序。

3. 在达成第1款规定的协议以前，有关各国应基于谅解和合作精神，尽一切努力作出实际性的临时安排，并在此过渡期间内，不危害或阻碍最后协议的达成。这种安排应不妨害最后界限的划定。

4. 如果有关国家间存在现行有效的协定，关于划定专属经济区界限的问题，应按照该协定的规定加以决定。

第七十五条　海图和地理坐标表

1. 在本部分的限制下，专属经济区的外部界限和按照第七十四条划定的分界线，应在足以确定这些线的位置的一种或几种比例尺的海图上标出。在适当情形下，可以用列出各点的地理坐标并注明大地基准点的表来代替这种外部界线或分界线。

2. 沿海国应将这种海图或地理坐标表妥为公布，并应将各该海图或坐标表的一份副本交存于联合国秘书长。

第六部分　大陆架

第七十六条　大陆架的定义

1. 沿海国的大陆架包括其领海以外依其陆地领土的全部自然延伸，扩展到大陆边外缘的海底区域的海床和底土，如果从测算领海宽度的基线量起到大陆边的外缘的距离不到二百海里，则扩展到二百海里的距离。

2. 沿海国的大陆架不应扩展到第 4 至第 6 款所规定的界限以外。

3. 大陆边包括沿海国陆块没入水中的延伸部分，由陆架、陆坡和陆基的海床和底土构成，它不包括深洋洋底及其洋脊，也不包括其底土。

4.

（a）为本公约的目的，在大陆边从测算领海宽度的基线量起超过二百海里的任何情形下，沿海国应以下列两种方式之一，划定大陆边的外缘：

（1）按照第 7 款，以最外各定点为准划定界线，每一定点上沉积岩厚度至少为从该点至大陆坡脚最短距离的百分之一；或

（2）按照第 7 款，以离大陆坡脚的距离不超过六十海里的各定点为准划定界线。

（b）在没有相反证明的情形下，大陆坡脚应定为大陆坡坡底坡度变动最大之点。

5. 组成按照第 4 款（a）项（1）和（2）目划定的大陆架在海床上的外部界线的各定点，不应超过从测算领海宽度的基线量起三百五十海里，或不应超过连接二千五百公尺深度各点的二千五百公尺等深线一百海里。

6. 虽有第 5 款的规定，在海底洋脊上的大陆架外部界限不应超过从测算领海宽度的基线量起三百五十海里。本款规定不适用于作为大陆边自然构成部分的海台、海隆、海峰、暗滩和坡尖等海底高地。

7. 沿海国的大陆架如从测算领海宽度的基线量起超过二百海里，应连接以经纬度坐标标出的各定点划出长度各不超过六十海里的若干直线，划定其大陆架的外部界限。

8. 从测算领海宽度的基线量起二百海里以外大陆架界限的情报应由沿海国提交根据附件二在公平地区代表制基础上成立的大陆架界限委员会。委员会应就有关划定大陆架外部界限的事项向沿海国提出建议，沿海国在这些建议的基础上划定的大陆架界限应有确定性和拘束力。

9. 沿海国应将永久标明其大陆架外部界限的海图和有关情报，包括大地基准点，交存于联合国秘书长。秘书长应将这些情报妥为公布。

10. 本条的规定不妨害海岸相向或相邻国家间大陆架界限划定的问题。

第七十七条　沿海国对大陆架的权利

1. 沿海国为勘探大陆架和开发其自然资源的目的，对大陆架行使主权权利。

2. 第 1 款所指的权利是专属性的，即：如果沿海国不勘探大陆架或开发其自然资源，任何人未经沿海国明示同意，均不得从事这种活动。

3. 沿海国对大陆架的权利并不取决于有效或象征的占领或任何明文公告。

4. 本部分所指的自然资源包括海床和底土的矿物和其他非生物资源，以及属于定居种的生物，即在可捕捞阶段海床上或海床下不能移动或其躯体须与海床或底土保持接触才能移动的生物。

第七十八条　上覆水域和上空的法律地位以及其他国家的权利和自由

1. 沿海国对大陆架的权利不影响上覆水域或水域上空的法律地位。

2. 沿海国对大陆架权利的行使，绝不得对航行和本公约规定的其他国家的其他权利和自由有所侵害，或造成不当的干扰。

第七十九条　大陆架上的海底电缆和管道

1. 所有国家按照本条的规定都有在大陆架上铺设海底电缆和管道的权利。

2. 沿海国除了为了勘探大陆架，开发自然资源和防止、减少和控制管道造成的污染有权采取合理措施外，对于铺设或维持这种海底电缆或管道不得加以阻碍。

3. 在大陆架上铺设这种管道，其路线的划定须经沿海国同意。

4. 本部分的任何规定不影响沿海国对进入其领土或领海的电缆或管道订立条件的权利，也不影响沿海国对因勘探其大陆架或开发其资源或经营在其管辖下的人工岛屿、设施和结构而建造或使用的电缆和管道的管辖权。

5. 铺设海底电缆和管道时，各国应适当顾及已经铺设的电缆和管道。特别是，修理现有电缆或管道的可能性不应受妨碍。

第八十条　大陆架上的人工岛屿、设施和结构

第六十条比照适用于大陆架上的人工岛屿、设施和结构。

第八十一条　大陆架上的钻探

沿海国有授权和管理为一切目的在大陆架上进行钻探的专属权利。

第八十二条　对二百海里以外的大陆架上的开发应缴的费用和实物

1. 沿海国对从测算领海宽度的基线量起二百海里以外的大陆架上的非生物资源的开发，应缴付费用或实物。

2. 在某一矿区进行第一个五年生产以后，对该矿区的全部生产应每年缴付费用和实物。第六年缴付费用或实物的比率应为矿区产值或产量的百分之一。此后该比率每年增加百分之一，至第十二年为止，其后比率应保持为百分之七。产品不包括供开发用途的资源。

3. 某一发展中国家如果是其大陆架上所生产的某种矿物资源的纯输入者，对该种矿物资源免缴这种费用或实物。

4. 费用或实物应通过管理局缴纳。管理局应根据公平分享的标准将其分配给本公约各缔约国，同时考虑到发展中国家的利益和需要，特别是其中最不发达的国家和内陆国的利益和需要。

第八十三条　海岸相向或相邻国家间大陆架界限的划定

1. 海岸相向或相邻国家间大陆架的界限，应在国际法院规约第三十八条所指国际法的基础上以协议划定，以便得到公平解决。

2. 有关国家如在合理期间内未能达成任何协议，应诉诸第十五部分所规定的程序。

3. 在达成第 1 款规定的协议以前，有关各国应基于谅解和合作的精神，尽一切努力作出实际性的临时安排，并在此过渡期间内，不危害或阻碍最后协议的达成。这种安排不妨害最后界限的划定。

4. 如果有关国家间存在现行有效的协定，关于划定大陆架界线的问题，应按照该协定的规定加以决定。

第八十四条　海图和地理坐标表

1. 在本部分的限制下，大陆架外部界限和按照第八十三条划定的分界线，应在足以确定这些线的位置的一种或几种比例尺的海图上标出。在适当情形下，可以用列出各点的地理坐标并注明大地基准点的表来代替这种外部界线或分界线。

2. 沿海国应将这种海图或地理坐标表妥为公布，并应将各该海图或坐标表的一份副本交存于联合国秘书长，如为标明大陆架外部界线的海图或坐标，也交存于管理局秘书长。

第八十五条　开凿隧道

本部分不妨害沿海国开凿隧道以开发底土的权利，不论底土上水域的深度如何。

第七部分 公海

第一节 一般规定

第八十六条 本部分规定的适用

本部分的规定适用于不包括在国家的专属经济区、领海或内水或群岛国的群岛水域内的全部海域。本条规定并不使各国按照第五十八条规定在专属经济区内所享有的自由受到任何减损。

第八十七条 公海自由

1. 公海对所有国家开放，不论其为沿海国或内陆国。公海自由是在本公约和其他国际法规则所规定的条件下行使的。公海自由对沿海国和内陆国而言，除其他外，包括：

（a）航行自由；

（b）飞越自由；

（c）铺设海底电缆和管道的自由，但受第六部分的限制；

（d）建造国际法所容许的人工岛屿和其他设施的自由，但受第六部分的限制；

（e）捕鱼自由，但受第二节规定条件的限制；

（f）科学研究的自由，但受第六和第十三部分的限制。

2. 这些自由应由所有国家行使，但须适当顾及其他国家行使公海自由的利益，并适当顾及本公约所规定的同"区域"内活动有关的权利。

第八十八条 公海只用于和平目的

公海应只用于和平目的。

第八十九条 对公海主权主张的无效

任何国家不得有效地声称将公海的任何部分置于其主权之下。

第九十条 航行权

每个国家，不论是沿海国或内陆国，均有权在公海上行驶悬挂其旗帜的船舶。

第九十一条　船舶的国籍

1. 每个国家应确定对船舶给予国籍、船舶在其领土内登记及船舶悬挂该国旗帜的权利的条件。船舶具有其有权悬挂的旗帜所属国家的国籍。国家和船舶之间必须有真正联系。

2. 每个国家应向其给予悬挂该国旗帜权利的船舶颁发给予该权利的文件。

第九十二条　船舶的地位

1. 船舶航行应仅悬挂一国的旗帜，而且除国际条约或本公约明文规定的例外情形外，在公海上应受该国的专属管辖。除所有权确实转移或变更登记的情形外，船舶在航程中或在停泊港内不得更换其旗帜。

2. 悬挂两国或两国以上旗帜航行并视方便而换用旗帜的船舶，对任何其他国家不得主张其中的任一国籍，并可视同无国籍的船舶。

第九十三条　悬挂联合国、其专门机构和国际原子能机构旗帜的船舶

以上各条不影响用于为联合国、其专门机构或国际原子能机构正式服务并悬挂联合国旗帜的船舶的问题。

第九十四条　船旗国的义务

1. 每个国家应对悬挂该国旗帜的船舶有效地行使行政、技术及社会事项上的管辖和控制。

2. 每个国家特别应：

（a）保持一本船舶登记册，载列悬挂该国旗帜的船舶的名称和详细情况，但因体积过小而不在一般接受的国际规章规定范围内的船舶除外；

（b）根据其国内法，就有关每艘悬挂该国旗帜的船舶的行政、技术和社会事项，对该船及其船长、高级船员和船员行使管辖权。

3. 每个国家对悬挂该国旗帜的船舶，除其他外，应就下列各项采取为保证海上安全所必要的措施：

（a）船舶的构造、装备和适航条件；

（b）船舶的人员配备、船员的劳动条件和训练，同时考虑到适用的国际文件；

（c）信号的使用、通信的维持和碰撞的防止。

4. 这种措施应包括为确保下列事项所必要的措施：

（a）每艘船舶，在登记前及其后适当的间隔期间，受合格的船舶检验人的检查，并在船上备有船舶安全航行所需要的海图、航海出版物以及航行装备和仪器；

（b）每艘船舶都由具备适当资格、特别是具备航海术、航行、通信和海洋工程方

面资格的船长和高级船员负责，而且船员的资格和人数与船舶种类、大小、机械和装备都是相称的；

（c）船长、高级船员和在适当范围内的船员，充分熟悉并须遵守关于海上生命安全，防止碰撞，防止、减少和控制海洋污染和维持无线电通信所适用的国际规章。

5. 每一国家采取第 3 和第 4 款要求的措施时，须遵守一般接受的国际规章、程序和惯例，并采取为保证这些规章、程序和惯例得到遵行所必要的任何步骤。

6. 一个国家如有明确理由相信对某一船舶未行使适当的管辖和管制，可将这项事实通知船旗国。船旗国接到通知后，应对这一事项进行调查，并于适当时采取任何必要行动，以补救这种情况。

7. 每一国家对于涉及悬挂该国旗帜的船舶在公海上因海难或航行事故对另一国国民造成死亡或严重伤害，或对另一国的船舶或设施、或海洋环境造成严重损害的每一事件，都应由适当的合格人士一人或数人或在有这种人士在场的情况下进行调查。对于该另一国就任何这种海难或航行事故进行的任何调查，船旗国应与该另一国合作。

第九十五条　公海上军舰的豁免权

军舰在公海上有不受船旗国以外任何其他国家管辖的完全豁免权。

第九十六条　专用于政府非商业性服务的船舶的豁免权

由一国所有或经营并专用于政府非商业性服务的船舶，在公海上应有不受船旗国以外任何其他国家管辖的完全豁免权。

第九十七条　关于碰撞事项或任何其他航行事故的刑事管辖权

1. 遇有船舶在公海上碰撞或任何其他航行事故涉及船长或任何其他为船舶服务的人员的刑事或纪律责任时，对此种人员的任何刑事诉讼或纪律程序，仅可向船旗国或此种人员所属国的司法或行政当局提出。

2. 在纪律事项上，只有发给船长证书或驾驶资格证书或执照的国家，才有权在经过适当的法律程序后宣告撤销该证书，即使证书持有人不是发给证书的国家的国民也不例外。

3. 船旗国当局以外的任何当局，即使作为一种调查措施，也不应命令逮捕或扣留船舶。

第九十八条　救助的义务

1. 每个国家应责成悬挂该国旗帜航行的船舶的船长，在不严重危及其船舶、船员或乘客的情况下：

（a）救助在海上遇到的任何有生命危险的人；

（b）如果得悉有遇难者需要救助的情形，在可以合理地期待其采取救助行动时，尽速前往拯救；

（c）在碰撞后，对另一船舶、其船员和乘客给予救助，并在可能情况下，将自己船舶的名称、船籍港和将停泊的最近港口通知另一船舶。

2. 每个沿海国应促进有关海上和上空安全的足敷应用和有效的搜寻和救助服务的建立、经营和维持，并应在情况需要时为此目的通过相互的区域性安排与邻国合作。

第九十九条 贩运奴隶的禁止

每个国家应采取有效措施，防止和惩罚准予悬挂该国旗帜的船舶贩运奴隶，并防止为此目的而非法使用其旗帜。在任何船舶上避难的任何奴隶、不论该船悬挂何国旗帜，均当然获得自由。

第一〇〇条 合作制止海盗行为的义务

所有国家应尽最大可能进行合作，以制止在公海上或在任何国家管辖范围以外的任何其他地方的海盗行为。

第一〇一条 海盗行为的定义

下列行为中的任何行为构成海盗行为：

（a）私人船舶或私人飞机的船员、机组成员或乘客为私人目的，对下列对象所从事的任何非法的暴力或扣留行为，或任何掠夺行为：

（1）在公海上对另一船舶或飞机，或对另一船舶或飞机上的人或财物；

（2）在任何国家管辖范围以外的地方对船舶、飞机、人或财物；

（b）明知船舶或飞机成为海盗船舶或飞机的事实，而自愿参加其活动的任何行为；

（c）教唆或故意便利（a）或（b）项所述行为的任何行为。

第一〇二条 军舰、政府船舶或政府飞机由于其船员或机组成员发生叛变而从事的海盗行为

军舰、政府船舶或政府飞机由于其船员或机组成员发生叛变并控制该船舶或飞机而从事第一〇一条所规定的海盗行为，视同私人船舶或飞机所从事的行为。

第一〇三条 海盗船舶或飞机的定义

如果处于主要控制地位的人员意图利用船舶或飞机从事第一〇一条所指的各项行为之一，该船舶或飞机视为海盗船舶或飞机。如果该船舶或飞机曾被用以从事任何这种行为，在该船舶或飞机仍在犯有该行为的人员的控制之下时，上述规定同样适用。

第一〇四条　海盗船舶或飞机国籍的保留或丧失

船舶或飞机虽已成为海盗船舶或飞机，仍可保有其国籍。国籍的保留或丧失由原来给予国籍的国家的法律予以决定。

第一〇五条　海盗船舶或飞机的扣押

在公海上，或在任何国家管辖范围以外的任何其他地方，每个国家均可扣押海盗船舶或飞机或为海盗所夺取并在海盗控制下的船舶或飞机，和逮捕船上或机上人员并扣押船上或机上财物。扣押国的法院可判定应处的刑罚，并可决定对船舶、飞机或财产所应采取的行动，但受善意第三者的权利的限制。

第一〇六条　无足够理由扣押的赔偿责任

如果扣押涉有海盗行为嫌疑的船舶或飞机并无足够的理由，扣押国应向船舶或飞机所属的国家负担因扣押而造成的任何损失或损害的赔偿责任。

第一〇七条　由于发生海盗行为而有权进行扣押的船舶和飞机

由于发生海盗行为而进行的扣押，只可由军舰、军用飞机或其他有清楚标志可以识别的为政府服务并经授权扣押的船舶或飞机实施。

第一〇八条　麻醉药品或精神调理物质的非法贩运

1. 所有国家应进行合作，以制止船舶违反国际公约在海上从事非法贩运麻醉药品和精神调理物质。

2. 任何国家如有合理根据认为一艘悬挂其旗帜的船舶从事非法贩运麻醉药品或精神调理物质，可要求其他国家合作，制止这种贩运。

第一〇九条　从公海从事未经许可的广播

1. 所有国家应进行合作，以制止从公海从事未经许可的广播。

2. 为本公约的目的，"未经许可的广播"是指船舶或设施违反国际规章在公海上播送旨在使公众收听或收看的无线电传音或电视广播，但遇难呼号的播送除外。

3. 对于从公海从事未经许可的广播的任何人，均可向下列国家的法院起诉：

（a）船旗国；

（b）设施登记国；

（c）广播人所属国；

（d）可以收到这种广播的任何国家；或

（e）得到许可的无线电通信受到干扰的任何国家。

4. 在公海上按照第3款有管辖权的国家，可依照第一一〇条逮捕从事未经许可的广播的任何人或船舶，并扣押广播器材。

第一一〇条 登临权

1. 除条约授权的干涉行为外，军舰在公海上遇到按照第九十五和第九十六条享有完全豁免权的船舶以外的外国船舶，非有合理根据认为有下列嫌疑，不得登临该船：

（a）该船从事海盗行为；

（b）该船从事奴隶贩卖；

（c）该船从事未经许可的广播而且军舰的船旗国依据第一〇九条有管辖权；

（d）该船没有国籍；或

（e）该船虽悬挂外国旗帜或拒不展示其旗帜，而事实上却与该军舰属同一国籍。

2. 在第1款规定的情形下，军舰可查核该船悬挂其旗帜的权利。为此目的，军舰可派一艘由一名军官指挥的小艇到该嫌疑船舶。如果检验船舶文件后仍有嫌疑，军舰可进一步在该船上进行检查，但检查须尽量审慎进行。

3. 如果嫌疑经证明为无根据，而且被登临的船舶并未从事嫌疑的任何行为，对该船舶可能遭受的任何损失或损害应予赔偿。

4. 这些规定比照适用于军用飞机。

5. 这些规定也适用于经正式授权并有清楚标志可以识别的为政府服务的任何其他船舶或飞机。

第一一一条 紧追权

1. 沿海国主管当局有充分理由认为外国船舶违反该国法律和规章时，可对该外国船舶进行紧追。此项追逐须在外国船舶或其小艇之一在追逐国的内水、群岛水域、领域或毗连区内时开始，而且只有追逐未曾中断，才可在领海或毗连区外继续进行。当外国船舶在领海或毗连区内接获停驶命令时，发出命令的船舶并无必要也在领海或毗连区内。如果外国船舶是在第三十三条所规定的毗连区内，追逐只有在设立该区所保护的权利遭到侵犯的情形下才可进行。

2. 对于在专属经济区内或在大陆架上，包括大陆架上设施周围的安全地带内，违反沿海国按照本公约适用于专属经济区或大陆架包括这种安全地带的法律和规章的行为，应比照适用紧追权。

3. 紧追权在被追逐的船舶进入其本国领海或第三国领海时立即终止。

4. 除非追逐的船舶以可用的实际方法认定被追逐的船舶或其小艇之一或作为一队进行活动而以被追逐的船舶为母船的其他船艇是在领海范围内，或者，根据情况，在毗连区或专属经济区内或在大陆架上，紧追不得认为已经开始。追逐只有在外国船舶视听所及的距离内发出视觉或听觉的停驶信号后，才可开始。

5. 紧追权只可由军舰、军用飞机或其他有清楚标志可以识别的为政府服务并经授权紧追的船舶或飞机行使。

6. 在飞机进行紧追时：

（a）应比照适用第 1 至第 4 款的规定；

（b）发出停驶命令的飞机，除非其本身能逮捕该船舶，否则须其本身积极追逐船舶直至其所召唤的沿海国船舶或另一飞机前来接替追逐为止。飞机仅发现船舶犯法或有犯法嫌疑，如果该飞机本身或接着无间断地进行追逐的其他飞机或船舶既未命令该船停驶也未进行追逐，则不足以构成在领海以外逮捕的理由。

7. 在一国管辖范围内被逮捕并被押解到该国港口以便主管当局审问的船舶，不得仅以其在航行中由于情况需要而曾被押解通过专属经济区的或公海的一部分为理由而要求释放。

8. 在无正当理由行使紧追权的情况下，在领海以外被命令停驶或被逮捕的船舶，对于可能因此遭受的任何损失或损害应获赔偿。

第一一二条　铺设海底电缆和管道的权利

1. 所有国家均有权在大陆架以外的公海海底上铺设海底电缆和管道。

2. 第七十九条第 5 款适用于这种电缆和管道。

第一一三条　海底电缆或管道的破坏或损害

每个国家均应制定必要的法律和规章，规定悬挂该国旗帜的船舶或受其管辖的人故意或因重大疏忽而破坏或损害公海海底电缆，致使电报或电话通信停顿或受阻的行为，以及类似的破坏或损害海底管道或高压电缆的行为，均为应予处罚的罪行。此项规定也应适用于故意或可能造成这种破坏或损害的行为。但对于仅为了保全自己的生命或船舶的正当目的而行事的人，在采取避免破坏或损害的一切必要预防措施后，仍然发生的任何破坏或损害，此项规定不应适用。

第一一四条　海底电缆或管道的所有人对另一海底电缆或管道的破坏或损害

每个国家应制定必要的法律和规章，规定受其管辖的公海海底电缆或管道的所有人如果在铺设或修理该项电缆或管道时使另一电缆或管道遭受破坏或损害，应负担修理的费用。

第一一五条　因避免损害海底电缆或管道而遭受的损失的赔偿

每个国家应制定必要的法律和规章，确保船舶所有人在其能证明因避免损害海底电缆或管道而牺牲锚、网或其他渔具时，应由电缆或管道所有人予以赔偿，但须船舶所有人事先曾采取一切合理的预防措施。

第二节 公海生物资源的养护和管理

第一一六条 公海上捕鱼的权利

所有国家均有权由其国民在公海上捕鱼，但受下列限制：

(a) 其条约义务；

(b) 除其他外，第六十三条第 2 款和第六十四至第六十七条规定的沿海国的权利、义务和利益；和

(c) 本节各项规定。

第一一七条 各国为其国民采取养护公海生物资源措施的义务

所有国家均有义务为各该国国民采取，或与其他国家合作采取养护公海生物资源的必要措施。

第一一八条 各国在养护和管理生物资源方面的合作

各国应互相合作以养护和管理公海区域内的生物资源。凡其国民开发相同生物资源，或在同一区域内开发不同生物资源的国家，应进行谈判，以期采取养护有关生物资源的必要措施。为此目的，这些国家应在适当情形下进行合作，以设立分区域或区域渔业组织。

第一一九条 公海生物资源的养护

1. 在对公海生物资源决定可捕量和制订其他养护措施时，各国应：

(a) 采取措施，其目的在于根据有关国家可得到的最可靠的科学证据，并在包括发展中国家的特殊要求在内的各种有关环境和经济因素的限制下，使捕捞的鱼种的数量维持在或恢复到能够生产最高持续产量的水平，并考虑到捕捞方式、种群的相互依存以及任何一般建议的国际最低标准，不论是分区域、区域或全球性的；

(b) 考虑到与所捕捞鱼种有关联或依赖该鱼种而生存的鱼种所受的影响，以便使这种有关联或依赖的鱼种的数量维持在或恢复到其繁殖不会受严重威胁的水平以上。

2. 在适当情形下，应通过各主管国际组织，不论是分区域、区域或全球性的，并在所有有关国家的参加下，经常提供和交换可获得的科学情报、渔获量和渔捞努力量统计，以及其他有关养护鱼的种群的资料。

3. 有关国家应确保养护措施及其实施不在形式上或事实上对任何国家的渔民有所歧视。

第一二〇条　海洋哺乳动物

第六十五条也适用于养护和管理公海的海洋哺乳动物。

第八部分　岛屿制度

第一二一条　岛屿制度

1. 岛屿是四面环水并在高潮时高于水面的自然形成的陆地区域。

2. 除第 3 款另有规定外，岛屿的领海、毗连区、专属经济区和大陆架应按照本公约适用于其他陆地领土的规定加以确定。

3. 不能维持人类居住或其本身的经济生活的岩礁，不应有专属经济区或大陆架。

第九部分　闭海或半闭海

第一二二条　定义

为本公约的目的，"闭海或半闭海"是指两个或两个以上国家所环绕并由一个狭窄的出口连接到另一个海或洋，或全部或主要由两个或两个以上沿海国的领海和专属经济区构成的海湾、海盆或海域。

第一二三条　闭海或半闭海沿岸国的合作

闭海或半闭海沿岸国在行使和履行本公约所规定的权利和义务时，应互相合作。为此目的，这些国家应尽力直接或通过适当区域组织：

（a）协调海洋生物资源的管理、养护、勘探和开发；

（b）协调行使和履行其在保护和保全海洋环境方面的权利和义务；

（c）协调其科学研究政策，并在适当情形下在该地区进行联合的科学研究方案；

（d）在适当情形下，邀请其他有关国家或国际组织与其合作以推行本条的规定。

第十部分　内陆国出入海洋的权利和过境自由

第一二四条　用语

1. 为本公约的目的：

（a）"内陆国"是指没有海岸的国家；

（b）"过境国"是指位于内陆国与海洋之间以及通过其领土进行过境运输的国家，不论其是否具有海岸；

（c）"过境运输"是指人员、行李、货物和运输工具通过一个或几个过境国领土的过境，而这种通过不论是否需要转运、入仓、分卸或改变运输方式，都不过是以内陆国领土为起点或终点的旅运全程的一部分；

（d）"运输工具"是指：

（1）铁路车辆、海洋、湖泊和河川船舶以及公路车辆；

（2）在当地情况需要时，搬运工人和驮兽。

2. 内陆国和过境国可彼此协议，将管道和煤气管和未列入第 1 款的运输工具列为运输工具。

第一二五条　出入海洋的权利和过境自由

1. 为行使本公约所规定的各项权利，包括行使与公海自由和人类共同继承财产有关的权利的目的，内陆国应有权出入海洋。为此目的，内陆国应享有利用一切运输工具通过过境国领土的过境自由。

2. 行使过境自由的条件和方式，应由内陆国和有关过境国通过双边、分区域或区域协定予以议定。

3. 过境国在对其领土行使完全主权时，应有权采取一切必要措施，以确保本部分为内陆国所规定的各项权利和便利绝不侵害其合法利益。

第一二六条　最惠国条款的不适用

本公约的规定，以及关于行使出入海洋权利的并因顾及内陆国的特殊地理位置而规定其权利和便利的特别协定，不适用最惠国条款。

第一二七条　关税、税捐和其他费用

1. 过境运输应无须缴纳任何关税、税捐或其他费用，但为此类运输提供特定服务而征收的费用除外。

2. 对于过境运输工具和其他为内陆国提供并由其使用的便利，不应征收高于使用过境国运输工具所缴纳的税捐或费用。

第一二八条　自由区和其他海关便利

为了过境运输的便利，可由过境国和内陆国协议，在过境国的出口港和入口港内提供自由区或其他海关便利。

第一二九条　合作建造和改进运输工具

如果过境国内无运输工具以实现过境自由，或现有运输工具包括海港设施和装备在任何方面有所不足，过境国可与有关内陆国进行合作，以建造或改进这些工具。

第一三〇条　避免或消除过境运输发生迟延或其他技术性困难的措施

1. 过境国应采取一切适当措施避免过境运输发生迟延或其他技术性困难。

2. 如果发生这种迟延或困难，有关过境国和内陆国的主管当局应进行合作，迅速予以消除。

第一三一条　海港内的同等待遇

悬挂内陆国旗帜的船舶在海港内应享有其他外国船舶所享有的同等待遇。

第一三二条　更大的过境便利的给予

本公约缔约国间所议定的或本公约一个缔约国给予的大于本公约所规定的过境便利，绝不因本公约而撤消。本公约也不排除将来给予这种更大的便利。

第十一部分　"区域"

第一节　一般规定

第一三三条　用语

为本部分的目的：

（a）"资源"是指"区域"内在海床及其下原来位置的一切固体、液体或气体矿物资源，其中包括多金属结核；

（b）从"区域"回收的资源称为"矿物"。

第一三四条　本部分的范围

1. 本部分适用于"区域"。

2. "区域"内活动应受本部分规定的支配。

3. 关于将标明第一条第 1 款所指范围界限的海图和地理坐标表交存和予以公布的规定，载于第六部分。

4. 本条的任何规定不影响根据第六部分大陆架外部界限的划定或关于划定海岸相向或相邻国家间界限的协定的效力。

第一三五条　上覆水域和上空的法律地位

本部分或依其授予或行使的任何权利，不应影响"区域"上覆水域的法律地位，或这种水域上空的法律地位。

第二节　支配"区域"的原则

第一三六条　人类的共同继承财产

"区域"及其资源是人类的共同继承财产。

第一三七条　"区域"及其资源的法律地位

1. 任何国家不应对"区域"的任何部分或其资源主张或行使主权或主权权利，任何国家或自然人或法人，也不应将"区域"或其资源的任何部分据为己有。任何这种主权和主权权利的主张或行使，或这种据为己有的行为，均应不予承认。

2. 对"区域"内资源的一切权利属于全人类，由管理局代表全人类行使。这种资源不得让渡。但从"区域"内回收的矿物，只可按照本部分和管理局的规则、规章和程序予以让渡。

3. 任何国家或自然人或法人，除按照本部分外，不应对"区域"矿物主张、取得或行使权利。否则，对于任何这种权利的主张、取得或行使，应不予承认。

第一三八条　国家对于"区域"的一般行为

各国对于"区域"的一般行为，应按照本部分的规定、《联合国宪章》所载原则，以及其他国际法规则，以利维持和平与安全，促进国际合作和相互了解。

第一三九条　确保遵守本公约的义务和损害赔偿责任

1. 缔约国应有责任确保"区域"内活动，不论是由缔约国、国营企业、或具有缔约国国籍的自然人或法人所从事者，一律依照本部分进行。国际组织对于该组织所进行的"区域"内活动也应有同样义务。

2. 在不妨害国际法规则和附件三第二十二条的情形下，缔约国或国际组织应对由于其没有履行本部分规定的义务而造成的损害负有赔偿责任；共同进行活动的缔约国或国际组织应承担连带赔偿责任。但如缔约国已依据第一五三条第 4 款和附件三第四条第 4 款采取一切必要和适当措施，以确保其根据第一五三条第 2 款（b）项担保的人切实遵守规定，则该缔约国对于因这种人没有遵守本部分规定而造成的损害，应无赔偿责任。

3. 为国际组织成员的缔约国应采取适当措施确保本条对这种组织的实施。

第一四〇条　全人类的利益

1. "区域"内活动应依本部分的明确规定为全人类的利益而进行，不论各国的地理位置如何，也不论是沿海国或内陆国，并特别考虑到发展中国家和尚未取得完全独立或联合国按照其联合国大会第 1514（XV）号决议和其他有关联合国大会决议所承认的其他自治地位的人民的利益和需要。

2. 管理局应按照第一六〇条第 2 款（f）项（1）目作出规定，通过任何适当的机构，在无歧视的基础上公平分配从"区域"内活动取得的财政及其他经济利益。

第一四一条　专为和平目的利用"区域"

"区域"应开放给所有国家，不论是沿海国或内陆国，专为和平目的利用，不加歧视，也不得妨害本部分其他规定。

第一四二条　沿海国的权利和合法利益

1. "区域"内活动涉及跨越国家管辖范围的"区域"内资源矿床时，应适当顾及这种矿床跨越其管辖范围的任何沿海国的权利和合法利益。

2. 应与有关国家保持协商，包括维持一种事前通知的办法在内，以免侵犯上述权利和利益。如"区域"内活动可能导致对国家管辖范围内资源的开发，则需事先征得有关沿海国的同意。

3. 本部分或依其授予或行使的任何权利，应均不影响沿海国为防止、减轻或消除因任何"区域"内活动引起或造成的污染威胁或其他危险事故使其海岸或有关利益受到的严重迫切危险而采取与第十二部分有关规定相符合的必要措施的权利。

第一四三条　海洋科学研究

1. "区域"内的海洋科学研究，应按照第十三部分专为和平目的并为谋全人类的利益进行。

2. 管理局可进行有关"区域"及其资源的海洋科学研究，并可为此目的的订立合同。管理局应促进和鼓励在"区域"内进行海洋科学研究，并应协调和传播所得到的这种研究和分析的结果。

3. 各缔约国可在"区域"内进行海洋学研究。各缔约国应以下列方式促进"区域"内海洋科学研究方面的国际合作：

（a）参加国际方案，并鼓励不同国家的人员和管理局人员合作进行海洋科学研究；

（b）确保在适当情形下通过管理局或其他国际组织，为了发展中国家和技术较不发达国家的利益发展各种方案，以期：

（1）加强它们的研究能力；

（2）在研究的技术和应用方面训练它们的人员和管理局的人员；

（3）促进聘用它们的合格人员，从事"区域"内的研究；

（c）通过管理局，或适当时通过其他国际途径，切实传播所得到的研究和分析结果。

第一四四条　技术的转让

1. 管理局应按照本公约采取措施，以：

（a）取得有关"区域"内活动的技术和科学知识；并

（b）促进和鼓励向发展中国家转让这种技术和科学知识，使所有缔约国都从其中得到利益。

2. 为此目的，管理局和各缔约国应互相合作，以促进有关"区域"内活动的技术和科学知识的转让，使企业部和所有缔约国都从其中得到利益。它们应特别倡议并推动：

（a）将有关"区域"内活动的技术转让给企业部和发展中国家的各种方案，除其他外，包括便利企业部和发展中国家根据公平合理的条款和条件取得有关的技术；

（b）促进企业部技术和发展中国家本国技术的进展的各种措施，特别是使企业部和发展中国家的人员有机会接受海洋科学和技术的训练和充分参加"区域"内活动。

《协定》附件
第 5 节　技术转让

1. 除公约第一四四条的规定外，为第十一部分的目的而进行的技术转让还应遵照下列原则：

（a）企业部和希望获得深海底采矿技术的发展中国家应设法按公平合理的商业条件，从公开市场或通过联合企业安排获取这种技术；

（b）如果企业部或发展中国家无法获得深海底采矿技术，管理局可以请所有或任何承包者及其一个或多个担保国提供合作，以便利企业部或其联合企业，或希望取得深海底采矿技术的发展中国家按公平合理的商业条件，在与知识产权的有效保护相符的情况下取得这种技术。缔约国承诺为此目的与管理局充分而有效地合作，并确保它们所担保的承包者也与管理局充分合作；

（c）作为一般规则，缔约国应促进有关各方在"区域"内活动上进行国际技术和科学合作，或通过制订海洋科学和技术及海洋环境的保护和保全方面的培训、技术援助和科学合作方案来促进这种合作。

2. 公约附件三第五条的规定应不适用。

第一四五条　海洋环境的保护

应按照本公约对"区域"内活动采取必要措施，以确保切实保护海洋环境，不受这种活动可能产生的有害影响。为此目的，管理局应制定适当的规则、规章和程序，以便除其他外：

（a）防止、减少和控制对包括海岸在内的海洋环境的污染和其他危害，并防止干扰海洋环境的生态平衡，特别注意使其不受诸如钻探、挖泥、挖凿、废物处置等活动，以及建造和操作或维修与这种活动有关的设施、管道和其他装置所产生的有害影响；

（b）保护和养护"区域"的自然资源，并防止对海洋环境中动植物的损害。

第一四六条　人命的保护

关于"区域"内活动，应采取必要措施，以确保切实保护人命。为此目的，管理局应制定适当的规则、规章和程序，以补充有关条约所体现的现行国际法。

第一四七条　"区域"内活动与海洋环境中的活动的相互适应

1. "区域"内活动的进行，应合理地顾及海洋环境中的其他活动。

2. 进行"区域"内活动所使用的设施应受下列条件的限制：

（a）这种设施应仅按照本部分和在管理局的规则、规章和程序的限制下安装、安置和拆除。这种设施的安装、安置和拆除必须妥为通知，并对其存在必须维持永久性的警告方法；

（b）这种设施不得设在对使用国际航行必经的公认海道可能有干扰的地方，或设在有密集捕捞活动的区域；

（c）这种设施的周围应设立安全地带并加适当的标记，以确保航行和设施的安全。这种安全地带的形状和位置不得构成一个地带阻碍船舶合法出入特定海洋区域或阻碍沿国际海道的航行；

（d）这种设施应专用于和平目的；

（e）这种设施不具有岛屿地位。它们没有自己的领海，其存在也不影响领海、专属经济区或大陆架界限的划定。

3. 在海洋环境中进行的其他活动，应合理地顾及"区域"内活动。

第一四八条　发展中国家对"区域"内活动的参加

应按照本部分的具体规定促进发展中国家有效参加"区域"内活动，并适当顾及其特殊利益和需要，尤其是其中的内陆国和地理不利国在克服因不利位置，包括距离"区域"遥远和出入"区域"困难而产生的障碍方面的特殊需要。

第一四九条　考古和历史文物

在"区域"内发现的一切考古和历史文物，应为全人类的利益予以保存或处置，但应特别顾及来源国，或文化上的发源国，或历史和考古上的来源国的优先权利。

第三节　　"区域"内资源的开发

第一五〇条　关于"区域"内活动的政策

"区域"内活动应按照本部分的明确规定进行，以求有助于世界经济的健全发展和国际贸易的均衡增长，并促进国际合作，以谋所有国家特别是发展中国家的全面发展，并且为了确保：

（a）"区域"资源的开发；

（b）对"区域"资源进行有秩序、安全和合理的管理，包括有效地进行"区域"内活动，并按照健全的养护原则，避免不必要的浪费；

（c）扩大参加这种活动的机会，以符合特别是第一四四和第一四八条的规定；

（d）按照本公约的规定使管理局分享收益，以及对企业部和发展中国家作技术转让；

（e）按照需要增加从"区域"取得的矿物的供应量，连同从其他来源取得的矿物，以保证这类矿物的消费者获得供应；

（f）促进从"区域"和从其他来源取得的矿物的价格合理而又稳定，对生产者有利，对消费者也公平，并促进供求的长期平衡；

（g）增进所有缔约国，不论其经济社会制度或地理位置如何，参加开发"区域"内资源的机会，并防止垄断"区域"内活动；

（h）按照第一五一条的规定，保护发展中国家，使它们的经济或出口收益不致因某一受影响矿物的价格或该矿物的出口量降低，而遭受不良影响，但以这种降低是由于"区域"内活动造成的为限；

（i）为全人类的利益开发共同继承财产；

（j）从"区域"取得的矿物作为输入品以及这种矿物所产商品作为输入品的进入市场的条件，不应比适用于其他来源输入品的最优惠待遇更为优惠。

第一五一条　生产政策

[1–7. 不适用。见《协定》附件第6节第7段]ᵃ

8. 根据有关的多边贸易协定关于不公平经济措施的权利和义务，应适用于"区域"所产矿物的勘探和开发。在解决因本项规定而产生的争端时，作为这种多边贸易协定各方的缔约国应可利用这种协定的争端解决程序。

[9. 不适用。见《协定》附件第6节第7段]ᵇ

10. 大会应依理事会根据经济规划委员会的意见提出的建议，建立一种补偿制度，或其他经济调整援助措施，包括同各专门机构和其他国际组织进行合作，以协助其出口收益或经济因某一受影响矿物的价格或该矿物的出口量降低而遭受严重不良影响的发展中国家，但以此种降低是由于"区域"内活动造成的为限。管理局经请求应对可能受到最严重影响的国家的问题发动研究，以期尽量减轻它们的困难，并协助它们从事经济调整。

《协定》附件第6节和第7节
第6节　生产政策

1. 管理局的生产政策应以下列原则为根据：

（a）"区域"的资源应按照健全的商业原则进行开发；

（b）《关税和贸易总协定》、其有关守则和后续协定或替代协定的规定，应对"区域"内的活动适用；

（c）特别是，除了（b）分段所述的协定许可的情况外，"区域"内的活动不应获得补贴。为这些原则的目的，补贴应依照（b）分段所述的协定加以定义；

（d）对于从"区域"和从其他来源取得的矿物，不应有区别待遇。对于此种矿物或用此种矿物生产的进口商品，不应给予进入市场的优惠，特别是：

（i）不应运用关税或非关税壁垒；并且

（ii）缔约国不应对本国国营企业、或具有其国籍或受它们或其国民控制的自然人或法人所生产的此种矿物或商品给予这种优惠；

（e）管理局核准的每一采矿区域的开发工作计划，应指明预计的生产进程，其中应包括按该工作计划估计每年生产的矿物最高产量；

（f）对于与（b）分段所述协定的规定有关的争端，应适用以下办法予以解决：

（i）如果有关的缔约国都是上述协定的缔约方，应利用上述协定的争端解决程序；

（ii）如果一个或多个有关的缔约国不是上述协定的缔约方，应利用公约所规定的争端解决程序；

（g）如果按照（b）分段所述的协定判定某一缔约国违禁提供了补贴，或补贴对另一缔约国的利益造成了损害，而有关的一个或多个缔约国并未采取适当步骤，则缔约国可请求理事会采取适当措施。

2. 在作为第1（b）段所述的协定以及有关的自由贸易和关税同盟协定缔约方的缔约国之间的关系上，第1段所载的原则应不影响那些协定的任何条款所规定的权利和义务。

3. 承包者接受第1（b）段所述的协定许可范围以外的补贴，即违反了构成在“区域”内进行活动的工作计划的合同的基本条款。

4. 任何缔约国如果有理由相信第1（b）至（d）段或第3段的规定遭到破坏，可按照第1（f）或（g）段提起解决争端的程序。

5. 缔约国可在任何时候提请理事会注意它认为与第1（b）至（d）段不符的活动。

6. 管理局应拟订规则、规章和程序，以确保本节的规定得到执行，其中包括关于工作计划核准的有关规则、规章和程序。

7. 公约第一五一条第1至第7款和第9款、第一六二条第2款（q）项、第一六五条第2款（n）项以及附件三第六条第5款和第七条应不适用。

第7节　经济援助

1. 管理局向其出口收益或经济因某一受影响矿物的价格或该矿物的出口量降低而遭受严重不良影响（但以此种降低是由于“区域”内活动造成的为限）的发展中国家提供援助的政策应以下列原则为根据：

（a）管理局应从其经费中超出管理局行政开支所需的部分拨款设立一个经济援助基金。为此目的拨出的款额，应由理事会不时地根据财务委员会的建议订定。只有从承包者（包括企业部）收到的付款和自愿捐款才可用来设立经济援助基金；

（b）经确定其经济因深海底矿物生产而受到严重影响的发展中陆上生产国应从管理局的经济援助基金得到援助；

（c）管理局用该基金向受影响的发展中陆上生产国提供援助时，应斟酌情况，同现有的具有执行此种援助方案的基础结构和专门知识的全球性或区域性发展机构合作；

（d）此种援助的范围和期限应在个案基础上作出决定。作决定时，应适当地考虑到受影响的发展中陆上生产国所面临问题的性质和严重程度。

2. 公约第一五一条第 10 款应以第 1 段所述的经济援助措施加以执行。公约第一六○条第 2 款（1）项、第一六二条第 2 款（n）项、第一六四条第 2 款（d）项、第一七一条（f）项和第一七三条第 2 款（c）项应相应地加以解释。

第一五二条　管理局权力和职务的行使

1. 管理局在行使其权力和职务，包括给予进行"区域"内活动的机会时，应避免歧视。

2. 但本部分具体规定的为发展中国家所作的特别考虑，包括为其中的内陆国和地理不利国所作的特别考虑应予准许。

第一五三条　勘探和开发制度

1. "区域"内活动应由管理局代表全人类，按照本条以及本部分和有关附件的其他有关规定，和管理局的规则、规章和程序，予以安排、进行和控制。

2. "区域"内活动应依第 3 款的规定：

（a）由企业部进行，和

（b）由缔约国或国营企业、或在缔约国担保下的具有缔约国国籍或由这类国家或其国民有效控制的自然人或法人、或符合本部分和附件三规定的条件的上述各方的任何组合，与管理局以协作方式进行。

3. "区域"内活动应按照一项依据附件三所拟订并经理事会于法律和技术委员会审议后核准的正式书面工作计划进行。在第 2 款（b）项所述实体按照管理局的许可进行"区域"内活动的情形下，这种工作计划应按照附件三第三条采取合同的形式。这种合同可按照附件三第十一条作出联合安排。

4. 适用于承包者的义务应适用于企业部。虽有公约第一五三条第 3 款和附件三第三条第 5 款的规定,企业部工作计划的核准应采取由管理局和企业部订立合同的形式。

4. 管理局为确保本部分和与其有关的附件的有关规定,和管理局的规则、规章和程序以及按照第 3 款核准的工作计划得到遵守的目的,应对"区域"内活动行使必要的控制。缔约国应按照第一三九条采取一切必要措施,协助管理局确保这些规定得到遵守。

5. 管理局应有权随时采取本部分所规定的任何措施,以确保本部分条款得到遵守和根据本部分或任何合同所指定给它的控制和管理职务的执行。管理局应有权检查与"区域"内活动有关而在"区域"内使用的一切设施。

6. 第 3 款所述的合同应规定期限内持续有效的保证。因此,除非按照附件三第十八和第十九条的规定,不得修改、暂停或终止合同。

第一五四条　定期审查

从本公约生效时起,大会每五年应对本公约设立的"区域"的国际制度的实际实施情况,进行一次全面和系统的审查。参照上述审查,大会可按照本部分和与其有关的附件的规定和程序采取措施,或建议其他机构采取措施,以导致对制度实施情况的改进。

第一五五条　审查会议

〔1. 不适用。见《协定》附件第 4 节〕[b]

2. 审查会议应确保继续维持人类共同继承财产的原则,为确保公平开发"区域"资源使所有国家尤其是发展中国家都得到利益而制定的国际制度,以及安排、进行和控制"区域"活动的管理局。会议还应确保继续维持本部分规定的关于下列各方面的各项原则:排除对"区域"的任何部分主张或行使主权,各国的权利及其对于"区域"的一般行为,和各国依照本公约参与勘探和开发"区域"资源,防止对"区域"内活动的垄断,专为和平目的利用"区域"、"区域"内活动的经济方面,海洋科学研究,技术转让,保护海洋环境,保护人命,沿海国的权利,"区域"的上覆水域及其上空的法律地位,以及关于"区域"内活动和海洋环境中其他活动之间的相互适应。

〔3. 不适用。见《协定》附件第 4 节〕

〔4. 不适用。见《协定》附件第 4 节〕

5. 审查会议依据本条通过的修正案应不影响按照现有合同取得的权利。

第四节 管理局

A 分节 一般规定

第一五六条 设立管理局

1. 兹设立国际海底管理局，按照本部分执行职务。

2. 所有缔约国都是管理局的当然成员。

3. 已签署最后文件但在第三〇五条第 1 款（c）、（d）、（e）或（f）项中未予提及的第三次联合国海洋法会议中的观察员，应有权按照管理局的规则、规章和程序以观察员资格参加管理局。

4. 管理局的所在地应在牙买加。

5. 管理局可设立其认为在执行职务上必要的区域中心或办事处。

（b）如果本协定在 1996 年 11 月 15 日之后生效，这些国家和实体可请求理事会给予它们在 1998 年 11 月 16 日之前一段或若干段期间内继续作为管理局临时成员的资格。如果理事会确信该国或该实体一直在作出真诚努力成为协定和公约的缔约方，就应给予它这种成员资格，有效期从它提出请求之日开始；

（c）按照（a）或（b）分段作为管理局临时成员的国家和实体，应依照其本国或其内部的法律、规章和年度预算拨款，适用第十一部分和本协定的条款，并应具有与其他成员相同的权利和义务，包括：

（i）按照会费分摊比额表向管理局的行政预算缴付会费的义务；

（ii）为请求核准勘探工作计划的申请作担保的权利，对于其组成部分是具有超过一个国籍的自然人或法人的实体，除非构成这些实体的自然人或法人所属的所有国家是缔约国或临时成员，否则其勘探工作计划应不予核准；

（d）虽有第 9 段的规定，如果一个作为临时成员的国家的这种成员资格停止，而该国或该实体又未成为缔约国，则由该国根据（c）（ii）分段作担保并以合同形式获得核准的勘探工作计划应予终止；

（e）如果这种成员不缴付分摊会费，或在其他方面未依照本段履行其义务，其临时成员资格应予终止。

第一五七条　管理局的性质和基本原则

1. 管理局是缔约国按照本部分组织和控制"区域"内活动，特别是管理"区域"资源的组织。

2. 管理局应具有本公约明示授予的权力和职务。管理局应有为行使"关于区域"内活动的权力和职务所包含的和必要的并符合本公约的各项附带权力。

3. 管理局以所有成员主权平等的原则为基础。

4. 管理局所有成员应诚意履行按照本部分承担的义务，以确保其全体作为成员享有的权利和利益。

《协定》附件第 1 节第 1 段

1. 国际海底管理局（以下称"管理局"）是公约缔约国按照第十一部分和本协定为"区域"确立的制度组织和控制"区域"内活动，特别是管理"区域"资源的组织。管理局应具有公约明示授予的权力和职务。管理局应有为行使关于"区域"内活动的权力和职务所包含的和必要的并符合公约的各项附带权力。

第一五八条 管理局的机关

1. 兹设立大会、理事会和秘书处作为管理局的主要机关。

2. 兹设立企业部、管理局应通过这个机关执行第一七〇条第 1 款所指的职务。

3. 经认为必要的附属机关可按照本部分设立。

4. 管理局各主要机关和企业部应负责行使对其授予的权力和职务。每一机关行使这种权力和职务时，应避免采取可能对授予另一机关的特定权力和职务的行使有所减损或阻碍的任何行动。

B 分节 大会

《协定》附件第 3 节第 14 段

14. 公约第十一部分第四节 B 和 C 分节应根据本节加以解释和适用。

第一五九条 组成、程序和表决

1. 大会应由管理局的全体成员组成。每一成员应有一名代表出席大会，并可由副代表及顾问随同出席。

2. 大会应召开年度常会，经大会决定，或由秘书长应理事会的要求或管理局过半数成员的要求，可召开特别会议。

3. 除非大会另有决定，各届会议应在管理局的所在地举行。

4. 大会应制定其议事规则。大会应在每届常会开始时选出其主席和其他必要的高级职员。他们的任期至下届常会选出新主席及其他高级职员为止。

5. 大会过半数成员构成法定人数。

6. 大会每一成员应有一票表决权。

7. 关于程序问题的决定，包括召开大会特别会议的决定，应由出席并参加表决的成员过半数作出。

8. 关于实质问题的决定，应以出席并参加表决的成员三分之二多数作出。但这种多数应包括参加该会议的过半数成员。对某一问题是否为实质问题发生争论时，该问题应作为实质问题处理，除非大会以关于实质问题的决定所需的多数另作决定。

2. 作为一般规则,管理局各机关的决策应当采取协商一致方式。

3. 如果为了以协商一致方式作出决定已经竭尽一切努力,大会进行表决时,关于程序问题的决定应以出席并参加表决的成员过半数作出,关于实质问题的决定应按照公约第一五九条第 8 款的规定,以出席并参加表决的成员三分之二多数作出。

4. 对于属于理事会主管范围的任何事项,或对于任何行政、预算或财务事项,大会应根据理事会的建议作出决定。大会若是不接受理事会关于任一事项的建议,应交回理事会进一步审议。理事会应参照大会所表示的意见重新审议该事项。

......

7. 大会或理事会所作具有财政或预算影响的决定应以财务委员会的建议为根据。

9. 将一个实质问题第一次付诸表决时,主席可将就该问题进行表决的问题推迟一段时间,如经大会至少五分之一成员提出要求,则应将表决推迟,但推迟时间不得超过五历日。此项规则对任一问题只可适用一次,并且不应用来将问题推迟至会议结束以后。

10. 对于大会审议中关于任何事项的提案是否符合本公约的问题,在管理局至少四分之一成员以书面要求主席征求咨询意见时,大会应请国际海洋法法庭海底争端分庭就该提案提出咨询意见,并应在收到分庭的咨询意见前,推迟对该提案的表决。如果在提出要求的那期会议最后一个星期以前还没有收到咨询意见,大会应决定何时开会对已推迟的提案进行表决。

第一六〇条 权力和职务

1. 大会作为管理局唯一由其所有成员组成的机关,应视为管理局的最高机关,其他各主要机关均应按照本公约的具体规定向大会负责。大会应有权依照本公约各项有关规定,就管理局权限范围内的任何问题或事项制订一般性政策。

2. 此外,大会的权力和职务应为:

(a) 按照第一六一条的规定,选举理事会成员;

(b) 从理事会提出的候选人中,选举秘书长;

(c) 根据理事会的推荐,选举企业部董事会董事和企业部总干事;

(d) 设立为按照本部分执行其职务认为有必要的附属机关。这种机关的组成,应适当考虑到公平地区分配原则和特别利益，以及其成员必须对这种机关所处理的有关技术问题具备资格和才能；

（e）在管理局未能从其他来源得到足够收入应付其行政开支以前，按照以联合国经常预算所用比额表为基础议定的会费分摊比额表，决定各成员国对管理局的行政预算应缴的会费；

《协定》附件第 9 节第 7 段

7. 大会和理事会关于下列问题的决定应考虑到财务委员会的建议：

……

（b）按照公约第一六〇条第 2 款（e）项决定各成员对管理局的行政预算应缴的会费；

（f）

（1）根据理事会的建议，审议和核准关于公平分享从"区域"内活动取得的财政及其他经济利益和依据第八十二条所缴的费用和实物的规则、规章和程序，特别考虑到发展中国家和尚未取得完全独立或其他自治地位的人民的利益和需要。如果大会对理事会的建议不予核准，大会应将这些建议送回理事会，以便参照大会表示的意见重新加以审议；

（2）审议和核准理事会依据第一六二条第 2 款（o）项（2）目暂时制定的管理局的规则、规章和程序及其修正案。这些规则、规章和程序应涉及"区域"内的探矿、勘探和开发，管理局的财务管理和内部行政以及根据企业部董事会的建议由企业部向管理局转移资金；

（g）在符合本公约规定和管理局规则、规章和程序的情形下，决定公平分配从"区域"内活动取得的财政和其他经济利益；

（h）审议和核准理事会提出的管理局的年度概算；

（i）审查理事会和企业部的定期报告以及要求理事会或管理局任何其他机关提出的特别报告；

（j）为促进有关"区域"内活动的国际合作和鼓励与此有关的国际法的逐渐发展及其编纂的目的，发动研究和提出建议；

（k）审议关于"区域"内活动的一般性问题，特别是对发展中国家产生的问题，以及关于"区域"内活动对某些国家，特别是内陆国和地理不利国，因其地理位置而造成的那些问题；

（1）经理事会按照经济规划委员会的意见提出建议，依第一五一条第 10 款的规定，建立补偿制度或采取其他经济调整援助措施；

（m）依据第一八五条暂停成员的权利和特权的行使；

（n）讨论管理局权限范围内的任何问题或事项，并在符合管理局各个机关权力和职务的分配的情形下，决定由管理局哪一机关来处理本公约条款未规定由其某一机关处理的任何这种问题或事项。

C 分节　理事会

第一六一条　组成、程序和表决

［1. 不适用。见《协定》附件第 3 节第 16 段］。

16. 公约第一六一条第 1 款的规定应不适用。

......

9. （a）为在理事会进行表决的目的，按照第 15（a）至（c）段选出的每一组国家应视为一分组。为在理事会进行表决的目的，按照第 15（d）和（e）段选出的发展中国家应视为单一分组。

（b）大会在选举理事会成员之前，应订出符合第 15（a）至（d）段各组国家成员标准的国家名单。一个国家如果符合不止一组的成员标准，只能由其中一组提名参加理事会选举，并且在理事会表决时只应代表该组国家。

10. 第 15（a）至（d）段的每一组国家应由该组提名的成员作为在理事会内的代表。每一组应只提名数目与按规定该组应占的席位相等的候选人。当第 15（a）至（e）段所述每一组的可能候选人数目超过各该组可以占有的席位数目时，作为一般规则，应适用轮换原则。每一组的成员国应决定如何在本组内适用此项原则。

2. 按照第 1 款选举理事会成员时，[①] 大会应确保：

（a）内陆国和地理不利国有和它们在大会内的代表权成合理比例的代表；

（b）不具备第 1 款（a）、（b）、（c）或（d）项所列条件的沿海国，特别是发展中国家有和它们在大会内的代表权成合理比例的代表；

（c）在理事会内应有代表的每一个缔约国集团，其代表应由该集团提名的任何成员担任。

3. 选举应在大会的常会上举行。理事会每一成员任期四年。但在第一次选举时，第 1 款所指每一集团的一半成员的任期应为两年。[②]

4. 理事会成员连选可连任；但应妥为顾及理事会成员轮流的相宜性。

5. 理事会应在管理局所在地执行职务，并应视管理局业务需要随时召开会议，但每年不得少于三次。

6. 理事会过半数成员构成法定人数。

7. 理事会每一成员应有一票表决权。

8. （a）关于程序问题的决定应以出席并参加表决的过半数成员作出。

---

① 第一六一条第 1 款不适用。然而，在《协定》附件第 3 节第 15 段出现了一项同等的条文。根据《协定》第二条，《协定》和第十一部分的规定应作为一个文书来解释和适用，《协定》和第十一部分如有任何不一致的情况，应以《协定》的规定为准。

② 第一六一条第 1 款不适用。然而，在《协定》附件第 3 节第 15 段出现了一项同等的条文。根据《协定》第二条，《协定》和第十一部分的规定应作为一个文书来解释和适用，《协定》和第十一部分如有任何不一致的情况，应以《协定》的规定为准。

[（b）不适用。见《协定》附件第 3 节第 8 段]

[（c）不适用。见《协定》附件第 3 节第 8 段]

《协定》附件第 3 节第 8 段

8. 公约第一六一条第 8 款（b）和（c）项的规定应不适用。

（d）关于在下列条款下产生的实质问题的决定应以协商一致方式作出：第一六二条第 2 款（m）项和（o）项；对第十一部分的修正案的通过。

（e）为了（d）项、（f）项和（g）项的目的，"协商一致"是指没有任何正式的反对意见。在一项提案向理事会提出后十四天内，理事会主席应确定对该提案的通过是否会有正式的反对意见。如果主席确定会有这种反对意见，则主席应于作出这种确定后三天内成立并召集一个其成员不超过九人的调解委员会，由他本人担任主席，以调解分歧并提出能够以协商一致方式通过的提案。委员会应迅速进行工作，并于十四天内向理事会提出报告。如果委员会无法提出能以达成共识方式通过的提案，它应于其报告中说明反对该提案所根据的理由。

（f）就以上未予列出的问题，经理事会获得管理局规则、规章和程序或其他规定授权作出的决定，应依据规则、规章和程序所指明的本款各项予以作出，如果其中未予指明，则依据理事会以协商一致方式于可能时提前确定的一项予以作出。

（g）遇有某一问题究应属于（a）项、（b）项、（c）项或（d）项的问题，应根据情况将该问题作为在需要较大或最大多数或协商一致的那一项内的问题加以处理，除非理事会以上述多数或协商一致另有决定。

《协定》附件第 3 节第 2、5 至 7 段

2. 作为一般规则，管理局各机关的决策应当采取协商一致方式。

......

5. 如果为了以协商一致方式作出决定已经竭尽一切努力，理事会进行表决时，关于程序问题的决定应以出席并参加表决的成员过半数作出，关于实质问题的决定，除公约规定由理事会协商一致决定者外，应以出席并参加表决的成员三分之二多数作出，但须第 9 段所述的任一分组没有过半数反对该项决定。理事会在作决定时，应设法促进管理局所有成员的利益。

6. 如果看来还没有竭尽一切努力就某一问题达成协商一致，理事会可延迟作决定，以便利进一步的谈判。

7. 大会或理事会所作具有财政或预算影响的决定应以财务委员会的建议为根据。

---

9. 理事会应制订一项程序，使在理事会内未有代表的管理局成员可在该成员提出要求时或在审议与该成员特别有关的事项时，派出代表参加其会议，这种代表应有权参加讨论，但无表决权。

第一六二条 权力和职务

1. 理事会为管理局的执行机关。理事会应有权依本公约和大会所制订的一般政策，制订管理局对于其权限范围以内的任何问题或事项所应遵循的具体政策。

2. 此外，理事会应：

（a）就管理局职权范围内所有问题和事项监督和协调本部分规定的实施，并提请大会注意不遵守规定的情事；

（b）向大会提出选举秘书长的候选人名单；

（c）向大会推荐企业部董事会的董事和企业部总干事的候选人；

（d）在适当时，并在妥为顾及节约和效率的情形下，设立其认为按照本部分执行其职务所必要的附属机关。附属机关的组成，应注重其成员必须对这种机关所处理的有关技术问题具备资格和才能，但应妥为顾及公平地区分配原则和特别利益；

（e）制定理事会议事规则，包括推选其主席的方法；

（f）代表管理局在其职权范围内同联合国或其他国际组织缔结协定，但须经大会核准；

（g）审查企业部的报告，并将其转交大会，同时提交其建议；

（h）向大会提出年度报告和大会要求的特别报告；

（i）按照第一七〇条向企业部发出指示；

［（j）不适用。见《协定》附件第 3 节第 11 段（b）］[d]

《协定》附件第 3 节第 11 至 12 段

11.（a）理事会应核准法律和技术委员会关于核准某项工作计划的建议。除非理事会以出席并参加表决的成员三分之二多数，包括理事会每一分组出席并参加表决的成员过半数，决定不核准该项工作计划，如果理事会没有在规定的期间内就核准工作计划的建议作出决定，该建议应在该段期间终了时被视为已得到理事会核准。规定的期间通常应为六十天，除非理事会决定另订一个更长的期限。如果委员会建议不核准某项工作计划，或没有提出建议，理事会仍可按照其就实质问题作决策的议事规则核准该项工作计划。

（b）公约第一六二条第 2 款（j）项的规定应不适用。

12. 如果由于不核准工作计划而引起争端，应将争端提交公约所规定的解决争端程序。

（k）核准企业部按照附件四第十二条提出的工作计划，核准时比照适用（j）项内所列的程序；

（l）按照第一五三条第4款和管理局的规则、规章和程序，对"区域"内活动行使控制；

（m）根据经济规划委员会的建议，按照第一五〇条（h）项，制定必要和适当的措施，以保护发展中国家使其不致受到该项中指明的不良经济影响；

（n）根据经济规划委员会的意见，向大会建议第一五一条第10款所规定的补偿制度或其他经济调整援助措施；

《协定》附件第 3 节第 2 段

2. 公约第一五一条第10款应以第1段所述的经济援助措施加以执行。公约第一六〇条第2款（l）项、第一六二条第2款（n）项、第一六四条第2款（d）项、第一七一条（f）项和第一七三条第2款（c）项应相应地加以解释。

（o）（1）向大会建议关于公平分享从"区域"内活动取得的财政及其他经济利益以及依据第八十二条所缴费用和实物的规则、规章和程序，特别顾及发展中国家和尚未取得完全独立或其他自治地位的人民的利益和需要；

（2）在经大会核准前，暂时制定并适用管理局的规则、规章和程序及其任何修正案，考虑到法律和技术委员会或其他有关附属机构的建议。这种规则、规章和程序应涉及"区域"内的探矿、勘探和开发以及管理局的财务管理和内部行政。对于制定有关多金属结核的勘探和开发的规则、规章和程序，应给予优先。有关多金属结核以外任何资源的勘探和开发的规则、规章和程序，应于管理局任何成员向其要求制订之日起三年内予以制定。所有规则、规章和程序应于大会核准以前或理事会参照联合国大会表示的任何意见予以修改以前，在暂时性的基础上生效；

《协定》附件第 1 节第 15、16 段

15. 管理局应按照公约第一六二条第2款（o）项（2）目，并依照以下各分段的规定，拟订和通过以本附件第2、第5、第6、第7和第8节内各项原则为根据的规则、规章和程序，以及为便利勘探或开发工作计划的核准所需要的任何其他规则、规章和程序：

（a）理事会可随时在它认为为了在"区域"内进行活动而需要所有或任何这些规则、规章和程序的时候，或在它判定商业性开发即将开始时，或经一个其国民打算申请核准开发工作计划的国家的请求，着手进行拟订工作；

（b）如果（a）分段内所述的国家提出请求，理事会应按照公约第一六二条第 2 款（o）项，在请求提出后两年内完成这些规则、规章和程序的制定；

（c）如果理事会未在规定时间内完成关于开发的规则、规章和程序的拟订工作，而已经有开发工作计划的申请在等待核准，理事会仍应根据公约中的规定和理事会可能已暂时制定的任何规则、规章和程序，或根据公约内所载的准则和本附件内的条款和原则以及对承包者不歧视的原则，审议和暂时核准该工作计划。

16. 管理局在根据第十一部分和本协定制定规则、规章和程序时，应考虑到筹备委员会的报告和建议中所载的与第十一部分的规定有关的规则、规章和程序草案及任何建议。

（p）审核在依据本部分进行的业务方面由管理局付出或向其缴付的一切款项的收集工作；

［（q）不适用。见《协定》附件第 6 节第 7 段］

《协定》附件第 6 节第 7 段

7. 公约……第一六二条第 2 款（q）项……应不适用。

（r）将管理局的年度概算提交大会核准；

（s）就管理局职权范围内的任何问题或事项的政策，向大会提出建议；

（t）依据第一八五条，就暂停成员权利和特权的行使向大会提出建议；

（u）在发生不遵守规定的情形下，代表管理局向海底争端分庭提起司法程序；

（v）经海底争端分庭在根据（u）项提起的司法程序作出裁判后，将此通知大会，并就其认为应采取的适当措施提出建议；

（w）遇有紧急情况，发布命令，其中可包括停止或调整作业的命令，以防止"区域"内活动对海洋环境造成严重损害；

（x）在有重要证据证明海洋环境有受严重损害之虞的情形下，不准由承包者或企业部开发某些区域；

（y）设立一个附属机关来制订有关下列两项财政方面的规则、规章和程序草案：

　（1）按照第一七一至第一七五条的财务管理；

　（2）按照附件三第十三条和第十七条第 1 款（c）项的财政安排；

（z）设立适当机构来指导和监督视察工作人员，这些视察员负责视察"区域"内活动，以确定本部分的规定、管理局的规则、规章和程序、以及同管理局订立的任何合同的条款和条件，是否得到遵守。

第一六三条　理事会的机关

1. 兹设立理事会的机关如下：

（a）经济规划委员会；

（b）法律和技术委员会。

2. 每一委员会应由理事会根据缔约国提名选出的十五名委员组成。但理事会可于必要时在妥为顾及节约和效率的情形下，决定增加任何一个委员会的委员人数。

3. 委员会委员应具备该委员会职务范围内的适当资格。缔约国应提名在有关领域内有资格的具备最高标准的能力和正直的候选人，以便确保委员会有效执行其职务。

4. 在选举委员会委员时，应妥为顾及席位的公平地区分配和特别利益有其代表的需要。

5. 任何缔约国不得提名一人以上为同一委员会的候选人。任何人不应当选在一个以上委员会任职。

6. 委员会委员任期五年，连选可连任一次。

7. 如委员会委员在其任期届满之前死亡、丧失能力或辞职，理事会应从同一地理区域或同一利益方面选出一名委员任满所余任期。

8. 委员会委员不应在同"区域"内的勘探和开发有关的任何活动中有财务上的利益。各委员在对其所任职的委员会所负责任限制下，不应泄露工业秘密、按照附件三第十四条转让给管理局的专有性资料，或因其在管理局任职而得悉的任何其他秘密情报，即使在职务终止以后，也是如此。

9. 每一委员会应按照理事会所制定的方针和指示执行其职务。

10. 每一委员会应拟订为有效执行其职务所必要的规则和规章，并提请理事会核准。

11. 委员会作出决定的程序应由管理局的规则、规章和程序加以规定。提交理事会的建议，必要时应附送委员会内不同意见的摘要。

12. 每一委员会通常应在管理局所在地执行职务，并按有效执行其职务的需要，经常召开会议。

13. 在执行这些职务时，每一委员会可在适当时同另一委员会或联合国任何主管机关、联合国各专门机构、或对协商的议题事项具有有关职权的任何国际组织进行协商。

第一六四条　经济规划委员会

1. 经济规划委员会委员应具备诸如与采矿、管理矿物资源活动、国际贸易或国际经济有关的适当资格。理事会应尽力确保委员会的组成反映出一切适当的资格。委员会至少应有两个成员来自出口从"区域"取得的各类矿物对其经济有重大关系的发展中国家。

2. 委员会应：

（a）经理事会请求，提出措施，以实施按照本公约所采取的关于"区域"内活动的决定；

（b）审查可从"区域"取得的矿物的供应、需求和价格的趋势与对其造成影响的因素，同时考虑到输入国和输出国两者的利益，特别是其中的发展中国家的利益；

（c）审查有关缔约国提请其注意的可能导致第一五〇条（h）项内所指不良影响的任何情况，并向理事会提出适当建议；

（d）按照第一五一条第 10 款所规定，向理事会建议对于因"区域"内活动而受到不良影响的发展中国家提供补偿或其他经济调整援助措施的制度以便提交大会。委员会应就大会通过的这一制度或其他措施对具体情况的适用，向理事会提出必要的建议。

第一六五条　法律和技术委员会

1. 法律和技术委员会委员应具备诸如有关矿物资源的勘探和开发及加工、海洋学、海洋环境的保护，或关于海洋采矿的经济或法律问题以及其他有关的专门知识方面的适当资格。理事会应尽力确保委员会的组成反映出一切适当的资格。

2. 委员会应：

（a）经理事会请求，就管理局职务的执行提出建议；

（b）按照第一五三条第 3 款审查关于"区域"内活动的正式书面工作计划，并向理事会提交适当的建议。委员会的建议应仅以附件三所载的要求为根据，并应就其建议向理事会提出充分报告；

（c）经理事会请求，监督"区域"内活动，在适当情形下，同从事这种活动的任何实体或有关国家协商和合作进行，并向理事会提出报告；

（d）就"区域"内活动对环境的影响准备评价；

（e）向理事会提出关于保护海洋环境的建议，考虑到在这方面公认的专家的意见；

（f）拟订第一六二条第 2 款（o）项所指的规则、规章和程序，提交理事会，考虑到一切有关的因素，包括"区域"内活动对环境影响的评价；

（g）经常审查这种规则、规章和程序，并随时向理事会建议其认为必要或适宜的修正；

（h）就设立一个以公认的科学方法定期观察、测算、评价和分析"区域"内活动造成的海洋环境污染危险或影响的监测方案，向理事会提出建议，确保现行规章是足够的而且得到遵守，并协调理事会核准的监测方案的实施；

（i）建议理事会特别考虑到第一八七条，按照本部分和有关附件，代表管理局向海底争端分庭提起司法程序；

（j）经海底争端分庭在根据（i）项提起的司法程序作出裁判后，就任何应采取的措施向理事会提出建议；

（k）向理事会建议发布紧急命令，其中可包括停止或调整作业的命令，以防止"区域"内活动对海洋环境造成严重损害。理事会应优先审议这种建议；

（l）在有充分证据证明海洋环境有受严重损害之虞的情形下，向理事会建议不准由承包者或企业部开发某些区域；

（m）就视察工作人员的指导和监督事宜，向理事会提出建议，这些视察员应视察

"区域"内活动，以确定本部分的规定、管理局的规则、规章和程序、以及同管理局订立的任何合同的条款和条件是否得到遵守；

[（n）不适用。见《协定》附件第6节第7段]。

《协定》附件第6节第7段

7. 公约……第一六五条第2款（n）项……应不适用。

---

3. 经任何有关缔约国或任何当事一方请求，委员会委员执行其监督和检查的职务时，应由该有关缔约国或其他当事一方的代表一人陪同。

《协定》附件第9节
第9节 财务委员会

1. 兹设立财务委员会。此委员会应由财务方面具有适当资格的十五名委员组成。缔约国应提名具备最高标准的能力和正直的候选人。

2. 财务委员会应无任何两名委员为同一缔约国的国民。

3. 财务委员会的委员应由大会选举，选举时应适当顾及公平地域分配和特殊利益得到代表的需要。本附件第3节第15（a）、（b）、（c）和（d）段所述的每一组国家在委员会内至少应有一名委员作为代表。在管理局除了分摊会费以外有足够资金应付其行政开支之前，委员会的委员应包括向管理局行政预算缴付最高款额的五个国家代表。其后，应根据每一组的成员所作的提名，从每一组选举一名委员，但不妨碍从每一组再选其他委员的可能性。

4. 财务委员会委员的任期应为五年，连选可连任一次。

5. 财务委员会委员若在任期届满以前死亡、丧失行为能力或辞职，大会应从同一地理区域或同一组国家中选出一名委员任满所余任期。

6. 财务委员会委员不应在同委员会有职责作出建议的事项有关的任何活动中有财务上的利益。各委员不应泄露因其在管理局任职而得悉的任何秘密资料，即使在职务终止以后，也应如此。

7. 大会和理事会关于下列问题的决定应考虑到财务委员会的建议：

（a）管理局各机关的财务规则、规章和程序草案，以及管理局的财务管理和内部财务行政；

（b）按照公约第一六〇条第2款（e）项决定各成员对管理局的行政预算应缴的会费；

（c）所有有关的财务事项，包括管理局秘书长按照公约第一七二条编制的年度概算，和秘书处工作方案的执行所涉及的财务方面问题；

（d）行政预算；

（e）缔约国因本协定和第十一部分的执行而承担的财政义务，以及涉及到管理局经费开支的提案和建议所涉的行政和预算问题；

（f）公平分配从"区域"内活动取得的财政及其他经济利益的规则、规章和程序，以及为此而作的决定。

8. 财务委员会关于程序问题的决定应以出席并参加表决的成员过半数作出。关于实质问题的决定应以协商一致方式作出。

9. 在按照本节设立财务委员会之后，公约第一六二条第 2 款（y）项设立附属机关来处理财务事项的规定应视为已得到遵行。

D 分节　秘书处

第一六六条　秘书处

1. 秘书处应由秘书长一人和管理局所需要的工作人员组成。

2. 秘书长应由大会从理事会提名的候选人中选举，任期四年，连选可连任。

3. 秘书长应为管理局的行政首长，在大会和理事会以及任何附属机关的一切会议上，应以这项身份执行职务，并应执行此种机关交付给秘书长的其他行政职务。

4. 秘书长应就管理局的工作向大会提出年度报告。

第一六七条　管理局的工作人员

1. 管理局的工作人员应由执行管理局的行政职务所必要的合格科学及技术人员和其他人员组成。

2. 工作人员的征聘和雇用，以及其服务条件的决定，应以必须取得在效率、才能和正直方面达到最高标准的工作人员为首要考虑。在这一考虑限制下，应妥为顾及在最广泛的地区基础上征聘工作人员的重要性。

3. 工作人员应由秘书长任命。工作人员的任命、薪酬和解职所根据的条款和条件，应按照管理局的规则、规章和程序。

第一六八条　秘书处的国际性

1. 秘书长及工作人员在执行职务时，不应寻求或接受任何政府的指示或管理局以外其他来源的指示。他们应避免足以影响其作为只对管理局负责的国际官员的地位的任何行动。每一缔约国保证尊重秘书长和工作人员所负责任的纯粹国际性，不设法影响他们执行其职责。工作人员如有任何违反职责的行为，应提交管理局的规则、规章和程序所规定的适当行政法庭。

2. 秘书长及工作人员在同"区域"内的勘探和开发有关的任何活动中，不应有任何财务上的利益。在他们对管理局所负责任限制下，他们不应泄露任何工业秘密、按照附件三第十四条转让给管理局的专有性资料或因在管理局任职而得悉的任何其他秘密情报，即使在其职务终止以后也是如此。

3. 管理局工作人员如有违反第 2 款所载义务情事，经受到这种违反行为影响的缔约国，或由缔约国按照第一五三条第 2 款（b）项担保并因这种违反行为而受到影响的自然人或法人的要求，应由管理局将有关工作人员交管理局的规则、规章和程序所指定的法庭处理。受影响的一方应有权参加程序。如经法庭建议，秘书长应将有关工作人员解雇。

4. 管理局的规则、规章和程序应载有为实施本条所必要的规定。

第一六九条　同国际组织和非政府组织的协商和合作

1. 在管理局职权范围内的事项上，秘书长经理事会核可，应作出适当的安排，同联合国经济及社会理事会承认的国际组织和非政府组织进行协商和合作。

2. 根据第 1 款与秘书长订有安排的任何组织可指派代表，按照管理局各机关的议事规则，以观察员的身份参加这些机关的会议。应制订程序，以便在适当情形下征求这种组织的意见。

3. 秘书长可向各缔约国分发第 1 款所指的非政府组织就其具有特别职权并与管理局工作有关的事项提出的书面报告。

E 分节　企业部

第一七〇条　企业部

1. 企业部应为依据第一五三条第 2 款（a）项直接进行"区域"内活动以及从事运输、加工和销售从"区域"回收的矿物的管理局机关。

2. 企业部在管理局国际法律人格的范围内，应有附件四所载章程规定的法律行为能力。企业部应按照本公约、管理局的规则、规章和程序以及大会制订的一般政策行事，并应受理事会的指示和控制。

3. 企业部总办事处应设在管理局所在地。

4. 企业部应按照第一七三条第 2 款和附件四第十一条取得执行职务所需的资金，并应按照第一四四条和本公约其他有关条款规定得到技术。

《协定》附件第 2 节
第 2 节　企业部

1. 管理局秘书处应履行企业部的职务，直至其开始独立于秘书处而运作为止。管理局秘书长应从管理局工作人员中任命一名临时总干事来监督秘书处履行这些职务。

这些职务应为：

（a）监测和审查深海底采矿活动方面的趋势和发展，包括定期分析世界金属市场情况和金属价格、趋势和前景；

（b）评估就"区域"内活动进行海洋科学研究的结果，特别强调关于"区域"内活动的环境影响的研究；

（c）评估可以得到的关于探矿和勘探的数据，包括这些活动的准则；

（d）评估与"区域"内活动有关的技术发展情况，特别是与保护和保全海洋环境有关的技术；

（e）评价关于保留给管理局的各个区域的资料和数据；

（f）评估联合企业经营的各种做法；

（g）收集关于有多少受过培训的人力资源的资料；

（h）研究企业部在各个不同业务阶段的行政管理上各种可供选择的管理政策。

2. 企业部初期的深海底采矿业务应以联合企业的方式进行。当企业部以外的一个实体所提出的开发工作计划获得核准时，或当理事会收到同企业部经营联合企业的申请时，理事会即应着手审议企业部独立于管理局秘书处而运作的问题。如果同企业部合办的联合企业经营符合健全的商业原则，理事会应根据公约第一七○条第2款发出指示，允许企业部进行独立运作。

3. 公约附件四第十一条第3款所规定缔约国向企业部一个矿址提供资金的义务应不予适用；缔约国应无任何义务向企业部或在其联合企业安排下的任何矿址的任何业务提供资金。

4. 适用于承包者的义务应适用于企业部。虽有公约第一五三条第3款和附件三第三条第5款的规定，企业部工作计划的核准应采取由管理局和企业部订立合同的形式。

5. 将某一个区域作为保留区域提供给管理局的承包者，对于与企业部订立勘探和开发该区域的联合企业安排有第一选择权。如果企业部在独立于管理局秘书处开始执行其职务后的十五年内，或在将一个区域保留给管理局之日起的十五年内（以较晚者为准），没有提交在该保留区域进行活动的工作计划申请，则提供该区域的承包者应有权申请该区域的工作计划，但它须真诚地提供机会让企业部参加为联合企业的合伙人。

6. 公约第一七○条第4款、附件四和关于企业部的其他规定，应根据本节加以解释和适用。

F 分节　管理局的财政安排

第一七一条　管理局的资金

管理局的资金应包括：

（a）管理局各成员按照第一六〇条第 2 款（e）项缴付的分摊会费；

（b）管理局按照附件三第十三条因"区域"内活动而得到的收益；

（c）企业部按照附件四第十条转来的资金；

（d）依据第一七四条借入的款项；

（e）成员或其他实体所提供的自愿捐款；和

（f）按照第一五一条第 10 款向补偿基金缴付的款项，基金的来源由经济规划委员会提出建议。

《协定》附件第 7 节第 2 段

2. 公约第一五一条第 10 款应以第 1 段所述的经济援助措施加以执行。公约……第一七一条（f）项……应相应地加以解释。

第一七二条　管理局的年度预算

秘书长应编制管理局年度概算，向理事会提出。理事会应审议年度概算，并连同其对概算的任何建议向大会提出。大会应按照第一六〇条第 2 款（h）项审议并核准年度概算。

《协定》附件第 1 节第 14 段

14. 管理局应有其自己的预算。到本协定生效之年以后那一年的年底为止，管理局的行政开支应由联合国预算支付。其后，管理局的行政开支应根据公约第一七一条（a）和第一七三条及本协定的规定，由其成员、包括任何临时成员缴付的分摊会费支付，直到管理局从其他来源得到足够的资金来支付这些开支为止。管理局应不行使公约第一七四条第 1 款所述的权力来借款充作行政预算经费。

第一七三条　管理局的开支

1. 在管理局未能从其他来源得到足够资金以应付其行政开支以前，第一七一条（a）项所指的会费应缴入特别帐户，以支付管理局的行政开支。

2. 管理局的资金应首先支付管理局的行政开支。除了第一七一条（a）项所指分摊会费外，支付行政开支后所余资金，除其他外，可：

（a）按照第一四〇条和第一六〇条第 2 款（g）项加以分配；

（b）按照第一七〇条第 4 款用以向企业部提供资金；

（c）按照第一五一条第 10 款和第一六〇条第 2 款（l）项用以补偿发展中国家。

第一七四条　管理局的借款权

1. 管理局应有借款的权力。

2. 大会应在依据第一六〇第 2 款（f）项所制定的财务条例中规定对此项权力的限制。

3. 理事会应行使管理局的借款权。

4. 缔约国对管理局的债务应不负责任。

第一七五条　年度审计

管理局的记录、帐簿和帐目，包括其年度财务报表，应每年交由大会指派的一位独立审计员审核。

G 分节　法律地位、特权和豁免

第一七六条　法律地位

管理局应具有国际法律人格以及为执行其职务和实现其宗旨所必要的法律行为能力。

第一七七条　特权和豁免

为使其能够执行职务，管理局应在每一缔约国的领土内享有本分节所规定的特权和豁免。同企业部有关的特权和豁免应为附件四第十三条内所规定者。

第一七八条　法律程序的豁免

管理局及其财产和资产，应享有对法律程序的豁免，但管理局在特定事件中明白放弃这种豁免时，不在此限。

第一七九条　对搜查和任何其他形式扣押的豁免

管理局的财产和资产，不论位于何处和为何人持有，应免受搜查、征用、没收、公用征收或以行政或立法行动进行的任何其他形式的扣押。

第一八〇条　限制、管制、控制和暂时冻结的免除

管理局的财产和资产应免除任何性质的限制、管制、控制和暂时冻结。

第一八一条　管理局的档案和公务通讯

1. 管理局的档案不论位于何处，应属不可侵犯。

2. 专有的资料、工业秘密或类似的情报和人事卷宗不应置于可供公众查阅的档案中。

3. 关于管理局的公务通讯，每一缔约国应给予管理局不低于给予其他国际组织的待遇。

第一八二条　若干与管理局有关人员的特权和豁免

缔约国代表出席大会、理事会、或大会或理事会所属机关的会议时，以及管理局

的秘书长和工作人员，在每一缔约国领土内：

（a）应就他们执行职务的行为，享有对法律程序的豁免，但在适当情形下，他们所代表的国家或管理局在特定事件中明白放弃这种豁免时，不在此限；

（b）如果他们不是缔约国国民，应比照该国应给予其他缔约国职级相当的代表、官员和雇员的待遇，享有在移民限制、外侨登记规定和国民服役义务方面的同样免除、外汇管制方面的同样便利和旅行便利方面的同样待遇。

第一八三条　捐税和关税的免除

1. 在其公务活动范围内，管理局及其资产、财产和收入，以及本公约许可的管理局的业务和交易，应免除一切直接捐税，对其因公务用途而进口或出口的货物也应免除一切关税。管理局不应要求免除仅因提供服务而收取的费用的税款。

2. 为管理局的公务活动需要。由管理局或以管理局的名义采购价值巨大的货物或服务时，以及当这种货物或服务的价款包括捐税或关税在内时，各缔约国应在可行范围内采取适当措施，准许免除这种捐税或关税或设法将其退还。在本条规定的免除下进口或采购的货物，除非根据与该缔约国协议的条件，不应在给予免除的缔约国领土内出售或作其他处理。

3. 各缔约国对于管理局付给非该国公民、国民或管辖下人员的管理局秘书长和工作人员以及为管理局执行任务的专家的薪给和酬金或其他形式的费用，不应课税。

H分节　成员国权利和特权的暂停行使

第一八四条　表决权的暂停行使

一个缔约国拖欠对管理局应缴的费用，如果拖欠数额等于或超过该国前两整年应缴费用的总额，该国应无表决权。但大会如果确定该成员国由于本国无法控制的情况而不能缴费，可准许该国参加表决。

第一八五条　成员权利和特权的暂停行使

1. 缔约国如一再严重违反本部分的规定，大会可根据理事会的建议暂停该国行使成员的权利和特权。

2. 在海底争端分庭认定一个缔约国一再严重违反本部分规定以前，不得根据第1款采取任何行动。

第五节　争端的解决和咨询意见

第一八六条　国际海洋法法庭海底争端分庭

海底争端分庭的设立及其行使管辖权的方式均应按照本节、第十五部分和附件六的规定。

第一八七条　海底争端分庭的管辖权

海底争端分庭根据本部分及其有关的附件，对以下各类有关"区域"内活动的争端应有管辖权：

（a）缔约国之间关于本部分及其有关附件的解释或适用的争端；

（b）缔约国与管理局之间关于下列事项的争端：

（1）管理局或缔约国的行为或不行为据指控违反本部分或其有关附件或按其制定的规则、规章或程序；或

（2）管理局的行为据指控逾越其管辖权或滥用权力；

（c）第一五三条第2款（b）项内所指的，作为合同当事各方的缔约国、管理局或企业部、国营企业以及自然人或法人之间关于下列事项的争端：

（1）对有关合同或工作计划的解释或适用；或

（2）合同当事一方在"区域"内活动方面针对另一方或直接影响其合法利益的行为或不行为；

（d）管理局同按照第一五三条第2款（b）项由国家担保且已妥为履行附件三第四条第6款和第十三条第2款所指条件的未来承包者之间关于订立合同的拒绝，或协商合同时发生的法律问题的争端；

（e）管理局同缔约国、国营企业或按照第一五三条第2款（b）项由缔约国担保的自然人或法人之间关于指控管理局应依附件三第二十二条的规定负担赔偿责任的争端；

（f）本公约具体规定由分庭管辖的任何争端。

第一八八条　争端提交国际海洋法法庭特别分庭或海底争端分庭专案分庭或提交有拘束力的商业仲裁

1. 第一八七第（a）项所指各缔约国间的争端可：

（a）应争端各方的请求，提交按照附件六第十五和第十七条成立的国际海洋法法庭特别分庭；或

（b）应争端任何一方的请示，提交按照附件六第三十六条成立的海底争端分庭专案分庭。

2.

（a）有关第一八七条（c）项（1）目内所指合同的解释或适用的争端，经争端任何一方请求，应提交有拘束力的商业仲裁，除非争端各方另有协议。争端所提交的商业仲裁法庭对决定本公约的任何解释问题不具有管辖权。如果争端也涉及关于"区域"内活动的第十一部分及其有关附件的解释问题，则应将该问题提交海底争端分庭裁定；

（b）在此种仲裁开始时或进行过程中，如果仲裁法庭经争端任何一方请求，或根据自己决定，断定其裁决须取决于海底争端分庭的裁定，则仲裁法庭应将此种问题提交海底争端分庭裁定。然后，仲裁法庭应依照海底争端分庭的裁定作出裁决；

（c）在合同没有规定此种争端所应适用的仲裁程序的情形下，除非争端各方另有协议，仲裁应按照联合国国际贸易法委员会的仲裁规则，或管理局的规则、规章和程序中所规定的其他这种仲裁规则进行。

第一八九条　在管理局所作决定方面管辖权的限制

海底争端分庭对管理局按照本部分规定行使斟酌决定权应无管辖权；在任何情形下，均不应以其斟酌决定权代替管理局的斟酌决定权。在不妨害第一九一条的情形下，海底争端分庭依据第一八七条行使其管辖权时，不应对管理局的任何规则、规章和程序是否符合本公约的问题表示意见，也不应宣布任何此种规则、规章和程序为无效。分庭在这方面的管辖权应限于就管理局的任何规则、规章和程序适用于个别案件将同争端各方的合同上义务或其在本公约下的义务相抵触的主张，就逾越管辖权或滥用权力的主张，以及就一方未履行其合同上义务或其在本公约下的义务而应给予有关另一方损害赔偿或其他补救的要求，作出决定。

第一九〇条　担保缔约国的参加程序和出庭

1. 如自然人或法人为第一八七条所指争端的一方，应将此事通知其担保国，该国应有权以提出书面或口头陈述的方式参加司法程序。

2. 如果一个缔约国担保的自然人或法人在第一八七条（c）项所指的争端中对另一缔约国提出诉讼，被告国可请担保该人的国家代表该人出庭。如果不能出庭，被告国可安排属其国籍的法人代表该国出庭。

第一九一条　咨询意见

海底争端分庭经大会或理事会请求，应对它们活动范围内发生的法律问题提出咨询意见。这种咨询意见应作为紧急事项提出。

第十二部分　海洋环境的保护和保全

第一节　一般规定

第一九二条　一般义务

各国有保护和保全海洋环境的义务。

第一九三条　各国开发其自然资源的主权权利

各国有依据其环境政策和按照其保护和保全海洋环境的职责开发其自然资源的主权权利。

第一九四条　防止、减少和控制海洋环境污染的措施

1. 各国应适当情形下个别或联合地采取一切符合本公约的必要措施，防止、减少和控制任何来源的海洋环境污染，为此目的，按照其能力使用其所掌握的最切实可行的方法，并应在这方面尽力协调它们的政策。

2. 各国应采取一切必要措施，确保在其管辖或控制下的活动的进行不致使其他国家及其环境遭受污染的损害，并确保在其管辖或控制范围内的事件或活动所造成的污染不致扩大到其按照本公约行使主权权利的区域之外。

3. 依据本部分采取的措施，应针对海洋环境的一切污染来源。这些措施，除其他外，应包括旨在在最大可能范围内尽量减少下列污染的措施：

（a）从陆上来源、从大气层或通过大气层或由于倾倒而放出的有毒、有害或有碍健康的物质，特别是持久不变的物质；

（b）来自船只的污染，特别是为了防止意外事件和处理紧急情况，保证海上操作安全，防止故意和无意的排放，以及规定船只的设计、建造、装备、操作和人员配备的措施；

（c）来自在用于勘探或开发海床和底土的自然资源的设施装置的污染，特别是为了防止意外事件和处理紧急情况，促请海上操作安全，以及规定这些设施或装置的设计、建造、装备、操作和人员配备的措施；

（d）来自在海洋环境内操作的其他设施和装置的污染，特别是为了防止意外事件和处理紧急情况，保证海上操作安全，以及规定这些设施或装置的设计、建造、装备、

操作和人员配备的措施。

4. 各国采取措施防止、减少或控制海洋环境的污染时，不应对其他国家依照本公约行使其权利并履行其义务所进行的活动有不当的干扰。

5. 按照本部分采取的措施，应包括为保护和保全稀有或脆弱的生态系统，以及衰竭、受威胁或有灭绝危险的物种和其他形式的海洋生物的生存环境，而有必要的措施。

第一九五条　不将损害危险转移或将一种污染
转变成另一种污染的义务

各国在采取措施防止、减少和控制海洋环境的污染时采取的行动不应直接或间接将损害或危险从一个区域转移到另一个区域，或将一种污染转变成另一种污染。

第一九六条　技术的使用或外来的或新的物种的引进

1. 各国应采取一切必要措施以防止、减少和控制由于在其管辖或控制下使用技术而造成的海洋环境污染，或由于故意或偶然在海洋环境某一特定部分引进外来的或新物种致使海洋环境可能发生重大和有害的变化。

2. 本条不影响本公约对防止、减少和控制海洋环境污染的适用。

第二节　全球性和区域性合作

第一九七条　在全球性或区域性的基础上的合作

各国在为保护和保全海洋环境而拟订和制订符合本公约的国际规则、标准和建议的办法及程序时，应在全球性的基础上或在区域性的基础上，直接或通过主管国际组织进行合作，同时考虑到区域的特点。

第一九八条　即将发生的损害或实际损害的通知

当一国获知海洋环境有即将遭受污染损害的迫切危险或已经遭受污染损害的情况时，应立即通知其认为可能受这种损害影响的其他国家以及各主管国际组织。

第一九九条　对污染的应急计划

第一九八条所指的情形下，受影响区域的各国，应按照其能力，与各主管国际组织尽可能进行合作，以消除污染的影响并防止或尽量减少损害。为此目的，各国应共同发展和促进各种应急计划，以应付海洋环境的污染事故。

第二〇〇条　研究、研究方案及情报和资料的交换

各国应直接或通过主管国际组织进行合作，以促进研究、实施科学研究方案并鼓

励交换所取得的关于海洋环境污染的情报和资料。各国应尽力积极参加区域性和全球性方案，以取得有关鉴定污染的性质和范围、面临污染的情况以及其通过的途径、危险和补救办法的知识。

第二〇一条　规章的科学标准

各国应参照依据第二〇〇条取得的情报和资料，直接或通过主管国际组织进行合作，订立适当的科学准则，以便拟订和制订防止、减少和控制海洋环境污染的规则、标准和建议的办法及程序。

第三节　技术援助

第二〇二条　对发展中国家的科学和技术援助

各国应直接或通过主管国际组织：

（a）促进对发展中国家的科学、教育、技术和其他方面援助的方案，以保护和保全海洋环境，并防止、减少和控制海洋污染。这种援助，除其他外，应包括：

（1）训练其科学和技术人员；

（2）便利其参加有关的国际方案；

（3）向其提供必要的装备和便利；

（4）提高其制造这种装备的能力；

（5）就研究、监测、教育和其他方案提供意见并发展设施。

（b）提供适当的援助，特别是对发展中国家，以尽量减少可能对海洋环境造成严重污染的重大事故的影响。

（c）提供关于编制环境评价的适当援助，特别是对发展中国家。

第二〇三条　对发展中国家的优惠待遇

为了防止、减少和控制海洋环境污染或尽量减少其影响的目的，发展中国家应在下列事项上获得各国际组织的优惠待遇：

（a）有关款项和技术援助的分配；和

（b）对各该组织专门服务的利用。

第四节　监测和环境评价

第二〇四条　对污染危险或影响的监测

1. 各国应在符合其他国家权利的情形下，在实际可行范围内，尽力直接或通过各主管国际组织，用公认的科学方法观察、测算、估计和分析海洋环境污染的危险或影响。

2. 各国特别应不断监视其所准许或从事的任何活动的影响，以便确定这些活动是否可能污染海洋环境。

第二〇五条　报告的发表

各国应发表依据第二〇四条所取得的结果的报告，或每隔相当期间向主管国际组织提出这种报告，各该组织应将上述报告提供所有国家。

第二〇六条　对各种活动的可能影响的评价

各国如有合理根据认为在其管辖或控制下的计划中的活动可能对海洋环境造成重大污染或重大和有害的变化，应在实际可行范围内就这种活动对海洋环境的可能影响作出评价，并应依照第二〇五条规定的方式提送这些评价结果的报告。

第五节　防止、减少和控制海洋环境污染的国际规则和国内立法

第二〇七条　陆地来源的污染

1. 各国应制定法律和规章，以防止、减少和控制陆地来源，包括河流、河口湾、管道和排水口结构对海洋环境的污染，同时考虑到国际上议定的规则、标准和建议的办法及程序。

2. 各国应采取其他可能必要的措施，以防止、减少和控制这种污染。

3. 各国应尽力在适当的区域一级协调其在这方面的政策。

4. 各国特别应通过主管国际组织或外交会议采取行动，尽力制订全球性和区域性规则、标准和建议的办法及程序，以防止、减少和控制这种污染，同时考虑到区域的特点，发展中国家的经济能力及其经济发展的需要。这种规则、标准和建议的办法及程序应根据需要随时重新审查。

5. 第1、第2和第4款提及的法律、规章、措施、规则、标准和建议的办法及程序，应包括旨在最大可能范围内尽量减少有毒、有害或有碍健康的物质，特别是持久

不变的物质，排放到海洋环境的各种规定。

第二〇八条　国家管辖的海底活动造成的污染

1. 沿海国应制定法律和规章，以防止、减少和控制来自受其管辖的海底活动或与此种活动有关的对海洋环境的污染以及来自依据第六十和第八十条在其管辖下的人工岛屿、设施和结构对海洋环境的污染。

2. 各国应采取其他可能必要的措施，以防止、减少和控制这种污染。

3. 这种法律、规章和措施的效力应不低于国际规则、标准和建议的办法及程序。

4. 各国应尽力在适当的区域一级协调其在这方面的政策。

5. 各国特别应通过主管国际组织或外交会议采取行动，制订全球性和区域性规则、标准和建议的办法及程序，以防止、减少和控制第 1 款所指的海洋环境污染。这种规则、标准和建议的办法及程序应根据需要随时重新审查。

第二〇九条　来自"区域"内活动的污染

1. 为了防止、减少和控制"区域"内活动对海洋环境的污染，应按照第十一部分制订国际规则、规章和程序。这种规则、规章和程序应根据需要随时重新审查。

2. 在本节有关规定的限制下，各国应制定法律和规章，以防止、减少和控制由悬挂其旗帜或在其国内登记或在其权力下经营的船只、设施、结构和其他装置所进行的"区域"内活动造成对海洋环境的污染。这种法律和规章的要求的效力应不低于第 1 款所指的国际规则、规章和程序。

第二一〇条　倾倒造成的污染

1. 各国应制定法律和规章，以防止、减少和控制倾倒对海洋环境的污染。

2. 各国应采取其他可能必要的措施，以防止、减少和控制这种污染。

3. 这种法律、规章和措施应确保非经各国主管当局准许，不进行倾倒。

4. 各国特别应通过主管国际组织或外交会议采取行动，尽力制订全球性和区域性规则、标准和建议的办法及程序，以防止减少和控制这种污染。这种规则、标准和建议的办法及程序应根据需要随时重新审查。

5. 非经沿海国事前明示核准，不应在领海和专属经济区内或在大陆架上进行倾倒，沿海国经与由于地理处理可能受倾倒不利影响的其他国家适当审议此事后，有权准许、规定和控制这种倾倒。

6. 国内法律、规章和措施在防止、减少和控制这种污染方面的效力应不低于全球性规则和标准。

第二一一条　来自船只的污染

1. 各国应通过主管国际组织或一般外交会议采取行动，制订国际规则和标准，以防止、减少和控制船只对海洋环境的污染，并于适当情形下，以同样方式促进对划定制度的采用，以期尽量减少可能对海洋环境，包括对海岸造成污染和对沿海国的有关利益可能造成污染损害的意外事件的威胁。这种规则和标准应根据需要随时以同样方式重新审查。

2. 各国应制定法律和规章，以防止、减少和控制悬挂其旗帜或在其国内登记的船只对海洋环境的污染。这种法律和规章至少应具有与通过主管国际组织或一般外交会议制订的一般接受的国际规则和标准相同的效力。

3. 各国如制订关于防止、减少和控制海洋环境污染的特别规定作为外国船只进入其港口或内水或在其岸外设施停靠的条件，应将这种规定妥为公布，并通知主管国际组织。如两个或两个以上的沿海国制订相同的规定，以求协调政策，在通知时应说明哪些国家参加这种合作安排。每个国家应规定悬挂其旗帜或在其国内登记的船只的船长在参加这种合作安排的国家的领海内航行时，经该国要求应向其提送通知是否正驶往参加这种合作安排的同一区域的国家，如系驶往这种国家，应说明是否遵守该国关于进入港口的规定。本条不妨害船只继续行使其无害通过权，也不妨害第二十五条第 2 款的适用。

4. 沿海国在其领海内行使主权，可制定法律和规章，以防止、减少和控制外国船只，包括行使无害通过权的船只对海洋的污染。按照第二部分第三节的规定，这种法律和规章不应阻碍外国船只的无害通过。

5. 沿海国为第六节所规定的执行的目的，可对其专属经济区制定法律和规章，以防止、减少和控制来自船只的污染。这种法律和规章应符合通过主管国际组织或一般外交会议制订的一般接受的国际规则和标准，并使其有效。

6.

（a）如果第 1 款所指的国际规则和标准不足以适应特殊情况，又如果沿海国有合理根据认为其专属经济区某一明确划定的特定区域，因与其海洋学和生态条件有关的公认技术理由，以及该区域的利用或其资源的保护及其在航运上的特殊性质，要求采取防止来自船只的污染的特别强制性措施，该沿海国通过主管国际组织与任何其他有关国家进行适当协商后，可就该区域向该组织送发通知，提出所依据的科学和技术证据，以及关于必要的回收设施的情报。该组织收到这种通知后，应在十二个月内确定该区域的情况与上述要求是否相符。如果该组织确定是符合的，该沿海国即可对该区域制定防止、减少和控制来自船只的污染的法律和规章，实施通过主管国际组织使其适用于各特别区域的国际规则和标准或航行办法。在向该组织送发通知满十五个月后，这些法律和规章才可适用于外国船只；

（b）沿海国应公布任何这种明确划定的特定区域的界限；

（c）如果沿海国有意为同一区域制定其他法律和规章，以防止、减少和控制来自船只的污染，它们应于提出上述通知时，同时将这一意向通知该组织。这种增订的法律和规章可涉及排放和航行办法，但不应要求外国船只遵守一般接受的国际规则和标准以外的设计、建造、人员配备或装备标准；这种法律和规章应在向该组织送发通知十五个月后适用于外国船只，但须在送发通知后十二个月内该组织表示同意。

7. 本条所指的国际规则和标准，除其他外，应包括遇有引起排放或排放可能的海难等事故时，立即通知其海岸或有关利益可能受到影响的沿海国的义务。

第二一二条　来自大气层或通过大气层的污染

1. 各国为防止、减少和控制来自大气层或通过大气层的海洋环境污染，应制定适用于在其主权下的上空和悬挂其旗帜的船只或在其国内登记的船只或飞机的法律和规章，同时考虑到国际上议定的规则、标准和建议的办法及程序，以及航空的安全。

2. 各国应采取其他可能必要的措施，以防止、减少和控制这种污染。

3. 各国特别应通过主管国际组织或外交会议采取行动，尽力制订全球性和区域性规则、标准和建议的办法及程序，以防止、减少和控制这种污染。

第六节　执行

第二一三条　关于陆地来源的污染的执行

各国应执行其按照第二〇七条制定的法律和规章，并应制定法律和规章和采取其他必要措施，以实施通过主管国际组织或外交会议为防止、减少和控制陆地来源对海洋环境的污染而制订的可适用的国际规则和标准。

第二一四条　关于来自海底活动的污染的执行

各国为防止、减少和控制来自受其管辖的海底活动或与此种活动有关的对海洋环境的污染以及来自依据第六十和第八十条在其管辖下的人工岛屿、设施和结构对海洋环境的污染，应执行其按照第二〇八条制定的法律和规章，并应制定必要的法律和规章和采取其他必要措施，以实施通过主管国际组织或外交会议制订的可适用的国际规则和标准。

第二一五条　关于来自"区域"内活动的污染的执行

为了防止、减少和控制"区域"内活动对海洋环境的污染而按照第十一部分制订的国际规则、规章和程序，其执行应受该部分支配。

第二一六条　关于倾倒造成污染的执行

1. 为了防止、减少和控制倾倒对海洋环境的污染而按照本公约制定的法律和规章，以及通过主管国际组织或外交会议制订的可适用的国际规则和标准，应依下列规定执行：

（a）对于在沿海国领海或其专属经济区内或在其大陆架上的倾倒，应由该沿海国执行；

（b）对于悬挂旗籍国旗帜的船只或在其国内登记的船只和飞机，应由该旗籍国执行；

（c）对于在任何国家领土内或在其岸外设施装载废料或其他物质的行为，应由该国执行。

2. 本条不应使任何国家承担提起司法程序的义务，如果另一国已按照本条提起这种程序。

第二一七条　船旗国的执行

1. 各国应确保悬挂其旗帜或在其国内登记的船只，遵守为防止、减少和控制来自船只的海洋环境污染而通过主管国际组织或一般外交会议制订的可适用的国际规则和标准以及各该国按照本公约制定的法律和规章，并应为此制定法律和规章和采取其他必要措施，以实施这种规则、标准、法律和规章。船旗国应作出规定使这种规则、标准、法律和规章得到有效执行，不论违反行为在何处发生。

2. 各国特别应采取适当措施，以确保悬挂其旗帜或在其国内登记的船只，在能遵守第 1 款所指的国际规则和标准的规定，包括关于船只的设计、建造、装备和人员配备的规定以前，禁止其出海航行。

3. 各国应确保悬挂其旗帜或在其国内登记的船只在船上持有第 1 款所指的国际规则和标准所规定并依据该规则和标准颁发的各种证书。各国应确保悬挂其旗帜的船只受到定期检查，以证实这些证书与船只的实际情况相符。其他国家应接受这些证书，作为船只情况的证据，并应将这些证书视为与其本国所发的证书具有相同效力，除非有明显根据认为船只的情况与证书所载各节有重大不符。

4. 如果船只违反通过主管国际组织或一般外交会议制订的规则和标准，船旗国在不妨害第二一八、第二二〇和第二二八条的情形下，应设法立即进行调查，并在适当情形下应对被指控的违反行为提起司法程序，不论违反行为在何处发生，也不论这种违反行为所造成的污染在何处发生或发现。

5. 船旗国调查违反行为时，可向提供合作能有助于澄清案件情况的任何其他国家请求协助。各国应尽力满足船旗国的适当请示。

6. 各国经任何国家的请求，应对悬挂其旗帜的船只被指控所犯的任何违反行为进行调查。船旗国如认为有充分证据可对被指控的违反行为提起司法程序，应毫不迟延地按照其法律提起这种程序。

7. 船旗国应将所采取行动及其结果迅速通知请求国和主管国际组织。所有国家应能得到这种情报。

8. 各国的法律和规章对悬挂其旗帜的船只所规定的处罚应足够严厉，以防阻违反行为在任何地方发生。

第二一八条　港口国的执行

1. 当船只自愿位于一国港口或岸外设施时，该国可对该船违反通过主管国际组织或一般外交会议制订的可适用的国际规则和标准在该国内水、领海或专属经济区外的任何排放进行调查，并可在有充分证据的情形下，提起司法程序。

2. 对于在另一国内水、领海或专属经济区内发生的违章排放行为，除非经该国、船旗国或受违章排放行为损害或威胁的国家请求，或者违反行为已对或可能对提起司法程序的国家内水、领海或专属经济区造成污染，不应依据第1款提起司法程序。

3. 当船只自愿位于一国港口或岸外设施时，该国应在实际可行范围内满足任何国家因认为第1款所指的违章排放行为已在其内水、领海或专属经济区内发生，对其内水、领海或专属经济区已造成损害或有损害的威胁而提出的进行调查的请求，并且应在实际可行范围内，满足船旗国对这一违反行为所提出的进行调查的请求，不论违反行为在何处发生。

4. 港口国依据本条规定进行的调查的记录，如经请求，应转交船旗国或沿海国。在第七节限制下，如果违反行为发生在沿海国的内水、领海或专属经济区内，港口国根据这种调查提起的任何司法程序，经该沿海国请求可暂停进行。案件的证据和记录，连同缴交港口国当局的任何保证书或其他财政担保，应在这种情形下转交给该沿海国。转交后，在港口国即不应继续进行司法程序。

第二一九条　关于船只适航条件的避免污染措施

在第七节限制下，各国如经请求或出于自己主动，已查明在港口或岸外设施的船只违反关于船只适航条件的可适用的国际规则和标准从而有损害海洋环境的威胁，应在实际可行范围内采取行政措施以阻止该船航行。这种国家可准许该船仅驶往最近的适当修船厂，并应于违反行为的原因消除后，准许该船立即继续航行。

第二二〇条　沿海国的执行

1. 当船只自愿位于一国港口或岸外设施时，该国对在其领海或专属经济区内发生的任何违反关于防止、减少和控制船只造成的污染的该国按照本公约制定的法律和规章或可适用的国际规则和标准的行为，可在第七节限制下，提起司法程序。

2. 如有明显根据认为在一国领海内航行的船只，在通过领海时，违反关于防止、减少和控制来自船只的污染的该国按照本公约制定的法律和规章或可适用的国际规则和标准，该国在不妨害第二部分第三节有关规定的适用的情形下，可就违反行为对该船进行实际检查，并可在有充分证据时，在第七节限制下按照该国法律提起司法程序，包括对该船的拘留在内。

3. 如有明显根据认为在一国专属经济区或领海内航行的船只，在专属经济区内违反关于防止、减少和控制来自船只的污染的可适用的国际规则和标准或符合这种国际规则和标准并使其有效的该国的法律和规章，该国可要求该船提供关于该船的识别标志、登记港口、上次停泊和下次停泊的港口，以及其他必要的有关情报，以确定是否已有违反行为发生。

4. 各国应制定法律和规章，并采取其他措施，以使悬挂其旗帜的船只遵从依据第 3 款提供情报的要求。

5. 如有明显根据认为在一国专属经济区或领海内航行的船只，在专属经济区内犯有第 3 款所指的违反行为而导致大量排放，对海洋环境造成重大污染或有造成重大污染的威胁，该国在该船拒不提供情况，或所提供的情报与明显的实际情况显然不符，并且依案件情况确有进行检查的理由时，可就有关违反行为的事项对该船进行实际检查。

6. 如有明显客观证据证明在一国专属经济区或领海内航行的船只，在专属经济区内犯有第 3 款所指的违反行为而导致排放，对沿海国的海岸或有关利益，或对其领海或专属经济区内的任何资源，造成重大损害或有造成重大损害的威胁，该国在有充分证据时，可在第七节限制下，按照该国法律提起司法程序，包括对该船的拘留在内。

7. 虽有第 6 款的规定，无论何时如已通过主管国际组织或另外协议制订了适当的程序，从而已经确保关于保证书或其他适当财政担保的规定得到遵守，沿海国如受这种程序的拘束，应立即准许该船继续航行。

8. 第 3、第 4、第 5、第 6 和第 7 款的规定也应适用于依据第二一一条第 6 款制定的国内法律和规章。

第二二一条　避免海难引起污染的措施

1. 本部分的任何规定不应妨害各国为保护其海岸或有关利益，包括捕鱼，免受海难或与海难有关的行动所引起，并能合理预期造成重大有害后果的污染或污染威胁，而依据国际法，不论是根据习惯还是条约，在其领海范围以外，采取和执行与实际的或可能发生的损害相称的措施的权利。

2. 为本条的目的，"海难"是指船只碰撞、搁浅或其他航行事故，或船上或船外所发生对船只或船货造成重大损害或重大损害的迫切威胁的其他事故。

第二二二条　对来自大气层或通过大气层的污染的执行

各国应对在其主权下的上空或悬挂其旗帜的船只或在其国内登记的船只和飞机，执行其按照第二一二条第 1 款和本公约其他规定制定的法律和规章，并应依照关于空中航行安全的一切有关国际规则和标准，制定法律和规章并采取其他必要措施，以实施通过主管国际组织或外交会议为防止、减少和控制来自大气层或通过大气层的海洋环境污染而制订的可适用的国际规则和标准。

第七节　保障办法

第二二三条　便利司法程序的措施

在依据本部分提起的司法程序中，各国应采取措施，便利对证人的听询以及接受另一国当局或主管国际组织提交的证据，并应便利主管国际组织、船旗国或受任何违反行为引起污染影响的任何国家的官方代表参与这种程序。参与这种程序的官方代表应享有国内法律和规章或国际法规定的权利与义务。

第二二四条　执行权力的行使

本部分规定的对外国船只的执行权力，只有官员或军舰、军用飞机或其他有清楚标志可以识别为政府服务并经授权的船舶或飞机才能行使。

第二二五条　行使执行权力时避免不良后果的义务

在根据本公约对外国船只行使执行权力时，各国不应危害航行的安全或造成对船只的任何危险，或将船只带至不安全的港口或停泊地，或使海洋环境面临不合理的危险。

第二二六条　调查外国船只

1.

（a）各国羁留外国船只不得超过第二一六、第二一八和第二二〇条规定的为调查目的所必需的时间。任何对外国船只的实际检查应只限于查阅该船按照一般接受的国际规则和标准所须持有的证书、记录或其他文件或其所持有的任何类似文件；对船只的进一步的实际检查，只有在经过这样的查阅后以及在下列情况下，才可进行：

（1）有明显根据认为该船的情况或其装备与这些文件所载各节有重大不符；

（2）这类文件的内容不足以证实或证明涉嫌的违反行为；或

（3）该船未持有有效的证件和记录。

（b）如果调查结果显示有违反关于保护和保全海洋环境的可适用的法律和规章或国际规则和标准的行为，则应于完成提供保证书或其他适当财政担保等合理程序后迅速予以释放。

（c）在不妨害有关船只适航性的可适用的国际规则和标准的情形下，无论何时如船只的释放可能对海洋环境引起不合理的损害威胁，可拒绝释放或以驶往最近的适当修船厂为条件予以释放。在拒绝释放或对释放附加条件的情形下，必须迅速通知船只的船旗国，该国可按照第十五部分寻求该船的释放。

2. 各国应合作制定程序，以避免在海上对船只作不必要的实际检查。

第二二七条　对外国船只的无歧视

各国根据本部分行使其权利和履行其义务时，不应在形式上或事实上对任何其他国家的船只有所歧视。

第二二八条　提起司法程序的暂停和限制

1. 对于外国船只在提起司法程序的国家的领海外所犯任何违反关于防止、减少和控制来自船只的污染的可适用的法律和规章或国际规则和标准的行为诉请加以处罚的司法程序，于船旗国在这种程序最初提起之日起六个月内就同样控告提出加以处罚的司法程序时，应即暂停进行，除非这种程序涉及沿海国遭受重大损害的案件或有关船旗国一再不顾其对本国船只的违反行为有效地执行可适用的国际规则和标准的义务。船旗国无论何时，如按照本条要求暂停进行司法程序，应于适当期间内将案件全部卷宗和程序记录提供早先提起程序的国家。船旗国提起的司法程序结束时，暂停的司法程序应予终止。在这种程序中应收的费用经缴纳后，沿海国应发还与暂停的司法程序有关的任何保证书或其他财政担保。

2. 从违反行为发生之日起满三年后，对外国船只不应再提起加以处罚的司法程序，又如另一国家已在第 1 款所载规定的限制下提起司法程序，任何国家均不得再提起这种程序。

3. 本条的规定不妨害船旗国按照本国法律采取任何措施，包括提起加以处罚的司法程序的权利，不论别国是否已先提起这种程序。

第二二九条　民事诉讼程序的提起

本公约的任何规定不影响因要求赔偿海洋环境污染造成的损失或损害而提起民事诉讼程序。

第二三〇条　罚款和对被告的公认权利的尊重

1. 对外国船只在领海以外所犯违反关于防止、减少和控制海洋环境污染的国内法律和规章或可适用的国际规则和标准的行为，仅可处以罚款。

2. 对外国船只在领海内所犯违反关于防止、减少和控制海洋环境污染的国内法律和规章或可适用的国际规则和标准的行为，仅可处以罚款，但在领海内故意和严重地造成污染的行为除外。

3. 对于外国船只所犯这种违反行为进行可能对其加以处罚的司法程序时，应尊重被告的公认权利。

第二三一条　对船旗国和其他有关国家的通知

各国应将依据第六节对外国船只所采取的任何措施迅速通知船旗国和任何其他有关国家，并将有关这种措施的一切正式报告提交船旗国。但对领海内的违反行为，沿海国的上述义务仅适用于司法程序中所采取的措施。依据第六节对外国船只采取的任何这种措施，应立即通知船旗国的外交代表或领事官员，可能时并应通知其海事当局。

第二三二条　各国因执行措施而产生的赔偿责任

各国依照第六节所采取的措施如属非法或根据可得到的情报超出合理的要求，应对这种措施所引起的并可以归因于各该国的损害或损失负责。各国应对这种损害或损失规定向其法院申诉的办法。

第二三三条　对用于国际航行的海峡的保障

第五、第六和第七节的任何规定不影响用于国际航行的海峡的法律制度。但如第十节所指以外的外国船舶违反了第四十二条第 1 款（a）和（b）项所指的法律和规章，对海峡的海洋环境造成重大损害或有造成重大损害的威胁，海峡沿岸国可采取适当执行措施，在采取这种措施时，应比照尊重本节的规定。

第八节　冰封区域

第二三四条　冰封区域

沿海国有权制定和执行非歧视性的法律和规章，以防止、减少和控制船只在专属经济区范围内冰封区域对海洋的污染，这种区域内的特别严寒气候和一年中大部分时候冰封的情形对航行造成障碍或特别危险，而且海洋环境污染可能对生态平衡造成重大的损害或无可挽救的扰乱。这种法律和规章应适当顾及航行和以现有最可靠的科学证据为基础对海洋环境的保护和保全。

第九节　责任

第二三五条　责任

1. 各国有责任履行其关于保护和保全海洋环境的国际义务。各国应按照国际法承担责任。

2. 各国对于在其管辖下的自然人或法人污染海洋环境所造成的损害，应确保按照其法律制度，可以提起申诉以获得迅速和适当的补偿或其他救济。

3. 为了对污染海洋环境所造成的一切损害保证迅速而适当地给予补偿的目的，各国应进行合作，以便就估量和补偿损害的责任以及解决有关的争端，实施现行国际法和进一步发展国际法，并在适当情形下，拟订诸如强制保险或补偿基金等关于给付适当补偿的标准和程序。

第十节　主权豁免

第二三六条　主权豁免

本公约关于保护和保全海洋环境的规定，不适用于任何军舰、海军辅助船、为国家所拥有或经营并在当时只供政府非商业性服务之用的其他船只或飞机。但每一国家应采取不妨害该国所拥有或经营的这种船只或飞机的操作或操作能力的适当措施，以确保在合理可行范围内这种船只或飞机的活动方式符合本公约。

第十一节　关于保护和保全海洋环境的其他公约所规定的义务

第二三七条　关于保护和保全海洋环境的其他公约所规定的义务

1. 本部分的规定不影响各国根据先前缔结的关于保护和保全海洋环境的特别公约和协定所承担的特定义务，也不影响为了推行本公约所载的一般原则而可能缔结的协定。

2. 各国根据特别公约所承担的关于保护和保全海洋环境的特定义务，应依符合本公约一般原则和目标的方式履行。

第十三部分　海洋科学研究

第一节　一般规定

第二三八条　进行海洋科学研究的权利

所有国家，不论其地理位置如何，以及各主管国际组织，在本公约所规定的其他国家的权利和义务的限制下，均有权进行海洋科学研究。

第二三九条　海洋科学研究的促进

各国和各主管国际组织应按照本公约，促进和便利海洋科学研究的发展和进行。

第二四〇条　进行海洋科学研究的一般原则

进行海洋科学研究时应适用下列原则：

（a）海洋科学研究应专为和平目的而进行；

（b）海洋科学研究应以符合本公约的适当科学方法和工具进行；

（c）海洋科学研究不应对符合本公约的海洋其他正当用途有不当干扰，而这种研究在上述用途过程中应适当地受到尊重；

（d）海洋科学研究的进行应遵守依照本公约制定的一切有关规章，包括关于保护和保全海洋环境的规章。

第二四一条　不承认海洋科学研究活动为任何权利主张的法律根据

海洋科学研究活动不应构成对海洋环境任何部分或其资源的任何权利主张的法律根据。

第二节　国际合作

第二四二条　国际合作的促进

1. 各国和各主管国际组织应按照尊重主权和管辖权的原则，并在互利的基础上，促进为和平目的进行海洋科学研究的国际合作。

2. 因此，在不影响本公约所规定的权利和义务的情形下，一国在适用本部分时，在适当情形下，应向其他国家提供合理的机会，使其从该国取得或在该国合作下取得为防止和控制对人身健康和安全以及对海洋环境的损害所必要的情报。

第二四三条　有利条件的创造

各国和各主管国际组织应进行合作，通过双边和多边协定的缔结，创造有利条件，以进行海洋环境中的海洋科学研究，并将科学工作者在研究海洋环境中发生的各种现象和变化过程的本质以及两者之间的相互关系方面的努力结合起来。

第二四四条　情报和知识的公布和传播

1. 各国和各主管国际组织应按照本公约，通过适当途径以公布和传播的方式，提供关于拟议的主要方案及其目标的情报以及海洋科学研究所得的知识。

2. 为此目的，各国应个别地并与其他国家和各主管国际组织合作，积极促进科学资料和情报的流通以及海洋科学研究所得知识的转让，特别是向发展中国家的流通和转让，并通过除其他外对发展中国家技术和科学人员提供适当教育和训练方案，加强发展中国家自主进行海洋科学研究的能力。

第三节　海洋科学研究的进行和促进

第二四五条　领海内的海洋科学研究

沿海国在行使其主权时，有规定、准许和进行其领海内的海洋科学研究的专属权利。领海内的海洋科学研究，应经沿海国明示同意并在沿海国规定的条件下，才可进行。

第二四六条　专属经济区内和大陆架上的海洋科学研究

1. 沿海国在行使其管辖权时，有权按照本公约的有关条款，规定、准许和进行在其专属经济区内或大陆架上的海洋科学研究。

2. 在专属经济区内和大陆架上进行海洋科学研究，应经沿海国同意。

3. 在正常情形下，沿海国应对其他国家或各主管国际组织按照本公约专为和平目的和为了增进关于海洋环境的科学知识以谋全人类利益，而在其专属经济区内或大陆架上进行的海洋科学研究计划，给予同意。为此目的，沿海国应制订规则和程序，确保不致不合理地推迟或拒绝给予同意。

4. 为适用第3款的目的，尽管沿海国和研究国之间没有外交关系，它们之间仍可存在正常情况。

5. 但沿海国可斟酌决定，拒不同意另一国家或主管国际组织在该沿海国专属经济区内或大陆架上进行海洋科学研究计划，如果该计划：

（a）与生物或非生物自然资源的勘探和开发有直接关系；

（b）涉及大陆架的钻探、炸药的使用或将有害物质引入海洋环境；

（c）涉及第六十和第八十条所指的人工岛屿、设施和结构的建造、操作或使用；

（d）含有依据第二四八条提出的关于该计划的性质和目标的不正确情报，或如进行研究的国家或主管国际组织由于先前进行研究计划而对沿海国负有尚未履行的义务。

6. 虽有第5款的规定，如果沿海国已在任何时候公开指定从测算领海宽度的基线量起二百海里以外的某些特定区域为已在进行或将在合理期间内进行开发或详探作业的重点区域，则沿海国对于在这些特定区域之外的大陆架上按照本部分规定进行的海洋科学研究计划，即不得行使该款（a）项规定的斟酌决定权而拒不同意。沿海国对于这类区域的指定及其任何更改，应提出合理的通知，但无须提供其中作业的详情。

7. 第 6 款的规定不影响第七十七条所规定的沿海国对大陆架的权利。

8. 本条所指的海洋科学研究活动，不应对沿海国行使本公约所规定的主权权利和管辖权所进行的活动有不当的干扰。

第二四七条 国际组织进行或主持的海洋科学研究计划

沿海国作为一个国际组织的成员或同该组织订有双边协定，而在该沿海国专属经济区内或大陆架上该组织有意直接或在其主持下进行一项海洋科学研究计划，如果该沿海国在该组织决定进行计划时已核准详细计划，或愿意参加该计划，并在该组织将计划通知该沿海国后四个月内没有表示任何反对意见，则应视为已准许依照同意的说明书进行该计划。

第二四八条 向沿海国提供资料的义务

各国和各主管国际组织有意在一个沿海国的专属经济区内或大陆架上进行海洋科学研究，应在海洋科学研究计划预定开始日期至少六个月前，向该国提供关于下列各项的详细说明：

（a）计划的性质和目标；

（b）使用的方法和工具，包括船只的船名、吨位、类型和级别，以及科学装备的说明；

（c）进行计划的精确地理区域；

（d）研究船最初到达和最后离开的预定日期，或装备的部署和拆除的预定日期，视情况而定；

（e）主持机构的名称，其主持人和计划负责人的姓名；和

（f）认为沿海国应能参加或有代表参与计划的程度。

第二四九条 遵守某些条件的义务

1. 各国和各主管国际组织在沿海国的专属经济区内或大陆架上进行海洋科学研究时，应遵守下列条件：

（a）如沿海国愿意，确保其有权参加或有代表参与海洋科学研究计划，特别是于实际可行时在研究船和其他船只上或在科学研究设施上进行，但对沿海国的科学工作者无须支付任何报酬，沿海国亦无分担计划费用的义务；

（b）经沿海国要求，在实际可行范围内尽快向沿海国提供初步报告，并于研究完成后提供所得的最后成果和结论；

（c）经沿海国要求，负责供其利用从海洋科学研究计划所取得的一切资料和样品，并同样向其提供可以复制的资料和可以分开而不致有损其科学价值的样品；

（d）如经要求，向沿海国提供对此种资料、样品及研究成果的评价，或协助沿海国加以评价或解释；

（e）确保在第 2 款限制下，于实际可行的情况下，尽快通过适当的国内或国际途径，使研究成果在国际上可以取得；

（f）将研究方案的任何重大改变立即通知沿海国；

（g）除非另有协议，研究完成后立即拆除科学研究设施或装备。

2. 本条不妨害沿海国的法律和规章为依据第二四六条第 5 款行使斟酌决定权给予同意或拒不同意而规定的条件，包括要求预先同意使计划中对勘探和开发自然资源有直接关系的研究成果在国际上可以取得。

第二五〇条　关于海洋科学研究计划的通知

关于海洋科学研究计划的通知，除另有协议外，应通过适当的官方途径发出。

第二五一条　一般准则和方针

各国应通过主管国际组织设法促进一般准则和方针的制定，以协助各国确定海洋科学研究的性质和影响。

第二五二条　默示同意

各国或各主管国际组织可于依据第二四八条的规定向沿海国提供必要的情报之日起六个月后，开始进行海洋科学研究计划，除非沿海国在收到含有此项情报的通知后四个月内通知进行研究的国家或组织：

（a）该国已根据第二四六条的规定拒绝同意；

（b）该国或主管国际组织提出的关于计划的性质和目标的情报与明显事实不符；

（c）该国要求有关第二四八和第二四九条规定的条件和情报的补充情报；或

（d）关于该国或该组织以前进行的海洋科学研究计划，在第二四九条规定的条件方面，还有尚未履行的义务。

第二五三条　海洋科学研究活动的暂停或停止

1. 沿海国应有权要求暂停在其专属经济区内或大陆架上正在进行的任何海洋科学研究活动，如果：

（a）研究活动的进行不按照根据第二四八条的规定提出的，且经沿海国作为同意的基础的情报；或

（b）进行研究活动的国家或主管国际组织未遵守第二四九条关于沿海国对该海洋科学研究计划的权利的规定。

2. 任何不遵守第二四八条规定的情形，如果等于将研究计划或研究活动作重大改

动，沿海国应有权要求停止任何海洋科学研究活动。

3. 如果第 1 款所设想的任何情况在合理期间内仍未得到纠正，沿海国也可要求停止海洋科学研究活动。

4. 沿海国发出其命令暂停或停止海洋科学研究活动的决定的通知后，获准进行这种活动的国家或主管国际组织应即终止这一通知所指的活动。

5. 一旦进行研究的国家或主管国际组织遵行第二四八条和第二四九条所要求的条件，沿海国应即撤销根据第 1 款发出的暂停命令，海洋科学研究活动也应获准继续进行。

第二五四条　邻近的内陆国和地理不利国的权利

1. 已向沿海国提出一项计划，准备进行第二四六条第 3 款所指的海洋科学研究的国家和主管国际组织，应将提议的研究计划通知邻近的内陆国和地理不利国，并应将此事通知沿海国。

2. 在有关的沿海国按照第二四六条和本公约的其他有关规定对该提议的海洋科学研究计划给予同意后，进行这一计划的国家和主管国际组织，经邻近的内陆国和地理不利国请求，适当时应向它们提供第二四八条和第二四九条第 1 款（f）项所列的有关情报。

3. 以上所指的邻近的内陆国的地理不利国，如提出请求，应获得机会按照有关的沿海国和进行此项海洋科学研究的国家或主管国际组织依本公约的规定而议定的适用于提议的海洋科学研究计划的条件，通过由其任命的并且不为该沿海国反对的合格专家在实际可行时参加该计划。

4. 第 1 款所指的国家和主管国际组织，经上述内陆国和地理不利国的请求，应向它们提供第二四九条第 1 款（d）项规定的有关情报和协助，但须受第二四九条第 2 款的限制。

第二五五条　便利海洋科学研究和协助研究船的措施

各国应尽力制定合理的规则、规章和程序，促进和便利在其领海以外按照本公约进行的海洋科学研究，并于适当时在其法律和规章规定的限制下，便利遵守本部分有关规定的海洋科学研究船进入其港口，并促进对这些船只的协助。

第二五六条　"区域"内的海洋科学研究

所有国家，不论其地理位置如何，和各主管国际组织均有权依第十一部分的规定在"区域"内进行海洋科学研究。

第二五七条　在专属经济区以外的水体内的海洋科学研究

所有国家，不论其地理位置如何，和各主管国际组织均有权依本公约在专属经济区范围以外的水体内进行海洋科学研究。

第四节　海洋环境中科学研究设施或装备

第二五八条　部署和使用

在海洋环境的任何区域内部署和使用任何种类的科学研究设施或装备，应遵守本公约为在任何这种区域内进行海洋科学研究所规定的同样条件。

第二五九条　法律地位

本节所指的设施或装备不具有岛屿的地位。这些设施或装备没有自己的领海，其存在也不影响领海、专属经济区或大陆架的界限的划定。

第二六〇条　安全地带

在科学研究设施的周围可按照本公约有关规定设立不超过五百公尺的合理宽度的安全地带。所有国家应确保其本国船只尊重这些安全地带。

第二六一条　对国际航路的不干扰

任何种类的科学研究设施或装备的部署和使用不应对已确定的国际航路构成障碍。

第二六二条　识别标志和警告信号

本节所指的设施或装备应具有表明其登记的国家或所属的国际组织的识别标志，并应具有国际上议定的适当警告信号，以确保海上安全和空中航行安全，同时考虑到主管国际组织所制订的规则和标准。

第五节　责任

第二六三条　责任

1. 各国和各主管国际组织应负责确保其自己从事或为其从事的海洋科学研究均按照本公约进行。

2. 各国和各主管国际组织对其他国家、其自然人或法人或主管国际组织进行的海洋科学研究所采取的措施如果违反本公约，应承担责任，并对这种措施所造成的损害提供补偿。

3. 各国和各主管国际组织对其自己从事或为其从事的海洋科学研究产生海洋环境

污染所造成的损害，应依据第二三五条承担责任。

第六节　争端的解决和临时措施

第二六四条　争端的解决

本公约关于海洋科学研究的规定在解释或适用上的争端，应按照第十五部分第二和第三节解决。

第二六五条　临时措施

在按照第十五部分第二和第三节解决一项争端前，获准进行海洋科学研究计划的国家或主管国际组织，未经有关沿海国明示同意，不应准许开始或继续进行研究活动。

第十四部分　海洋技术的发展和转让

第一节　一般规定

第二六六条　海洋技术发展和转让的促进

1. 各国应直接或通过主管国际组织，按照其能力进行合作，积极促进在公平合理的条款和条件上发展和转让海洋科学和海洋技术。

2. 各国应对在海洋科学和技术能力方面可能需要并要求技术援助的国家，特别是发展中国家，包括内陆国和地理不利国，促进其在海洋资源的勘探、开发、养护和管理，海洋环境的保护和保全，海洋科学研究以及符合本公约的海洋环境内其他活动等方面海洋科学和技术能力的发展，以加速发展中国家的社会和经济发展。

3. 各国应尽力促进有利的经济和法律条件，以便在公平的基础上为所有有关各方的利益转让海洋技术。

第二六七条　合法利益的保护

各国在依据第二六六条促进合作时，应适当顾及一切合法利益，除其他外，包括海洋技术的持有者、供应者和接受者的权利和义务。

第二六八条　基本目标

各国应直接或通过主管国际组织促进：

（a）海洋技术知识的取得、评价和传播，并便利这种情报和资料的取得；

（b）适当的海洋技术的发展；

（c）必要的技术方面基本建设的发展，以便利海洋技术的转让；

（d）通过训练和教育发展中国家和地区的国民，特别是其中最不发达国家和地区的国民的方式，以发展人力资源；

（e）所有各级的国际合作，特别是区域、分区域和双边的国际合作。

第二六九条　实现基本目标的措施

为了实现第二六八条所指的各项目标，各国应直接或通过主管国际组织，除其他外，尽力：

（a）制订技术合作方案，以便把一切种类的海洋技术有效地转让给在海洋技术方面可能需要并要求技术援助的国家，特别是发展中内陆国和地理不利国，以及未能建立或发展其自己在海洋科学和海洋资源勘探和开发方面的技术能力或发展这种技术的基本建设的其他发展中国家；

（b）促进在公平合理的条件下，订立协定、合同和其他类似安排的有利条件；

（c）举行关于科学和技术问题，特别是关于转让海洋技术的政策和方法的会议、讨论会和座谈会；

（d）促进科学工作者、技术和其他专家的交换；

（e）推行各种计划，并促进联合企业和其他形式的双边和多边合作。

第二节　国际合作

第二七〇条　国际合作的方式和方法

发展和转让海洋技术的国际合作，应在可行和适当的情形下，通过现有的双边、区域或多边的方案进行，并应通过扩大的和新的方案进行，以便利海洋科学研究、海洋技术转让，特别是在新领域内，以及为海洋研究和发展在国际上筹供适当的资金。

第二七一条　方针、准则和标准

各国应直接或通过主管国际组织，在双边基础上或在国际组织或其他机构的范围内，并在特别考虑到发展中国家的利益和需要的情形下，促进制订海洋技术转让方面的一般接受的方针、准则和标准。

第二七二条　国际方案的协调

在海洋技术转让方面，各国应尽力确保主管国际组织协调其活动，包括任何区域性和全球性方案，同时考虑到发展中国家特别是内陆国和地理不利国的利益和需要。

第二七三条　与各国际组织和管理局的合作

各国应与各主管国际组织和管理局积极合作，鼓励并便利向发展中国家及其国民和企业部转让关于"区域"内活动的技能和海洋技术。

第二七四条　管理局的目标

管理局在一切合法利益，其中除其他外包括技术持有者、供应者和接受者的权利和义务的限制下，在"区域"内活动方面应确保：

（a）在公平地区分配原则的基础上，接受不论为沿海国、内陆国或地理不利国的发展中国家的国民，以便训练其为管理局工作所需的管理、研究和技术人员；

（b）使所有国家，特别是在这一方面可能需要并要求技术援助的发展中国家，能得到有关的装备、机械、装置和作业程序的技术文件；

（c）由管理局制订适当的规定，以便利在海洋技术方面可能需要并要求技术援助的国家，特别是发展中国家，取得这种援助，并便利其国民取得必要的技能和专门知识，包括专业训练；

（d）通过本公约所规定的任何财政安排，协助在这一方面可能需要并要求技术援助的国家，特别是发展中国家，取得必要的装备、作业程序、工厂和其他技术知识。

第三节　国家和区域性海洋科学和技术中心

第二七五条　国家中心的设立

1. 各国应直接或通过各主管国际组织和管理局促进设立国家海洋科学和技术研究中心，特别是在发展中沿海国设立，并加强现有的国家中心，以鼓励和推进发展中沿海国进行海洋科学研究，并提高这些国家为了它们的经济利益而利用和保全其海洋资源的国家能力。

2. 各国应通过各主管国际组织和管理局给予适当的支持，便利设立和加强此种国家中心，以便向可能需要并要求此种援助的国家提供先进的训练设施和必要的装备、技能和专门知识以及技术专家。

第二七六条　区域性中心的设立

1. 各国在与各主管国际组织、管理局和国家海洋科学和技术研究机构协调下，应促进设立区域性海洋科学和技术研究中心，特别是在发展中国家设立，以鼓励和推进发展中国家进行海洋科学研究，并促进海洋技术的转让。

2. 一个区域内的所有国家都应与其中各区域性中心合作，以便确保更有效地达成其目标。

第二七七条　区域性中心的职务

这种区域性中心的职务，除其他外，应包括：

（a）对海洋科学和技术研究的各方面，特别是对海洋生物学，包括生物资源的养护和管理、海洋学、水文学、工程学、海底地质勘探、采矿和海水淡化技术的各级训练和教育方案；

（b）管理方面的研究；

（c）有关保护和保全海洋环境以及防止、减少和控制污染的研究方案；

（d）区域性会议、讨论会和座谈会的组织；

（e）海洋科学和技术的资料和情报的取得和处理；

（f）海洋科学和技术研究成果由易于取得的出版物迅速传播；

（g）有关海洋技术转让的国家政策的公布，和对这种政策的有系统的比较研究；

（h）关于技术的销售以及有关专利权的合同和其他安排的情报的汇编和整理；

（i）与区域内其他国家的技术合作。

第四节　国际组织间的合作

第二七八条　国际组织间的合作

本部分和第十三部分所指的主管国际组织应采取一切适当措施，以便直接或在彼此密切合作中，确保本部分规定的它们的职务和责任得到有效的履行。

第十五部分　争端的解决

第一节　一般规定

第二七九条　用和平方法解决争端的义务

各缔约国应按照《联合国宪章》第二条第三项以和平方法解决它们之间有关本公

约的解释或适用的任何争端，并应为此目的以《宪章》第三十三条第一项所指的方法求得解决。

第二八〇条　用争端各方选择的任何和平方法解决争端

本公约的任何规定均不损害任何缔约国于任何时候协议用自行选择的任何和平方法解决它们之间有关本公约的解释或适用的争端的权利。

第二八一条　争端各方在争端未得到解决时所适用的程序

1. 作为有关本公约的解释或适用的争端各方的缔约各国，如已协议用自行选择的和平方法来谋求争端解决，则只有在诉诸这种方法而仍未得到解决以及争端各方间的协议并不排除任何其他程序的情形下，才适用本部分所规定的程序。

2. 争端各方如已就时限也达成协议，则只有在该时限届满时才适用第 1 款。

第二八二条　一般性、区域性或双边协定规定的义务

作为有关本公约的解释或适用的争端各方的缔约各国如已通过一般性、区域性或双边协定或以其他方式协议，经争端任何一方请求，应将这种争端提交导致有拘束力裁判的程序，该程序应代替本部分规定的程序而适用，除非争端各方另有协议。

第二八三条　交换意见的义务

1. 如果缔约国之间对本公约的解释或适用发生争端，争端各方应迅速就以协商或其他和平方法解决争端一事交换意见。

2. 如果解决这种争端的程序已经终止，而争端仍未得到解决，或如已达成解决办法，而情况要求就解决办法的实施方式进行协商时，争端各方也应迅速着手交换意见。

第二八四条　调解

1. 作为有关本公约的解释或适用的争端一方的缔约国，可邀请他方按照附件五第一节规定的程序或另一种调解程序，将争端提交调解。

2. 如争端他方接受邀请，而且争端各方已就适用的调解程序达成协议，任何一方可将争端提交该程序。

3. 如争端他方未接受邀请，或争端各方未就程序达成协议，调解应视为终止。

4. 除非争端各方另有协议，争端提交调解后，调解仅可按照协议的调解程序终止。

第二八五条　本节对依据第十一部分提交的争端的适用

本节适用于依据第十一部分第五节应按照本部分规定的程序解决的任何争端。缔约国以外的实体如为这种争端的一方，本节比照适用。

第二节　导致有拘束力裁判的强制程序

第二八六条　本节规定的程序的适用

在第三节限制下，有关本公约的解释或适用的任何争端，如已诉诸第一节而仍未得到解决，经争端任何一方请求，应提交根据本节具有管辖权的法院或法庭。

第二八七条　程序的选择

1. 一国在签署、批准或加入本公约时，或在其后任何时间，应有自由用书面声明的方式选择下列一个或一个以上方法，以解决有关本公约的解释或适用的争端：

（a）按照附件六设立的国际海洋法法庭；

（b）国际法院；

（c）按照附件七组成的仲裁法庭；

（d）按照附件八组成的处理其中所列的一类或一类以上争端的特别仲裁法庭。

2. 根据第1款作出的声明，不应影响缔约国在第十一部分第五节规定的范围内和以该节规定的方式，接受国际海洋法法庭海底争端分庭管辖的义务，该声明亦不受缔约国的这种义务的影响。

3. 缔约国如为有效声明所未包括的争端的一方，应视为已接受附件七所规定的仲裁。

4. 如果争端各方已接受同一程序以解决这项争端，除各方另有协议外，争端仅可提交该程序。

5. 如果争端各方未接受同一程序以解决这项争端，除各方另有协议外，争端仅可提交附件七所规定的仲裁。

6. 根据第1款作出的声明，应继续有效，至撤销声明的通知交存于联合王国秘书长后满三个月为止。

7. 新的声明、撤销声明的通知或声明的满期，对于根据本条具有管辖权的法院或法庭进行中的程序并无任何影响，除非争端各方另有协议。

8. 本条所指的声明和通知应交存于联合国秘书长，秘书长应将其副本分送各缔约国。

第二八八条　管辖权

1. 第二八七条所指的法院或法庭，对于按照本部分向其提出的有关本公约的解释或适用的任何争端，应具有管辖权。

2. 第二八七条所指的法院或法庭，对于按照与本公约的目的有关的国际协定向其提出的有关该协议的解释或适用的任何争端，也应具有管辖权。

3. 按照附件六设立的国际海洋法法庭海底争端分庭的第十一部分第五节所指的任何其他分庭或仲裁法庭，对按照该节向其提出的任何事项，应具有管辖权。

4. 对于法院或法庭是否具有管辖权如果发生争端，这一问题应由该法院或法庭以裁定解决。

第二八九条　专家

对于涉及科学和技术问题的任何争端，根据本节行使管辖权的法院或法庭，可在争端一方请求下或自己主动，并同争端各方协商，最好从按照附件八第二条编制的有关名单中，推选至少两名科学或技术专家列席法院或法庭，但无表决权。

第二九〇条　临时措施

1. 如果争端已经正式提交法院或法庭，而该法院或法庭依据初步证明认为其根据本部分或第十一部分第五节具有管辖权，该法院或法庭可在最后裁判前，规定其根据情况认为适当的任何临时措施，以保全争端各方的各自权利或防止对海洋环境的严重损害。

2. 临时措施所根据的情况一旦改变或不复存在，即可修改或撤销。

3. 临时措施仅在争端一方提出请求并使争端各方有陈述意见的机会后，才可根据本条予以规定、修改或撤销。

4. 法院或法庭应将临时措施的规定、修改或撤销迅速通知争端各方及其认为适当的其他缔约国。

5. 在争端根据本节正向其提交的仲裁法庭组成以前，经争端各方协议的任何法院或法庭，如在请求规定临时措施之日起两周内不能达成这种协定，则为国际海洋法庭，或在关于"区域"内活动时的海底争端分庭，如果根据初步证明认为将予组成的法庭具有管辖权，而且认为情况紧急有此必要，可按照本条规定修改或撤销临时措施。受理争端的法庭一旦组成，即可依照第1至第4款行事，对这种临时措施予以修改、撤销或确认。

6. 争端各方应迅速遵从根据本条所规定的任何临时措施。

第二九一条　使用程序的机会

1. 本部分规定的所有争端解决程序应对各缔约国开放。

2. 本部分规定的争端解决程序应仅依本公约具体规定对缔约国以外的实体开放。

第二九二条　船只和船员的迅速释放

1. 如果缔约国当局扣留了一艘悬挂另一缔约国旗帜的船只，而且据指控，扣留国在合理的保证书或其他财政担保经提供后仍然没有遵从本公约的规定，将该船只或其船员迅速释放，释放问题可向争端各方协议的任何法院或法庭提出，如从扣留时起十日内不能达成这种协议，则除争端各方另有协议外，可向扣留国根据第二八七条接受的法院或法庭，或向国际海洋法法庭提出。

2. 这种释放的申请，仅可由船旗国或以该国名义提出。

3. 法院或法庭应不迟延地处理关于释放的申请，并且应仅处理释放问题，而不影响在主管的国内法庭对该船只、其船主或船员的任何案件的是非曲直。扣留国当局应仍有权随时释放该船只或其船员。

4. 在法院或法庭裁定的保证书或其他财政担保经提供后，扣留国当局应迅速遵从法院或法庭关于释放船只或其船员的裁定。

第二九三条　适用的法律

1. 根据本节具有管辖权的法院或法庭应适用本公约和其他与本公约不相抵触的国际法规则。

2. 如经当事各方同意，第1款并不妨害根据本节具有管辖权的法院或法庭按照公允和善良的原则对一项案件作出裁判的权力。

第二九四条　初步程序

1. 第二八七条所规定的法院或法庭，就第二九七条所指争端向其提出的申请，应经一方请求决定，或可自己主动决定，该项权利主张是否构成滥用法律程序，或者根据初步证明是否有理由。法院或法庭如决定该项主张构成滥用法律程序或者根据初步证明并无理由，即不应对该案采取任何进一步行动。

2. 法院或法庭收到这种申请，应立即将这项申请通知争端他方，并应指定争端他方可请求按照第1款作出一项决定的合理期限。

3. 本条的任何规定不影响争端各方按照适用的议事规则提出初步反对的权利。

第二九五条　用尽当地补救办法

缔约国间有关本公约的解释或适用的任何争端，仅在依照国际法的要求用尽当地补救办法后，才可提交本节规定的程序。

第二九六条　裁判的确定性和拘束力

1. 根据本节具有管辖权的法院或法庭对争端所作的任何裁判应有确定性，争端所有各方均应遵从。

2. 这种裁判仅在争端各方间和对该特定争端具有拘束力。

第三节 适用第二节的限制和例外

第二九七条 适用第二节的限制

1. 关于因沿海国行使本公约规定的主权权利或管辖权而发生的对本公约的解释或适用的争端，遇有下列情形，应遵守第二节所规定的程序：

(a) 据指控，沿海国在第五十八条规定的关于航行、飞越或铺设海底电缆和管道的自由和权利，或关于海洋的其他国际合法用途方面，有违反本公约的规定的行为；

(b) 据指控，一国在行使上述自由、权利或用途时，有违反本公约或沿海国按照本公约和其他与本公约不相抵触的国际法规则制定的法律或规章的行为；或

(c) 据指控，沿海国有违反适用于该沿海国、并由本公约所制订或通过主管国际组织或外交会议按照本公约制定的关于保护和保全海洋环境的特定国际规则和标准的行为。

2.

(a) 本公约关于海洋科学研究的规定在解释或适用上的争端，应按照第二节解决，但对下列情形所引起的任何争端，沿海国并无义务同意将其提交这种解决程序：

(1) 沿海国按照第二四六条行使权利或斟酌决定权；或

(2) 沿海国按照第二五三条决定命令暂停或停止一项研究计划。

(b) 因进行研究国家指控沿海国对某一特定计划行使第二四六和第二五三条所规定权利的方式不符合本公约而引起的争端，经任何一方请求，应按照附件五第二节提交调解程序，但调解委员会对沿海国行使斟酌决定权指定第二四六条第6款所指特定区域，或按照第二四六条第5款行使斟酌决定权拒不同意，不应提出疑问。

3.

(a) 对本公约关于渔业的规定在解释或适用上的争端，应按照第二节解决，但沿海国并无义务同意将任何有关其对专属经济区内生物资源的主权权利或此项权利的行使的争端，包括关于其对决定可捕量、其捕捞能力、分配剩余量给其他国家、其关于养护和管理这种资源的法律和规章中所制订的条款和条件的斟酌决定权的争端，提交这种解决程序。

(b) 据指控有下列情事时，如已诉诸第一节而仍未得到解决，经争端任何一方请求，应将争端提交附件五第二节所规定的调解程序：

(1) 一个沿海国明显地没有履行其义务，通过适当的养护和管理措施，以确保专属经济区内生物资源的维持不致受到严重危害；

(2) 一个沿海国，经另一国请求，对该另一国有意捕捞的种群，专断地拒绝决定可捕量及沿海国捕捞生物资源的能力；或

（3）一个沿海国专断地拒绝根据第六十二、第六十九和第七十条以及该沿海国所制订的符合本公约的条款和条件，将其已宣布存在的剩余量的全部或一部分分配给任何国家。

（c）在任何情形下，调解委员会不得以其斟酌决定权代替沿海国的斟酌决定权。

（d）调解委员会的报告应送交有关的国际组织。

（e）各缔约国在依据第六十九和第七十条协商协定时，除另有协议外，应列入一个条款，规定各缔约国为了尽量减少对协定的解释或适用发生争端的可能性所应采取的措施，并规定如果仍然发生争议，各缔约国应采取何种步骤。

第二九八条　适用第二节的任择性例外

1. 一国在签署、批准或加入本公约时，或在其后任何时间，在不妨害根据第一节所产生的义务的情形下，可以书面声明对于下列各类争端的一类或一类以上，不接受第二节规定的一种或一种以上的程序：

（a）（1）关于划定海洋边界的第十五、第七十四和第八十三条在解释或适用上的争端，或涉及历史性海湾或所有权的争端，但如这种争端发生于本公约生效之后，经争端各方谈判仍未能在合理期间内达成协议，则作此声明的国家，经争端任何一方请求，应同意将该事项提交附件五第二节所规定的调解；此外，任何争端如果必然涉及同时审议与大陆或岛屿陆地领土的主权或其他权利有关的任何尚未解决的争端，则不应提交这一程序；

（2）在调解委员会提出其中说明所根据的理由的报告后，争端各方应根据该报告以谈判达成协议；如果谈判未能达成协议，经彼此同意，争端各方将问题提交第二节所规定的程序之一，除非争端各方另有协议；

（3）本项不适用于争端各方已以一项安排确定解决的任何海洋边界争端，也不适用于按照对争端各方有拘束力的双边或多边协定加以解决的任何争端；

（b）关于军事活动，包括从事非商业服务的政府船只和飞机的军事活动的争端，以及根据第二九七条第2和第3款不属法院或法庭管辖的关于行使主权权利或管辖权的法律执行活动的争端；

（c）正由联合国安全理事会执行《联合国宪章》所赋予的职务的争端，但安全理事会决定将该事项从其议程删除或要求争端各方用本公约规定的方法解决该争端者除外。

2. 根据第1款作出声明的缔约国，可随时撤回声明，或同意将该声明所排除的争端提交本公约规定的任何程序。

3. 根据第1款作出声明的缔约国，应无权对另一缔约国，将属于被除外的一类争端的任何争端，未经该另一缔约国同意，提交本公约的任何程序。

4. 如缔约国之一已根据第1款（a）项作出声明，任何其他缔约国可对作出声明的缔约国，将属于被除外一类的任何争端提交这种声明内指明的程序。

5. 新的声明，或声明的撤回，对按照本条在法院或法庭进行中的程序并无任何影响，除非争端各方另有协议。

6. 根据本条作出的声明和撤回声明的通知，应交存于联合国秘书长，秘书长应将其副本分送各缔约国。

第二九九条　争端各方议定程序的权利

1. 根据第二九七条或以一项按照第二九八条发表的声明予以除外，不依第二节所规定的解决争端程序处理的争端，只有经争端各方协议，才可提交这种程序。

2. 本节的任何规定不妨害争端各方为解决这种争端或达成和睦解决而协议某种其他程序的权利。

第十六部分　一般规定

第三〇〇条　诚意和滥用权利

缔约国应诚意履行根据本公约承担的义务并应以不致构成滥用权利的方式，行使本公约所承认的权利、管辖权和自由。

第三〇一条　海洋的和平使用

缔约国在根据本公约行使其权利和履行其义务时，应不对任何国家的领土完整或政治独立进行任何武力威胁或使用武力，或以任何其他与《联合国宪章》所载国际法原则不符的方式进行武力威胁或使用武力。

第三〇二条　泄露资料

在不妨害缔约国诉诸本公约规定的争端解决程序的权利的情形下，本公约的任何规定不应视为要求一个缔约国于履行其本公约规定的义务时提供如经泄露即违反该国基本安全利益的情报。

第三〇三条　在海洋发现的考古和历史文物

1. 各国有义务保护在海洋发现的考古和历史性文物，并应为此目的进行合作。

2. 为了控制这种文物的贩运，沿海国可在适用第三十三条时推定，未经沿海国许可将这些文物移出该条所指海域的海床，将造成在其领土或领海内对该条所指法律和规章的违犯。

3. 本条的任何规定不影响可辨认的物主的权利、打捞法或其他海事法规则，也不影响关于文化交流的法律和惯例。

4. 本条不妨害关于保护考古和历史性文物的其他国际协定和国际法规则。

第三〇四条　损害赔偿责任

本公约关于损害赔偿责任的条款不妨碍现行规则的适用和国际法上其他有关赔偿责任的规则的发展。

第十七部分　最后条款

第三〇五条　签字

1. 本公约应开放给下列各方签字：

（a）所有国家；

（b）纳米比亚，由联合国纳米比亚理事会代表；

（c）在一项经联合国按照大会第 1514（XV）号决议监督并核准的自决行动中选择了自治地位，并对本公约所规定的事项具有权限，其中包括就该等事项缔结条约的权限的一切自治联系国；

（d）按照其各自的联系文书的规定，对本公约所规定的事项具有权限，其中包括就该等事项缔结条约的权限的一切自治联系国；

（e）凡享有经联合国所承认的充分内部自治，但尚未按照大会第 1514（XV）号决议取得完全独立的一切领土，这种领土须对本公约所规定的事项具有权限，其中包括就该等事项缔结条约的权限；

（f）国际组织，按照附件九。

2. 本公约应持续开放签字，至一九八四年十二月九日止在牙买加外交部签字，此外，从一九八三年七月一日起至一九八四年十二月九日止，在纽约联合国总部签字。

第三〇六条　批准和正式确认

本公约须经各国和第三〇五条第 1 款（b）、（c）、（d）和（e）项所指的其他实体批准，并经该条第 1 款（f）项所指的实体按照附件九予以正式确认。批准书和正式确认书应交存于联合国秘书长。

第三〇七条　加入

本公约应持续开放给各国和第三〇五条所指的其他实体加入。第三〇五条第 1 款（f）项所指的实体应按照附件九加入。加入书应交存于联合国秘书长。

第三〇八条　生效

1. 本公约应自第六十份批准书或加入书交存之日后十二个月生效。

2. 对于在第六十份批准书和加入书交存以后批准或加入本公约的每一国家，在第 1 款限制下，本公约应在该国将批准书或加入书交存后第三十天起生效。

3. 管理局联合国大会应在本公约生效之日开会，并应选举管理局的理事会。如果第一六一条的规定不能严格适用，则第一届理事会应以符合该条目的的方式组成。

4. 筹备委员会草拟的规则、章程和程序，应在管理局按照第十一部分予以正式通过以前暂时适用。

5. 管理局及其各机关应按照关于预备性投资的第三次联合国海洋法会议决议二以及筹备委员会依据该决议作出的各项决定行事。

第三〇九条　保留和例外

除非本公约其他条款明示许可，对本公约不得作出保留或例外。

第三一〇条　声明和说明

第三〇九条不排除一国在签署、批准或加入本公约时，作出不论如何措辞或用任何名称的声明或说明，目的在于除其他外使该国国内法律和规章同本公约规定取得协调，但须这种声明或说明无意排除或修改本公约规定适用于该缔约国的法律效力。

第三一一条　同其他公约和国际协定的关系

1. 在各缔约国间，本公约应优于一九五八年四月二十九日日内瓦海洋法公约。

2. 本公约应不改变各缔约国根据与本公约相符合的其他条约而产生的权利和义务，但以不影响其他缔约国根据本公约享有其权利或履行其义务为限。

3. 本公约两个或两个以上缔约国可订立仅在各该国相互关系上适用的、修改或暂停适用本公约的规定的协定，但须这种协定不涉及本公约中某项规定，如对该规定予以减损就与公约的目的及宗旨的有效执行不相符合，而且这种协定不应影响本公约所载各项基本原则的适用，同时这种协定的规定不影响其他缔约国根据本公约享有其权利和履行其义务。

4. 有意订立第 3 款所指任何协定的缔约国，应通过本公约的保管者将其订正协定的意思及该协定所规定对本公约的修改或暂停适用通知其他缔约国。

5. 本条不影响本公约其他条款明示许可或保持的其他国际协定。

6. 缔约国同意对第一三六条所载关于人类共同继承财产的基本原则不应有任何修正，并同意它们不应参加任何减损该原则的协定。

第三一二条　修正

1. 自本公约生效之日起十年期间届满后，缔约国可给联合国秘书长书面通知，对本公约提出不涉及"区域"内活动的具体修正案，并要求召开会议审议这种提出的修正案。秘书长应将这种通知分送所有缔约国。如果在分送通知之日起十二个月以内，有不少于半数的缔约国作出答复赞成这一要求，秘书长应召开会议。

2. 适用于修正会议的作出决定的程序应与适用于第三次联合国海洋法会议的相同，除非会议另有决定。会议应作出各种努力就任何修正案以协商一致方式达成协议，且除非为谋求协商一致已用尽一切努力，不应就其进行表决。

第三一三条　以简化程序进行修正

1. 缔约国可给联合国秘书长书面通知，提议将本公约的修正案不经召开会议，以本条规定的简化程序予以通过，但关于"区域"内活动的修正案除外。秘书长应将通知分送所有缔约国。

2. 如果在从分送通知之日起十二个月内，一个缔约国反对提出的修正案或反对以简化程序通过修正案的提案，该提案应视为未通过。秘书长应立即相应地通知所有缔约国。

3. 如果从分送通知之日起十二个月后，没有任何缔约国反对提出的修正案或反对以简化程序将其通过的提案，提出的修正案应视为已通过。秘书长应通知所有缔约国提出的修正案已获通过。

第三一四条　对本公约专门同"区域"内活动有关的规定的修正案

1. 缔约国可给管理局秘书长书面通知，对本公约专门同"区域"内活动有关的规定，其中包括附件六第四节，提出某项修正案。秘书长应将这种通知分送所有缔约国。提出的修正案经理事会核准后，应由大会核准。各缔约国代表应有全权审议并核准提出的修正案。提出的修正案经理事会和大会核准后，应视为已获通过。

> ……虽有公约第三一四条第2款的规定，大会可根据理事会的建议，随时审查公约第一五五条第1款所述的事项。对本协定和第十一部分的修正应依照公约第三一四、第三一五和第三一六条所载的程序，但公约第一五五条第2款所述的原则、制度和其他规定应予维持，该条第5款所述的权利应不受影响。

2. 理事会和大会在根据第 1 款核准任何修正案以前，应确保该修正案在按照第一五五条召开审查会议以前不妨害勘探和开发"区域"内资源的制度。

第三一五条　修正案的签字、批准、加入和有效文本

1. 本公约的修正案一旦通过，应自通过之日起十二个月内在纽约联合国总部对各缔约国开放签字，除非修正案本身另有决定。

2. 第三〇六、第三〇七和第三二〇条适用于本公约的所有修正案。

第三一六条　修正案的生效

1. 除第 5 款所指修正案外，本公约的修正案，应在三分之二缔约国或六十个缔约国（以较大的数目为准）交存批准书或加入书后三十天对批准或加入的缔约国生效。这种修正案不应影响其他缔约国根据本公约享有其权利或履行其义务。

2. 一项修正案可规定需要有比本条规定者更多的批准书或加入书才能生效。

3. 对于在规定数目的批准书或加入书交存后批准或加入第 1 款所指修正案的缔约国，修正案应在其批准书或加入书交存后第三十天生效。

4. 在修正案按照第 1 款生效后成为本公约缔约国的国家，应在该国不表示其他意思的情形下：

（a）视为如此修正后的本公约的缔约国；并

（b）在其对不受修正案拘束的任何缔约国的关系上，视为未修正的本公约的缔约国。

5. 专门关于"区域"内活动的任何修正案和附件六的任何修正案，应在四分之三缔约国交存批准书或加入书一年后对所有缔约国生效。

6. 在修正案按照第 5 款生效后成为本公约缔约国的国家，应视为如此修正后的本公约的缔约国。

第三一七条　退出

1. 缔约国可给联合国秘书长书面通知退出本公约，并可说明其理由。未说明理由应不影响退出的效力。退出应自接到通知之日后一年生效，除非通知中指明一个较后的日期。

2. 一国不应以退出为理由而解除该国为本公约缔约国时所承担的财政和合同义务，退出也不应影响本公约对该国停止生效前因本公约的执行而产生的该国的任何权利、义务或法律地位。

3. 退出决不影响任何缔约国按照国际法而无须基于本公约即应担负的履行本公约所载任何义务的责任。

第三一八条　附件的地位

各附件为本公约的组成部分，除另有明文规定外，凡提到本公约或其一个部分也就包括提到与其有关的附件。

第三一九条　保管者

1. 联合国秘书长应为本公约及其修正案的保管者。

2. 秘书长除了作为保管者的职责以外，应：

（a）将因本公约产生的一般性问题向所有缔约国、管理国和主管国际组织提出报告；

（b）将批准、正式确认和加入本公约及其修正案和退出本公约的情况通知管理局；

（c）按照第三一一条第4款将各项协定通知缔约国；

（d）向缔约国分送按照本公约通过的修正案，以供批准或加入；

（e）按照本公约召开必要的缔约国会议。

3. （a）秘书长应向第一五六条所指的观察员递送：

（1）第2款（a）项所指的一切报告；

（2）第2款（b）和（c）项所指的通知；和

（3）第2款（d）项所指的修正案案文，供其参考。

（b）秘书长应邀请这种观察员以观察员身份参加第2款（e）项所指的缔约国会议。

第三二〇条　有效文本

本公约原本应在第三〇五条第2款限制下交存于联合国秘书长，其阿拉伯文、中文、英文、法文、俄文和西班牙文文本具有同等效力。

为此，下列全权代表，经正式授权，在本公约上签字，以资证明。

一九八二年十二月十日订于蒙特哥湾。

附件一 高度洄游鱼类

1. 长 鳍 金 枪 鱼：*Thunnus alalunga.*

2. 金 枪 鱼：*Thunnus thynnus.*

3. 肥 壮 金 枪 鱼：*Thunnus obesus.*

4. 鲣 鱼：*Katsuwonus pelamis.*

5. 黄 鳍 金 枪 鱼：*Thunnus albacares.*

6. 黑 鳍 金 枪 鱼：*Thunnus atlanticus.*

7. 小 型 金 枪 鱼：*Euthynnus alletteratus；Euthynnus affinis.*

8. 麦 氏 金 枪 鱼：*Thunnus maccoyii.*

9. 扁 舵 鲣：*Auxis thazard；Auxis rochei.*

10. 乌 鲂 科：*Fmily Bramidae.*

11. 枪 鱼 类：*Tetrapturus angustirostrostris；Tetrapturus belone；Tetrapturus pflue-geri；Tetrapturus albidus；Tetrapturus audax；Tetrapturus georgei；Makaira mazara；Makaira indica；Makaira nigricans.*

12. 旗 鱼 类：*Istiophorus platypterus；Istiophorus albicans.*

13. 剑 鱼：*Xiphias gladius.*

14. 竹 刀 鱼 科：*Scomberesox saurus；Cololabis saira；Cololabis adocetus；Scomberesox saurus scombroides.*

15. 鲯 鳅：*Coryphaena hippurus；Coryphaena equiselis.*

16. 大洋性鲨鱼类：*Hexanchus griseus；Cetorhinus maximus；Family Alopiidae；Rhincodon typus；Family Carcharhinidae；Family Sphyrinidae；Family Isurida.*

17. 鲸 类：*Family Physeteridae；Family Balaenopteridae；Family Balaenidae；Family Eschrichtiidae；Family Monodontidae；Family Ziphiidae；Family Delphinidae.*

附件二 大陆架界限委员会

第一条

按照第七十六条的规定，应依本附件以下各条成立一个二百海里以外大陆架界限委员会。

第二条

1. 本委员会应由二十一名委员组成，委员会应是地质学、地球物理学或水文学方面的专家，由本公约缔约国从其国民中选出，选举时应妥为顾及确保公平地区代表制的必要，委员应以个人身份任职。

2. 初次选举应尽快举行，无论如何应在本公约生效之日后十八个月内举行。联合国秘书长应在每次选举之日前至少三个月发信给各缔约国，邀请它们在进行适当的区域协商后于三个月内提出候选人。秘书长应依字母次序编制所有候选人的名单，并将名单提交所有缔约国。

3. 委员会委员的选举应由秘书长在联合国总部召开缔约国会议举行。在该次会议上，缔约国的三分之二应构成法定人数，获得出席并参加表决的缔约国代表三分之二多数票的候选人应当选为委员会委员。从每一地理区域应至少选出三名委员。

4. 当选的委员会委员任期五年，连选可连任。

5. 提出委员会委员候选人的缔约国应承担该委员在执行委员会职务期间的费用。有关沿海国应承担为提供本附件第三条第 1 款（b）项所指的咨询意见而引起的费用。委员会秘书处应由联合国秘书长提供。

第三条

1. 委员会的职务应为：

（a）审议沿海国提出的关于扩展到二百海里以外的大陆架外部界限的资料和其他材料，并按照第七十六条和一九八〇年八月二十九日第三次联合国海洋法会议通过的谅解声明提出建议；

（b）经有关沿海国请求，在编制（a）项所述资料时，提供科学和技术咨询意见。

2. 委员会可在认为必要和有用的范围内与联合国教科文组织的政府间海洋学委员会、国际水文学组织及其他主管国际组织合作，以求交换可能有助于委员会执行职务的科学和技术情报。

第四条

拟按照第七十六条划定其二百海里以外大陆架外部界限的沿海国，应将这种界限的详情连同支持这种界限的科学和技术资料，尽早提交委员会，而且无论如何应于本公约对该国生效后十年内提出。沿海国应同时提出曾向其提供科学和技术咨询意见的委员会内任何委员的姓名。

第五条

除委员会另有决定外，委员会应由七名委员组成的小组委员会执行职务，小组委员会委员应以平衡方式予以任命，同时考虑到沿海国提出的每一划界案的具体因素。为已提出划界案的沿海国国民的委员会委员，或曾提供关于划界的科学和技术咨询意见以协助该国的委员会委员，不得成为处理该案的小组委员会委员，但应有权以委员身份参与委员会处理该案的程序。向委员会提出划界案的沿海国可派代表参与有关的程序，但无表决权。

第六条

1. 小组委员会应将其建议提交委员会。
2. 小组委员会的建议应由委员会以出席并参加表决的委员三分之二多数核准。
3. 委员会的建议应以书面递交提出划界案的沿海国和联合国秘书长。

第七条

沿海国应依第七十六条第 8 款的规定并按照适当国家程序划定大陆架的外部界限。

第八条

在沿海国不同意委员会建议的情形下，沿海国应于合理期间内向委员会提出订正的或新的划界案。

第九条

委员会的行动不应妨害海岸相向或相邻国家间划定界限的事项。

附件三　探矿、勘探和开发的基本条件

第一条　矿物的所有权

矿物按照本公约回收时，其所有权即转移。

第二条　探矿

1.（a）管理局应鼓励在"区域"内探矿。

（b）探矿只有在管理局收到一项令人满意的书面承诺以后才可进行，申请探矿者应在其中承诺遵守本公约和管理局关于在第一四三和第一四四条所指的训练方案方面进行合作以及保护海洋环境的规则、规章和程序，并接受管理局对其是否加以遵守进行查核。申请探矿者在提出承诺的同时，应将准备进行探矿的一个或多个区域的大约面积通知管理局。

（c）一个以上的探矿者可在同一个或几个区域内同时进行探矿。

2. 探矿不应使探矿者取得对资源的任何权利。但是，探矿者可回收合理数量的矿物供试验之用。

第三条　勘探和开发

1. 企业部、缔约国和第一五三条第 2 款（b）项所指的其他实体，可向管理局申请核准其关于"区域"内活动的工作计划。

2. 企业部可对"区域"的任何部分提出申请，但其他方面对保留区域的申请，应受本附件第九条各项附加条件的限制。

3. 勘探和开发应只在第一五三条第 3 款所指的，并经管理局按照本公约以及管理局的有关规则、规章和程序核准的工作计划中所列明的区域内进行。

4. 每一核准的工作计划应：

（a）遵守本公约和管理局的规则、规章和程序；

（b）规定管理局按照第一五三条第 4 款控制"区域"内活动；

（c）按照管理局的规则、规章和程序，授予经营者在工作计划所包括的区域内勘探和开发指明类别的资源的专属权利。如果申请者申请核准只包括勘探阶段和开发阶段的工作计划，核准的工作计划应只就该阶段给予这种专属权利。

5. 经管理局核准后，每项工作计划，除企业部提出者外，应采取由管理局和一个或几个申请者订立合同的形式。

第四条　申请者的资格

1. 企业部以外的申请者如具备第一五三条第 2 款（b）项所指明的国籍或控制和担保，且如遵守管理局规则、规章和程序所载列的程序并符合其中规定的资格标准，即应取得资格。

2. 除第 6 款所规定者外，上述资格标准应包括申请者的财政和技术能力及其履行以前同管理局订立的任何合同的情形。

3. 每一申请者应由其国籍所属的缔约国担保，除非申请者具有一个以上的国籍，例如几个国家的实体组成的合伙团体或财团，在这种情形下，所有涉及的缔约国都应担保申请；或者除非申请者是由另一个缔约国或其国民有效控制，在这种情形下，两个缔约国都应担保申请。实施担保规定的标准和程序应载入管理局的规则、规章和程序。

4. 担保国或各国应按照第一三九条，负责在其法律制度范围内，确保所担保的承包者应依据合同条款及其在本公约下的义务进行“区域”内活动。但如该担保国已制定法律和规章并采取行政措施，而这些法律和规章及行政措施在其法律制度范围内可以合理地认为足以使在其管辖下的人遵守时，则该国对其所担保的承包者因不履行义务而造成的损害，应无赔偿责任。

5. 缔约国为申请者时，审查其资格的程序，应顾及申请者是国家的特性。

6. 资格标准应规定，作为申请的一部分，每一申请者，无一例外，都应承诺：

（a）履行因第十一部分的规定，管理局的规则、规章和程序，管理局各机关的决定和同管理局订立的合同而产生的对其适用的义务，并同意它是可以执行的；

（b）接受管理局经本公约允许对“区域”内活动行使的控制；

（c）向管理局提出书面保证，表示将诚意履行其依合同应予履行的义务；

（d）遵守本附件第五条所载有关技术转让的规定。

第五条　技术转让

［不适用。见《协定》附件第 5 节第 2 段］^f

第六条　工作计划的核准

1. 管理局应于本公约生效后六个月，以及其后每逢第四个月，对提议的工作计划进行审查。

2. 管理局在审查请求核准合同形式的工作计划的申请时，应首先查明：

（a）申请者是否遵守按照本附件第四条规定的申请程序，并已向管理局提供该条所规定的任何这种承诺和保证。在没有遵守这种程序或未作任何这种承诺和保证的情形下，应给予申请者四十五天的时间来补救这些缺陷；

（b）申请者是否具备本附件第四条所规定的必要资格。

3. 所有提议的工作计划，应按其收到的顺序予以处理。提议的工作计划应符合并遵守本公约的有关条款以及管理局各项规则、规章和程序，其中包括关于作业条件、财政贡献和有关技术转让承诺的那些规则、规章和程序。如果提议的工作计划符合这些条件，管理局应核准工作计划，但须这些计划符合管理局的规则、规章和程序所载的划一而无岐视的条件，除非：

（a）提议的工作计划所包括的区域的一部或全部，包括在一个已获核准的工作计划之中，或者在前已提出，但管理局尚未对其采取最后行动的提议的工作计划之中；

（b）提议的工作计划所包括的区域的一部或全部是管理局按照第一六二条第 2 款（X）项所未予核准的；或

（c）提议的工作计划已经由一个缔约国提出或担保，而且该缔约国已持有：

（1）在非保留区域进行勘探和开发多金属结核的工作计划，而这些区域连同工作计划申请书所包括的区域的两个部分之一，其总面积将超过围绕提议的工作计划所包括的区域任一部分之中心的 40 万平方公里圆形面积的百分之三十；或

（2）在非保留区域进行勘探和开发多金属结核的工作计划，而这些区域合并计算构成海底区域中未予保留或未依据第一六二条第 2 款（X）项不准开发的部分的总面积的百分之二。

4. 为了第 3 款（c）项所指标准的目的，一个合伙团体或财团所提议的工作计划应在按照本附件第四条第 3 款规定提出担保的各缔约国间按比例计算。如果管理局确定第 3 款（c）项所述工作计划的核准不致使一个缔约国或由其担保的实体垄断"区域"内活动的进行，或者排除其他缔约国进行"区域"内活动，管理局可核准这种计划。

［5. 不适用。见《协定》附件第 6 节第 7 段］ᵍ

第七条　生产许可的申请者的选择

[不适用。见《协定》附件第6节第7段]

《协定》附件第6节第7段

7. 公约……第5款和第七条应不适用。

《协定》附件第1节第6~11段

6. （a）请求核准勘探工作计划的申请，应由理事会在收到法律和技术委员会就该项申请作出的建议后加以审议。请求核准勘探工作计划的申请应根据公约（包括其附件三）和本协定的规定并依照以下各分段来处理：

（1）以决议二第1（a）（2）或（3）段所述的国家或实体或此种实体的任何组成部分（但非已登记的先驱投资者）的名义、或以其利益继承者的名义提出的勘探工作计划，若其在公约生效前已在“区域”内进行大量活动。而且其一个或一个以上担保国证明申请者至少已将相当于三千万美元的数额用来进行研究和勘探活动，并且至少已将该数额的百分之十用来勘定、调查和评价工作计划内所指的区域，即应视为已符合核准工作计划所需具备的财政和技术条件。如果该工作计划在其他方面都符合公约的要求和按照公约制定的任何规则、规章和程序，理事会应以合同形式予以核准。本附件第3节第11段的规定应相应地加以解释和适用；

（2）虽有决议二第8（a）段的规定，一个已登记的先驱投资者仍可在公约生效后三十六个月内请求核准勘探工作计划。勘探工作计划应包括在登记前后提交筹备委员会的文件、报告和其他数据，并应随附筹备委员会依照决议二第11（a）段发出的符合规定证明书，即一份说明先驱投资者制度下各项义务履行情况的实际情况报告。这样的工作计划应视为得到核准。这样核准的工作计划应依照第十一部分和本协定，采取管理局与已登记的先驱投资者签订的合同的形式。按照决议二第7（a）段缴付的二十五万美元规费，应视为本附件第8节第3段所规定的勘探阶段的规费。本附件第3节第11段应相应地加以解释和适用；

（3）根据不歧视的原则，同（a）（1）分段中所述的国家或实体或此种实体的任何组成部分订立的合同，应类似而且不低于同（a）（2）分段中所述的任何已登记的先驱投资者议定的安排。如果给予（a）（1）分段中所述的国家、实体或此种实体的任何组成部分较有利的安排，理事会应对（a）（2）分段中所述的已登记的先驱投资者所承担的权利和义务作出类似和一样有利的安排，但这些安排须不影响或损害管理局的利益；

（4）依照（a）（1）或（2）分段的规定为申请工作计划作担保的国家，可以是缔约国，或是根据第 7 条临时适用本协定的国家，或是根据第 12 段作为管理局临时成员的国家；

（5）决议二第 8（c）段应根据（a）（4）分段加以解释和适用。

（b）勘探工作计划应按照公约第一五三条第 3 款的规定加以核准。

7. 请求核准工作计划的申请，应按照管理局所制定的规则、规章和程序，附上对所提议的活动可能造成的环境影响的评估，和关于海洋学和基线环境研究方案的说明。

8. 请求核准勘探工作计划的申请，在符合第 6（a）（1）或（2）段的情况下，应按照本附件第 3 节第 11 段所规定的程序来处理。

9. 核准的勘探工作计划应为期十五年，勘探工作计划期满时，承包者应申请一项开发工作计划，除非承包者在此之前已经这样做，或者该项勘探工作计划已获延期。承包者可以申请每次不超过五年的延期。如果承包者作出了真诚努力遵照工作计划的要求去做，但因承包者无法控制的原因而未能完成进入开发阶段的必要筹备工作，或者如果当时的经济情况使其没有足够理由进入开发阶段，请求延期的申请应予核准。

10. 按照公约附件三第八条指定保留区域给管理局，应与核准勘探工作计划的申请或核准勘探和开发工作计划的申请一起进行。

11. 虽有第 9 段的规定，对于由至少一个临时适用本协定的国家担保的已获核准的勘探工作计划，如果该国停止临时适用本协定，又没有根据第 12 段成为临时成员，也没有成为缔约国，则该项工作计划应予终止。

第八条　区域的保留

每项申请，除了企业部或任何其他实体就保留区域所提出者外，应包括一个总区域，它不一定是一个单一连续的区域，但须足够大并有足够的估计商业价值，可供从事两起采矿作业。申请者应指明坐标，将区域分成估计商业价值相等的两个部分，并且提交他所取得的关于这两个部分的所有资料。在不妨害本附件第十七条所规定管理局的权力的情形下，提交的有关多金属结核的资料应涉及制图、取样、结核的丰度及其金属含量。在收到这些资料后的四十五天以内，管理局应指定哪一个部分专保留给管理局通过企业部或以与发展中国家协作的方式进行活动。如果管理局请一名独立专家来评断本条所要求的一切资料是否都已提交管理局，则作出这种指定的期间可以再延四十五天。一旦非保留区域的工作计划获得核准并经签订合同，指定的区域即应成为保留区域。

第九条　保留区域内的活动

1. 对每一个保留区域企业部应有机会决定是否有意在其内进行"区域"内活动。这项决定可在任何时间作出，除非管理局接到按照第 4 款发出的通知。在这种情形下，企业部应在合理时间内作出决定。企业部可决定同有兴趣的国家或实体成立联合企业来开发这种区域。

2. 企业部可按照附件四第十二条订立关于执行其部分活动的合同，并可同任何按照第一五三条第 2 款（b）项有资格进行"区域"内活动的实体为进行这种活动成立联合企业。企业部在考虑成立这种联合企业时，应提供发展中国家缔约国及其国民有效参加的机会。

3. 管理局可在其规则、规章和程序内规定这种合同和联合企业的实质性和程序性要求和条件。

4. 任何发展中国家缔约国，或该国所担保并受该国或受具有申请资格的另一发展中国家缔约国有效控制的任何自然人或法人，或上述各类的任何组合，可通知管理局愿意按照本附件第六条就某一保留区域提出工作计划。如果企业部按照第 1 款决定无意在该区域内进行活动，则应对该工作计划给予考虑。

第十条　申请者中的优惠和优先

按本附件第三条第 4 款（c）项的规定取得核准只进行勘探的工作计划的经营者，就同一区域和资源在各申请者中应有取得开发工作计划的优惠和优先。但如经营者的工作成绩不令人满意时，这种优惠或优先可予撤销。

《协定》附件第 1 节第 13 段

13. 公约附件三第十条所提到的工作成绩不令人满意，应解释为是指虽经管理局一次或多次向承包者发出书面警告，要求它遵守已核准的工作计划中的要求，但承包者仍不履行。

第十一条　联合安排

1. 合同可规定承包者同由企业部代表的管理局之间采用联合企业或分享产品的形式，或任何其他形式的联合安排，这些联合安排在修改、暂停或终止方面享有与管理局订立的合同相同的保障。

2. 与企业部成立这种联合安排的承包者，可取得本附件第十三条中规定的财政鼓励。

3. 同企业部组成的联合企业的合伙者，应按照其在联合企业中的份额负责缴付本附件第十三条所规定的款项，但须受该条规定的财政鼓励的限制。

第十二条　企业部进行的活动

1. 企业部依据第一五三条第 2 款（a）项进行的"区域"内活动，应遵守第十一部分，管理局的规则、规章和程序及其有关的决定。

2. 企业部提出的任何工作计划应随附证明其财政及技术能力的证据。

《协定》附件第 2 节第 4 段

4. 适用于承包者的义务应适用于企业部。虽有公约第一五三条第 3 款和附件三第三条第 5 款的规定，企业部工作计划的核准应采取由管理局和企业部订立合同的形式。

第十三条　合同的财政条款

1. 在就管理局同第一五三条第 2 款（b）项所指实体之间合同的财政条款制定规则、规章和程序时，及在按照第十一部分和上述规则、规章和程序谈判这种财政条款时，管理局应以下列目标为指针：

（a）确保管理局从商业生产收益中获得最适度的收入；

（b）为"区域"的勘探和开发吸引投资和技术；

（c）确保承包者有平等的财政待遇和类似的财政义务；

（d）在划一而无岐视的基础上规定鼓励办法，使承包者同企业部，和同发展中国家或其国民订立联合安排，鼓励向它们转让技术，并训练管理局和发展中国家的人员；

（e）使企业部与第一五三条第 2 款（b）项所指的实体能够同时有效地进行海底采矿；和

（f）保证不致因依据第 14 款，按照本附件第十九条予以审查的合同条款或有关联合企业的本附件第十一条的规定向承包者提供财政鼓励，造成津贴承包者使其比陆上采矿者处于人为的竞争优势的结果。

2. 为支付处理关于核准合同形式的勘探和开发工作计划的申请的行政开支，应征收规费，并应规定每份申请的规费为五十万美元。① 该规费应不时由理事会加以审查，以确保其足以支付处理这种申请的行政开支。如果管理局处理申请的行政开支少于规费数额，管理局应将余额退还给申请者。

［3-10. 不适用。见《协定》附件第八节第 2 段］ʰ

11. 本条所指的一切费用、开支、收益和收入以及所有价格和价值，应依照一般公认的会计原则和管理局财务规则、规章和程序决定。

12. 根据第 5 和第 6 款向管理局缴付的款项，② 应以可自由使用货币或可在主要外汇市场自由取得有效使用的货币支付，或采用承包者的选择，以市场价值相等的加工金属支付。市场价值应按照第 5 款（b）项加以决定。③ 可自由使用货币和可在主要外汇市场自由取得和有效使用的货币，应按照通行的国际金融惯例在管理局的规则、规章和程序中加以确定。

13. 承包者对管理局所负的一切财政义务，以及本条所指的一切规费、费用、开支、收益和收入，均应按基准年的定值来折算，加以调整。

14. 管理局经考虑到经济规划委员会及法律和技术委员会的任何建议后，可制定规则、规章和程序，在划一而无岐视的基础上，规定鼓励承包者的办法，以推进第 1 款所列的目标。

---

① 《协定》附件第 8 节第 3 段规定，关于执行《公约》附件三第十三条第 2 款，处理批准工作计划的申请的费用仅限于一个阶段，要么是勘探阶段，要么是开采阶段，应为 250 000 美元。根据《协定》第二条，《协定》和第十一部分的规定应作为一个文书一并解释和适用。如果《协定》与第十一部分之间存在任何不一致之处，则以《协定》的条款为准。

② 第十三条第 5 款和第 6 款不适用。但是，有关财务合同条款的规定发生在《协定》附件第 8 节中。根据《协定》第二条，《协定》和第十一部分的规定应作为一个文书一并解释和适用。如果《协定》与第十一部分之间存在任何不一致之处，则以《协定》的条款为准。

③ 第十三条第 5 款（b）项不适用。但是，有关财务合同条款的规定发生在《协定》附件第 8 节中。根据《协定》第二条，《协定》和第十一部分的规定应作为一个文书一并解释和适用。如果《协定》与第十一部分之间存在任何不一致之处，则以《协定》的条款为准。

15. 如果管理局和承包者间发生有关合同财政条款的解释或适用的争端，按照第一八八条第 2 款任何一方可将争端提交有拘束力的商业仲裁，除非双方协议以其他方式解决争端。

《协定》附件第 8 节
第 8 节　合同的财政条款

1. 制订有关合同财政条款的规则、规章和程序应以下列原则为根据：

（a）向管理局缴费的制度应公平对待承包者和管理局双方，并应提供适当方法来确定承包者是否遵守此一制度；

（b）此一制度下的缴费率应不超过相同或类似矿物的陆上采矿缴费率的一般范围，以避免给予深海底采矿者人为的竞争优势或使其处于竞争劣势；

（c）此一制度不应该复杂，且不应该使管理局或承包者承担庞大的行政费用。应该考虑采用特许权使用费制度或结合特许权使用费与盈利分享的制度。如果决定采用几种不同的制度，则承包者有权选择适用于其合同的制度。不过，以后如果改变在几种不同制度之间的选择，应由管理局和承包者协议作出；

（d）自商业生产开始之日起应缴付固定年费。此一年费可以用来抵免按照（c）分段所采用制度应缴付的其他款项。年费数额应由理事会确定；

（e）缴费制度可视情况的变化定期加以修订，任何修改应不歧视地适用。对于已有的合同，这种修改只有承包者自行选择方可适用。以后如要改变在几种不同制度之间的选择，应由管理局和承包者协议作出；

（f）关于根据这些原则制定的规则和规章在解释或适用上的争端，应按照公约所规定的争端解决程序处理。

2. 公约附件三第十三条第 3 至第 10 款的规定应不适用。

3. 关于公约附件三第十三条第 2 款的执行，当工作计划只限于勘探阶段或开发阶段两者中之一时，申请核准的规费应为二十五万美元。

第十四条　资料的转让

1. 经营者应按照管理局的规则、规章和程序以及工作计划的条款和条件，在管理局决定的间隔期间内，将管理局各主要机关对工作计划所包括的区域有效行使其权力和职务所必要的和有关的一切资料，转让给管理局。

2. 所转让的关于工作计划所包括的区域的资料，视为专有者，仅可用于本条所列的目的。管理局拟订有关保护海洋环境和安全的规则、规章和程序所必要的资料，除关于装备的设计资料外，不应视为专有。

3. 探矿者、合同申请者或承包者转让给管理局的资料，视为专有者，管理局不应向企业部或向管理局以外任何方面泄露，但关于保留区域的资料可向企业部泄露。这些人转让给企业部的资料，企业部不应向管理局或向管理局以外任何方面泄露。

第十五条　训练方案

承包者应按照第一四四条第 2 款制订训练管理局和发展中国家人员的实际方案，其中包括这种人员对合同所包括的一切"区域"内活动的参加。

第十六条　勘探和开发的专属权利

管理局应依据第十一部分和管理局的规则、规章和程序，给予经营者在工作计划包括的区域内就特定的一类资源进行勘探和开发的专属权利，并应确保没有任何其他实体在同一区域内，以对该经营者的业务可能有所干扰的方式，就另一类资源进行作业。经营者按照第一五三条第 6 款的规定，应有合同在期限内持续有效的保证。

第十七条　管理局的规则、规章和程序

1. 管理局除其他外，应就下列事项，按照第一六〇条第 2 款（f）项（2）目和第一六二条第 2 款（n）项（2）目，制定并划一地适用规则、规章和程序，以执行第十一部分所规定的职责：

（a）关于"区域"内探矿、勘探和开发的行政程序；

（b）业务：

（1）区域的大小；

（2）业务的期限；

（3）工作成绩的要求包括依照本附件第四条第 6 款（c）项提出的保证；

（4）资源的类别；

（5）区域的放弃；

（6）进度报告；

（7）资料的提出；

（8）业务的检查和监督；

（9）防止干扰海洋环境内的其他活动；

（10）承包者权利和义务的转让；

（11）为按照第一四四条将技术转让给发展中国家和为这些国家直接参加而制定的程序；

（12）采矿的标准和办法，包括有关操作安全、资源养护和海洋环境保护的标准和办法；

（13）商业生产的定义；

（14）申请者的资格标准；

（c）财政事项：

（1）制定划一和无歧视的成本计算和会计规则以及选择审计员的方法；

（2）业务收益的分配；

（3）本附件第十三条所指的鼓励；

（4）为实施依据第一五一条第 10 款和第一六四条第 2 款（d）项所作的决定。

2. 为下列事项制定的规则、规章和程序应充分反映以下客观标准：

（a）区域的大小：

管理局应确定进行勘探的区域的适当面积。这种面积可大到两倍于开发区的面积，以便能够进行详探作业。区域的大小应该满足本附件第八条关于保留区域的规定以及按照合同条款所载并符合第一五一条的生产要求，同时考虑到当时的海洋采矿技术水平，以及区域内有关的自然特征。区域不应小于或大于满足这个目标所需的面积；

（b）业务的期限：

（1）探矿应该没有时间限制；

（2）勘探应有足够的时间，以便可对特定区域进行彻底的探测，设计和建造区域内所有的采矿设备，及设计和建造中、小型的加工工厂来试验采矿和加工系统；

（3）开发的期间应视采矿工程的经济寿命而定，考虑到矿体采尽，采矿设备和加工设施的有用年限，以及商业上可以维持的能力等因素。开发应有足够的时间，以便可对区域的矿物进行商业开采，其中并包括一个合理的期间，来建造商业规模的采矿和加工系统，在这段期间，不应要求有商业生产。但是，整个开发期间也不应太长，以便管理局有机会在考虑继续订工作计划时，按照其在核准工作计划后所制定的规则、规章和程序，修改工作计划的条款和条件；

（c）工作成绩的要求：

管理局应要求经营者在勘探阶段按期支出费用，其数额应与工作计划包括的区域大小，以及确有诚意要在管理局所定的时限内使该区域达到商业生产阶段的经营者应作的支出有合理的关系。所要求的支出数额不应定到一种程度，使所用技术的成本比一般使用者为低的可能经营者望而却步。从勘探阶段完成到开发阶段开始达到商业生产，管理局应定出一个最大间隔期间。为确定这个间隔期间，管理局应考虑到，必须在勘探阶段结束和开发阶段开始后，才能着手建造大规模采矿和加工系统。因此，使一个区域达到商业生产阶段所需的间隔期间，应该考虑到完成勘探阶段后的建造工程所必需的时间，并合理地照顾到建造日程上不可避免的迟延。一旦达到商业生产，管理局应在合理的限度内并考虑到一切有关因素，要求经营者在整个工作计划期间维持商业生产。

（d）资源的类别：

管理局在确定可以核准工作计划加以开采的资源类别时，除其他外，应着重下列特点：

（1）需要使用类似的采矿方法的某些资源；和

（2）能够同时开发而不致使在同一区域内开发某些不同资源的各经营者彼此发生不当干扰的资源。

本项的任何规定，不应妨碍管理局核准同一申请者关于同一区域内一类以上资源的工作计划；

（e）区域的放弃：

经营者应有权随时放弃其在工作计划包括的区域内的全部或一部权利，而不受处罚；

（f）海洋环境的保护：

为保证切实保护海洋环境免受"区域"内活动或于矿址上方在船上对从该矿址取得的矿物加工所造成的直接损害，应制定规则、规章和程序，考虑到钻探、挖泥、取岩心和开凿，以及在海洋环境内处置、倾倒和排放沉积物、废物或其他流出物，可能直接造成这种损害的程度；

（g）商业生产：

如果一个经营者从事持续的大规模回收作业，其所产原料的数量足够明白表示其主要目标为大规模生产，而不是旨在收集情报、分析或试验设备或试验工厂的生产，商业生产应即视为已经开始。

第十八条　罚则

1. 合同所规定的承包者的权利，只有在下列情形下，才可暂停或终止：

（a）如果该承包者不顾管理局的警告而仍进行活动，以致造成一再故意严重违反合同的基本条款，第十一部分，和管理局的规则、规章和程序的结果；或

（b）如果该承包者不遵守对其适用的解决争端机关有拘束力的确定性决定。

2. 在第 1 款 （a）项未予规定的任何违反合同的情形下，或代替第 1 款 （a）项所规定的暂停或终止合同，管理局可按照违反情形的严重程度，对承包者课以罚款。

3. 除第一六二条第 2 款 （w）项规定的紧急命令的情形外，在给予承包者合理机会用尽依据第十一部分第五节可以使用的司法补救前，管理局不得执行涉及罚款、暂停或终止的决定。

第十九条　合同的修改

1. 如果已经发生或可能发生的情况，使当事任何一方认为合同将有失公平、或不能实现或不可能达成合同或第十一部分所订的目标，当事各方应进行谈判，作出相应的修订。

2. 依照第一五三条第 3 款订立的任何合同，须经当事各方同意，才可修改。

第二十条　权利和义务的转让

合同所产生的权利和义务，须经管理局同意，并按照其规则、规章和程序，才可转让。如果提议的受让者是在所有方面都合格的申请者，并承担转让者的一切义务，而且转让也不授予受让者一项按本附件第六条第 3 款 （c）项禁止核准的工作计划，则管理局对转让不应不合理地拒绝同意。

第二十一条　适用的法律

1. 合同应受制于合同的条款，管理局的规则、规章和程序，第十一部分，以及与本公约不相抵触的其他国际法规则。

2. 根据本公约有管辖权的法院或法庭对管理局和承包者的权利和义务所作的任何确定性决定，在每一缔约国领土内均应执行。

3. 任何缔约国不得以不符合第十一部分的条件强加于承包者。但缔约国对其担保的承包者，或对悬挂其旗帜的船舶适用比管理局依据本附件第十七条第 2 款 （f）项在其规则、规章和程序中所规定者更为严格的有关环境或其他的法律和规章，不应视为与第十一部分不符。

第二十二条　责任

承包者进行其业务时由于其不法行为造成的损害，其责任应由承包者负担，但应顾及有辅助作用的管理局的行为或不行为。同样地，管理局行使权力和职务时由于其不法行为，其中包括第一六八条第 2 款所指违职行为造成的损害，其责任应由管理局负担，但应顾及有辅助作用的承包者的行为或不行为。在任何情形下，赔偿应与实际损害相等。

附件四　企业部章程

第一条　宗旨

1. 企业部应为依据第一五三条第 2 款（a）项直接进行"区域"内活动以及从事运输、加工和销售从"区域"回收的矿物的管理局机关。

2. 企业部在实现其宗旨和执行其职务时，应按照本公约以及管理局的规则、规章和程序行事。

3. 企业部在依据第 1 款开发"区域"的资源时，应在本公约限制下，按照健全的商业原则经营业务。

《协定》附件第 2 节
第 2 节　企业部

1. 管理局秘书处应履行企业部的职务，直至其开始独立于秘书处而运作为止。管理局秘书长应从管理局工作人员中任命一名临时总干事来监督秘书处履行这些职务。

这些职务应为：

（a）监测和审查深海底采矿活动方面的趋势和发展，包括定期分析世界金属市场情况和金属价格、趋势和前景；

（b）评估就"区域"内活动进行海洋科学研究的结果，特别强调关于"区域"内活动的环境影响的研究；

（c）评估可以得到的关于探矿和勘探的数据，包括这些活动的准则；

（d）评估与"区域"内活动有关的技术发展情况，特别是与保护和保全海洋环境有关的技术；

（e）评价关于保留给管理局的各个区域的资料和数据；

（f）评估联合企业经营的各种做法；

（g）收集关于有多少受过培训的人力资源的资料；

（h）研究企业部在各个不同业务阶段的行政管理上各种可供选择的管理政策。

---

2. 企业部初期的深海底采矿业务应以联合企业的方式进行。当企业部以外的一个实体所提出的开发工作计划获得核准时，或当理事会收到同企业部经营联合企业的申请时，理事会即应着手审议企业部独立于管理局秘书处而运作的问题。如果同企业部合办的联合企业经营符合健全的商业原则，理事会应根据公约第一七〇条第2款发出指示，允许企业部进行独立运作。

......

6. 公约第一七〇条第4款、附件四和关于企业部的其他规定，应根据本节加以解释和适用。

第二条　同管理局的关系

1. 依据第一七〇条，企业部应按照大会的一般政策和理事会的指示行事。

2. 在第1款限制下，企业部在进行业务时应享有自主权。

3. 本公约的任何规定，均不使企业部对管理局的行为或义务担负任何责任，亦不使管理局对企业部的行为或义务担负任何责任。

第三条　责任的限制

在不妨害本附件第十一条第3款的情形下，管理局任何成员不应仅因其为成员，就须对企业部的行为或义务担负任何责任。

第四条　组成

企业部应设董事会、总干事一人和执行其任务所需的工作人员。

第五条　董事会

1. 董事会应由大会按照第一六〇条第2款（c）项选出的十五名董事组成。在选举董事时，应妥为顾及公平地区分配的原则。管理局成员在提名董事会候选人时，应注意所提名的候选人必须具备最高标准的能力，并在各有关领域具备胜任的条件，以保证企业部的存在能力和成功。

2. 董事会董事任期四年，连选可连任，并应妥为顾及董事席位轮流的原则。

3. 在其继任人选出以前，董事应继续执行职务。如果某一董事出缺，大会应根据第一六〇条第2款（c）项选出一名新的董事任满其前任的任期。

4. 董事会董事应以个人身份行事。董事在执行职责时，不应寻求或接受任何政府或任何其他方面的指示。管理局每一成员应尊重董事会各董事的独立性，并应避免采取任何行动影响任何董事执行其职责。

5. 每一董事应支领从企业部经费支付的酬金。酬金的数额应由大会根据理事会的建议确定。

6. 董事会通常应在企业部总办事处执行职务，并应按企业部业务需要经常举行会议。

7. 董事会三分之二董事构成法定人数。

8. 每一董事应有一票表决权。董事会处理的一切事项应由过半数董事决定，如果某一董事与董事会处理的事项有利益冲突，他不应参加关于该事项的表决。

9. 管理局的任何成员可要求董事会就特别对该成员有影响的业务提供情报。董事会应尽力提供此种情报。

第六条 董事会的权力和职务

董事会应指导企业部的业务。在本公约限制下，董事会应行使为实现企业部的宗旨所必要的权力，其中包括下列权力：

（a）从其董事中选举董事长；

（b）制定董事会的议事规则；

（c）按照第一五三条第 3 款和第一六二条第 2 款（j）项，拟订并向理事会提出正式书面工作计划；

《协定》附件第 3 节第 11（b）段

11.（b）公约第一六二条第 2 款（j）项的规定应不适用。

（d）为进行第一七〇条所指明的各种活动制订工作计划和方案；

（e）按照第一五一条第 2 至第 7 款拟具并向理事会提出生产许可的申请；

《协定》附件第 6 节第 7 段

7. 公约……第一五一条第 1 至第 7 款应不适用。

（f）授权进行关于取得技术的谈判，其中包括附件三第五条第 3 款（a）、（c）和（d）项所规定的技术和谈判，并核准这种谈判的结果；

《协定》附件第 5 节第 2 段

2. 公约附件三第五条的规定应不适用。

（g）订立附件三第九和第十一条所指的联合企业或其他形式的联合安排的条款和条件，授权为此进行谈判，并核准这种谈判的结果；

（h）按照第一六○条第2款（f）项和本附件第十条建议大会将企业部净收入的多大部分留作企业部的储备金；

（i）核准企业部的年度预算；

（j）按照本附件第十二条第3款，授权采购货物和取得服务；

（k）按照本附件第九条向理事会提出年度报告；

（l）向理事会提出关于企业部工作人员的组织、管理、任用和解职的规则草案，以便由大会核准，并制定实施这些规则的规章；

（m）按照本附件第十一条第2款借入资金并提供其所决定的附属担保品或其他担保；

（n）按照本附件第十三条参加任何司法程序，签订任何协定，进行任何交易和采取任何其他行动；

（o）经理事会核准，将任何非斟酌决定的权力授予总干事和授予其委员会。

第七条　企业部总干事和工作人员

1. 大会应根据理事会的推荐和董事会的提名选举企业部总干事；总干事不应担任董事。总干事的任期不应超过五年，连选可连任。

2. 总干事应为企业部的法定代表和行政首长，就企业部业务的进行直接向董事会负责。他应按照本附件第六条（1）项所指规则和规章，负责工作人员的组织、管理、任命和解职。他应参加董事会会议，但无表决权。大会和董事会审议有关企业部的事项时，总干事可参加这些机关的会议，但无表决权。

3. 总干事在任命工作人员时，应以取得最高标准的效率和技术才能为首要考虑。在这一考虑限制下，应妥为顾及按公平地区分配原则征聘工作人员的重要性。

4. 总干事和工作人员在执行职责时不应寻求或接受任何政府或企业部以外任何其他来源的指示。他们应避免足以影响其作为只对企业部负责的企业部国际官员的地位的任何行动。每一缔约国保证尊重总干事和工作人员所负责任的纯粹国际性，不设法影响他们执行其职责。工作人员如有任何违反职责的行为，应提交管理局规则、规章和程序中所规定的适当行政法庭。

5. 第一六八条第2款所规定的责任，同样适用于企业部工作人员。

第八条　所在地

企业部将其总办事处设于管理局的所在地。企业部经任何缔约国同意可在其领土内设立其他办事处和设施。

第九条　报告和财务报表

1. 企业部应于每一财政年度结束后三个月内，将载有其帐目的审计报表的年度报告提交理事会，请其审核，并应于适当间隔期间，将其财务状况简要报表和显示其业务实绩的损益计算表递交理事会。

2. 企业部应发表其年度报告和它认为适当的其他报告。

3. 本条所指的一切报告和财务报表应分发给管理局成员。

第十条　净收入的分配

1. 在第 3 款限制下，企业部应根据附件三第十三条向管理局缴付款项或其等值物。

2. 大会根据董事会的建议，决定应将企业部净收入的多大部分留作企业部的储备金。其余部分应移交给管理局。

3. 在企业部作到自力维持所需的一段开办期间，这一期间从其开始商业生产起不应超过十年，大会应免除企业部缴付第 1 款所指的款项，并应将企业部的全部净收入留作企业的储备金。

第十一条　财政

1. 企业部资金应包括：

（a）按照第一七三条第 2 款（b）项从管理局收到的款项；

（b）缔约国为企业部的活动筹资而提供的自愿捐款；

（c）企业部按照第 2 和第 3 款借入的款项；

（d）企业部的业务收入；

（e）为使企业部能够尽快开办业务和执行职务而向企业部提供的其他资金。

2.

（a）企业部应有借入资金并提供其所决定的附属担保品或其他担保的权力。企业部在一个缔约国的金融市场上或以该国货币公开出售其证券以前，应征得该缔约国的同意。理事会应根据董事会的建议核准借款的总额；

（b）缔约国应尽一切合理的努力支持企业部向资本市场和国际金融机构申请贷款。

3.

（a）应向企业部提供必要的资金，以勘探和开发一个矿址，运输、加工和销售自该矿址回收的矿物以及取得的镍、铜、钴和锰，并支付初期行政费用。筹备委员会应将上述资金的数额、调整这一数额的标准和因素载入管理局的规则、规章和程序草案；

（b）所有缔约国应以长期无息贷款的方式，向企业部提供相当于以上（a）项所指资金的半数的款额，这项款额的提供应按照在缴款时有效的联合国经常预算会费分摊比额表并考虑到非联合国会员国而有所调整。企业部为筹措其余半数资金而承担的债务，应由所有缔约国按照同一比额表提供担保；

（c）如果各缔约国的财政贡献总额少于根据（a）项应向企业部提供的资金，大会应于其第一届会议上审议短缺的程度，并考虑到各缔约国在（a）和（b）项下的义务以及筹备委员会的任何建议，以协商一致方式制定弥补这一短缺的措施；

（d）

（1）每一缔约国应在本公约生效后六十天内，或在其批准书或加入书交存之日起三十天内（以较后的日期为准），向企业部交存不得撤回、不可转让、不生利息的本票，其面额应为其依据（b）项的无息贷款份额；

（2）董事会应于本公约生效后尽可能早的日期，并于其后每年或其他的适当间隔期间，将筹措企业部行政费用和根据第一七〇条以及本附件第十二条进行活动所需经费的数额和时间编列成表；

（3）企业部应通过管理局通知各缔约国按照（b）项对这种费用各自承担的份额。企业部应将所需数额的本票兑现，以支付关于无息贷款的附表中所列的费用；

（4）各缔约国应于收到通知后按照（b）项提供其对企业部债务担保的各自份额；

（e）

（1）如经企业部提出这种要求，缔约国除按照（b）项所指分摊比额表提供债务担保外，还叮为其他债务提供担保；

（2）代替债务担保，缔约国可向企业部自愿捐付一笔款项，其数额相等于它本应负责担保的那部分债务；

（f）有息贷款的偿还应较无息贷款的偿还优先。无息贷款应按照大会根据理事会的建议和董事会的意见所通过的比额表来偿还。董事会在执行这一职务时，应以管理局的规则、规章和程序中的有关规定为指导。这种规则、规章和程序应考虑到保证企业部有效执行职务特别是其财政独立的至高重要性；

（g）各缔约国向企业部提供的资金，应以可自由使用货币或可在主要外汇市场自由取得和有效使用的货币支付。这货币应按照通行的国际金融惯例在管理局的规则、规章和程序中予以确定。除第 2 款的规定外，任何缔约国均不应对企业部持有、使用或交换这些资金保持或施加限制；

（h）"债务担保"是指缔约国向企业部的债权人承允，于该债权人通知该缔约国企业部未能偿还其债款时，该缔约国将按照适当比额表的比例支付其所担保的企业部的债款。支付这些债款的程序应依照管理局的规则、规章和程序。

《协定》附件第 2 节第 3 段

3. 公约附件四第十一条第 3 款所规定缔约国向企业部一个矿址提供资金的义务应不予适用；缔约国应无任何义务向企业部或在其联合企业安排下的任何矿址的任何业务提供资金。

4. 企业部的资金、资产和费用应与管理局的资金、资产和费用分开。本条应不妨碍企业部同管理局就设施、人员和服务作出安排，以及就任一组织为另一组织垫付的行政费用的偿还作出安排。

5. 企业部的记录、帐簿和帐目，其中包括年度财务报表，应每年由理事会指派的一名独立审计员加以审核。

第十二条　业务

1. 企业部应向理事会建议按照第一七〇条进行活动的各种规划项目。这种建议应包括按照第一五三条第 3 款拟订"区域"内活动的正式的书面工作计划，以及法律和技术委员会鉴定和理事会核准计划随时需要的其他情报和资料。

2. 理事会核准后，企业部应根据第 1 款所指的正式书面工作计划执行其规划项目。

3.

（a）企业部如不具备其业务所需的货物和服务，可取得这种货物和服务。企业部应为此进行招标，将合同给予在质量、价格和交货时间方面提供最优综合条件的投标者，以取得所需的货物和服务；

（b）如果提供这种综合条件的投标不止一个，合同的给予应按照下列原则：

（1）无歧视的原则，即不得以与勤奋地和有效地进行作业无关的政治或其他考虑为决定根据的原则；和

（2）理事会所核准的指导原则，即对来自发展中国家，包括其中的内陆国和地理不利国的货物和服务，应给予优惠待遇的原则；

（c）董事会可制定规则，决定在何种特殊情形下，为了企业部的最优利益可免除招标的要求。

4. 企业部应对其生产的一切矿物和加工物质有所有权。

5. 企业部应在无歧视的基础上出售其产品。企业部不得给予非商业性的折扣。

6. 在不妨害根据本公约任何其他规定授与企业部的任何一般或特别权力的情形下，企业部应行使其在营业上所必需的附带权力。

7. 企业部不应干预任何缔约国的政治事务，它的决定也不应受有关的一个或几个缔约国的政治特性的影响，只有商业上的考虑才同其决定有关，这些考虑应不偏不倚地予以衡量，以便实现本附件第一条所列的宗旨。

第十三条　法律地位、特权和豁免

1. 为使企业部能够执行其职务，应在缔约国的领土内给予企业部本条所规定的地位、特权和豁免。企业部和缔约国为实行这项原则，必要时可缔结特别协定。

2. 企业部应具有为执行其职务和实现其宗旨所必要的法律行为能力，特别是下列行为能力：

（a）订立合同、联合安排或其他安排，包括同各国的各国际组织的协定；

（b）取得、租借、拥有和处置不动产和动产；

（c）为法律程序的一方。

3.

（a）只有在下列情形下，才可在缔约国内有管辖权的法院中对企业部提起诉讼，即企业部在该国领土内：

（1）设有办事处或设施；

（2）为接受传票或诉讼通知派有代理人；

（3）订有关于货物或服务的合同；

（4）有证券发行；或

（5）从事任何其他商业活动；

（b）在企业部未受不利于它的确定性判决宣告以前，企业部的财产和资产，不论位于何处和被何人持有，应免受任何形式的扣押、查封或执行。

4.

（a）企业部的财产和资产，不论位于何处和被何人持有，应免受征用、没收、公用征收或以行政或立法行动进行的任何其他形式的扣押；

（b）企业部的一切财产和资产，不论位于何处和被何人持有，应免受任何性质的歧视限制、管制、控制和暂时冻结；

（c）企业部及其雇员应尊重企业部或其雇员可能在其境内进行业务或从事其他活动的任何国家或领土的当地法律和规章；

（d）缔约国应确保企业部享有其给予在其领土内从事商业活动的实体的一切权利、特权和豁免。给予企业部这些权利、特权和豁免，不应低于对从事类似商业活动的实体所给予的权利、特权和豁免。缔约国如给予发展中国家或其商业实体特别特权，企业部应在同样优惠的基础上享有那些特权；

（e）缔约国可给予企业部特别的鼓励、权利、特权和豁免，但并无义务对其他商业实体给予这种鼓励、权利、特权和豁免。

5. 企业部应与其办事处和设施所在的东道国谈判关于直接税和间接税的免除。

6. 每一缔约国应采取必要行动，以其本国法律使本附件所列的各项原则生效，并应将其所采取的具体行动的详情通知企业部。

7. 企业部可在其能够决定的范围内和条件下放弃根据本条或第 1 款所指的特别协定所享有的任何特权和豁免。

附件五　调解

第一节　按照第十五部分第一节的调解程序

第一条　程序的提起

如果争端各方同意按照第二八四条将争端提交本节规定的调解程序，其任何一方可向争端他方发出书面通知提起程序。

第二条　调解员名单

联合国秘书长应编制并保持一份调解员名单。每一缔约国有权提名四名调解员，每名调解员均应享有公平、才干和正直的最高声誉。这样提名的人员的姓名应构成该名单。无论何时，如果某一缔约国提名的调解员在这样组成的名单内少于四名，该缔约国有权按需要提名增补。调解员在被提名缔约国撤回前仍应列在名单内，但被撤回的调解员应继续在其被指派服务的调解委员会中工作，直至调解程序完毕时为止。

第三条　调解委员会的组成

调解委员会应依下列规定组成：

（a）在（g）项限制下，调解委员会应由调解员五人组成。

（b）提起程序的争端一方应指派两名调解员，最好从本附件第二条所指的名单中选派，其中一名可为其本国国民，除非争端各方另有协议。这种指派应列入本附件第一条所指的通知。

（c）争端另一方在收到本附件第一条所指通知后二十一日以内应指派两名调解员。如在该期限内未予指派，提起程序的一方可在该期限届满后一星期内向对方发出通知终止调解程序，或请联合国秘书长按照（e）项作出指派。

（d）四名调解员应在全部被指派完毕之日起三十天内，指派第五名调解员，从本附件第二条所指名单中选派，由其担任主席。如果在该期限内未予指派，争端任何一方可在该期限届满后一星期内请联合国秘书长按照（e）项作出指派。

（e）联合国秘书长应于收到根据（c）或（d）项提出的请求后三十天内，同争端各方协商从本附件第二条所指名单中作出必要的指派。

（f）任何出缺，应依照为最初指派所规定的方式补缺。

（g）以协议确定利害关系相同的两个或两个以上的争端各方应共同指派两名调解员。两个或两个以上的争端各方利害关系不同，或对彼此是否利害关系相同意见不一致，则应分别指派调解员。

（h）争端涉及利害关系不同的两个以上的争端各方，或对彼此是否利害关系相同意见不一致，争端各方应在最大可能范围内适用（a）至（f）项的规定。

第四条 程序

除非争端各方另有协议，调解委员会应确定其本身的程序。委员会经争端各方同意，可邀请任何缔约国向该委员会提出口头或书面意见。委员会关于程序问题、报告和建议的决定应以调解员的过半数票作出。

第五条 和睦解决

委员会可提请争端各方注意便于和睦解决争端的任何措施。

第六条 委员会的职务

委员会应听取争端各方的陈述，审查其权利主张和反对意见，并向争端各方提出建议，以便达成和睦解决。

第七条 报告

1. 委员会应于成立后十二个月内提出报告，报告应载明所达成的任何协议，如不能达成协议，则应载明委员会对有关争端事项的一切事实问题或法律问题的结论及其可能认为适当的和睦解决建议，报告应交存于联合国秘书长，并应由其立即分送争端各方。

2. 委员会的报告，包括其结论或建议，对争端各方应无拘束力。

第八条 程序的终止

在争端已得到解决，或争端各方已书面通知联合国秘书长接受报告的建议或一方已通知联合国秘书长拒绝接受报告的建议，或从报告送交争端各方之日起三个月期限已经届满时，调解程序即告终止。

第九条 费用和开支

委员会的费用和开支应由争端各方负担。

第十条 争端各方关于改变程序的权利

争端各方可以仅适用于该争端的协议修改本附件的任何规定。

第二节　按照第十五部分第三节提交的强制调解程序

第十一条　程序的提起

1. 按照第十五部分第三节须提交本节规定的调解程序的争端任何一方可向争端他方发出书面通知提起程序。

2. 收到第 1 款所指通知的争端任何一方应有义务接受调解程序。

第十二条　不答复或不接受调解

争端一方或数方对提起程序的通知不予答复或不接受此种程序，不应阻碍程序的进行。

第十三条　权限

对于按照本节行事的调解委员会是否有管辖权如有争议，应由调解委员会加以解决。

第十四条　第一节的适用

本附件第一节第二至第十条在本节限制下适用。

附件六　国际海洋法法庭规约

第一条　一般规定

1. 国际海洋法法庭应按照本公约和本规约的规定组成并执行职务。
2. 法庭的所在地应为德意志联邦共和国汉堡自由汉萨城。
3. 法庭于认为合宜时可在其他地方开庭并执行职务。
4. 将争端提交法庭应遵守第十一和第十五部分的规定。

第一节　法庭的组织

第二条　组成

1. 法庭应由独立法官二十一人组成，从享有公平和正直的最高声誉，在海洋法领域内具有公认资格的人士中选出。
2. 法庭作为一个整体，应确保其能代表世界各主要法系和公平地区分配。

第三条　法官

1. 法庭法官中不得有二人为同一国家的国民。为担任法庭法官的目的，一人而可视为一个以上国家的国民者，应视为其通常行使公民及政治权利的国家的国民。
2. 联合国大会所确定的每一地理区域集团应有法官至少三人。

第四条　提名和选举

1. 每一缔约国可提名不超过二名具有本附件第二条所规定的资格的候选人，法庭法官应从这样提名的人选名单中选出。
2. 第一次选举应由联合国秘书长，以后各次选举应由法庭书记官长，至少在选举之日前三个月，书面邀请各缔约国在两个月内提名法庭法官的候选人。秘书长或书记官长应依字母次序编制所提出的候选人名单，载明提名的缔约国，并应在每次选举之日前最后一个月的第七天以前将其提交各缔约国。
3. 第一次选举应于本公约生效之日起六个月内举行。
4. 法庭法官的选举应以无记名投票进行。第一次选举应由联合国秘书长召开缔约国会议举行，以后的选举应按各缔约国协议的程序举行。在该会议上，缔约国的三分之二应构成法定人数。得票最多获得出席并参加表决的缔约国三分之二多数票的候选人应当选为法庭法官，但须这项多数包括缔约国的过半数。

第五条 任期

1. 法庭法官任期九年，连选可连任；但须第一次选举选出的法官中，七人任期应为三年，另七人为六年。

2. 第一次选举选出的法庭法官中，谁任期三年，谁任期六年，应于该次选举完毕后由联合国秘书长立即以抽签方法选定。

3. 法庭法官在其职位被接替前，应继续执行其职责。法庭法官虽经接替，仍应完成在接替前已开始的任何程序。

4. 法庭法官辞职时应将辞职书致送法庭庭长。收到辞职书后，该席位即行出缺。

第六条 出缺

1. 法官出缺，应按照第一次选举时所定的办法进行补缺，但须遵行下列规定：书记官长应于法官出缺后一个月内，发出本附件第四条规定的邀请书，选举日期应由法庭庭长在与各缔约国协商后指定。

2. 法庭法官当选接替任期未满的法官者，应任职至其前任法官任期届满时为止。

第七条 不适合的活动

1. 法庭法官不得执行任何政治或行政职务，或对任何与勘探和开发海洋或海底资源或与海洋或海底的其他商业用途有关的任何企业的任何业务有积极联系或有财务利益。

2. 法庭法官不得充任任何案件的代理人、律师或辩护人。

3. 关于上述各点的任何疑义，应由出席的法庭其他法官以过半数裁定解决。

第八条 关于法官参与特定案件的条件

1. 任何过去曾作为某一案件当事一方的代理人、律师或辩护人，或曾作为国内或国际法院或法庭的法官，或以任何其他资格参加该案件的法庭法官，不得参与该案件的裁判。

2. 如果法庭的某一法官因某种特殊理由认为不应参与某一特定案件的裁判，该法官应将此情形通知法庭庭长。

3. 如果法庭庭长认为法庭某一法官因某种特殊理由不应参与审理某一特定案件，庭长应将此情形通知该法官。

4. 关于上述各点的任何疑义，应由出席的法庭其他法官以过半数裁定解决。

第九条　不再适合必需的条件的后果

如果法庭的其他法官一致认为某一法官已不再适合必需的条件，法庭庭长应宣布该席位出缺。

第十条　特权和豁免

法庭法官于执行法庭职务时，应享有外交特权和豁免。

第十一条　法官的郑重宣告

法庭每一法官在就职前，应在公开法庭上郑重宣告其将秉公竭诚行使职权。

第十二条　庭长、副庭长和书记官长

1. 法庭应选举庭长和副庭长，任期三年，连选可连任。
2. 法庭应任命书记官长，并可为任命其他必要的工作人员作出规定。
3. 庭长和书记官长应驻在法庭所在地。

第十三条　法定人数

1. 所有可以出庭的法庭法官均应出庭，但须有选任法官十一人才构成法庭的法定人数。

2. 在本附件第十七条限制下，法庭应确定哪些法官可以出庭组成审理某一特定争端的法庭，同时顾及本附件第十四和第十五条所规定的分庭有效执行其职务。

3. 除非适用本附件第十四条，或当事各方请求应按照本附件第十五条处理，提交法庭的一切争端和申请，均应由法庭审讯和裁判。

第十四条　海底争端分庭

海底争端分庭应按照本附件第四节设立。分庭的管辖权、权力和职务，应如第十一部分第五节所规定。

第十五条　特别分庭

1. 法庭可设立其认为必要的分庭，由其选任法官三人或三人以上组成，以处理特定种类的争端。

2. 法庭如经当事各方请求，应设立分庭，以处理提交法庭的某一特定争端。这种分庭的组成，应由法庭在征得当事各方同意后决定。

3. 为了迅速处理事务，法庭每年应设立以其选任法官五人组成的分庭，该分庭以简易程序审讯和裁判争端。法庭应选出两名候补法官，以接替不能参与某一特定案件的法官。

4. 如经当事各方请求，争端应由本条所规定的分庭审讯和裁判。

5. 本条和本附件第十四条所规定的任何分庭作出的判决，应视为法庭作出的判决。

第十六条　法庭的规则

法庭应制订执行其职务的规则。法庭应特别订立关于其程序的规则。

第十七条　法官的国籍

1. 属于争端任何一方国籍的法庭法官，应保有其作为法庭法官参与的权利。

2. 如果在受理一项争端时，法庭上有属于当事一方国籍的法官，争端任何他方可选派一人为法庭法官参与。

3. 如果在审理一项争端时，法庭上没有属于当事各方国籍的法官，当事每一方均可选派一人为法庭法官参与。

4. 本条适用于本附件第十四和第十五条所指的分庭。在这种情形下，庭长应与当事各方协商后，要求组成分庭的法官中必要数目的法官将席位让给属于有关当事各方国籍的法官，如果不能做到这一点，或这些法官不能出庭，则让给当事各方特别选派的法官。

5. 如果当事若干方利害关系相同，则为以上各项规定的目的，该若干方应视为当事一方。关于这一点的任何疑义，应由法庭以裁定解决。

6. 按照本条第2、第3和第4款选派的法官，应符合本附件第二、第八和第十一条规定的条件。它们应在与其同事完全平等的条件下参与裁判。

第十八条　法官的报酬

1. 法庭每一选任法官均应领取年度津贴，并于执行职务时按日领取特别津贴，但任何一年付给任一法官的特别津贴总额不应超过年度津贴的数额。

2. 庭长应领取特别年度津贴。

3. 副庭长于代行庭长职务时，应按日领取特别津贴。

4. 根据本附件第十七条在法庭选任法官以外选派的法官，应于执行职务时，按日领取酬金。

5. 薪给、津贴和酬金应由各缔约国随时开会决定，同时考虑到法庭的工作量。薪给、津贴和酬金在任期内不得减少。

6. 书记官长的薪给，应由各缔约国根据法庭的提议开会决定。

7. 法庭法官和书记官长支领退休金的条件，以及法庭法官和书记官长补领旅费的条件，均应由各缔约国开会制订规章加以确定。

8. 薪给、津贴和酬金，应免除一切税捐。

第十九条　法庭的开支

1. 法庭的开支应由各缔约国和管理局负担，其负担的条件和方式由各缔约国开会决定。

2. 当既非缔约国亦非管理局的一个实体为提交法庭的案件的当事一方时，法庭应确定该方对法庭的开支应缴的款额。

第二节　权限

第二十条　向法庭申诉的机会

1. 法庭应对各缔约国开放。

2. 对于第十一部分明文规定的任何案件，或按照案件当事所有各方接受的将管辖权授予法庭的任何其他协定提交的任何案件，法庭应对缔约国以外的实体开放。

第二十一条　管辖权

法庭的管辖权包括按照本公约向其提交的一切争端和申请，和将管辖权授予法庭的任何其他国际协定中具体规定的一切申请。

第二十二条　其他协定范围内的争端的提交

如果同本公约所包括的主题事项有关的现行有效条约或公约的所有缔约国同意，则有关这种条约或公约的解释或适用的任何争端，可按照这种协定提交法庭。

第二十三条　可适用的法律

法庭应按照第二九三条裁判一切争端和申请。

第三节　程序

第二十四条　程序的提起

1. 争端可根据情况以将特别协定通知书记官长或以将申请书送达书记官长的方式提交法庭。两种方式均应载明争端事由和争端各方。

2. 书记官长应立即将特别协定或申请书通知有关各方。

3. 书记官长也应通知所有缔约国。

第二十五条　临时措施

1. 按照第二九〇条，法庭及其海底争端分庭应有权规定临时措施。

2. 如果法庭不开庭，或没有足够数目的法官构成法定人数，临时措施应由根据本附件第十三条第 3 款设立的简易程序分庭加以规定。虽有本附件第十五条第 4 款的规定，在争端任何一方请求下，仍可采取这种临时措施。临时措施应由法庭加以审查和修订。

第二十六条　审讯

1. 审讯应由庭长主持，庭长不能主持时，应由副庭长主持。庭长副庭长如均不能主持，应由出庭法官中资深者主持。

2. 除非法庭另有决定或当事各方要求拒绝公众旁听，审讯应公开进行。

第二十七条　案件的审理

法庭为审理案件，应发布命令，决定当事每一方须终结辩论的方式和时间，并作出有关收受证据的一切安排。

第二十八条　不到案

当事一方不出庭或对其案件不进行辩护时，他方可请求法庭继续进行程序并作出裁判。当事一方缺席或对其案件不进行辩护，应不妨碍程序的进行。法庭在作出裁判前，必须不但查明对该争端确有管辖权，而且查明所提要求在事实上和法律上均确有根据。

第二十九条　过半数决定

1. 一切问题应由出庭的法官的过半数决定。

2. 如果票数相等，庭长或代理庭长职务的法庭法官应投决定票。

第三十条　判决书

1. 判决书应叙明其所根据的理由。

2. 判决书应载明参与判决的法庭法官姓名。

3. 如果判决书全部或一部不能代表法庭法官的一致意见，任何法官均有权发表个别意见。

4. 判决书应由庭长和书记官长签名。判决书在正式通知争端各方后，应在法庭上公开宣读。

第三十一条　参加的请求

1. 一个缔约国如认为任何争端的裁判可能影响该缔约国的法律性质的利益，可向法庭请求准许参加。

2. 此项请求应由法庭裁定。

3. 如果请求参加获准，法庭对该争端的裁判，应在与该缔约国参加事项有关的范围内，对参加的缔约国有拘束力。

第三十二条　对解释或适用案件的参加权利

1. 无论何时，如对本公约的解释或适用发生疑问，书记官长应立即通知所有缔约国。

2. 无论何时，如依照本附件第二十一或第二十二条对一项国际协定的解释或适用发生疑问，书记官长应通知该协定的所有缔约方。

3. 第 1 款和第 2 款所指的每一方均有参加程序的权利；如该方行使此项权利，判决书中所作解释即对该方同样地有拘束力。

第三十三条　裁判的确定性和拘束力

1. 法庭的裁判是有确定性的，争端所有各方均应遵行。

2. 裁判除在当事各方之间及对该特定争端外，应无拘束力。

3. 对裁判的意义或范围发生争端时，经当事任何一方的请求，法庭应予解释。

第三十四条　费用

除法庭另有裁定外，费用应由当事各方自行负担。

第四节　海底争端分庭

第三十五条　组成

1. 本附件第十四条所指的海底争端分庭，应由海洋法法庭法官以过半数从法庭选任法官中选派法官十一人组成。

2. 在选出分庭法官时，应确保能代表世界各主要法系和公平地区分配。管理局大会可就这种代表性和分配提出一般性的建议。

3. 分庭法官应每三年改选一次，连选可连任一次。

4. 分庭应从其法官中选出庭长，庭长应在分庭当选的任期内执行职务。

5. 如果选出分庭的任何三年任期终了时仍有案件尚在进行，该分庭应按原来的组成完成该案件。

6. 如果分庭法官出缺，法庭应从其选任法官中选派继任法官，继任法官应任职至其前任法官任期届满时为止。

7. 法庭选任法官七人应为组成分庭所需的法定人数。

第三十六条　专案分庭

1. 海底争端分庭为处理按照第一八八条第 1 款（b）项向其提出的特定争端，应成立专案分庭，由其法官三人组成。这种分庭的组成，应由海底争端分庭在得到当事各方同意后决定。

2. 如果争端各方不同意专案分庭的组成，争端每一方应指派法官一人，第三名法官则应由双方协议指派。如果双方不能达成协议，或如任何一方未能作出这种指派，海底争端分庭长应于同争端各方协商后，迅速从海底争端分庭法官中作出这种指派。

3. 专案分庭的法官必须不属争端任何一方的工作人员，或其国民。

第三十七条　申诉机会

分庭应对各缔约国、管理局和第十一部分第五节所指的实体开放。

第三十八条　可适用的法律

除第二九三条的规定以外，分庭应：
（a）适用按照本公约制订的管理局的规则、规章和程序；和
（b）对有关"区域"内活动的合同的事项，适用这种合同的条款。

第三十九条　分庭裁判的执行

分庭的裁判应以需要在其境内执行的缔约国最高级法院判决或命令的同样执行方式，在该缔约国领土内执行。

第四十条　本附件其他各节的适用

1. 本附件中与本节不相抵触的其他各节的规定，适用于分庭。

2. 分庭在执行其有关咨询意见的职务时，应在其认为可以适用的范围内，受本附件中关于法庭程序的规定的指导。

第五节　修正案

第四十一条　修正案

1. 对本附件的修正案，除对其第四节的修正案外，只可按照第三一三条或在按照

本公约召开的一次会议上，以协商一致方式通过。

2. 对本附件第四节的修正案，只可按照第三一四条通过。

3. 法庭可向缔约国发出书面通知，对本规约提出其认为必要的修正案，以便依照第 1 和第 2 款加以审议。

附件七　仲裁

第一条　程序的提起

在第十五部分限制下，争端任何一方可向争端他方发出书面通知，将争端提交本附件所规定的仲裁程序。通知应附有一份关于其权利主张及该权利主张所依据的理由的说明。

第二条　仲裁员名单

1. 联合国秘书长应编制并保持一份仲裁员名单。每一缔约国应有权提名四名仲裁员，每名仲裁员均应在海洋事务方面富有经验并享有公平、才干和正直的最高声誉。这样提名的人员的姓名应构成该名单。

2. 无论何时如果一个缔约国提名的仲裁员在这样构成的名单内少于四名，该缔约国应有权按需要提名增补。

3. 仲裁员经提名缔约国撤回前仍应列在名单内，但被撤回的仲裁员仍应继续在被指派服务的任何仲裁法庭中工作，直到该仲裁法庭处理中的任何程序完成时为止。

第三条　仲裁法庭的组成

为本附件所规定程序的目的，除非争端各方另有协议，仲裁法庭应依下列规定组成：

（a）在（g）项限制下，仲裁法庭应由仲裁员五人组成。

（b）提起程序的一方应指派一人，最好从本附件第二条所指名单中选派，并可为其本国国民。这种指派应列入本附件第一条所指的通知。

（c）争端他方应在收到本附件第一条所指通知三十天内指派一名仲裁员，最好从名单中选派，并可为其国民。如在该期限内未作出指派，提起程序的一方，可在该期限届满后两星期内，请求按照（e）项作出指派。

（d）另三名仲裁员应由当事各方间以协议指派。他们最好从名单中选派，并应为第三国国民，除非各方另有协议。争端各方应从这三名仲裁员中选派一人为仲裁法庭庭长。如果在收到本附件第一条所指通知后六十天内，各方未能就应以协议指派的仲裁法庭一名或一名以上仲裁员的指派达成协议，或未能就指派庭长达成协议，则经争端一方请求，所余指派应按照（e）项作出。这种请求应于上述六十天期间届满后两星期作出。

（e）除非争端各方协议将本条（c）和（d）项规定的任何指派交由争端各方选定的某一人士或第三国作出，应由国际海洋法法庭庭长作出必要的指派。如果庭长不能依据本项办理，或为争端一方的国民，这种指派应由可以担任这项工作并且不是争端任何一方国民的国际海洋法法庭年资次深法官作出。本项所指的指派，应于收到请求后三十天期间内，在与当事双方协商后，从本附件第二条所指名单中作出。这样指派的仲裁员应属不同国籍，且不得为争端任何一方的工作人员，或其境内的通常居民或其国民。

（f）任何出缺应按照原来的指派方法补缺。

（g）利害关系相同的争端各方，应通过协议共同指派一名仲裁员。如果争端若干方利害关系不同，或对彼此是否利害关系相同，意见不一致，则争端每一方应指派一名仲裁员。由争端各方分别指派的仲裁员，其人数应始终比由争端各方共同指派的仲裁员少一人。

（h）对于涉及两个以上争端各方的争端，应在最大可能范围内适用（a）至（f）项的规定。

第四条　仲裁法庭职务的执行

依据本附件第三条组成的仲裁法庭，应按照本附件及本公约的其他规定执行职务。

第五条　程序

除非争端各方另有协议，仲裁法庭应确定其自己的程序，保证争端每一方有陈述意见和提出其主张的充分机会。

第六条　争端各方的职责

争端各方应便利仲裁法庭的工作，特别应按照其本国法律并用一切可用的方法：

（a）向法庭提供一切有关文件、便利和情报；并

（b）使法庭在必要时能够传唤证人或专家和收受其证据，并视察同案件有关的地点。

第七条　开支

除非仲裁法庭因案情特殊而另有决定，法庭的开支，包括仲裁员的报酬，应由争端各方平均分担。

第八条　作出裁决所需要的多数

仲裁法庭的裁决应以仲裁员的过半数票作出。不到半数的仲裁员缺席或弃权，应

不妨碍法庭作出裁决，如果票数相等，庭长应投决定票。

第九条 不到案

如争端一方不出庭或对案件不进行辩护，他方可请求仲裁法庭继续进行程序并作出裁决。争端一方缺席或不对案件进行辩护，应不妨碍程序的进行。仲裁法庭在作出裁决前，必须不但查明对该争端确有管辖权，而且查明所提要求在事实上和法律上均确有根据。

第十条 裁决书

仲裁法庭的裁决书应以争端的主题事项为限，并应叙明其所根据的理由。裁决书应载明参与作出裁决的仲裁员姓名以及作出裁决的日期。任何仲裁员均可在裁决书上附加个别意见或不同意见。

第十一条 裁决的确定性

除争端各方事前议定某种上诉程序外，裁决应有确定性，不得上诉，争端各方均应遵守裁决。

第十二条 裁决的解释或执行

1. 争端各方之间对裁决的解释或执行方式的任何争议，可由任何一方提请作出该裁决的仲裁法庭决定。为此目的，法庭的任何出缺，应按原来指派仲裁员的方法补缺。

2. 任何这种争执，可由争端所有各方协议，提交第二八七条所规定的另一法院或法庭。

第十三条 对缔约国以外的实体的适用

本附件应比照适用涉及缔约国以外的实体的任何争端。

附件八　特别仲裁

第一条　程序的提起

在第十五部分限制下，关于本公约中有关（1）渔业，（2）保护和保全海洋环境，（3）海洋科学研究和（4）航行，包括来自船只和倾倒造成的污染的条文在解释或适用上的争端，争端任何一方可向争端他方发出书面通知，将该争端提交本附件所规定的特别仲裁程序。通知应附有一份关于其权利主张及该权利主张所依据的理由的说明。

第二条　专家名单

1. 就（1）渔业，（2）保护和保全海洋环境，（3）海洋科学研究和（4）航行，包括来自船只和倾倒造成的污染四个方面，应分别编制和保持专家名单。

2. 专家名单在渔业方面，由联合国粮食及农业组织，在保护和保全海洋环境方面，由联合国环境规划署，在海洋科学研究方面，由政府间海洋学委员会，在航行方面，包括来自船只和倾倒造成的污染，由国际海事组织，或在每一情形下由各该组织、署或委员会授予此项职务的适当附属机构，分别予以编制并保持。

3. 每个缔约国应有权在每一方面提名二名公认的法律、科学或技术上确有专长并享有公平和正直的最高声誉的专家。在每一方面这样提名的人员的姓名构成有关名单。

4. 无论何时，如果一个缔约国提名的专家在这样组成的任何名单内少于两名，该缔约国有权按需要提名增补。

5. 专家经提名缔约国撤回前应仍列在名单内，被撤回的专家应继续在被指派服务的特别仲裁法庭中工作，直到该仲裁法庭处理中的程序完毕时为止。

第三条　特别仲裁法庭的组成

为本附件所规定的程序的目的，除非争端各方另有协议，特别仲裁法庭应依下列规定组成：

（a）在（g）项限制下，特别仲裁法庭应由仲裁员五人组成。

（b）提起程序的一方应指派仲裁员二人，最好从本附件第二条所指与争端事项有关的适当名单中选派，其中一人可为其本国国民。这种指派应列入本附件第一条所指的通知。

（c）争端他方应在收到本附件第一条所指的通知三十天内指派两名仲裁员，最好从名单中选派，其中一人可为其本国国民。如果在该期间内未作出指派，提起程序的一方可在该期间届满后两星期内，请求按照（e）项作出指派。

（d）争端各方应以协议指派特别仲裁法庭庭长，最好从名单中选派，并应为第三国国民，除非争端各方另有协议。如果在收到本附件第一条所指通知之日起三十天内，争端各方未能就指派庭长达成协议，经争端一方请求，指派应按照（e）项作出。这种请求应于上述期间届满后两星期作出。

（e）除非争端各方协议由各方选派的人士或第三国作出指派，应由联合国秘书长于收到根据（c）和（d）项提出的请求后三十天内作出必要的指派。本项所指的指派应从本附件第二条所指名单中与争端各方和有关国际组织协商作出。这样指派的仲裁员应属不同国籍，且不得为争端任何一方的工作人员，或为其领土内的通常居民或其国民。

（f）任何出缺应按照原来的指派方法补缺。

（g）利害关系相同的争端各方，应通过协议共同指派两名仲裁员。如果争端若干方利害关系不同，或对彼此是否利害关系相同意见不一致，则争端一方应指派一名仲裁员。

（h）对于涉及两个以上争端各方的争端，应在最大可能范围内适用（a）至（f）项的规定。

第四条　一般规定

附件七第四至第十三条比照适用于按照本附件的特别仲裁程序。

第五条　事实认定

1. 有关本公约中关于（1）渔业，（2）保护和保全海洋环境，（3）海洋科学研究或（4）航行，包括来自船只和倾倒造成的污染的各项规定在解释或适用上的争端各方，可随时协议请求按照本附件第三条组成的特别仲裁法庭进行调查，以确定引起这一争端的事实。

2. 除非争端各方另有协议，按照第1款行事的特别仲裁法庭对事实的认定，在争端各方之间，应视为有确定性。

3. 如经争端所有各方请求，特别仲裁法庭可拟具建议，这种建议并无裁决的效力，而只应构成有关各方对引起争端的问题进行审查的基础。

4. 在第2款限制下，除非争端各方另有协议，特别仲裁法庭应按照本附件规定行事。

附件九　国际组织的参加

第一条　用语

为第三〇五条和本附件的目的，"国际组织"是指由国家组成的政府间组织，其成员国已将本公约所规定事项的权限，包括就该等事项缔结条约的权限转移给各该组织者。

第二条　签字

一个国际组织如果其过半数成员国为本公约签署国，即可签署本公约。一个国际组织在签署时应作出声明，指明为本公约签署国的各成员国已将本公约所规定的何种事项的权限转移给该组织，以及该项权限的性质和范围。

第三条　正式确认和加入

1. 一个国际组织如果其过半数成员国交存或已交存其批准书或加入书，即可交存其正式确认书或加入书。

2. 该国际组织交存的这种文书应载有本附件第四和第五条所规定的承诺和声明。

第四条　参加的限度和权利与义务

1. 一个国际组织所交存的正式确认书或加入书应载有接受本公约就该组织中为本公约缔约国的各成员国向其转移权限的事项所规定的各国权利和义务的承诺。

2. 一个国际组织应按照本附件第五条所指的声明、情报通报或通知所具有的权限范围，成为本公约缔约一方。

3. 这一国际组织应就其为本公约缔约国的成员国向其转移权限的事项，行使和履行按照本公约其为缔约国的成员国原有的权利和义务。该国际组织的成员国不应行使其已转移给该组织的权限。

4. 这一国际组织的参加在任何情形下均不应导致其为缔约国的成员国原应享有的代表权的增加，包括作出决定的权利在内。

5. 这一国际组织的参加在任何情形下均不得将本公约所规定的任何权利给予非本公约缔约国的该组织成员国。

6. 遇有某一国际组织根据本公约的义务同根据成立该组织的协定或与其有关的任

何文件的义务发生冲突时，本公约所规定的义务应居优先。

第五条 声明、通知和通报

1. 一个国际组织的正式确认书或加入书应包括一项声明，指明关于本公约所规定的何种事项的权限已由其为本公约缔约国的成员国转移给该组织。

2. 一个国际组织的成员国，在其批准或加入本公约或在该组织交存其正式确认书或加入书时（以后发生的为准），应作出声明，指明关于本公约所规定的何种事项的权限已转移给该组织。

3. 缔约国如属为本公约缔约一方的一个国际组织的成员国，对于本公约所规定的尚未经有关国家根据本条特别以声明、通知或通报表示已向该组织转移权限的一切事项，应假定其仍具有权限。

4. 国际组织及其为本公约缔约国的成员国应将第 1 款和第 2 款规定的声明所指权限分配的任何变更，包括权限的新转移，迅速通知公约保管者。

5. 任何缔约国可要求某一国际组织及其为缔约国的成员国提供情报，说明在该组织与其成员国间何者对已发生的任何特定问题具有权限。该组织及其有关成员国应于合理期间内提供这种情报。国际组织及其成员国也可主动提供这种情报。

6. 本条所规定的声明、通知和情报通报应指明所转移权限的性质和范围。

第六条 责任

1. 根据本附件第五条具有权限的缔约各方对不履行义务或任何其他违反本公约的行为，应负责任。

2. 任何缔约国可要求某一国际组织或其为缔约国的成员国提供情报，说明何者对特定事项负有责任。该组织及有关成员国应提供这种情报。未在合理期限内提供这种情报或提供互相矛盾的情报者，应负连带责任。

第七条 争端的解决

1. 一个国际组织在交存其正式确认书或加入书时，或在其后任何时间，应有自由用书面声明的方式选择第二八七条第 1 款（a）、（c）或（d）项所指的一个或一个以上方法，以解决有关本公约的解释或适用的争端。

2. 第十五部分比照适用于争端一方或多方是国际组织的本公约缔约各方间的任何争端。

3. 如果一个国际组织或其一个或一个以上成员国为争端同一方，或为利害关系相同的各方，该组织应视为与成员国一样接受关于解决争端的同样程序；但成员国如根据第二八七条仅选择国际法院，该组织和有关成员国应视为已按照附件七接受仲裁，除非争端各方另有协议。

第八条　第十七部分的适用性

第十七部分比照适用于一个国际组织，但对下列事项除外：

（a）在适用第三〇八条第 1 款时，国际组织的正式确认书或加入书应不计算在内；

（b）

（1）一个国际组织，只要根据本附件第五条对修正案整个主题事项具有权限，应对第三一二至第三一五条的适用具有专属行为能力；

（2）国际组织对一项修正案的正式确认书或加入书，在该国际组织根据本附件第五条对修正案整个主题事项具有权限的情况下，为了适用第三一六条第 1、第 2 和第 3 款的目的，应将其视为作为缔约国的每一成员国的批准书或加入书；

（3）对于其他一切修正案，该国际组织的正式确认书或加入书适用第三一六条第 1 和第 2 款不应予以考虑；

（c）

（1）一个国际组织的任一成员国如为缔约国，同时该国际组织继续具备本附件第一条所指的资格时，不得按照第三一七条退出本公约；

（2）一个国际组织当其成员国无一为缔约国，或当该国际组织不再具备本附件第一条所指的资格时，应退出本公约，这种退出应立即生效。

关于《联合国海洋法公约》第十一部分和附件三与《关于执行〈联合国海洋法公约〉第十一部分的协定》合编说明

对《联合国海洋法公约》（《公约》）第十一部分和附件三与《关于执行〈联合国海洋法公约〉第十一部分的协定》（《协定》）中的有关条款进行了合编。《公约》的第十一部分和《协定》的有关条款的非正式合编由国际海底管理局法律事务部进行，最初由国际海底管理局于1998年出版（ISA/98/04）。它绝不会取代《公约》的正式文本和联合国公布的《协定》（联合国出版物，出售品编号：E. 97. V. 10）。

根据《协定》第二条，《协定》和《公约》第十一部分的规定应作为单一文书一并解释和适用。如果该协定与第十一部分之间存在任何不一致之处，则以该协定的条文为准。

合编案文遵循《公约》第十一部分的顺序。该《协定》的相关条文被插入《公约》第十一部分案文的适当位置。由于《协定》的某些规定影响第十一部分一项以上的条款，因此在若干地方重复。

在许多情况下，该《协定》规定《公约》第十一部分的特定条款"不适用"。在这种情况下，为了不中断案文的流畅，根据本《协定》不适用的《公约》第十一部分的条款由一个尾注参考表示，并在案文正文中省略。但是，为了参考，这些条款在本说明的最后全文列出。

在许多情况下，《公约》第十一部分所载的条款包括对《公约》第十一部分的其他条款的交叉引用，根据《协定》，这些条款不再适用。如果发生这种情况，可参考《协定》的等效或平行的条款的脚注。等效或平行的条款的适用性或其他条款受《协定》第二条的约束。

《协定》附件不遵循与《公约》第十一部分相同的顺序。因此，在将《协定》附件的条款与《公约》第十一部分的条款合编时，不可能按顺序列出《协定》附件的条款。该《协定》的全文作为联合国大会第48/263号决议的附件，原始形式载于本系列丛书英文版第六卷第855页等。

a. 根据《协定》附件第6节第7段，第一五一条的有关部分不适用，原条款如下：

1. （a）在不妨害第一五○条所载目标的情形下，并为实施该条（h）项的目的，管理局应通过现有议事机构，或在适当时，通过包括生产者和消费者在内的有关各方都参加的新安排或协议，采取必要措施，以对生产者有利对消费者也公平的价格，促进"区域"资源所产商品的市场的增长、效率和稳定,所有缔约国都应为此目的进行合作。

(b)管理局应有权参加生产者和消费者在内的有关各方都参加的关于上述商品的任何商品会议。管理局应有权参与上述会议产生的任何安排或协议。管理局参加根据这种安排或协议成立的任何机关,应与"区域"内的生产有关,并符合这种机关的有关规则。

(c)管理局应履行根据这种安排或协议所产生的义务,以求保证对"区域"内有关矿物的一切生产,均划一和无歧视地实施。管理局在这样作的时候,应以符合现有合同条款和已核准的企业部工作计划的方式行事。

2.(a)在第3款指明的过渡期间内,经营者在向管理局提出申请并经发给生产许可以前,不应依据一项核准的工作计划进行商业生产。这种生产许可不得在根据工作计划预定开始商业生产前逾五年时申请或发出,除非管理局考虑到方案进展的性质和时机在其规则和规章中为此规定了另一期间。

(b)在生产许可的申请中,经营者应具体说明按照核准的工作计划预期每年回收的镍的数量。申请中应列有经营者为使其于预定的日期如期开始商业生产而合理地算出的在收到许可以后将予支出的费用款。

(c)为了(a)和(b)项的目的,管理局应按照附件三第十七条规定适当的成绩要求。

(d)管理局应照申请的生产量发给生产许可。除非在过渡期间内计划生产的任何一年中,该生产量和已核准的生产量的总和超过在发给许可的年度依照第4款算出的镍生产最高限额。

(e)生产许可和核准的申请一经发给,即成为核准的工作计划的一部分。

(f)如果经营者申请生产许可依据(d)项被拒绝,则该经营者可随时向管理局再次提出申请。

3.过渡期间应自根据核准的工作计划预定开始最早的商业生产的那一年一月一日以前的五年开始。如果最早进行商业生产的时间延迟到原定的年度以后,过渡期间的开始和原来计算的生产最高限额都应作相应的调整。过渡期间应为二十五年,或至第一五五条所指的审查会议结束,或至第1款所指的新安排或协议开始生效之日为止,以最早者为准。如果这种安排或协议因任何理由而终止或失效,在过渡期间所余时间内,管理局应重新行使本条规定的权力。

4.(a)过渡期间内任何一年的生产最高限额应为以下的总和:

(1)依据(b)项计算的镍年消费量趋势线上最早的商业生产年度以前那一年和过渡期间开始前那一年数值的差额;加上

(2)依据(b)项计算的镍消费量趋势线上所申请的生产许可正适用的那一年和最早的商业生产年度以前那一年数值的差额的百分之六十。

（b）为了（a）项的目的：

（1）计算镍生产最高限额所用的趋势线数值，应为发给生产许可的年度中计算的趋势线上的镍年消费量数值。趋势线应从能够取得数据的最近十五年期间的实际镍消费量，取其对数值，以时间为自变量，用线性回归法导出。这一趋势线应称为原趋势线；

（2）如果原趋势线年增长率少于百分之三，则用来确定（a）项所指数量的趋势线应为穿过原趋势线上该十五年期间第一年的数值而年增长率为百分之三的趋势线；但过渡期间内任何一年规定的生产最高限额无论如何不得超出该年原趋势线数值同过渡期间开始前一年的原趋势线数值之差。

5. 管理局应在依据第 4 款计算得来的生产最高限额中，保留给企业部为数 38 000 公吨的镍，以供其从事最初生产。

6.（a）经营者在任何一年内可生产少于其生产许可内所指明的从多金属结核生产的矿物的年产数量，或最多较此数量高百分之八，但其总产量应不超出许可内所指明的数量。任何一年内在百分之八以上百分之二十以下的超产，或连续两年超产后的第一年以及随后各年的超产，应同管理局进行协商；管理局可要求经营者就增加的产量取得一项补充的生产许可。

（b）管理局对于这种补充生产许可的申请，只有在处理了尚未获得生产许可的经营者所已提出的一切申请，并已适当考虑到其他可能的申请者之后，才应加以审议。管理局应以不超过过渡期间任何一年内生产最高限额所容许的总生产量为指导原则。它不应核准在任何工作计划下超过 46 500 公吨的镍年产量。

7. 依据一项生产许可从回收的多金属结核所提炼的铜、钴和锰等其他金属的产量，不应高于经营者依据本条规定从这些结核生产最高产量的镍时所能生产的数量。管理局应依据附件三第十七条制定规则、规章和程序以实施本项规定。

……

9. 管理局应有权在这种条件下限制多金属结核矿物以外的区域矿物的生产水平，并根据第一六一条第 8 款采用适当的方法。

b. 根据《协定》附件第 4 节，第一五五条的有关部分不适用，原条款如下：

1. 自根据一项核准的工作计划最早的商业生产开始进行的那一年一月一日起十五年后，大会应召开一次会议，审查本部分和有关附件支配勘探和开发"区域"资源制度的各项规定。审查会议应参照这段时期取得的经验，详细审查：

（a）本部分和有关附件支配勘探和开发"区域"资源制度的各项规定，是否已达成其各方面的目标，包括是否已使全人类得到利益；

（b）在十五年期间，同非保留区域相比，保留区域是否已以有效而平衡的方式开发；

（c）开发和使用"区域"及其资源的方式，是否有助于世界经济的健全发展和国际贸易均衡增长；

（d）是否防止了对"区域"内活动的垄断；

（e）第一五〇和第一五一条所载各项政策是否得到实行；和

（f）制度是否使"区域"内活动产生的利益得到公平的分享，特别考虑到发展中国家的利益和需要。

......

3. 审查会议适用的作出决定的程序应与第三次联合国海洋法会议所适用的程序相同。会议应作出各种努力就任何修正案以协商一致方式达成协议，且除非已尽最大努力以求达成协商一致，不应就这种事项进行表决。

4. 审查会议开始举行五年后，如果未能就关于勘探和开发"区域"资源的制度达成协议，则会议可在此后的十二个月以内，以缔约国的四分之三多数作出决定，就改变或修改制度制定其认为必要和适当的修正案，提交各缔约国批准或加入。此种修正案应于四分之三缔约国交存批准书或加入书后十二个月对所有缔约国生效。

c. 根据《协定》附件第 3 节第 8 段，第一六一条的有关规定不适用，原条款如下：

1. 理事会应由大会按照下列次序选出的三十六个管理局成员组成：

（a）四个成员来自在有统计资料的最近五年中，对于可从"区域"取得的各类矿物所产的商品，其消费量超过世界总消费量百分之二，或其净进口量超过世界总进口量百分之二的那些缔约国，无论如何应有一个国家属于东欧（社会主义）区域，和最大的消费国；

（b）四个成员来自直接地或通过其国民对"区域"内活动的准备和进行作出了最大投资的八个缔约国，其中至少应有一个国家属于东欧（社会主义）区域；

（c）四个成员来自缔约国中因在其管辖区域内的生产而为可从"区域"取得的各类矿物的主要净出口国，其中至少应有两个是出口这种矿物对其经济有重大关系的发展中国家；

（d）六个成员来自发展中国家缔约国，代表特别利益。所代表的特别利益应包括人口众多的国家、内陆国或地理不利国、可从"区域"取得的种类矿物的主要进口国、这些矿物的潜在的生产国以及最不发达国家的利益；

（e）十八个成员按照确保理事会的席位作为一个整体予以公平地区分配的原则选出，但每一地理区域至少应有根据本项规定选出的一名成员。为此目的，地理区域应为非洲、亚洲、东欧（社会主义）、拉丁美洲和西欧及其他国家。

......

8.......

（b）关于在下列条款下产生的实质问题的决定，应以出席并参加表决的成员的三分之二多数作出，但这种多数应包括理事会的过半数成员：第一六二条第 2 款（f）项，（g）项，（h）项，（i）项，（n）项，（p）项和（v）项；第一九一条。

（c）关于在下列条款下产生的实质问题的决定，应以出席并参加表决的成员的四分之三多数作出，但这种多数应包括理事会的过半数成员：第一六二条第 1 款；第一六二条第 2 款（a）项；（b）项；（c）项；（d）项；（e）项；（l）项；（q）项；（r）项；（s）项；（t）项；在承包者或担保者不遵守规定的情形下（u）项；（w）项，但根据本项发布的命令的有效期间不得超过三十天，除非以按照（d）项作出的决定加以确认；（x）项；（y）项；（z）项；第一六三条第 2 款；第一七四条第 3 款；附件四第十一条。

d. 根据《协定》附件第 9 节第 7 段和第 9 段规定，第一六二条的相关规定不适用，原条款如下：

2.……

（j）按照附件三第六条核准工作计划。理事会应于法律和技术委员会提出每一工作计划后六十天内在理事会的会议上按照下列程序对该工作计划采取行动：

（1）如果委员会建议核准一项工作计划，在十四天内理事会如无任何成员向主席书面提出具体反对意见，指称不符合附件三第六条的规定，则该工作计划应视为已获理事会核准。如有反对意见，即应适用第一六一条第 8 款（c）项所载的调解程序。如果在调解程序结束时，反对意见依然坚持，则除非理事会中将提出申请或担保申请者的任何一国或数国排除在外的成员以协商一致方式对工作计划不予核准，则该工作计划应视为已获理事会核准；

（2）如果委员会对一项工作计划建议不予核准，或未提出建议，理事会可以出席和参加表决的成员的四分之三的多数决定核准该工作计划，但这一多数须包括参加该次会议的过半数成员；

……

（q）在附件三第七条有此要求的情形下，从生产许可的申请者中作出选择；

e. 根据《协定》附件第 6 节，第一六五条的有关规定不适用，原条款如下：

（n）在理事会按照附件三第七条在生产许可申请者中作出任何必要选择后，依据第一五一条第 2 至第 7 款代表管理局计算生产最高限额并发给生产许可。

f. 根据《协定》附件第 5 节第 2 段，附件三第 5 条不适用，原条款如下：

1. 每一申请者在提出工作计划时，应向管理局提交关于进行"区域"内活动所使用的装备和方法的一般性说明，以及关于这种技术的特征的其他非专有的有关情报和可以从何处取得这种技术的情报。

2. 经营者每当作出重大的技术改变或革新时，均应将对依据第 1 款提出的说明和情报所作的修改通知管理局。

3. 进行"区域"内活动的合同，均应载明承包者的下列承诺：

（a）经管理局一旦提出要求，即以公平合理的商业条款和条件向企业部提供他根据合同进行"区域"内活动时所使用而且该承包者在法律上有权转让的技术。这应以承包者与企业部商定并在补充合同的特别协议中订明的特许方式或其他适当安排来履行。这一承诺只有当企业部认定无法在公开市场上以公平合理的商业条款和条件取得相同或同样有效而有用的技术时才可援用；

（b）对于根据合同进行"区域"内活动所使用，但通常不能在公开市场上获得，而且为（a）项所不包括的任何技术，从技术所有人取得书面保证，经管理局一旦提出要求，技术所有人将以特许方式或其他适当安排，并以公平合理的商业条款和条件，在向承包者提供这种技术的同样程度上向企业部提供这种技术。如未取得这项保证，承包者进行"区域"内活动即不应使用这种技术；

（c）经企业部提出要求，而承包者又不致因此承担巨大费用时，对承包者根据合同进行"区域"内活动所使用而在法律上无权转让，并且通常不能在公开市场上获得的任何技术，通过一项可以执行的合同，从技术所有人取得转让给企业部的法律权利。在承包者与技术所有人之间具有实质性公司关系的情形下，应参酌这种关系的密切程度和控制或影响的程度来判断是否已采取一切可行的措施。在承包者对技术所有人实施有效控制的情形下，如未从技术所有人取得这种法律权利，即应视为同承包者以后申请核准任何工作计划的资格有关；

（d）如企业部决定同技术所有人直接谈判取得技术，经企业部要求，便利企业部以特许方式或其他适当安排，并以公平合理的商业条款和条件，取得（b）项所包括的任何技术；

（e）为了按照本附件第九条申请合同的发展中国家或发展中国家集团的利益，采取（a）、（b）、（c）和（d）项所规定的相同措施，但此项措施应以对承包者所提出的按照本附件第八条已予保留的一部分区域的开发为限，而且该发展中国家或发展中国家集团所申请的根据合同进行的活动须不涉及对第三国或第三国国民的技术转让。根据本项的义务应只在尚未经企业部要求提供技术或尚未由特定承包者向企业部转让的情形下，才对该承包者适用。

4. 关于第 3 款所要求的承诺的争端，像合同其他规定一样，均应按照第十一部分提交强制解决程序，遇有违反这种承诺的情形，则可按照本附件第十八条命令暂停或终止合同或课以罚款。关于承包者所作提议是否在公平合理的商业条款和条件的范围内的争端，可由任何一方按照联合国国际贸易法委员会的仲裁规则或管理局的规则、规章和程序可能有所规定的其他仲裁规则，提交有拘束力的商业仲裁。如果裁决认为承包者所作提议不在公平合理的商业条款和条件的范围以内，则在管理局按照本附件

第十八条采取任何行动以前，应给予承包者四十五天的时间以修改其提议，使其合乎上述范围。

5. 如果企业部未能以公平合理的商业条款和条件取得适当的技术，使其能及时开始回收和加工"区域"的矿物，理事会或大会可召集由从事"区域"内活动的缔约国、担保实体从事"区域"内活动的缔约国，以及可以取得这种技术的其他缔约国组成的一个集团。这个集团应共同协商，并应采取有效措施，以保证这种技术以公平合理的商业条款和条件向企业部提供。每一个这种缔约国都应在其自己的法律制度范围内，为此目的采取一切可行的措施。

6. 在同企业部进行联合企业的情形下，技术转让将按照联合企业协议的条款进行。

7. 第3款所要求的承诺应列入进行"区域"内活动的每一个合同，至企业部开始商业生产后十年为止，在这段期间内可援引这些承诺。

8. 为本条的目的"技术"是指专用设备和技术知识，包括为装配、维护和操作一个可行的系统所必要的手册、设计、操作指示、训练及技术咨询和支援，以及在非专属性的基础上为该目的使用以上各个项目的法律权利。

g. 根据《协定》附件第6节第1段的规定，附件三第6条和第7条的有关规定不适用，原条款如下：

第六条　工作计划的批准

……

5. 虽有第3款（a）项，在第一五一条第3款所规定的过渡期间结束后，管理局可以通过规则、规章和程序制订其他符合本公约规定的程序和准则，以便在须对提议区域的申请者作出选择的情形下，决定哪些工作计划应予核准。这些程序和准则应确保在公平和无歧视的基础上核准工作计划。

第七条　生产许可的申请者的选择

1. 管理局应于本公约生效后六个月以及其后每逢第四个月，对于在紧接的前一段期间内提出的生产许可申请进行审查，如果核准所有这些申请不会超出第一五一条规定的生产限制或违背管理局按照该条参与的商品协定或安排下的义务，则管理局应发给所申请的许可。

2. 如果由于第一五一条第2至第7款所规定的生产限制，或由于管理局按照第一五一条第1款的规定参与的商品协定或安排下的义务而必须在生产许可的申请者中作出选择时，管理局应以其规则、规章和程序中所订客观而无歧视的标准进行选择。

3. 在适用第2款时，管理局应对下列申请者给予优先：

（a）能够提供较好成绩保证者，考虑到申请者的财政和技术资格，及其执行任何以前核准的工作计划的已有成绩；

（b）预期能够向管理局较早提供财政利益者，考虑到预定何时开始商业生产；

（c）在探矿和勘探方面已投入最多资源和尽最大努力者。

4. 未在任何期间内被选定的申请者，在随后各段期间应有优先，直到其取得生产许可为止。

5. 申请者的选择应考虑到有必要使所有缔约国，不论其社会经济制度或地理位置如何，都有更多的机会参加"区域"内活动，以避免对任何国家或制度有所歧视，并防止垄断这种活动。

6. 当开发的保留区域少于非保留区域时，对保留区域生产许可的申请应有优先。

7. 本条所述的各项决定，应于每一段期间结束后尽快作出。

h. 根据《协定》附件第8节第2段，附件三第十三条的有关规定不适用，原条款如下：

......

3. 承包者应自合同生效之日起，缴纳固定年费一百万美元。如果因为按照第一五一条发出生产许可有所稽延而推迟经核准的商业生产的开始日期，则在这段推迟期间内应免缴固定年费。自商业生产开始之日起，承包者应缴付第4款所指的财政贡献或固定年费，以较大的数额为准。

4. 从商业生产开始之日起一年内，依第3款，承包者应选定下列两种方式之一，向管理局作出财政贡献：

（a）只缴付生产费；或

（b）同时缴付生产费和一份收益净额。

5.（a）如果承包者选定只缴付生产费，作为对管理局的财政贡献，则生产费应为自合同包括的区域回收的多金属结核生产的加工金属的市价的一个百分数。该百分数如下：

（i）商业生产的第一至第十年……百分之五

（ii）商业生产的第十一年至商业产生结束……百分之十二

（b）上述市价应为按照第7和第8款的规定，在有关会计年度自合同包括的区域回收的多金属结核生产的加工金属数量和这些金属平均价格的乘积数。

6. 如果承包者选定同时缴付生产费和一份收益净额，作为对管理局的财政贡献，这些缴付款项应按以下规定决定：

（a）生产费应为按照（b）项所规定的自合同包括的区域回收的多金属结核生产的加工金属的市价的一个百分数。该百分数如下：

（i）商业生产的第一期……百分之二

（ii）商业生产的第二期……百分之四

如果在（d）项所规定的商业生产第二期的任何一个会计年度内，按百分之四缴付生产费的结果会使（m）项所规定的投资利得降低到百分之十五以下，则该会计年度的生产费应为百分之二而非百分之四。

（b）上述市价应为按照第 7 和第 8 款的规定，在有关会计年度自合同包括的区域回收的多金属结核生产的加工金属数量和这些金属平均价格的乘积数。

（c）（i）管理局在收益净额中的份额应自承包者因开采合同包括的区域资源所得到的那一部分收益净额中拨付，这笔款额以下称为开发合同区域收益净额。

（ii）管理局在开发合同区域收益净额中的份额应按照下表累进计算：

管理局在开发合同区域收益的净额部分	管理局的份额	
	商业生产的第一期	商业生产的第二期
该部分代表等于或大于百分之零，但小于百分之十的投资利得	百分之三十五	百分之四十
该部分代表等于或大于百分之十，但小于百分之二十的投资利得	百分之四十二点五	百分之五十
该部分代表等于或大于百分之二十的投资利得	百分之五十	百分之七十

（d）（i）（a）和（c）项所指的商业生产第一期，应由商业生产的第一个会计年度开始，至承包者的发展费用加上发展费用未收回部分的利息，全部以现金赢余收回的会计年度为止，详细情形如下：

在承担发展费用的第一个会计年度，未收回的发展费用应等于发展费用减去该年的现金赢余。在以后的每一个会计年度，未收回的发展费用应等于前一会计年度未收回的发展费用加上发展费用以年利十分计算的利息，加上本年度所承担的发展费用，减去承包者本会计年度的现金赢余。未收回的发展费用第一次等于零的会计年度，应为承包者的发展费用，加上发展费用未收回部分的利息，全部以现金赢余收回的会计年度；承包者在任何会计年度的现金赢余，应为其收益毛额减去其业务费用，再减去其根据（c）项缴付管理局的费用；

（ii）商业生产的第二期，应从商业生产的第一期终了后下一个会计年度开始，并应继续合同结束时为止。

（e）"开发合同区域收益净额"是指承包者收益净额乘以在承包者发展费用中其采矿部门发展费用所占比率的乘积数。如果承包者从事开采、运输多金属结核、主要生产三种加工金属，即钴、铜和镍，则开发合同区域收益净额不应少于承包者收益净额的百分之二十五。

在（n）项规定的限制下，在所有其他情形，包括承包者从事开采、运输多金属结核、主要生产四种加工金属，即钴、铜、锰和镍的情形下，管理局可在其规则、规章和程序中规定适当的最低限额，这种限额与每一种情形的关系，应与百分之二十五的最低限额与三种金属的情形的关系相同。

（f）"承包者收益净额"是指承包者收益毛额减去其业务费用再减去按照（j）项收回的发展费用。

（g）（i）如果承包者从事开采、运输多金属结核、生产加工金属，则"承包者收益毛额"是指出售加工金属的收入毛额，以及按照管理局财务规划、规章和程序，任何其他可以合理地归因于根据合同进行业务所得的款项。

（ii）除（g）项（i）目的（n）项（3）目所列举者外，在所有其他情形下，"承包者收益毛额"是指出售自合同包括的区域回收的多金属结核生产的半加工金属所得收入毛额，以及按照管理局财务规则、规章和程序，任何其他可以合理地归因于根据合同进行业务所得的款项。

（h）"承包者发展费用"是指：

（i）在（n）项列举者以外的所有其他情形下，在商业生产开始前，为合同所规定的业务而依照一般公认的会计原则所承担的与发展合同包括的区域的生产能力及有关活动直接相关的一切开支，其中除其他外包括：机器、设备、船舶、加工厂、建筑物、房屋、土地、道路、合同包括的区域的探矿和勘探、研究和发展、利息、所需的租约、特许和规费等费用，以及

（ii）在商业生产开始后，为执行工作计划而需要承担的与以上（i）目所载相类似的开支，但可计入业务费用的开支除外。

（i）处理资本资产所得的收益，以及合同所规定的业务不再需要而又未予出售的那些资本资产的市场价值，应从有关的会计年度的承包者发展费用中扣除。这些扣除的数额超过承包者发展费用时，超过部分应计入承包者收益毛额。

（j）（h）项（i）目和（n）项（iv）目所指的在商业生产开始之前承担的承包者发展费用，应从商业生产开始之日起，平均分为十期收回，每年一期。（h）项（ii）目和（n）项（iv）目所指的在商业生产开始以后承担的承包者发展费用，应平均分为十期或不到十期收回，每年一期，以确保在合同结束前全部收回。

（k）"承包者业务费用"是指在商业生产开始后，为合同所规定的业务，而依照一般公认的会计原则所承担的经营合同包括的区域的生产能力及其有关活动的一切开支，其中除其他外包括：固定年费或生产费（以较大数额为准）、工资、薪给、员工福利、材料、服务、运输、加工和销售费用、利息、公用事业费、保全海洋环境、具体与合同业务有关的间接费用和行政费用等项开支，以及其中规定的从其前或其后的年度转帐的任何业务亏损净额。业务亏损净额可以连续两年转入下一年度的帐目，但在合同的最后两年除外，这两年可转入其前两年的帐目。

（l）如果承包者从事开采、运输多金属结核并生产加工金属和半加工金属，则"采矿部门发展费用"是指依照一般公认的会计原则和管理局的财务规则、规章和程序，承包者发展费用中与开采合同包括的区域的资源直接有关的部分，其中除其他外包括：申请费、固定年费以及在可适用的情形下在合同包括的区域进行探矿和勘探的费用和一部分研究与发展费用。

（m）任何会计年度的"投资利得"是指该年度的开发合同区域收益净额与采矿部门发展费用的比率。为计算这一比率的目的，采矿部门发展费用应包括采矿部门购买

新装备或替换装备的开支减去被替换的装备的原价。

（n）如果承包者只从事开采：

（i）"开发合同区域收益净额"是指承包者的全部收益净额；

（ii）"承包者收益净额"的定义与（f）项相同；

（iii）"承包者收益毛额"是指出售多金属结核的收入毛额，以及按照管理局财务规则、规章和程序任何其他可以合理地归因于根据合同进行业务所得的款项；

（iv）"承包者发展费用"是指如（h）项（i）目所述在商业生产开始前所承担的以及如（h）项（ii）目所述在商业生产开始后所承担的按照一般公认的会计原则与开采合同包括的区域资源直接有关的一切开支；

（v）"承包者业务费用"是指如（k）项所述的按照一般公认的会计原则与开采合同包括的区域资源直接有关的承包者业务费用；

（vi）任何会计年度"投资利得"是指该年度的承包者收益净额与承包者发展费用的比率。为计算这一比率的目的，承包者发展费用应包括购买新装备或替换装备的开支减去被替换的装备的原价。

（o）关于（h）、（k）、（l）和（n）项所指的承包者所付的有关利息的费用，应在一切情形下，只有在管理局按照本附件第四条第1款，并顾及当时的商业惯例，认为债务—资产净值比率和利率是合理的限度内，才容许列为费用。

（p）本款所指费用不应解释为包括缴付国家对承包者业务所征收的公司所得税或类似课税的款项。

7.（a）第5和第6款所指的"加工金属"是指国际中心市场上通常买卖的最基本形式的金属。为此目的，管理局应在财务规则、规章和程序中列明有关的国际中心市场。就不是在这类市场上买卖的金属而言，"加工金属"是指在有代表性的正当交易中通常买卖的最基本形式的金属。

（b）如果管理局无法以其他方式确定第5款（b）项和第6款（b）项所指自合同包括的区域回收的多金属结核生产的加工金属的数量，此项数量应依照管理局的规则、规章和程序并按照一般公认的会计原则，根据结核的金属含量、加工回收效率和其他有关因素予以确定。

8. 如果一个国际中心市场为加工金属、多金属结核和产自这种结核的半加工金属提供一个有代表性的定价机构，即应使用这个市场的平均价格。在所有其他情形下，管理局应在同承包者协商后，按照第9款为上述产品定出一个公平的价格。

9.（a）本条所指的一切费用、开支、收益和收入，以及对价格和价值的一切决定，均应为自由市场或正当交易的结果。在没有这种市场或交易的情形下，则应由管理局考虑到其他市场的有关交易，在同承包者协商后，加以确定，将其视同自由市场或正当交易的结果。

（b）为了保证本款的规定得到遵守和执行，管理局应遵循联合国跨国公司委员会、发展中和发达国家间税务条约专家组以及其他国际组织对于正当交易所制定的原则和所作的解释，并应在其规则、规章和程序中，具体规定划一的和国际上接受的会计规则和程序，以及为了遵照这些规则、规章和程序查核帐目的目的，由承包者选择管理局认可的领有执照的独立会计师的方法。

10. 承包者应按照管理局的财务规则、规章和程序，向会计师提供为决定本条是否得到遵守所必要的财务资料。

第 II 部分

联　合　国　大　会

分发：普通
A/CONF. 164/37
1995 年 9 月 8 日
原文：英文

联合国关于跨界鱼类种群
和高度洄游鱼类种群会议
第六次会议
1995 年 7 月 24 日至 8 月 4 日，纽约

　　关于执行 1982 年 12 月 10 日《联合国海洋法公约》有关养护和管理跨界鱼类种群和高度洄游鱼类种群的规定的协定

关于执行 1982 年 12 月 10 日《联合国海洋法公约》有关养护和管理跨界鱼类种群和高度洄游鱼类种群的规定的协定

本协定缔约国，

回顾 1982 年 12 月 10 日《联合国海洋法公约》的有关规定，

决心确保跨界鱼类种群和高度洄游鱼类种群的长期养护和可持续利用，

决心为此目的改善各国之间的合作，

要求船旗国、港口国和沿海国更有效地执行为这些种群所制定的养护和管理措施，

谋求处理特别是联合国环境与发展会议通过的《21 世纪议程》第 17 章方案领域 C 所指出的各种问题，即对公海渔业的管理在许多方面存在不足及有些资源被过分利用的问题；注意到存在着渔业未受管制、投资过度、船队规模过大、船只改挂船旗以规避管制、渔具选择性不够、数据库不可靠及各国间缺乏充分合作等问题，

承诺负责任地开展渔业，

意识到有必要避免对海洋环境造成不利影响，保存生物多样性，维持海洋生态系统的完整，并尽量减少捕鱼作业可能产生长期或不可逆转影响的危险，

确认需要特定援助，包括财政、科学和技术援助，以便发展中国家可有效地参加养护、管理和可持续利用跨界鱼类种群和高度洄游鱼类种群，

相信一项执行《公约》有关规定的协定最有利于实现这些目的，并且有助于维持国际和平与安全，

确认《公约》或本协定未予规定的事项，应继续以一般国际法的规则和原则为准据，

经协议如下：

第一部分　一般规定

第一条　用语和范围

1. 为本协定的目的：

（a）"《公约》"是指 1982 年 12 月 10 日《联合国海洋法公约》；

（ｂ）"养护和管理措施"是指为养护或管理一种或多种海洋生物资源物种而制定和适用，符合《公约》和本协定所载示的国际法有关规则的措施；

（ｃ）"鱼类"包括软体动物和甲壳动物，但《公约》第七十七条所界定的定居种除外；和

（ｄ）"安排"是指两个或两个以上国家根据《公约》和本协定制订的，目的在于除其他外在分区域或区域为一种或多种跨界鱼类种群或高度洄游鱼类种群制订养护和管理措施的合作机制。

２．（ａ）"缔约国"是指已同意接受本协定约束且本协定对其生效的国家；

（ｂ）本协定比照适用于：

（一）《公约》第三〇五条第 1 款（ｃ）、（ｄ）和（ｅ）项所指并成为本协定缔约方的实体；和

（二）在第四十七条限制下，《公约》附件九第一条称为"国际组织"并成为本协定缔约方的实体。

在这种情况下，"缔约国"也指这些实体。

３．本协定各项规定应比照适用于属下船只在公海捕鱼的其他捕鱼实体。

第二条 目标

本协定的目标是通过有效执行《公约》有关规定以确保跨界鱼类种群和高度洄游鱼类种群的长期养护和可持续利用。

第三条 适用

１．除另有规定外，本协定适用于国家管辖地区外跨界鱼类种群和高度洄游鱼类种群的养护和管理，但第六和第七条也适用于国家管辖地区内这些种群的养护和管理，然须遵守《公约》所规定，在国家管辖地区内和国家管辖地区外适用的不同法律制度。

２．沿海国为勘查和开发、养护和管理国家管辖地区内的跨界鱼类种群和高度洄游鱼类种群的目的行使其主权权利时，应比照适用第五条所列举的一般原则。

３．各国应适当考虑到发展中国家各自在国家管辖地区内适用第五、第六和第七条的能力及他们对本协定规定的援助的需要。为此目的，第七部分比照适用于国家管辖地区。

第四条 本协定和《公约》之间的关系

本协定的任何规定均不应妨害《公约》所规定的国家权利、管辖权和义务。本协定应参照《公约》的内容并以符合《公约》的方式予以解释和适用。

第二部分　跨界鱼类种群和高度洄游鱼类种群的养护和管理

第五条　一般原则

为了养护和管理跨界鱼类种群和高度洄游鱼类种群，沿海国和在公海捕鱼的国家应根据《公约》履行合作义务：

（a）制定措施确保跨界鱼类种群和高度洄游鱼类种群的长期可持续能力并促进最适度利用的目的；

（b）确保这些措施所根据的是可得到的最佳科学证据，目的是在包括发展中国家的特别需要在内的各种有关环境和经济因素的限制下，使种群维持在或恢复到能够产生最高持续产量的水平，并考虑到捕鱼方式、种群的相互依存及任何普遍建议的分区域、区域或全球的国际最低标准；

（c）根据第六条适用预防性做法；

（d）评估捕鱼、其他人类活动及环境因素对目标种群和属于同一生态系统的物种或从属目标种群或与目标种群相关的物种的影响；

（e）必要时对属于同一生态系统的物种或从属目标种群或与目标种群相关的物种制定养护和管理措施，以保持或恢复这些物种的数量，使其高于物种的繁殖不会受到严重威胁的水平；

（f）采取措施，在切实可行的情况下，包括发展和使用有选择性的、对环境无害和成本效益高的渔具和捕鱼技术，以尽量减少污染、废弃物、遗弃渔具所致的资源损耗量、非目标种（包括鱼种和非鱼种）（以下称非目标种）的捕获量及对相关或从属种特别是濒于灭绝物种的影响；

（g）保护海洋环境的生物多样性；

（h）采取措施防止或消除渔捞过度和捕鱼能力过大的问题，并确保渔获努力量不高于与渔业资源的可持续利用相称的水平；

（i）考虑到个体渔民和自给性渔民的利益；

（j）及时收集和共用完整而准确的捕鱼活动数据，包括附件一列出的船只位置、目标种和非目标种的捕获量和渔获努力量，以及国家和国际研究方案所提供的资料；

（k）促进并进行科学研究和发展适当技术以支助渔业养护和管理：和

（l）进行有效的监测、管制和监督，以实施和执行养护和管理措施。

第六条　预防性做法的适用

1. 各国对跨界鱼类种群和高度洄游鱼类种群的养护、管理和开发，应广泛适用预防性做法，以保护海洋生物资源和保全海洋环境。

2. 各国在资料不明确、不可靠或不充足时应更为慎重。不得以科学资料不足为由而推迟或不采取养护和管理措施。

3. 各国在实施预防性做法时应：

（a）取得和共用可获得的最佳科学资料，并采用关于处理危险和不明确因素的改良技术，以改进养护和管理渔业资源的决策行动；

（b）适用附件二所列的准则并根据可获得的最佳科学资料确定特定物种的参考点，及在逾越参考点时应采取的行动；

（c）特别要考虑到关于种群大小和繁殖力的不明确情况、参考点、相对于这种参考点的种群状况、渔捞死亡率的程度和分布、捕鱼活动对非目标和相关或从属种的影响，以及存在和预测的海洋、环境、社会经济状况等；和

（d）特定数据收集和研究方案，以评估捕鱼对非目标和相关或从属种及其环境的影响，并制定必要计划，确保养护这些物种和保护特别关切的生境。

4. 如已接近参考点，各国应采取措施确保不致逾越参考点。如已逾越参考点，各国应立即采取第3（b）款所确定的行动以恢复种群。

5. 如目标种或非目标或相关或从属种的状况令人关注，各国应对这些种群和物种加强监测，以审查其状况及养护和管理措施的效力。各国应根据新的资料定期修订这些措施。

6. 就新渔业或试捕性渔业而言，各国应尽快制定审慎的养护和管理措施，其中应特别包括捕获量与努力量的极限。这些措施在有足够数据允许就该渔业对种群的长期可持续能力的影响进行评估前应始终生效，其后则应执行以这一评估为基础的养护和管理措施。后一类措施应酌情允许这些渔业逐渐发展。

7. 如某种自然现象对跨界鱼类种群或高度洄游鱼类种群的状况有重大的不利影响，各国应紧急采取养护和管理措施，确保捕鱼活动不致使这种不利影响更趋恶化。捕鱼活动对这些种群的可持续能力造成严重威胁时，各国也应紧急采取这种措施。紧急采取的措施应属临时性质，并应以可获得的最佳科学证据为根据。

第七条　养护和管理措施的互不抵触

1. 在不妨害沿海国根据《公约》享有的在国家管辖地区内勘查和开发、养护和管理海洋生物资源的主权权利，及所有国家根据《公约》享有的可由其国民在公海上捕鱼的权利的情况下：

（a）关于跨界鱼类种群，有关沿海国和本国国民在毗邻公海区内捕捞这些种群的

国家应直接地或通过第三部分所规定的适当合作机制，设法议定毗邻公海区内养护这些种群的必要措施；

（b）关于高度洄游鱼类种群，有关沿海国和本国国民在区域内捕捞这些种群的其他国家应直接地或通过第三部分所规定的适当合作机制进行合作，以期确保在整个区域，包括在国家管辖地区内外，养护这些种群并促进最适度利用这些种群的目标；

2. 为公海订立的和为国家管辖地区制定的养护和管理措施应互不抵触，以确保整体养护和管理跨界鱼类种群和高度洄游鱼类种群。为此目的，沿海国和在公海捕鱼的国家有义务进行合作，以便就这些种群达成互不抵触的措施。在确定互不抵触的养护和管理措施时，各国应：

（a）考虑到沿海国根据《公约》第六十一条在国家管辖地区内为同一种群所制定和适用的养护和管理措施，并确保为这些种群订立的公海措施不削弱这些措施的效力；

（b）考虑到有关沿海国和在公海捕鱼的国家以前根据《公约》为同一种群订立和适用的议定公海措施；

（c）考虑到分区域或区域渔业管理组织或安排以前根据《公约》为同一种群订立和适用的议定措施；

（d）考虑到种群的生物统一性和其他生物特征及鱼类的分布、渔业和有关区域的地理特征之间的关系，包括种群在国家管辖地区内出现和被捕捞的程度；

（e）考虑到沿海国和在公海捕鱼的国家各自对有关种群的依赖程度；

（f）确保这些措施不致对整体海洋生物资源造成有害影响。

3. 各国在履行合作义务时，应尽力在一段合理时间内就互不抵触的养护和管理措施达成协议。

4. 如未能在一段合理时间内达成协议，任何有关国家可援引第八部分规定的解决争端程序。

5. 在就互不抵触的养护和管理措施达成协议以前，有关国家应本着谅解和合作精神，尽力作出实际的临时安排。如有关国家无法就这种安排达成协议，任何有关国家可根据第八部分规定的解决争端程序为取得临时措施提出争端。

6. 按照第 5 款达成或规定的临时安排或措施应考虑到本部分各项规定，应妥为顾及所有有关国家的权利和义务，不应损害或妨碍就互不抵触的养护和管理措施达成最后协议，并不应妨害任何解决争端程序的最后结果。

7. 沿海国应直接地或通过适当的分区域或区域渔业管理组织或安排，或以任何其他适当方式，定期向在分区域或区域内公海捕鱼的国家通报他们就其国家管辖地区内跨界鱼类种群和高度洄游鱼类种群制定的措施。

8. 在公海捕鱼的国家应直接地或通过适当的分区域或区域渔业管理组织或安排，或以任何其他适当方式，定期向其他有关国家通报他们为管制悬挂本国国旗，在公海捕捞这些种群的船只的活动而制定的措施。

第三部分 关于跨界鱼类种群和高度洄游鱼类种群的国际合作机制

第八条 养护和管理的合作

1. 沿海国和在公海捕鱼的国家应根据《公约》,直接地或通过适当的分区域或区域渔业管理组织或安排,就跨界鱼类种群和高度洄游鱼类种群进行合作,同时考虑到分区域或区域的具体特性,以确保这些种群的有效养护和管理。

2. 各国应毫不迟延地本着诚意进行协商,特别是在有证据表明有关的跨界鱼类种群或高度洄游鱼类种群可能受到捕捞过度的威胁或受到一种新兴的捕鱼业捕捞时。为此目的,经任何有关国家的请求即可开始进行协商,以期订立适当安排,确保种群的养护和管理,在就这种安排达成协议以前,各国应遵守本协定各项规定,本着诚意行事,并妥为顾及其他国家的权利、利益和义务。

3. 如某一分区域或区域渔业管理组织或安排有权就某些跨界鱼类种群或高度洄游鱼类种群订立养护和管理措施,在公海捕捞这些种群的国家和有关沿海国均应履行其合作义务,成为这种组织的成员或安排的参与方,或同意适用这种组织或安排所订立的养护和管理措施。对有关渔业真正感兴趣的国家可成为这种组织的成员或这种安排的参与方。这种组织或安排的参加条件不应使这些国家无法成为成员或参加;也不应以歧视对有关渔业真正感兴趣的任何国家或一组国家的方式适用。

4. 只有属于这种组织的成员或安排的参与方的国家,或同意适用这种组织或安排所订立的养护和管理措施的国家,才可以捕捞适用这些措施的渔业资源。

5. 如没有分区域或区域渔业管理组织或安排就某种跨界鱼类种群或高度洄游鱼类种群订立养护和管理措施,有关沿海国和在分区域或区域公海捕捞此一种群的国家即应合作设立这种组织或达成其他适当安排,以确保此一种群的有效养护和管理,并应参加组织或安排的工作。

6. 任何国家如有意提议有权管理生物资源的政府间组织采取行动,且这种行动将重大影响某一分区域或区域渔业管理主管组织或安排已订立的养护和管理措施,均应通过该组织或安排同其成员国或参与方协商。在切实可行的情况下,这种协商应在向该政府间组织作出提议之前举行。

第九条 分区域和区域渔业管理组织和安排

1. 各国在为跨界鱼类种群和高度洄游鱼类种群设立分区域或区域渔业管理组织或

订立分区域或区域渔业管理安排时，应特别议定：

（a）养护和管理措施适用的种群，顾及有关种群的生物特征和所涉渔业的性质；

（b）适用地区，考虑到第七条第 1 款和分区域或区域的特征，包括社会经济、地理和环境因素；

（c）新的组织或安排的工作与任何有关的现有渔业管理组织或安排的作用、目标和业务之间的关系，和

（d）组织或安排获得科学咨询意见并审查种群状况的机制，包括酌情设立科学咨询机关。

2. 合作组成分区域或区域渔业管理组织或安排的国家应通知他们知道对提议的这种合作组织或安排的工作真正感兴趣的其他国家。

第十条 分区域和区域渔业管理组织和安排的职能

各国通过分区域或区域渔业管理组织或安排履行合作义务时，应：

（a）议定和遵守养护和管理措施，以确保跨界鱼类种群和高度洄游鱼类种群的长期可持续能力；

（b）酌情议定各种参与权利，如可捕量的分配或渔获努力量水平；

（c）制定和适用一切普遍建议的关于负责任进行捕鱼作业的最低国际标准；

（d）取得和评价科学咨询意见，审查种群状况，并评估捕鱼对非目标和相关或从属种的影响；

（e）议定收集、汇报、核查和交换关于种群的渔业数据的各项标准；

（f）如附件一所述，收集和传播准确而完整的统计数据，以确保备有最佳科学证据，同时酌情保守机密；

（g）促进和进行关于种群的科学评估和有关研究，并传播其结果；

（h）为有效的监测、管制、监督和执法建立适当的合作机制；

（i）议定办法照顾该组织或安排的新成员或新参与方的渔业利益；

（j）议定有助于及时和有效制定养护和管理措施的决策程序；

（k）根据第八部分促进和平解决争端；

（l）确保其有关国家机构和工业在执行分区域或区域渔业管理组织或安排的建议和决定方面给予充分的合作；和

（m）妥为公布组织或安排订立的养护和管理措施。

第十一条 新成员或参与方

在决定一个分区域或区域渔业管理组织的新成员或一个分区域或区域渔业管理安排的新参与方的参与权利的性质和范围时，各国应特别考虑到：

（a）跨界鱼类种群和高度洄游鱼类种群的状况和渔业现有的渔获努力量水平；

（b）新的和现有的成员或参与方各自的利益、捕鱼方式和习惯捕鱼法；

（c）新的和现有的成员或参与方各自对养护和管理种群、收集和提供准确数据及进行关于种群的科学研究所作出的贡献；

（d）主要依赖捕捞这些种群的沿海渔民社区的需要；

（e）经济严重依赖开发海洋生物资源的沿海国的需要；和

（f）种群也在其国家管辖地区内出现的分区域或区域发展中国家的利益。

第十二条　分区域和区域渔业管理组织和安排的活动的透明度

1. 各国应规定分区域和区域渔业管理组织和安排的决策程序及其他活动应具有透明度。

2. 关心跨界鱼类种群和高度洄游鱼类种群的其他政府间组织代表和非政府组织代表应有机会作为观察员。或酌情以其他身份根据有关分区域或区域渔业管理组织安排的程序，参加这些组织和安排的会议。参加程序在这方面不应过分苛刻。政府间组织和非政府组织应可及时取得这些组织和安排的记录和报告，但须遵守有关取得这些记录和报告的程序规则。

第十三条　加强现有的组织和安排

各国应加强现有的分区域和区域渔业管理组织和安排，以提高其效力，订立和执行跨界鱼类种群和高度洄游鱼类种群的养护和管理措施。

第十四条　收集和提供资料及科学研究方面的合作

1. 各国应确保悬挂其国旗的渔船提供必要的资料，以履行本协定规定的义务。为此目的，各国应根据附件一：

（a）收集和交换跨界鱼类种群和高度洄游鱼类种群渔业方面的科学、技术和统计数据；

（b）确保收集的数据足够详细以促进有效的种群评估，并及时提供这种数据，以履行分区域或区域渔业管理组织或安排的规定；和

（c）采取适当措施以核查这种数据的准确性。

2. 各国应直接地或通过分区域或区域渔业管理组织或安排进行合作，以便：

（a）议定数据的规格及将这种数据提供给这些组织或安排的形式，同时考虑到种群的性质和这些种群的渔业；和

（b）研究和共用分析技术和种群评估方法，以改进跨界鱼类种群和高度洄游鱼类种群的养护和管理措施。

3. 在符合《公约》第十三部分的情况下，各国应直接地或通过主管国际组织进行合作，加强渔业领域的科学研究能力，促进有关养护和管理跨界鱼类种群和高度洄游

鱼类种群的科学研究，造福大众。为此目的，在国家管辖地区外进行这种研究的国家或主管国际组织，应积极促进发表和向任何有兴趣的国家传播这种研究的成果，及有关这种研究的目标和方法的资料，并在切实可行的情况下方便这些国家的科学家参与这种研究。

第十五条　闭海和半闭海

各国在闭海或半闭海执行本协定时，应考虑到有关闭海或半闭海的自然特征，并应以符合《公约》第九部分和《公约》其他有关规定的方式行事。

第十六条　完全被一个国家的国家管辖地区包围的公海区

1. 在完全被一个国家的国家管辖地区包围的公海区内捕捞跨界鱼类种群和高度洄游鱼类种群的国家应进行合作，就该公海区内这些种群制定养护和管理措施。在顾及该地区自然特征的情况下，各国应按照第七条特别注意制定养护和管理这些种群的互不抵触措施。就公海制定的措施应考虑到《公约》规定的沿海国权利、义务和利益，应以可得到的最佳科学证据为根据，还应考虑到沿海国在国家管辖地区内根据《公约》第六十一条就同一种群制定和适用的任何养护和管理措施。各国也应议定监测、管制、监督和执法措施，以确保就公海制定的养护和管理措施获得遵守。

2. 各国应按照第 8 条毫不迟延地本着诚意行事，尽力议定第 1 款所指的，适用于在该区进行的捕鱼作业的养护和管理措施。如有关捕鱼国和沿海国未能在一段合理时间内议定这些措施，他们应根据本条第 1 款适用关于临时安排或措施的第 7 条第 4、第 5 和第 6 款。在制定这些临时安排或措施以前，有关国家应对悬挂本国国旗的船只采取措施，使其不从事可能损害有关种群的捕鱼作业。

第四部分　非成员和非参与方

第十七条　非组织成员和非安排参与方

1. 不属于某个分区域或区域渔业管理组织的成员或某个分区域或区域渔业管理安排的参与方，且未另外表示同意适用该组织或安排订立的养护和管理措施的国家并不免除根据《公约》和本协定对有关跨界鱼类种群和高度洄游鱼类种群的养护和管理给予合作的义务。

2. 这种国家不得授权悬挂其国旗的船只从事捕捞受该组织或安排所订立的养护和管理措施管制的跨界鱼类种群或高度洄游鱼类种群。

3. 分区域或区域渔业管理组织的成员国或分区域或区域渔业管理安排的参与国，应个别或共同要求第一条第3款所指，在有关地区有渔船的捕鱼实体，同组织或安排充分合作，执行其订立的养护和管理措施，以期使这些措施尽可能广泛地实际适用于有关地区的捕鱼活动。这些捕鱼实体从参加捕捞所得利益应与其为遵守关于种群的养护和管理措施所作承诺相称。

4. 这些组织的成员国或安排的参与国应就悬挂非组织成员国或非安排参与国旗并从事捕鱼作业，捕捞有关种群的渔船的活动交换情报。他们应采取符合本协定和国际法的措施，防阻这种船只从事破坏分区域或区域养护和管理措施效力的活动。

第五部分　船旗国的义务

第十八条　船旗国的义务

1. 本国渔船在公海捕鱼的国家应采取可能必要的措施，确保悬挂本国国旗的船只遵守分区域和区域养护和管理措施，并确保这些船只不从事任何活动，破坏这些措施的效力。

2. 国家须能够对悬挂本国国旗的船只切实执行根据《公约》和本协定对这些船只负有的责任方可准其用于公海捕鱼。

3. 一国应对悬挂本国国旗的船只采取的措施包括：

（a）根据在分区域、区域或全球各级议定的任何适用程序，采用渔捞许可证、批准书或执照等办法在公海上管制这些船只；

（b）建立规章以：

（一）在许可证、批准书或执照中适用足以履行船旗国一切分区域、区域或全球义务的规定和条件；

（二）禁止未经正式许可或批准捕鱼的船只在公海捕鱼，和禁止船只不按许可证、批准书或执照的规定和条件在公海捕鱼；

（三）规定在公海捕鱼的船只始终随船携带许可证、批准书或执照，并在经正式授权人员要求检查时出示；和

（四）确保悬挂本国国旗的船只不在其他国家管辖地区内未经许可擅行捕鱼；

（c）建立国家档案记录获准在公海捕鱼的渔船的资料，并根据直接有关国家要求提供利用档案所载资料的机会，考虑到船旗国关于公布这种资料的一切国内法律；

（d）规定根据《联合国粮食及农业组织渔船标志和识别标准规格》等国际公认的统一渔船和渔具标志系统，在渔船和渔具上作标记，以资识别；

（e）规定按照收集数据的分区域、区域和全球标准，记录和及时报告船只位置、目标种和非目标种捕获量、渔获努力量及其他有关渔业数据；

（f）规定通过观察员方案、检查计划、卸货报告、转运监督、上岸渔获的监测及市场统计等办法，核查目标种和非目标种的捕获量；

（g）监测、管制和监督这些船只、其捕鱼作业和有关活动，方式包括：

（一）执行国家检查计划及第二十一条和第二十二条规定的分区域和区域执法合作办法，包括规定这些船只须允许经正式授权的其他国家检查员登船；

（二）执行国家观察员方案及船旗国为参与国的分区域和区域观察员方案，包括规定这些船只须允许其他国家的观察员登船执行方案议定的职务；和

（三）按照任何国家方案和经有关国家议定的分区域、区域或全球方案发展和执行船只监测系统，适当时包括卫星传送系统；

（h）管制公海上的转运活动，以确保养护和管理措施的效力不受破坏；和

（i）管制捕鱼活动以确保遵守分区域、区域或全球措施，包括旨在尽量减少非目标种捕获量的措施。

4. 如已有生效的分区域、区域或全球议定监测、管制和监督办法，国家应确保对悬挂本国国旗的船只所规定的措施符合该套办法。

第六部分　遵守和执法

第十九条　船旗国的遵守和执法问题

1. 一国应确保悬挂其国旗的船只遵守养护和管理跨界鱼类种群和高度洄游鱼类种群的分区域和区域措施。为此目的，该国应：

（a）执行这种措施，不论违法行为在何处发生；

（b）立即对一切涉嫌违反分区域和区域养护和管理措施的行为全面进行调查，包括对有关船只进行实际检查，并迅速将调查进展和结果报告指控国和有关分区或区域组织或安排；

（c）规定任何悬挂其国旗的船只向调查当局提供关于船只位置、渔获、渔具、在涉嫌发生违法行为地区的捕鱼作业和有关活动的资料；

（d）如认为已对涉嫌违法行为掌握足够证据，即将案件送交本国当局，以毫不迟延地依其法律提起司法程序，并酌情扣押有关船只；和

（e）如根据本国法律确定船只在公海上严重违反了这些措施，确保该船不在公海从事捕鱼作业，直至船旗国对违法情事所定的，但尚未执行的所有制裁得到执行时

为止。

2. 所有调查和司法程序应迅速进行。适用于违法行为的制裁应足够严厉，以收守法之效和防阻违法行为在任何地方发生，并应剥夺违法者从其非法活动所得到的利益。适用于渔船船长和其他高级船员的措施应包括除其他外可予拒发、撤销或吊销批准在这种船只上担任船长和其他高级船员的证书的规定。

第二十条　国际的执法合作

1. 各国应直接地或通过分区域或区域渔业管理组织或安排合作，以确保养护和管理跨界鱼类种群和高度洄游鱼类种群的分区域和区域措施的遵守和执法工作。

2. 船旗国对涉嫌违反跨界鱼类种群或高度洄游鱼类种群的养护和管理措施的行为进行调查时，可向提供合作可能有助于进行这种调查的任何其他国家请求协助。所有国家应尽力满足船旗国就这种调查提出的合理要求。

3. 船旗国可直接地，同其他有关国家合作，或通过有关分区域或区域渔业养护和管理组织或安排进行这种调查。应向所有与涉嫌违法行为有关或受其影响的国家提供调查的进展和结果。

4. 各国应相互协助查明据报曾从事破坏分区域、区域或全球养护和管理措施效力的活动的船只。

5. 各国应在国家法律和规章许可的范围内作出安排，向其他国家的检控当局提供关于涉嫌违反这些措施的行为的证据。

6. 如有合理理由相信，一艘在公海上的船只曾在一沿海国管辖地区内未经许可进行捕鱼，该船的船旗国在有关沿海国提出请求时，应立即充分调查事件。船旗国应同沿海国合作，就这种案件采取适当执法行动。并可授权沿海国有关当局在公海上登临和检查船只。本款不妨害《公约》第一条。

7. 属于分区域或区域渔业管理组织的成员或分区域或区域渔业管理安排的参与方的缔约国可根据国际法采取行动，包括诉诸为此目的订立的分区域或区域程序，以防阻从事破坏该组织或安排所订立的养护和管理措施的效力，或以其他方式违反这些措施的船只在分区域或区域公海捕鱼，直至船旗国采取适当行动时为止。

第二十一条　分区域和区域的执法合作

1. 在分区域或区域渔业管理组织或安排所包括的任何公海区，作为这种组织的成员或安排的参与方的缔约国可通过经本国正式授权的检查员根据第2款登临和检查悬挂本协定另一缔约国国旗的渔船，不论另一缔约国是否为组织或安排的成员或参与方，以确保该组织或安排为养护和管理跨界鱼类种群和高度洄游鱼类种群所订立的措施获得遵守。

2. 各国应通过分区域或区域渔业管理组织或安排制定按照第1款登临和检查的程

序，以及执行本条其他规定的程序。这种程序应符合本条规定和第二十二条列举的基本程序，且不应歧视非组织成员或非安排参与方。登临和检查以及其后任何执法行动应按照这种程序执行。各国应妥为公布根据本款制定的程序。

3. 如任何组织或安排未在本协定通过后两年内订立这种程序，在订立这种程序以前，根据第 1 款进行的登临和检查，以及其后的任何执法行动，应按照本条和第二十二条列举的基本程序执行。

4. 在根据本条采取行动以前，检查国应直接地或通过有关分区域或区域渔业管理组织或安排，将其发给经正式授权的检查员的身份证明式样通告船只在分区域或区域公海捕鱼的所有国家。用于登临和检查的船只应有清楚标志，识别其执行政府公务地位。在成为本协定缔约国时，各国应指定适当当局以接受按照本条发出的通知，并应通过有关分区域或区域渔业管理组织或安排妥为公布作出的指定。

5. 如在登临和检查后有明确理由相信船只曾从事任何违反第 1 款所指的养护和管理措施的行为，检查国应酌情搜集证据并应将涉嫌违法行为迅速通知船旗国。

6. 船旗国应在收到第 5 款所指的通知的三个工作日内，或在根据第 2 款订立的程序所规定的其他时间内，对通知作出答复，并应：

（a）毫不迟延地履行第十九条规定的义务进行调查，如有充分证据，则对船只采取执法行动，在这种情况下船旗国应将调查结果和任何执法行动迅速通知检查国；或

（b）授权检查国进行调查。

7. 如船旗国授权检查国调查涉嫌违法行为，检查国应毫不迟延地将调查结果通知船旗国。如有充分证据，船旗国应履行义务对船只采取执法行动。否则，船旗国可按照本协定规定的船旗国权利和义务，授权检查国执行船旗国对船只规定的执法行动。

8. 如在登临和检查后有明显理由相信船只曾犯下严重违法行为，且船旗国未按照第 6 或第 7 款规定作出答复或采取行动，则检查员可留在船上搜集证据并可要求船长协助作进一步调查，包括在适当时立即将船只驶往最近的适当港口，或按照第 2 款订立的程序所规定的其他港口。检查国应立即将船只驶往的港口地名通知船旗国。检查国和船旗国，及适当时包括港口国，应采取一切必要步骤确保船员的安好，而不论船员的国籍为何。

9. 检查国应将任何进一步调查的结果通知船旗国和有关组织或有关安排的参与方。

10. 检查国应规定其检查员遵守有关船只和船员的安全的国际规则和公认的惯例和程序，尽量减少对捕鱼活动的干预，并在切实可行的范围内避免采取不利地影响船上渔获质量的行动。检查国应确保登临和检查不以可能对任何渔船构成骚扰的方式进行。

11. 为本条目的，严重违法行为是指：

（a）未有船旗国按照第十八条第 3（a）款颁发的有效许可证、批准书或执照进行捕鱼；

（b）未按照有关分区域或区域渔业管理组织或安排的规定保持准确的渔获数据和

有关渔获的数据，或违反该组织或安排的渔获报告规定，严重误报渔获；

（c）在禁渔区，在禁渔期，或在未有有关分区域或区域渔业管理组织或安排订立的配额的情况下或在配额达到后捕鱼；

（d）指示捕捞受暂停捕捞限制或禁捕的种群；

（e）使用违禁渔具；

（f）伪造或隐瞒渔船的标志、记号或登记；

（g）隐瞒、篡改或销毁有关调查的证据；

（h）多重违法行为，综合视之构成严重违反养护和管理措施的行为；或

（i）有关分区域或区域渔业管理组织或安排订立的程序所可能规定的其他违法行为。

12. 虽有本条其他规定，船旗国可随时就涉嫌违法行为采取行动履行第十九条规定的义务。如船只在检查国的控制下，经船旗国的请求，检查国应释放船只，连同关于其调查进展和结果的全部资料交给船旗国。

13. 本条不妨害船旗国按照本国法律采取任何措施，包括提起加以处罚的司法程序的权利。

14. 本条比照适用于缔约国的登临和检查，如缔约国为某个分区域或区域渔业管理组织的成员或某个分区域或区域渔业管理安排的参与方，有明确理由相信悬挂另一缔约国国旗的渔船在这个组织或安排所涉的公海区内从事任何违反第 1 款所指的有关养护和管理措施的活动，而且此渔船其后在同一捕鱼航次中进入检查国国家管辖地区内。

15. 如分区域或区域渔业管理组织或安排另立有效履行这个组织成员或安排参与方根据本协定所负有的义务的机制，以确保该组织或安排订立的养护和管理措施获得遵守，则这种组织或安排的成员或参与方可协议将第 1 款的适用范围限于他们之间就有关公海区订立的养护和管理措施。

16. 船旗国以外的国家对从事违反分区域或区域养护和管理措施的活动的船只采取的行动，应同违法行为的严重程度相称。

17. 如有合理理由怀疑公海上的渔船没有国籍，一国可采取行动登临和检查船只。如有充分证据，该国可根据国际法采取适当的行动。

18. 各国须对其根据本条采取行动所造成的破坏或损失负赔偿责任，如这些行动为非法的行动，或根据可得到的资料为超过执行本条规定所合理需要的行动。

第二十二条　根据第二十一条进行登临和检查的基本程序

1. 检查国应确保经其正式授权的检查员：

（a）向船只船长出示职权证书，并提供有关的养护和管理措施的文本或根据这些措施在有关公海区生效的条例和规章；

（b）在登临和检查时向船旗国发出通知；

（c）在进行登临和检查期间不干预船长与船旗国当局联络的能力；

（d）向船长和船旗国当局提供一份关于登临和检查的报告，在其中注明船长要求列入报告的任何异议或声明；

（e）在检查结束，未查获任何严重违法行为证据时迅速离船；和

（f）避免使用武力，但为确保检查员安全和在检查员执行职务时受到阻碍而必须使用者除外，并应以必要程度为限。使用的武力不应超过根据情况为合理需要的程度。

2. 经检查国正式授权的检查员有权检查船只、船只执照、渔具、设备、记录、设施、渔获和渔产品及任何必要的有关证件，以核查对有关养护和管理措施的遵守。

3. 船旗国应确保船只船长：

（a）接受检查员并方便其迅速而安全的登临；

（b）对按照这些程序进行的船只检查给予合作和协助；

（c）在检查员执行其职务时不加阻挠、恫吓或干预；

（d）允许检查员在登临和检查期间与船旗国和检查国当局联络；

（e）向检查员提供合理设施，包括酌情提供食宿；和

（f）方便检查员安全下船。

4. 如船只船长拒绝接受按照本条和第二十一条进行的登临和检查，除根据有关海上安全的公认国际条例、程序和惯例而必须推迟登临和检查的情况外，船旗国应指令船只船长立即接受登临和检查，如船长不按指令行事，船旗国则应吊销船只的捕鱼许可并命令船只立即返回港口。本款所述情况发生时，船旗国应将其采取的行动通知检查国。

第二十三条　港口国采取的措施

1. 港口国有权利和义务根据国际法采取措施，提高分区域、区域和全球养护和管理措施的效力。港口国采取这类措施时不得在形式上或事实上歧视任何国家的船只。

2. 港口国除其他外，可登临自愿在其港口或在其岸外码头的渔船检查证件、渔具和渔获。

3. 国家可制定规章，授权有关国家当局禁止渔获上岸和转运，如渔获经证实为在公海上以破坏分区域、区域或全球养护和管理措施效力的方式所捕捞者。

4. 本条绝不影响国家根据国际法对其领土内的港口行使其主权。

第七部分　发展中国家的需要

第二十四条　承认发展中国家的特殊需要

1. 各国应充分承认发展中国家在养护和管理跨界鱼类种群和高度洄游鱼类种群和

发展这些种群的渔业方面的特殊需要。为此目的，各国应直接或通过联合国开发计划署、联合国粮食及农业组织和其他专门机构、全球环境融资、可持续发展委员会及其他适当国际和区域组织与机构，向发展中国家提供援助。

2. 各国在履行合作义务制定跨界鱼类种群和高度洄游鱼类种群的养护和管理措施时，应考虑到发展中国家的特殊需要，尤其是：

（a）依赖开发海洋生物资源，包括以此满足其人口或部分人口的营养需要的发展中国家的脆弱性；

（b）有必要避免给发展中国家，特别是小岛屿发展中国家的自给、小规模和个体渔民及妇女渔工以及土著人民造成不利影响，并确保他们可从事捕鱼活动；和

（c）有必要确保这些措施不会造成直接或间接地将养护行动的重担不合比例地转嫁到发展中国家身上。

第二十五条　与发展中国家合作的形式

1. 各国应直接地或通过分区域、区域或全球组织合作：

（a）提高发展中国家，特别是其中的最不发达国家和小岛屿发展中国家的能力，以养护和管理跨界鱼类种群和高度洄游鱼类种群和发展本国捕捞这些种群的渔业；

（b）协助发展中国家，特别是其中的最不发达国家和小岛屿发展中国家，使其能参加公海捕捞这些种群的渔业，包括提供从事这种捕鱼活动的机会，但以不违背第五条和第十一条为限；和

（c）便利发展中国家参加分区域和区域渔业管理组织和安排。

2. 就本条规定的各项目标同发展中国家合作应包括提供财政援助、人力资源开发方面的援助、包括通过合资安排进行的技术转让及咨询和顾问服务。

3. 这些援助，除其他外，应特别着重于：

（a）通过收集、汇报、核查、交换和分析渔业数据和有关资料的办法改进跨界鱼类种群和高度洄游鱼类种群的养护和管理；

（b）种群评估和科学研究；和

（c）监测、管制、监督、遵守和执法工作，包括地方一级的培训和能力建设，拟订和资助国家和区域观察员方案，及取得技术和设备。

第二十六条　为执行本协定提供特别援助

1. 各国应合作设立特别基金协助发展中国家执行本协定，包括协助发展中国家承担他们可能为当事方的任何争端解决程序的所涉费用。

2. 国家和国际组织应协助发展中国家设立新的分区域或区域渔业管理组织或安排，或加强现有的组织或安排，以养护和管理跨界鱼类种群和高度洄游鱼类种群。

第八部分　和平解决争端

第二十七条　以和平方式解决争端的义务

各国有义务通过谈判、调查、调停、和解、仲裁、司法解决、诉诸区域机构或安排或自行选择的其他和平方式解决争端。

第二十八条　预防争端

各国应合作预防争端。为此目的，各国应在分区域和区域渔业管理组织和安排内议定迅速而有效的作出决定程序，并应视需要加强现有的作出决定程序。

第二十九条　技术性争端

如争端涉及技术性事项，有关各国可将争端提交他们成立的特设专家小组处理。该小组应与有关国家磋商，并设法在不采用具有约束力的解决争端程序的情况下迅速解决争端。

第三十条　解决争端程序

1.《公约》第十五部分就解决争端订立的各项规定比照适用于本协定缔约国之间有关本协定的解释或适用的一切争端，不论他们是否也是《公约》的缔约方。

2.《公约》第十五部分就解决争端订立的各项规定比照适用于本协定缔约国之间有关他们为当事方的有关跨界鱼类种群和高度洄游鱼类种群的分区域、区域或全球渔业协定的解释或适用的一切争端，包括有关养护和管理这些种群的任何争端，不论他们是否也是《公约》的缔约方。

3. 本协定缔约国根据《公约》第二八七条接受的任何程序应适用于解决本部分所列的争端，除非该缔约国在签署、批准或加入本协定时，或在其后任何时间，就解决本部分所列的争端接受第二八七条所列的另一种程序。

4. 不属于《公约》缔约国的本协定缔约国在签署、批准或加入本协定时，或在其后任何时间，均可通过书面声明的方式，自由选择一种或多种《公约》第二八七条第1款所列的方式以解决本部分所列的争端。第二八七条应适用于这种声明，也适用于这些国家为当事方，且未有生效声明的争端。为根据《公约》附件五、附件七和附件八进行调解和仲裁的目的，这些国家有权提名调解员、仲裁员和专家，列入附件五第二条、附件七第二条和附件八第二条所指的名单内，以解决本部分所列的争端。

5. 接获根据本部分提出的争端的任何法院或法庭应适用《公约》、本协定和任何有关分区域、区域或全球渔业协定的有关规定，以及养护和管理海洋生物资源方面的公认标准和其他同《公约》无抵触的国际法规则，以确保有关的跨界鱼类种群和高度洄游鱼类种群的养护。

第三十一条　临时措施

1. 在按照本部分解决争端以前，争端各方应尽量达成切实可行的临时安排。

2. 在不妨害《公约》第二九〇条的情况下，接获根据本部分提出的争端的法院或法庭可规定其根据情况认为适当的临时措施，以保全争端各方的各自权利，或防止有关种群受到损害，也可以在第 7 条第 5 款和第 16 条第 2 款所述情况下规定临时措施。

3. 不属于《公约》缔约国的本协定缔约国可声明，虽有《公约》第二九〇条第 5 款的规定，国际海洋法法庭无权未经该国同意即规定、修改或撤销临时措施。

第三十二条　对解决争端程序适用的限制

《公约》第二九七第 3 款也适用于本协定。

第九部分　非本协定缔约方

第三十三条　非本协定缔约方

1. 缔约国应鼓励非本协定缔约方成为本协定缔约方和制定符合本协定各项规定的法律和规章。

2. 缔约国应采取符合本协定和国际法的措施，防阻悬挂非缔约方国旗的船只从事破坏本协定的有效执行的活动。

第十部分　诚意和滥用权利

第三十四条　诚意和滥用权利

缔约国应诚意履行根据本协定承担的义务并应以不致构成滥用权利的方式行使本协定所承认的权利。

第十一部分　赔偿责任

第三十五条　赔偿责任

缔约国须就本协定根据国际法对其造成的破坏或损失负赔偿责任。

第十二部分　审查会议

第三十六条　审查会议

1. 联合国秘书长应在本协定生效之日后四年召开会议，评价本协定在确保跨界鱼类种群和高度洄游鱼类种群的养护和管理方面的效力。秘书长应邀请所有缔约国和有资格成为本协定缔约方的国家和实体以及有资格作为观察员参加会议的政府间组织和非政府组织参加会议。

2. 会议应审查和评价本协定的适当性，必要时建议办法加强本协定各项规定的实质性内容和执行方法，以期更妥善地处理在养护和管理跨界鱼类种群和高度洄游鱼类种群方面继续存在的问题。

第十三部分　最后条款

第三十七条　签字

本协定应开放供所有国家和第一条第 2（b）款所指的其他实体签字，并应从 1995 年 12 月 4 日起 12 个月内在联合国总部一直开放供签字。

第三十八条　批准

本协定须经国家和第一条第 2（b）款所指的其他实体批准。批准书应交存于联合国秘书长。

第三十九条　加入

本协定应一直开放给国家和第一条第 2 （b）款所指的其他实体加入。加入书应交存于联合国秘书长。

第四十条　生效

1. 本协定应自第三十份批准书或加入书交存之日后 30 天生效。

2. 对于在第三十份批准书或加入书交存以后批准或加入协定的每一国家或实体，本协定应在其批准书或加入书交存后第三十天起生效。

第四十一条　暂时适用

1. 书面通知保管者同意暂时适用本协定的国家或实体暂时适用本协定。暂时适用自接到通知之日起生效。

2. 对一国或实体的暂时适用应在本协定对该国或实体生效之日终止或在该国或实体书面通知保管者其终止暂时适用的意思时终止。

第四十二条　保留和例外

不得对本协定作出保留或例外。

第四十三条　声明和说明

第四十二条不排除国家或实体在签署、批准或加入本协定时作出不论如何措词或用何种名称的声明或说明，目的在于除其他外使其法律和规章同本规定取得协调，但此种声明或说明不得以排除或修改本协定规定适用于该国或实体的法律效力为目的。

第四十四条　同其他协定的关系

1. 本协定不应改变缔约国根据与本协定相符合的其他协定而产生的权利和义务，但以不影响其他缔约国根据本协定享有其权利或履行其义务为限。

2. 两个或两个以上缔约国可缔结仅在各该国相互关系上适用的协定，以修改或暂停适用本协定的规定，但这种协定不得涉及本协定中某项规定，如对该规定予以减损就与本协定的目的及宗旨的有效执行不相符合，而且这种协定不应影响本协定所载各项基本原则的适用，同时这种协定的规定不影响其他缔约国根据本协定享有其权利或履行其义务。

3. 有意订立第 2 款所指协定的缔约国应通过本协定保管者通知其他缔约国其订立协定的意思和该协定中有关修改或暂停适用的规定。

第四十五条　修正

1. 缔约国可给联合国秘书长书面通知，对本协定提出修正案，并要求召开会议审议这种提出的修正案。秘书长应将这种通知分送所有缔约国。如果在分送通知之日起六个月以内，不少于半数的缔约国作出答复赞成这一要求，秘书长应召开会议。

2. 按照第 1 款召开的修正会议所适用的作出决定的程序应与联合国跨界鱼类和高度洄游鱼类会议所适用的程序相同，除非会议另有决定。会议应作出各种努力以协商一致方式就任何修正案达成协议，除非为谋求协商一致已用尽一切努力，否则不应就其进行表决。

3. 本协定的修正案一旦通过，应自通过之日起 12 个月内在联合国总部对缔约国开放签字，除非修正案本身另有规定。

4. 第三十八、第三十九、第四十七和第五十条适用于本协定的所有修正案。

5. 本协定的修正案，应在三分之二缔约国交存批准书或加入书后第三十天对表明同意受其约束的缔约国生效。此后，对于在规定数目的这类文书交存后批准或加入修正案的每一缔约国，修正案应在其批准书或加入书交存后第三十天生效。

6. 修正案规定的其生效所需的批准书或加入书的数目可少于或多于本条规定的数目。

7. 在修正案按照第 5 款生效后成为本协定缔约方的国家，应在该国不表示其他意思的情况下：

（a）视为经如此修正后的本协定的缔约国；并

（b）在其对不受修正案约束的任何缔约国的关系上，视为未修正的本协定的缔约国。

第四十六条　退出

1. 缔约国可给联合国秘书长书面通知退出本协定，并可说明其理由。未说明理由不应影响退出的效力。退出应在接到通知之日后一年生效，除非通知中指明一个较后的日期。

2. 退出决不影响任何缔约国按照国际法而无须基于本协定即应履行的本协定所载任何义务的责任。

第四十七条　国际组织的参加

1. 如《公约》附件九第一条所指的一个国际组织对本协定所涉整个主题事项缺乏权限，则《公约》附件九应比照适用于该国际组织对本协定的参加，但该附件下列各项规定不予适用：

（a）第二条，第一句；和

（b）第三条，第1款。

2. 如《公约》附件九第一条所指的一个国际组织对本协定所涉整个主题事项具有权限，该国际组织适用下列各项规定参加本协定：

（a）这些国际组织应在签署或加入时声明：

（一）对本协定所涉整个主题事项具有权限；

（二）因此，其成员国不会成为缔约国，但不在这些国际组织职权范围内的成员国领土不在此列；并

（三）接受本协定规定的国家权利和义务；

（b）这些国际组织的参加绝不使国际组织成员国享有本协定规定的任何权利；

（c）如一个国际组织根据本协定承担的义务与成立该国际组织的协定或任何与其有关的文件所规定的义务发生冲突时，本协定规定的义务应予适用。

第四十八条　附件

1. 各附件为本协定的组成部分，除另有明文规定外，凡提到本协定或其一个部分也就包括提到与其有关的附件。

2. 缔约国可间或修订各附件。这种修订应以科学和技术理由为根据。虽有第45条的规定，如对附件的修订在缔约国会议上以协商一致方式通过，则应列入本协定，自修订通过之日起生效，或自修订规定的其他日期起生效。如对附件的修订未在这种会议上以协商一致方式通过，则应适用第四十五条所规定的修正程序。

第四十九条　保管者

联合国秘书长应为本协定及其各项修正案修订的保管者。

第五十条　有效文本

本协定阿拉伯文、中文、英文、法文、俄文和西班牙文文本具有同等效力。

为此，下列全权代表，经正式授权，在本协定上签字，以资证明。

1995 年 12 月 4 日以阿拉伯文、中文、英文、法文、俄文和西班牙文单一正本形式于纽约开放签字。

附件一　收集和分享数据的标准规定

第一条　一般原则

1. 及时收集、编汇和分析数据为有效养护和管理跨界鱼类种群和高度洄游鱼类种群的基本条件。为此目的，须具备这些种群的公海捕捞数据和国家管辖地区内的捕捞数据，并应以有助于为渔业资源的养护和管理进行有意义的统计分析的方式收集和编汇数据。这些数据包括捕获量和渔获努力量统计和其他同渔业有关的资料，如旨在使渔获努力量标准化的有关船只的数据和其他数据。收集的数据也应包括关于非目标和相关和从属的资料。必须核实一切数据，以确保准确性。非总量数据应予保密。这种数据的传播应按照其提供条件进行。

2. 应向发展中国家提供援助，其中包括训练、财政和技术援助，以建立在养护和管理海洋生物资源方面的能力。援助应集中于提高能力，以落实数据收集和核实、观察员方案、数据分析和支持种群评估的研究项目。应促使发展中国家的科学家和管理人员尽可能充分参与跨界鱼类种群和高度洄游鱼类种群的养护和管理。

第二条　收集、编汇和交换数据的原则

在确定收集、编汇和交换跨界鱼类种群和高度洄游鱼类种群的捕鱼作业数据的参数时，应考虑下列一般原则：

（a）各国应确保按照每种捕鱼方法的作业特性（如拖网按网次、延绳钓和围网按组、竿钓按鱼群、曳绳钓按作业天数）从悬挂本国国旗的船只收集捕鱼活动的数据，其详细程度足以作有效的种群评估；

（b）各国应确保以适当办法核实渔业数据；

（c）各国应编汇有关渔业和其他辅助性科学数据，并以议定格式及时将数据提交现有的有关分区域或区域渔业组织或安排。否则，各国应直接地或通过各国间议定的其他合作机制合作交换数据；

（d）各国应在分区域或区域渔业管理组织或安排的框架内，或以其他方式，按照本附件并考虑到区域内种群的性质和这些种群的渔业，就各国提供的数据的规格和格式达成协议。这些组织或安排应该要求非成员或非参与方提供悬挂本国国旗的船只的有关捕鱼活动的数据；

（e）这些组织或安排应编汇数据，并及时以议定格式根据组织或安排所订的规定

和条件供所有有关国家使用；和

（f）船旗国科学家和来自有关分区域或区域渔业管理组织或安排的科学家应酌情分别或共同地分析数据。

第三条　基本渔业数据

1. 各国应收集足够详细的下列各种数据，提供有关分区域或区域渔业管理组织或安排，以便按照议定程序进行有效的种群评估：

（a）渔业和船队按时间分列的捕获量和努力量统计数；

（b）按每一渔业的适当物种（包括目标种和非目标种）分类以数目、标称重量或数目与标称重量分列的总捕获量。[联合国粮食及农业组织对标称重量的定义是：上岸渔获的活重等量]；

（c）按每一渔业的适当物种分类，以数目或标称重量报告的废弃统计数，必要时包括估计数；

（d）适合每一种捕鱼方法的努力量统计数；和

（e）捕鱼地点、捕鱼日期和时间及其他适当的捕鱼作业统计数。

2. 各国还应酌情收集并向有关分区域或区域渔业管理组织或安排提供有助于种群评估的资料，包括：

（a）按长度、重量和性别列出的渔获组成；

（b）有助于种群评估的其他生物资料，如关于年龄、生长、补充量，分布和种群特征的资料；和

（c）其他有关研究，包括丰量调查、生物量调查、水声学调查、影响种群丰量的环境因素的研究，及海洋地理学和生态学研究。

第四条　船只数据和资料

1. 各国应收集以下有关船只的数据，用于标准化船队组成和船只捕鱼能力。及在分析捕获量和努力量数据时对努力量的不同测算方法进行转换：

（a）船只标志、船旗和登记港；

（b）船只类型；

（c）船只规格（如建造材料、建造日期、登记长度、总登记吨位、主机功率、船舱容量、渔获贮藏方法等）；和

（d）渔具说明（如类别、渔具规格和数量）。

2. 船旗国将收集下列资料：

（a）助航和定位设备；

（b）通讯设备和国际无线电呼号；和

（c）船员人数。

第五条　报告

国家应确保悬挂本国国旗的船只将航海日志的捕获量和努力量数据，包括关于公海捕鱼作业的数据，相当经常地提交本国渔业管理当局，和在有协议时提交有关分区域或区域渔业管理组织或安排，以履行国家规定及区域和国际义务。这种数据应酌情以无线电、用户电报、电传或卫星传送或其他方式传送。

第六条　数据核实

国家或适当的分区域或区域渔业组织或安排应设立核实渔业数据的机制，例如：

（a）以船只监测系统核实位置；

（b）以科学观察员方案监测捕获量、努力量、渔获组成（目标种和非目标种）和其他捕鱼业务的详细资料；

（c）船只航行、靠岸和转运报告；和

（d）港口取样。

第七条　数据交换

1. 船旗国收集的数据必须通过适当的分区域或区域渔业管理组织或安排同其他船旗国和有关沿海国共用。这些组织或安排应编汇数据，并及时以议定格式按照这些组织或安排订立的规定和条件向有关各国提供，同时保持非总量数据的机密性，并应尽可能发展数据库系统，以便有效利用数据。

2. 在全球一级，数据的收集和传播应通过联合国粮食及农业组织进行。如未有分区域或渔业管理组织或安排，该组织也可以同有关国家作出安排在分区域或区域一级进行同样的工作。

附件二　在养护和管理跨界鱼类种群和高度洄游鱼类种群方面适用预防性参考点的准则

1. 预防性参考点是通过议定的科学程序推算得出的估计数值，该数值代表资源和渔业的状况，可用为渔业管理的标准。

2. 应使用两种预防性参考点：养护或极限参考点和管理或指标参考点。极限参考点制定界限，以便将捕捞量限制于种群可产生最高可持续产量的安全生物限度内。指标参考点用以满足管理目标。

3. 预防性参考点应当针对具体种群制订，考虑到除其他外每一种群的繁殖能力、其恢复力、捕捞该种群的渔业的特点，以及其他死亡原因和不定因素的主要来源。

4. 管理战略应谋求维持或恢复被捕捞种群的数量，和在有必要时相关种或从属种的数量，使其水平符合原来议定的预防性参考点。应利用这些参考点触发事先议定的养护和管理行动。管理战略应包括接近预防性参考点时可以执行的措施。

5. 渔业管理战略应确保逾越限制参考点的危险非常低。如一种群降至或有危险降至低于极限参考点，应着手采取养护和管理行动以促进种群的恢复。渔业管理战略应确保指标参考点通常不被逾越。

6. 如用以决定某渔业参考点的资料欠佳或缺乏，则应订立临时参考点。临时参考点可根据类似或比较普遍的种群模拟制订。在这种情况下，应对该渔业进行更密切的监测，以便在得到较佳资料时修订临时参考点。

7. 应该视产生最高可持续产量的渔捞死亡率为极限参考点的最低标准。对没有被过度捕捞的种群，渔业管理战略应确保渔捞死亡率不超过符合最高可持续产量的水平，并确保生物量不降至低于事先确定的限度。对被过度捕捞的种群，可利用产生最高可持续产量的生物量作为重建种群的目标。

联合国大会

分发：普通

A/CONF.164/38

1995 年 9 月 7 日

原文：英文

联合国关于跨界鱼类

和高度洄游鱼类会议

第六届会议

1995 年 7 月 24 日至 8 月 4 日，纽约

联合国关于跨界鱼类和高度洄游鱼类
会议最后文件

一、导　言

1. 联合国跨界鱼类和高度洄游鱼类会议是按照大会 1992 年 12 月 22 日第 47/192 号决议第 1 段的规定（即按照联合国环境与发展会议商定的任务的规定）召开的。

2. 1992 年 6 月 3 日至 14 日在里约热内卢举行的联合国环境与发展会议通过了《21 世纪议程》，其中第 17.49 段内容如下：

"各国应酌情在分区域、区域和全球各级上采取有效行动，包括开展双边和多边合作，以确保公海渔业的管理遵照《联合国海洋法公约》的规定。它们尤应：

……

"（e）尽快在联合国主持下召开一个政府间会议，要考虑到分区域、区域和全球各级的有关活动，以促进有效实施《联合国海洋法公约》关于跨区鱼群或高度洄游鱼群的规定。该会议除其他外，应借助粮农组织进行的科学和技术研究来鉴定和评价与养护和管理这些鱼群有关的现有问题，考虑改善各国间渔业合作的手段，并制定适当的建议。该会议的工作和结果应充分符合《联合国海洋法公约》的各项规定，特别是沿

海国及在公海捕鱼的国家的各种权利和义务。"①

3. 大会第 47/192 号决议回顾了《21 世纪议程》，特别是第 17 章关于可持续利用和养护的公海海洋生物资源的方案领域 C，决定该会议按照上述任务规定应考虑到分区域、区域和全球各级举行的相关活动，以期促进有效实施《联合国海洋法公约》关于跨界鱼类和高度洄游鱼类的各项规定。大会进一步决定洄游鱼类会议除其他外，应借重联合国粮食及农业组织的科技研究：（a）列举和评价与养护和管理这些鱼类有关的现在问题；（b）审议如何改善各国在渔业方面的合作；（c）拟订适当的建议。

4. 同时，大会还重申洄游鱼类会议的工作和结果均应符合《联合国海洋法公约》的各项规定，特别是关于沿岸国和在公海捕鱼的国家的权利和义务方面的规定，又对于洄游范围包括和超越专属经济区的鱼类（跨界洄游鱼类）和高度洄游鱼类，各国应全面实施《联合国海洋法公约》关于公海捕鱼的各项规定。

5. 大会同项一决议邀请有关的专门机构和联合国系统的其他适当机关、组织和计划署以及各区域和分区域渔业组织，提出相关的科技研究报告。同时，大会也邀请来自发达国家和发展中国家的有关非政府组织在其胜任能力和专门知识范围内，为会议作出贡献。

二、各届会议

6. 根据大会 1993 年 12 月 21 日第 47/192 号、第 48/194 号和 1994 年 12 月 19 日第 49/121 号决议，联合国跨界鱼类和高度洄游鱼类会议在纽约联合国总部举行了下列各届会议：②

- 第一届会议：1993 年 4 月 19 日至 23 日；
- 第二届会议：1993 年 7 月 12 日至 30 日；
- 第三届会议：1994 年 3 月 14 日至 31 日；
- 第四届会议：1994 年 8 月 15 日至 26 日；
- 第五届会议：1995 年 3 月 27 日至 4 月 12 日；
- 第六届会议：1995 年 7 月 24 日至 8 月 4 日。③

---

① 《1992 年 6 月 3 日至 14 日里约热内卢联合国环境与发展会议报告》（联合国出版物，出售品编号：E. 96. I. 8 和勘误），第一卷：会议通过的决议，决议一，附件二，第 17.49 段。

② 关于每届会议的报告载于 A/CONF. 164/9（第一届（组织）会议）、A/CONF. 164/16 和 Corr. 1（第二届会议）、A/CONF. 164/20（第三届会议）、A/CONF. 164/25（第四届会议）、A/CONF. 164/29（第五届会议）和 A/CONF/164/36（第六届会议）。

③ 见下文第 31 段。

三、会议的出席情况

7. 根据大会第 47/192 号决议第 4 段的规定邀请了下列各方出席了联合国跨界鱼类和高度洄游鱼类会议：

（a）联合国所有会员国或专门机构和国际原子能机构的所有成员；

（b）经大会长期邀请以观察员身份参加各届会议和由大会主办的所有国际会议的会议和工作的组织的代表；

（c）各区域委员会的准成员；

（d）非洲统一组织所承认的在其区域内的民族解放运动的代表；

（e）各专门机构和国际原子能机构以及联合国系统的其他机关、组织和规划署；

（f）所有被邀请参加联合国环境与发展会议筹备委员会工作的政府间组织；

（g）各区域和分区域渔业组织；

（h）各有关的非政府组织。

8. 下列国家的代表出席了联合国跨界鱼类和高度洄游鱼类会议的各届会议：阿尔巴尼亚、阿尔及利亚、安哥拉、安提瓜和巴布达、阿根廷、澳大利亚、奥地利、巴哈马、巴林、孟加拉国、巴巴多斯、白俄罗斯、比利时、伯利兹、贝宁、巴西、保加利亚、布隆迪、喀麦伦、加拿大、开普敦、佛得角、智利、中国、哥伦比亚、刚果、库克群岛、哥斯达黎加、科特迪瓦、古巴、塞浦路斯、朝鲜民主主义人民共和国、丹麦、吉布提、厄瓜多尔、埃及、萨尔瓦多、厄立特里亚、爱沙尼亚、斐济、芬兰、法国、加蓬、冈比亚、德国、加纳、希腊、格林纳达、危地马拉、几内亚、几内亚比绍、圭亚那、洪都拉斯、匈牙利、冰岛、印度、印度尼西亚、伊朗（伊斯兰共和国）、爱尔兰、以色列、意大利、牙买加、日本、哈萨克斯坦、肯尼亚、基里巴斯、拉脱维亚、黎巴嫩、莱索托、阿拉伯利比亚民众国、列支敦士登、立陶宛、卢森堡、马达加斯加、马来西亚、马尔代夫、马里、马耳他、马绍尔群岛、毛里塔尼亚、毛里求斯、墨西哥、密克罗尼西亚联邦、摩洛哥、缅甸、纳米比亚、荷兰、新西兰、尼加拉瓜、尼日尔、尼日利亚、纽埃、挪威、巴基斯坦、帕劳、巴拿马、巴布亚新几内亚、秘鲁、菲律宾、波兰、葡萄牙、卡塔尔、大韩民国、罗马尼亚、俄罗斯联邦、圣卢西亚、萨摩亚、沙特阿拉伯、塞内加尔、塞舌尔、塞拉利昂、新加坡、所罗门群岛、南非、西班牙、斯里兰卡、苏里南、瑞典、瑞士、阿拉伯叙利亚共和国、泰国、多哥、汤加、特立尼达和多巴哥、突尼斯、土耳其、图瓦卢、乌干达、乌克兰、阿拉伯联合酋长国、大不列颠及北爱尔兰联合王国、坦桑尼亚联合共和国、美利坚合众国、乌拉圭、瓦努阿图、委内瑞拉、越南、赞比亚和津巴布韦。

9. 欧洲共同体的代表④出席了各届会议，但无表决权。

10. 一个区域委员会的下列准成员派代表作为观察员出席了各届会议：蒙特塞拉特和美属维尔京群岛。

11. 下列民族解放运动作为观察员出席了第一届会议：阿扎尼亚泛非主义者大会。

12. 下列专门机构派代表作为观察员出席了各届会议：联合国粮食及农业组织（粮农组织）、联合国教育、科学及文化组织（教科文组织）和世界银行。

13. 教科文组织政府间海洋学委员会（海委会）、联合国开发计划署（开发计划署）和联合国环境规划署（环境规划署）也作为观察员出席了会议。

14. 下列政府间组织派代表作为观察员出席了各届会议：亚非法律协商委员会、印度洋委员会、美洲热带金枪鱼委员会、国际大西洋金枪鱼养护委员会、国际海洋考察理事会、国际海事卫星组织、国际捕鲸委员会、拉丁美洲渔业发展组织、与大西洋接壤的非洲国家间渔业合作部长级会议、北大西洋鲑鱼保护组织、西北大西洋渔业组织、非洲统一组织、经济合作与发展组织、南太平洋委员会、南太平洋常设委员会和南太平洋论坛渔业局。

15. 下列非政府组织派代表作为观察员出席了各届会议：阿拉斯加海洋养护理事会、阿拉斯加公共利益研究小组、美国海洋运动、美国国际法协会、阿尔及利亚保护大自然与环境协会、突尼斯保护大自然与环境协会、纽约市律师协会、大西洋鲑鱼联合会、白令海渔民协会、两端社、加拿大海洋决策委员会、国际法发展中心、海洋养护中心、渔捞中间技术发展研究中心、天主教消灭饥饿促进委员会、智利全国手工渔民联合会、港务局工人联合会、智利海员和渔民协会、拉丁美洲南锥工业渔船船员同盟、海洋法理事会、地球理事会、地球岛屿研究所、地球信托基金、环境保护基金、厄瓜多尔渔业协会全国联合会、日本金枪鱼渔业合作社协会联合会、渔业及粮食和有关行业工人联合会、加拿大渔业委员会、四方理事会、国际地球之友社、公谊会世界协调委员会（贵格会联合国办事处）、赫尔南迪亚娜基金会、全球教育协会、国际绿色和平运动、经济利益集团、国际渔业协会联盟、国际海岸和海洋组织、支持渔业工人国际合作社、国际自由工会联合会、国际可持续发展研究所、国际法协会、国际海洋

---

④ 会议议事规则第 2 条（A/CONF. 164/6）规定：

"欧洲经济共同体的代表应参加会议讨论属于其职权范围内的事项，但无表决权。这类代表在任何情况下均不得使欧洲经济共同体成员国有权获得的代表权增加。"

在通过上述规则时，会议记录了以下的理解：

"本条的规定基于以下事实：在养护和管理海洋渔业资源方面，欧洲经济共同体成员国已将其权限转移给共同体，但如未有类似的权限转移，则此一情况对于联合国其他论坛绝不构成先例。（参考欧洲经济共同体在签署《联合国海洋法公约》时作出的声明。《交存秘书长的多边条约》（ST/LEG/SER）. E/10，第 801 页。）"（A/CONF. 164/6，注 1）。

秘书处在第三届会议时获悉，欧洲经济共同体已改称欧洲共同体。

学院、国际自然及自然资源保护联盟（IUCN）、日本渔业协会、坎都内自助水项目、海洋环境研究所、纳米比亚食品和有关工人协会、全国奥托邦学会、全国野生动物联合会、渔民争取水产改革全国联合会、保护自然资源委员会、国际保护自然联盟荷兰国家委员会、纽芬兰和拉布拉多环境学会、纽芬兰内陆渔业协会、加拿大海洋研究所、海洋信托基金、海外渔业合作基金会、菲律宾全国渔民联合运动、墨西哥自由贸易行动网组织、地中海西部国际海洋保护区、萨摩亚非政府组织协会、海员工会联合会、拯救西北大西洋资源组织、涓滴方案、加拿大联合国协会、联合国环境与发展-联合王国委员会、联合国协会-联合王国、野生动物保护协会、妇女与渔业网络、世界自然基金会、瑞士世界基金。

16. 按照大会第 47/192 号决议第 9 段，已在秘书处设立了一个自愿基金，以协助发展中国家，尤其是最受会议主题事项关注的国家，特别是其中的最不发达国家——参加会议。加拿大、日本、挪威和大韩民国等国政府对基金提供了捐款。

四、会议官员和委员会

17. 在第一次会议上，会议选举萨切雅·南丹先生（斐济）为主席。

18. 会议还选举下列国家的代表为副主席：智利、意大利和毛里塔尼亚。

19. 会议任命下列国家的代表为全权证书委员会成员：安提瓜和巴布达、阿根廷、布隆迪、中国、肯尼亚、新西兰、巴布亚新几内亚、俄罗斯联邦和美利坚合众国。在 1993 年 7 月 28 日的第一次会议上，全权证书委员会选举阿尔贝托·路易斯·达弗雷德先生（阿根廷）为主席。

20. 主管法律事务的副秘书长、法律顾问卡尔-奥古斯特·弗莱施豪尔先生在第一和第二届会议上代表联合国秘书长担任会议秘书长，该职后由汉斯·科雷尔先生担任。在前四届会议上，先是由多利弗尔·纳尔逊先生担任会议秘书，后由林司宣先生担任。

21. 联合国粮食及农业组织按照大会第 47/192 号决议第 11 段派遣戴维·杜而曼先生为主席团成员，担任会议的科学和技术顾问。

五、会议文件

22. 会议文件除其他外，[⑤] 包括以下内容：

（a）议事规则；[⑥]

[⑤] 有关会议文件的全部清单，见 A/CONF. 164/INF/16.。

[⑥] A/CONF. 164/6.。

（b）各国代表团提出的建议和其他来文；⑦

（c）秘书处，粮农组织和海委会提交的报告和研究报告；⑧

（d）政府间组织、区域和分区域渔业组织和安排提交的报告和评论；⑨．

（e）会议主席的说明；⑩

（f）主席提出的会议所审议问题的准则，会议协商案文和协定草案。⑪

六、会议的工作

23. 会议在其第一届会议上通过了议程（A/CONF. 164/5）和议事规则（A/CONF. 164/6）。

24. 会议在第二届会议头三天在主席列举了普遍同意的主要问题后专门进行了一般性辩论。⑫

25. 会议在同一届会议上开始审查题为"主席提出的会议所审议问题的准则"的文件（A/CONF. 164/10）中所载与跨界鱼类和高度洄游鱼类相关的问题。

26. 主席在第二届会议结束时提出了一份协商案文（A/CONF. 164/13），由会议第三届会议审议。

27. 会议还在第三届会议上设立了两个不限成员名额的工作组，审议粮农组织应会议要求编写的关于渔业管理预防方法和管理参考点的信息文件。工作组主席由安德烈·科弗先生（智利）和安德鲁·罗森堡先生（美利坚合众国）担任。两个工作组的

---

⑦　A／CONF. 164／L. 1–L. 50。

⑧　公海渔业技术协商会议的报告和公海渔业技术协商会议提出的文件（联合国粮农组织）（A/CONF. 164/INF/2）；政府间海洋学委员会关于联合国跨界鱼类和高度洄游鱼类会议的活动情况的资料（A/CONF. 164/INF/3）；关于跨界鱼类和高度洄游鱼类的一些公海渔业问题（联合国粮农组织）（A/CONF. 164/INF/4 和 Corr. 1）；秘书处编写的背景文件（A/CONF. 164/INF/5）；关于跨界鱼类和高度洄游鱼类的预防性方法（联合国粮农组织）（A/CONF. 164/INF/8）；渔业管理的参考点——它们对跨界和高度洄游资源上的潜在应用（联合国粮农组织）（A/CONF. 164/INF/9）。

⑨　鄂霍次克海公海海洋生物资源养护和管理国际会议第一届会议报告（俄罗斯联邦代表团提交）（A/CONF. 164/INF/6）；区域渔业机构在收集公海渔业统计数字方面的作用临时协商会议（A/CONF. 164/INF/10）；渔业统计协调工作组就1982年12月10日《联合国海洋法公约》有关跨界养护和管理跨界鱼类和高度洄游鱼类的规定执行协定草案附件一提出的评论意见（A/CONF. 164/INF/13）。

⑩　A/CONF. 164/7、8、11、12、15、17、19、21、24、26、28、30 和 35。

⑪　会议审议的问题指南（A/CONF. 164/10）；协商案文（A/CONF. 164/13）；经修订的协商案文（A/CONF. 164/13/Rev. 1）；《1982年12月10日联合国海洋法公约有关养护和管理跨界鱼类和高度洄游鱼类的规定的执行协定草案》（A/CONF. 164/22）；订正《协定草案》（A/CONF，164/22/Rev. 1）；和《协定草案》（A/CONF. 164/33）。

⑫　参看 A/48/479，第10段。

工作成果载于 A/CONF164/WP.1 和 WP.2 号文件。主席在第三届会议结束时提出了他对所提协商案文的订正（A/CONF.164/13/Rev.1），以反映两个工作组的工作。

28. 主席在第四届会议上以一份有约束力的文书的方式提出了对其协商案文的新的修订，该文件的题目是"1982 年 12 月 10 日《联合国海洋法公约》有关养护和管理跨界鱼类种群和高度洄游鱼类种群的规定执行协定草案"（A/CONF.164/22）。主席在第五届会议结束时提出了《协定草案》的订正案文（A/CONF.164/22/Rev.1）。

29. 第六届会议审议了《协定草案》订正案文（A/CONF.164/22/Rev.1），及建议的修改及润饰（A/CONF.164/CRP.7）。主席在会议审议后提议通过"1982 年 12 月 10 日联合国海洋法公约有关养护和管理跨界鱼类种群和高度洄游鱼类种群的规定的执行协定草案（A/CONF.164/33）"。

30. 1995 年 8 月 4 日，会议未经表决通过了《1982 年 12 月 10 日联合国海洋法公约有关养护和管理跨界鱼类种群和高度洄游鱼类种群的规定的执行协定》以及第一号和第二号决议（A/CONF.164/32，附件）。这两项决议列为本《最后文件》的附件。这样，会议履行了大会第 47/192 号决议所托付的任务。

31. 第六届会议决定于 1995 年 12 月 4 日恢复，举行《协定》和本《最后文件》的签字仪式。会议请秘书处编写《协定》的最后文本，把润饰和修改部分并入，并且确保六种语文文本保持一致。⑬

下列人士在本《最后文件》上签字，以资证明。

1995 年 12 月 4 日订于纽约联合国总部，其中阿拉伯文、中文、英文、法文、俄文和西班牙文本各一份，均具同等效力。各文本原件应交联合国秘书处存档。

会议主席：萨切雅·南丹
主管法律事务副秘书长，法律顾问：汉斯·科雷尔
会议秘书：林司宣

---

⑬ 《协定》定本将作为 A/CONF.164/37 号文件分发。

附　件

决　议　一

尽早有效地执行《1982 年 12 月 10 日〈联合国海洋法公约〉有关养护和管理跨界鱼类种群和高度洄游鱼类种群的规定的协定》

联合国跨界鱼类种群和高度洄游鱼类种群会议，

通过了《关于执行 1982 年 12 月 10 日〈联合国海洋法公约〉有关养护和管理跨界鱼类种群和高度洄游鱼类种群的规定的协定》，

强调尽早有效地执行《协定》的重要性，

因此，认识到有必要规定临时适用《协定》，

强调《协定》迅速生效和早日实现普遍参与的重要性，

1. 请联合国秘书长于 1995 年 12 月 4 日在纽约开放《协定》供签署；

2. 敦促《协定》第一条第 2 款（b）项所述的所有国家和其他实体于 1995 年 12 月 4 日签署，或在此后的最早时间签署，然后批准或加入该协定；

3. 吁请本决议第 2 段提及的国家和其他实体暂时适用该协定。

决　议　二

联合国秘书长关于联合国跨界鱼类种群和高度洄游鱼类种群会议的进展情况报告

通过了《关于执行 1982 年 12 月 10 日〈联合国海洋法公约〉有关养护和管理跨界鱼类种群和高度洄游鱼类种群的规定的协定》，认识到定期审议和审查与跨界鱼类种群和高度洄游鱼类种群的养护和管理有关的进展的重要性，

回顾了大会 1994 年 12 月 6 日第 49/28 号决议，其中大会强调大会审议和审查与海洋法有关的总体发展的重要性，因为全球机构有权进行这种审查，

还回顾了秘书长根据《联合国海洋法公约》负责报告与执行《公约》有关的事态的发展，

认识到各国、有关政府间组织和非政府组织之间就执行《协定》交流信息的重要性，

1. 建议大会根据秘书长在该协定通过后第二次会议上提交的报告，审查与跨界鱼类种群和高度洄游鱼类种群的养护和管理有关的进展情况，此后每两年进行一次；

2. 请联合国秘书长在编写本报告时考虑到保护和管理跨界鱼类种群和高度洄游鱼类种群的各国、联合国粮食及农业组织及其渔业机构和分区域及区域组织以及其他有关政府间机构和有关非政府组织提供的信息；

3. 还请秘书长与联合国粮食及农业组织合作，以确保协调所有主要渔业文书和活动的报告，并规范所需的科学和技术分析，以尽量减少重复并减少国家主管部门重复报告的负担。

第 III 部分

综合案例表

第一卷

第二卷

第三卷

第四卷

第五卷

第六卷

综合条约表

第四部分

第一卷至第六卷主题词综合索引

关于索引的说明

本索引采用以下现代索引标准，旨在方便读者阅读：

- 对主题的实质性讨论进行索引，而在这种讨论中涉及的问题或参考则不进行索引。

- 相关会议的代表或参加者的个人姓名，在索引中标明了所属国家。

- 索引中包含了许多 "see also" 的交叉引用，以引导读者参阅他们可能感兴趣的其他条目。例如，进入海洋是一种特别影响内陆国家的问题，因此，查找 "access" 的读者将会发现与 "Landlocked States" 的交叉引用；查找 "data" 的读者将被引导到特定类型数据的条目，例如大地测量数据；等等。

- 为概念术语提供了多个查阅点，因为不同的读者会以不同的方式查找信息。

- 如果条约以两个不同的名称为人所知，则提供两种形式；因此，无论使用哪个名称，读者都可以在页面上查到条约。这些变体是双重发布或交叉引用的。

- 许多条目被分为 3 个级别，允许更精细的细节，更短的页面引用字符串，以及更快地查到所需的信息。

- 只要有可能，在条约、会议、法律条款等条目中都包含了日期。

- 以卷号和页码的形式标注参考文献所在页面，使用方便，样式简洁。例如，"1：338-339；5：171-173、273-274" 指的是第一卷第 338 页至 339 页；第五卷第 171 页至 173 页和第 273 页至 274 页。请注意，在同一卷后续页面里卷号不再重复。

- 子条目用短语表示，以显示它们与主条目标题的语法关系。

在子条目中，"the Convention" 是指 1982 年 12 月 10 日的《联合国海洋法公约》。案文中的术语有时是在 "the Convention" 谈判过程中形成的。例如，"Sea-Bed" 变成 "Seabed"。为了简单和读者查阅方便，为索引中的每个术语选择了最符合逻辑的单一代表性 "造型"。

在条约和案例的合并表中，参考文献使用的也是本系列丛书中的卷号和页码，与索引的情况一样。

Aaland Strait, 2: 307-308, 2: 308n. 13

Abuse

> of legal process, 1: 333, 3: 661, 5: 75-77, 146
>
> of power, 5: 380
>
> of rights, 1: 337, 5: 103, 150-152

ACABQ (Advisory Committee on Administrative and Budgetary Questions; U. N.), 6: 408, 535

Access

> (*see also* high seas; Landlocked States)
>
> to the Convention
>
>> as broad and without prejudice, 5: 63-64
>>
>> entities entitled to, 5: 62-64
>>
>> by flag State for release of vessel, 5: 70-71
>
> to data and samples, 1: 317-318, 4: 687
>
> (*see also* Data, collection/sharing of)
>
> to dispute settlement
>
>> by the Authority, 5: 61
>>
>> by detained vessels, 5: 65, 5: 65n. 7
>>
>> by the Enterprise, 5: 61
>>
>> by entities other than a State Party, 1: 332, 397, 5: 60-65
>>
>> by natural and juridical persons, 5: 61-63
>>
>> procedures for, 1: 332, 388, 392
>
> to harbours, 1: 320
>
> International Court of Justice on, 5: 61
>
> to living resources of exclusive economic zones, 1: 25, 231, 234-238
>
> to markets, 1: 264, 487, 6: 235-236
>
> to the Sea-Bed Disputes Chamber, 5: 411-413
>
> to the Tribunal
>
>> Drafting Committee on, 5: 377-378
>>
>> entities entitled to, 5: 61, 63, 368, 374-378
>>
>> by entities other than States Parties, 1: 388
>>
>> in intervention proceedings, 5: 392-393
>>
>> by owner of detained vessel, 5: 65
>>
>> by States Parties, 1: 388

to a tribunal chosen by the declarant, 5: 117

Accession

to the Agreement, 1: 474-475

to amendments, 1: 342-344, 5: 273-275

to conciliation, 5: 320

to the Convention, 1: 339, 375, 423, 474-475, 5: 201-202, 477

to Convention amendments, 1: 342-344

final provisions on, 1: 338-339, 5: 171-172, 201-202, 273-275

by internal organizations, 1: 400-403

to Review Conference amendments, 1: 270-271

Action Plan for the Human Environment (**Stockholm Conference**), 4: 9, 37, 79-80

Activities in the Area

(*see also* Amendments; Authority; Cooperation; Damage; Developing States; Dumping; Enforcement; Enterprise; Equitable sharing; Expenditures; Exploration/exploitation of the Area; Geographically disadvantaged States; Implementation; Installations; Marine environment; Marine scientific research; Mining; Monopolization of activities in the Area; Plan of work for activities in the Area; Policies on activities in the Area; Pollution; Production policies)

accommodation of, 6: 206-215, 6: 210 n. 1, 212n, 215n, 6: 323, 329

amendments to provisions for, 5: 264

and amendments to the Convention, 5: 244, 263, 266, 269-272, 277

applicable law re, 5: 413

benefit of mankind from, 6: 141-142, 242-243, 251-252, 360, 879

and coastal States' rights/interests, 6: 151-159, 6: 153n, 158-159nn. 5-6

commercial arbitration used for, 5: 423

by the Enterprise, 6: 326, 707-708, 830-831

(*see also* Enterprise, contracts/plans of work)

plans of work submitted, 1: 278

transfer of technology to the Enterprise, 1: 351, 353, 6: 248-249, 251, 254

exclusions of

from amendment/revision of the Convention, 5: 244, 263, 266, 269, 277

from arbitration procedures, 5: 437

and freedom of the high seas, 3: 86

harmful effects of

(*see* Environmental protection; Pollution; Responsibility to ensure compliant and liability for damage)

and interpretation/application of Part XI, 5: 409

through joint ventures, 6: 326 (*see also* Joint ventures)

and marine environment activities, 1: 262–263

and marine environment protection/preservation, 4: 147–154, 227–231, 6: 882

marine scientific research and dispute settlements/interim measures, 4: 655

and marine technology development/transfer, 4: 706–718

military, 6: 147–148, 6: 147n. 1, 6: 149

plans for work for (*see* Plans of work)

plans of work for (*see* Plan of work for activities in the Area)

regulations/provisions governing, 6: 80–84

Review Conference on, 6: 323, 329

special features of negotiations regarding, 5: 277–278

U. S. on, 4: 150, 152–153, 228, 6: 73, 82, 244–245, 253

use of term, 1: 208, 2: 27, 32–33, 3: 86, 4: 749, 5: 266, 269, 6: 71–75, 6: 81
–82nn. 10–13, 6: 84, 212, 360, 515, 523, 825

who may carry out activities, 6: 311

Act of God, 4: 304

Acts or omissions, 1: 290–291, 369–370

Addis Ababa Declaration (1973), 1: 6–7, 9–10

Adede, A. O. (of Kenya), 1: 110, 5: 8

Ad hoc chambers of the Sea-Bed Disputes Chamber

(*see also* Sea-Bed Disputes Chamber) vs. ad hoc chambers of the Tribunal, 5: 409

agreement on, 5: 408

composition/duties of, 1: 392, 5: 361–363

disputes submitted to, 1: 291–292, 6: 621–625, 627, 919–920

establishment of, 5: 409

and interpretation/application of the Convention, 5: 408

necessity of, 5: 409–411

***Ad Hoc* Committee to Study the Peaceful Uses of the Sea-Bed and the Ocean Floor beyond the Limits of National Jurisdiction**

consensus used by, 1: 19

documentation of, 1: li, 2: xxxv, 3: xxxiii, 4: xxxi, 5: xxvii, xxxiii, 6: xxxi

establishment of, 1: xxvi, li, 18, 2: 2–3, 3: 2–3, 5: xxvii, 6: 19–20

marine scientific research provisions, overview of, 4: 430

Ad Hoc Committee to Study the Peaceful Uses of the Sea-Bed and the Ocean Floor beyond the Limits of the National Jurisdiction

sessions of, 6: 20-23

Ad Hoc Sea-Bed Committee, 4: 79, 91

Adjacent, use of term, 2: 73, 431-432, 2: 432nn. 19-20

Adjacent coasts, _see_ Opposite or adjacent coasts

Administrative expenses

of the Authority, 1: 273-274, 287, 481, 488, 490, 6: 534-540, 915

of the Enterprise, 1: 374-376

Administrative tribunal for the Authority, 1: 284-285

Admiralty, rules of, 5: 158-160, 5: 160n. 3

Adverse effects

economic, 1: 264, 268, 278, 282, 488, 3: 117-118, 121

on interests of a State Party, 1: 487

use of term, 6: 268

Advisory Committee on Administrative and Budgetary Questions (ACABQ; U. N.), 6: 408, 535

Advisory opinions

(_see also_ Sea-Bed Disputes Chamber) vs. decisions, 5: 367

ICNT on, 6: 642-643

of the International Court of Justice, 6: 642, 644

ISNT on, 6: 642

Part XI on, 6: 918-921

RSNT on, 6: 643

of the Sea-Bed Disputes Chamber, 1: 273, 293, 393, 5: 367, 6: 641-644, 921

of the Tribunal, 6: 379, 381-382, 386, 613, 641-642

Aegean Sea Continental Shelf case, 5: 30-31n. 5

Afghanistan, 3: 376, 404, 416-417, 426

African-Asian Legal Consultative Committee (1972), 3: 282n. 7

African National Congress of South Africa, 5: 487

African States

on breadth of territorial sea, 2: 497

on conservation/management of living resources, 2: 600

on the continental shelf, 2: 845

on delimitation of the territorial sea, 2: 138

on enforcement of laws/regulations of coastal States, 2: 791

on the exclusive economic zone, 2: 529–530, 548–549, 556–557, 624, 627, 802–803

on installations, 2: 578

on islands, régime of, 3: 333–334

on landlocked States, 2: 698, 700–703

on low-tide elevations, 2: 128

and marine technology development/transfer, 4: 668

on national/regional marine scientific and technological centres, 4: 721

on States' rights/duties in the exclusive economic zone, 2: 556–557

Tribunal membership of, 5: 344

on utilizing living resources, 2: 620, 624, 627

African States Regional Seminar on the Law of the Sea (1972), 1: 6–7, 59, 2: 79, 620, 696, 801–802

Afro-Asian Legal Consultative Committee, 1: 59

Agreement

(*see also* Arrangements; Cooperation; Treaties; World Trade Organization)

on ad hoc chamber members, 5: 408

between archipelagic States, 1: 224, 226

by the Authority, 1: 265–266, 489

bilateral, regional, subregional, 1: 226, 235–237, 256, 314, 316–317, 328–329, 336, 3: 412–413, 4: 27–32, 477, 4: 477n, 4: 520–524, 677, 5: 25–27

on binding decision, 5: 25–27

commodity, 1: 354

on conciliation, recourse to, 5: 310, 313

conferring jurisdiction, 1: 388

by consensus, 1: 270, 341 (*see also* Consensus)

by Council of the Authority, 1: 278

on delimitation between opposite or adjacent States, 1: 212, 238–239, 242–243, 258

on enforcement of laws/regulations, 1: 238

by the Enterprise, 1: 350

establishing an organization, 1: 401

fisheries, and access to living resources, 1: 231, 234–238, 335

free trade and custom union, 1: 487

free zones, 1: 257

international, 1: 215, 328, 331, 335, 338, 340–341, 388, 391

on costs to States Parties, 1: 476–477, 6: 351, 363, 484, 860–866

on the Council, 6: 65n. 232

on the Council's composition, 6: 406, 411, 419, 431

on the Council's decision-making process, 1: 484–485, 490–491, 6: 4, 6: 65n. 231, 6: 336–337, 375, 377, 406, 414–415, 419, 431, 867–869

on the Council's powers/functions, 1: 477, 479–485, 6: 435–438, 454–457

on decision-making, generally, 1: 483–486

drafts of, 6: 61–62, 6: 62n. 226 (see also Boat Paper)

on economic assistance to developing States, 1: 488–489, 6: 261–262, 872

on the Economic Planning Commission, 1: 477, 6: 465–466, 468, 472

on the Enterprise, 1: 482–483, 486, 488, 6: 507–510, 512, 523, 666–667, 866–867

entry into force, 1: 475–476, 480, 6: 859

on environmental assessment/protection, 1: 479, 482, 6: 192, 197–198

on the Finance Committee, 1: 489–491, 6: 873–874

goals/successes of, 6: 4, 64–65, 6: 64–65nn. 230–232, 6: 67

implementation of, 1: 480–481

on institutional arrangements, 1: 476–482

on the Legal and Technical Commission, 1: 477–479, 484–485, 6: 474–475

on Part XI, 1: 474, 486, 6: 855–858

on plans of work, 1: 477–483, 6: 681–683

on potential applicants, 6: 689, 6: 689n. 42

on production authorizations, 6: 690–691

on production policies, 1: 487–488, 6: 260–261, 264, 279–280, 6: 279–280n. 21, 6: 682–683, 870–872

provisional application/interpretation of, 1: 475–476, 479–481, 6: 61, 63, 6: 63n. 227, 6: 855, 859

on reserved areas, 1: 480, 483, 6: 697, 700–701, 6: 700n

resolution 48/263 on, 6: 855–856, 6: 856n

and the Review Conference, 1: 486, 6: 64, 6: 64n. 230, 6: 234, 6: 318n, 6: 319, 321–322, 334–335, 6: 334n. 19, 6: 869–870

Secretary-General as depositary of, 1: 476, 6: 860

signatories to, 1: 474–475, 493–494

simplified procedure for, 1: 474–475, 6: 858

on States Parties, use of term, 6: 860

and the Statute of the Enterprise, 6: 764-767, 771, 788, 790-791, 806, 809-810, 814-816

on technology transfer, 1: 478, 486, 6: 176, 189, 675-678, 870

on training programs, 1: 486, 6: 734

on universal participation in the Convention, 1: 471-473, 6: 855-856

use of term, 6: 549

Agreement Between Denmark, Finland, Norway and Sweden Concerning Cooperation in Measures to Deal with Pollution of the Sea by Oil (1971), 4: 27

Agreement Between Denmark, Finland, Norway and Sweden Concerning Cooperation to Ensure Compliance with the Regulations for Preventing the Pollution of the Sea by Oil (1967), 4: 27

Agreement Between the Government of the United States of America and the Government of the French Republic Concerning the Wreck of the *CSS Alabama* (1989), 3: 164n

Agreement Establishing the Common Fund for Commodities, 6: 787, 796-797, 799

(*see also* Common Fund Agreement)

Agreement for Co-operation in Dealing with Pollution of the North Sea by Oil (1969), 4: 27

Agreement for Co-operation in Dealing with Pollution of the North Sea by Oil and Other Harmful Substances (1983), 4: 31

Agreement for the Implementation of the Provisions of the United Nations Convention on the Law of the Sea of 10 December 1982 Relating to the Conservation and Management of Straddling Fish Stocks and Highly Migratory Fish Stocks, *see* Draft Agreement on Straddling and Highly Migratory Fish Stocks

Agreement Governing the Activities of States on the Moon and Other Celestial Bodies (1979), 6: 11n. 30

Agreement on Regional Co-operation in Combating Pollution of the South-East Pacific by Hydrocarbons or Other Harmful Substances in Cases of Emergency (1981), 4: 30

Agreement on the Privileges and Immunities of the International Atomic Energy Agency (1959), 6: 548

Agreement to Promote Compliance with International Conservation and Management Measures by Fishing Vessels on the High Seas (1993), 3: 43, 48-58, 3: 145n. 9

Aguilar, Andrés (of Venezuela)

influence of, 1: 63

Negotiating Group 6 chaired by, 1: 94, 417, 2: 833

RSNT work of, 1: 119–120, 5: 481

and the Second Committee, 1: 411, 2: xlvii, 1, 833–834, 943, 1008–1009, 1012, 3: xlv, 1, 17

Aids

navigational, 1: 214, 223

safety, 1: 223, 2: 379–383

warning signals, 1: 230, 263, 321, 4: 629–631

Aircraft

(*see also* Overflight)

archipelagic passage of, 1: 226–227

assistance to, 1: 213, 2: 163

(*see also* Search and rescue services)

Charter of the United Nations on, 2: 341–342

and coastal States, 2: 378

danger to, 1: 213, 2: 163, 384, 388–389

in exclusive economic zones, 1: 229

fuel dumping, prevention/reduction/control of, 4: 167, 4: 168n

government, 1: 250, 308, 312, 4: 326–329

hot pursuit by military aircraft, 1: 251, 3: 247–248, 250–251, 254–256, 258–259, 510, 615

innocent passage of, 1: 213–214, 2: 175, 342–343, 406

laws/regulations on, 2: 332–348, 481–487, 4: 211–212, 233, 315–319

marine environment protection/preservation and pollution from, 4: 207–213, 233–239, 243, 315–319, 391, 416–421

marine scientific research and use of, 4: 459–461

military, 1: 249–251, 308, 336

piracy on, 1: 248–249, 3: 201–202

(*see also* Pirate ships or aircraft)

pollution from, 1: 208, 302–303, 307, 4: 56n. 8, 4: 59

private vs. state, 3: 200

publicity of danger to, 2: 384, 388–389

Sea-Bed Committee on, 2: 334

sovereign immunity of, 1: 223, 312, 4: 417–418

State, 4: 417, 421

and straits, 1: 221, 223, 2: 385, 388

transit passage of, 1: 221, 2: 385

use of term, 2: 175

Air Navigation Convention (**1919**), 2: 73

Air piracy, use of term, 3: 201-202

Air routes, 1: 226-227

Air space

(*see also* Sovereignty)

archipelagic, 1: 225, 2: 463-480

area of, international, 1: 270

Argentina on, 2: 902

and coastal States, 2: 66-68, 70-74, 374

over the continental shelf, 1: 241, 2: 902-905

freedom of, 3: 81-82

innocent passage in, 2: 156-157

legal status of, and freedom of the high seas, 2: 52, 64, 156-157, 406, 437-442, 900 -907, 3: 70-71

legal status of, and Part XI, 6: 877

legal status of, over superjacent waters, 1: 258

outer limits of, 2: 86

pollution of, 1: 302, 307, 4: 207-213, 319

Sea-Bed Committee on, 2: 901-902, 6: 87-89

sovereignty over, 1: 209, 219, 225, 302, 307, 2: 66 - 68, 70 - 74, 3: 96 - 97, 496, 548

over straits, 1: 219, 2: 282, 299, 320

superjacent

Declaration of Principles on, 1: 175, 6: 88-89

legal status of, 6: 69, 87-92, 318-319, 323, 325, 329

and the marine environment, regard for, 6: 208

over territorial seas, 1: 209, 302, 307, 2: 86

use of term, 2: 73-74

Air traffic control, radio frequencies for, 1: 221, 2: 346

Albacore tuna, 1: 345, 3: 46

Albania, 2: 280

(*see also Corfu Channel* case)

Albat, M. (**of Latvia**), 3: 484

Aldrich, **Mr.** (**of the U. S.**), 6: 480–481

Alexander, L. M. , 2: 103n. 18, 111–112n. 6

Alexander VI, **pope**, 6: 5n. 5

Algeria, 2: 303, 318, 337, 358, 535–536, 981, 4: 648n. 3

Alien species, 1: 295, 4: 73–76

Allowable catch, 1: 230, 235–237, 253–254, 335, 3: 304–313, 585–586, 589, 598–599, 611

"All states" formula for treaty participation, 5: 170, 180–182

Amador, García (**of Cuba**), 1: 453

Amendments

　　adoption of, 5: 255, 257, 267–272

　　to the Agreement, 1: 486

　　Assembly's approval of, 6: 335

　　bindingness of, 6: 334n. 17

　　circulation/notification of, 1: 344

　　competence over, 1: 403

　　conferences for considering, 1: 341, 5: 244–266

　　as controversial, 5: 173

　　to the Convention, 1: 341–342, 5: 244–266

　　Council's approval of, 6: 335

　　and denunciation proceedings, 5: 281–282, 284

　　entry into force, 1: 270–271, 342–343, 5: 251, 253, 255–259, 275–278

　　exclusion of, 1: 341

　　formal confirmation or accession, 1: 403

　　formal stages of, 5: 274

　　Informal Plenary debate on, 5: 248–249

　　international organizations' proposals of, 5: 191

　　majority required for, 5: 275–277

　　moratorium periods, 5: 250–262

　　to Part XI and to the Agreement, 1: 486

　　to Part XI, 5: 255

　　ratification of/accession to, 1: 270–271, 403, 5: 257

　　relating exclusively to activities in the Area, 1: 270–271, 342–343, 5: 270

　　Review Conference adoption of, 1: 270 – 271, 6: 319, 321 – 326, 329 – 335, 6:

330n. 7, 333n. 14, 334n. 17

rules, regulations and procedures of the Authority, 1: 279, 283

to Sea-Bed Disputes Chamber rules, 5: 417

Secretary-General on, 5: 171-172

signature to, 1: 342, 5: 273-274

by simplified procedure, 5: 260-261, 267-269

simplified procedure for, 1: 341-342

to the Statute of the Tribunal, 1: 393, 5: 416-418

use of term, 5: 247, 299

Amerasinghe, H. Shirley (of Sri Lanka), 6: 46n. 170

on access, 5: 62-64

on amendment/revision of the Convention, 5: 248-249, 262-264

on Antarctica, 4: 393n

on binding decisions/binding force of decisions, 5: 83-84, 91-92

on conciliation, 5: 33n. 1

on consensus, 5: 264

on convening UNCLOS III without a single preparatory text, 1: 53

on the Convention as a package deal, 2: 22, 3: 22, 5: 248

death of, 1: 62, 409

on depositary functions, 5: 297

on dispute settlement, 5: xiii, 9-10, 27, 29, 64-65, 73, 90-92, 110-111, 117, 135 -136

on final provisions, 5: 174

ICNT work of, 1: 121-123, 5: 104

ISNT work of 5: 9-11

on national marine science, technology and ocean service infrastructures, Annex VI provisions re 4: 744

on non-self-governing territories, 5: 481

on participation clause of final provisions, 5: 184

on peaceful purposes, 3: 90

on the Preparatory Commission, 5: 475

as President of UNCLOS III, 1: lvii, 15, 62, 84-86, 125, 409, 5: 9

on prompt release of vessels and crews, 5: 68-70

on provisional measures, 15: 54-55, 57

on reservations to the Convention, 5: 220-221

on rights of parties to agree on a procedure, 5: 144-145

on rules of procedure, 5: 364

as Sea-Bed Committee chairman, 6: 23

on the Security Council, 5: 138-139

SNT work of, 1: 117-118

tributes to, 1: 409, 1: 409n. 24

on UNCLOS III's application, 4: 393n

American Institute of International Law, 2: 399

American Treaty on Pacific Settlement (Pact of Bogotà; 1948), 5: 26, 311

Amoco Cadiz **disaster (1978)**, 4: 193, 201, 270, 301, 305, 312

Amoco Ocean Minerals (U. S.), 6: 67n. 237

Amorphous Groups, 4: 657-658

Amphictyonic Congress of Panama, 1: 436

Anadromous stocks, 2: 665-679

Australia on, 2: 669

Canada on, 2: 669, 672

conservation/management of, 3: 286-289, 590, 599, 611

Convention for the Conservation of Anadromous Stocks in the North Pacific Ocean, 2: 678n, 3: 301

Denmark on, 2: 670

and the Drafting Committee, 2: 677-679

Eastern European Socialist States on, 2: 670

Evensen Group on, 2: 672-673

in the exclusive economic zone, 2: 505-506

expenditures to renew, 1: 234

exploitation of arrangements for/jurisdiction over, 3: 590-591, 612

fisheries and fishery resources for, 3: 590-591

fishing of, 1: 233-234

ICNT on, 2: 676-677

Ireland on, 2: 671

ISNT on, 2: 673-674

Japan on, 2: 669, 671

list of, 2: 667n. 2

Main Trends Working Paper on, 2: 672

Malta on, 2: 669

New Zealand on, 2: 669

RSNT on, 2: 674-675

Sea-Bed Committee on, 2: 668-670

Second Committee (UNCLOS III) on, 2: 676

Soviet Union on, 2: 669

State of origin of, 2: 43

Sub-Committee II on, 2: 669-670

UNCLOS III on, 2: 665, 670-677

U. S. on, 2: 668-669, 671-672

utilization of, 2: 619-620

Anchorage, 1: 308

Andean Group, 5: 189

Anglo-American admiralty law, 4: 301

Anglo-American common law, 4: 304

Anne Ix (Basic Conditions of General Survey, Exploration and Exploitation), 6:
   39, 654

Annex I (Highly Migratory Species), 2: 995-999

Annex I (London Dumping Convention), 4: 165, 169

Annex I A (Settlement of Disputes), 5: 312

Annex I C (Draft of Statute of the Tribunal), 5: 334, 400

Annex I D (Navigation Disputes), 5: 362

Annex II (Commission on the Limits of the Continental Shelf).

   see Commission on the Limits of the Continental Shelf

Annex II (London Dumping Convention), 4: 173-174

   Annex II A (Fisheries), 5: 444

Annex II B (Pollution), 5: 444

Annex II C (Scientific Research), 5: 444

Annex II D (Settlement of Navigation Disputes), 5: 10-11

Annex III (Basic Conditions of Prospecting, Exploration and Exploitation), 6: 35,
   647-755

   on activities carried out by the Enterprise, 6: 707-708

   on activities in reserved areas, 6: 702-704

   and the Agreement, 6: 650-651, 674-678, 681-683, 690-691, 703

   and Annex II, 6: 654-656

   on applicable law, 6: 751-753

remuneration of, 5: 369-371

solemn declaration by, 5: 348, 355-356

on membership, 1: 383, 5: 343-345

on nominations/elections, 1: 383, 5: 345-347

on organization, 1: 382-388, 5: 341-373

overview of, 5: 332-340

on the President, Vice-President and Registrar, 1: 385, 5: 356-357

on privileges and immunities, 1: 385, 5: 355, 5: 355n

on procedure, 1: 389-391, 5: 383-399

on provisional measures, 5: 385-388

on a quorum, 1: 385-386, 5: 358-360

on requests to intervene, 5: 392-393

on right to intervene in cases of interpretation/application, 5: 394-396

on rules, 1: 386, 5: 363-365

on the Sea-Bed Disputes Chamber, 1: 386, 391-393, 5: 360-361, 399-417

sources for, 5: 331-332

on special chambers, 1: 386, 5: 361-363

on States' rights/jurisdiction, 4: 722

on the Statute of the International Court of Justice, 5: 336-337, 341-342, 347-350, 383

on technology development/transfer, 4: 668

on terms of office, 1: 383-384, 5: 347-351

on vacancies, 1: 384-385

Annex VIII (Special Arbitration). *see* Arbitration; Special arbitration

Annex IX, 5: 193

Annex XI. *see* Draft Agreement on Straddling and Highly Migratory Fish Stocks

Annexes, 5: 173, 286-288

(*see also specific annexes*)

Annual fixed fees, 1: 357, 361-362, 429, 489

Antarctica, 4: 393n

Anti-monopolization. *see* Monopolization of activities in the Area

Applicability

of law

recontracts/contractors, 1: 369, 6: 751-753

by a court or tribunal, 1: 333, 369, 6: 751-752

ICNT on, 6: 752

re investigation of foreign vessels, 4: 339-340, 342-343

ISNT on, 6: 751

land-based pollution regulations, enforcement of, 4: 219-220

for marine pollution violations, 4: 261, 358-359

RSNT on, 6: 752

for the Sea-Bed Disputes Chamber, 1: 392, 5: 413-414

Standard Clauses on, 6: 752-753

Statute of the Tribunal on, 5: 383

Tribunal decisions re, 1: 388

use of term, 5: 73

of laws and regulations, 1: 251, 301-302, 308-309

of Part XVII (Final Provisions, 5: 463-464

of regulations, 1: 222, 246

of rules and standards, 1: 302-310, 334, 477, 4: 215-216, 219-220

of the Statute of the Tribunal to the Sea-Bed Disputes Chamber, 5: 416

Applicants

(*see also* Application; Data, transfer of; Plan of work for activities in the Area; Sponsorship)

conflicts between, 1: 429

preference and priority among, 1: 356

procedures to be followed, 1: 349-350, 352-353, 355, 428

for production authorizations

priority among, 1: 354-355, 430-431

selection among, 1: 279, 283, 354-355, 6: 437, 443, 453-454, 651, 690-697, 6: 694n. 45

qualifications of, 1: 349-351, 353-354, 478, 6: 656-662, 667-678

registration as pioneer investor, 1: 427-431

selection among, 1: 283, 353-356, 430-431

transfer of rights and obligations, 1: 369

Application

(*see also* Applicants; Fees; Pioneer areas; Plan of work for activities in the Area; Provisional application/interpretation)

to a court or tribunal, 1: 333, 389, 5: 75-78

of final provisions, 5: 191

for a joint-venture operation, 1: 482-483

in pioneer area, 1: 427-429

for plan of work, 1: 348-355, 357, 430, 6: 256-257, 260, 272, 275-276, 278-
279, 6: 930-932nn. 1-4, 6: 930-939, 952-956, 6: 953n

production authorizations, 1: 265-267, 279, 283, 354-355, 372, 431

of revision/amendment clauses in international agreements, 5: 246n. 1

Applied research, *see* Marine scientific research; Scientific research

Appropriate official channels, 4: 556-557

Arab Group, 1: 84-85, 2: 859, 6: 140-141

Arabic language, for authentic texts, 5: 301-304

Arabic Language Group, 1: 413n. 29, 5: 303

Arab States, 2: 318, 396, 4: 296-297, 340, 409-414, 640-641, 6: 346

Arango, M. (of Colombia), 3: 482

Arbeitsgemeinschaft Meeretechnisch Gewinnbare Rohstoffe (**Germany**), 6: 67n. 237

Arbitral tribunal

(*see also* Proceedings; Provisional arrangements/measures; Special arbitral tribunal)

arbitrators, 1: 393-395

award of, 1: 292, 396-397, 5: 433-437

binding decisions/binding force of decisions of, 5: 38, 84

constitution of, 1: 394-395, 5: 425-429, 5: 426n

default of appearance, 1: 396, 5: 433-434

duties of parties, 1: 395-396, 5: 431-432

English Channel Continental Shelf case, 1: 463, 5: 169-170

expenses of, 1: 396, 5: 432

facilities for, 1: 395

formation of, hindrances to, 5: 428-429

functions of, 1: 395, 5: 430

jurisdiction of, 1: 291-292, 331-332

majority decisions of, 5: 432-433

nationality of members, 1: 394-395

number of members, 5: 425-427

procedures of, 1: 292, 395-396, 5: 40, 430-431

remuneration of, 1: 396

rules of, 5: 422-423

vacancies in, 5: 426, 435

Arbitration, 5: 421–437

    (*see also* Arbitral tribunal; Special arbitration; UNCITRAL Arbitration Rules)

    access to, 5: 60–65

    activities in the Area excluded from, 5: 437

    application to entities other than States Parties, 5: 437

    arbitrators, 1: 393–395

    binding commercial, 1: 291–292, 351–352, 364, 428–429, 6: 919–920

    commercial, 1: 291–292, 351–352, 364, 428–429, 5: 423, 6: 625–629, 919–920

    conflicts among pioneer investors, 1: 428–429

    documentation of, 5: 421

    Draft Agreement on Straddling and Highly Migratory Fish Stocks on, 3: 670–672

    draft proposals for, 5: 8–11

    of fisheries disputes, 3: 30, 34

    forms of, 5: 41–42, 422

    institution of proceedings, 1: 393, 5: 422–423

    for interpretation/application disputes, 5: 6

    of marine scientific research disputes, 3: 34

    Model Rules of Arbitral Procedure, 5: 421–422

    of navigation disputes, 1: 397–399, 3: 34

    overview of, 5: 421–423

    as peaceful means, 5: 18

    resort to, 1: 330, 5: 40, 42

    Sea-Bed Disputes Chamber rules of, 6: 621–623, 625–629

    States choosing, 5: 422n. 2

    UNCITRAL, 6: 622–623, 626–627, 629, 676–677, 826

Arbitrators, 5: 422, 424–429, 432

Archaeological/historical objects

    and baselines, 2: 82

    coastal States' rights re, 2: 275, 895, 6: 230–231

    in the contiguous zone, 1: 338, 2: 275

    cooperation in protecting, 1: 338

    and the First Committee (UNCLOS III), 6: 36

    First Committee (General Assembly) on, 6: 229–230, 6: 230n. 5

    found at sea, 5: 158–162

    Greece on, 5: 159, 161, 6: 227, 6: 227n. 2, 6: 228

ICNT on, 6: 230

Informal Plenary re, 5: 159

in internal waters, 6: 230

ISNT on, 6: 229

notification of find of, 6: 232, 929, 946

preserved/disposed of for benefit of mankind, 1: 263, 6: 226-227, 229, 231, 883

protection of, 5: 158-162, 5: 159n. 2, 6: 946

rights to, 5: 158-162, 6: 883

salvage of, 5: 158-159

Sub-Committee I (Sea-Bed Committee) on, 6: 227-229

and territorial sea's outer limit, 2: 86

vs. underwater cultural heritage, 6: 232n

U. S. on, 5: 159, 161

use of term, 5: 160

Archer, A. A. (of the U. K.), 6: 270

Archipelagic sea lanes passage

of aircraft, 1: 226-227

designation, 1: 226

marine environment protection/preservation provisions re, 4: 64

and marine scientific research, 4: 461

régime of, 1: 77, 225

sea lanes passage, 1: 24, 226-227

traffic separation schemes, 1: 227

use of term, 1: 226

Archipelagic States, 2: 399-487

(*see also* Archipelagic sea lanes passage; Archipelagic waters)

and aircraft, 2: 405-406

baselines for, 1: 224-225, 2: 82, 399-400, 403-405, 416-432, 434-435, 3: 624-626

and breadth of territorial sea, contiguous zone, exclusive economic zone, and continental shelf, 1: 225

declaration of States as, 3: 624

disputes re, 2: 406

and innocent passage, 1: 226, 2: 200, 404-405

internal waters delimitation, 1: 225

and islands, 1: 224, 3: 322

laws/regulations on, 2: 406, 447–454, 481–487, 3: 627–628

legal status of, 1: 225, 2: 401

and marine environment protection/preservation, 4: 181–206, 299

marine scientific research in, 4: 461

Sea-Bed Committee on, 2: 401, 408–409, 419, 435, 482–483

and sea lanes, 2: 404–406, 463–480, 3: 627

sovereignty/rights of; 1: 77–78, 209, 225, 2: 64, 66–67, 2: 71, 86, 405, 3: 625

and submarine cables, 1: 226, 2: 447–454

traditional fishing rights of, 1: 226, 2: 447–454

and traffic separation schemes, 2: 404, 406

and transit passage, 2: 404

use of term, 1: 224, 2: 38, 43, 399, 401–403, 405, 407–415, 3: 623

Archipelagic waters

(*see also* Archipelagic sea lanes passage; Baselines, archipelagic; Due notice)

air space over, 1: 225, 2: 463–480

archaeological/historical objects in, 6: 230

declaration of, 3: 626

delimitation of, 1: 225

and freedom of navigation, 2: 406

vs. high seas, 3: 62–63, 65–66

hot pursuit in, 1: 250–251, 4: 490n

innocent passage in, 1: 226, 2: 82, 405–406, 455–462, 3: 81, 626–629

jurisdiction in, concurrent, 3: 126

laws/regulations re passage in, 3: 627–628

legal status of, 1: 225, 243–244, 2: 107, 437–442, 6: 92

marine environment protection/preservation in, 4: 144, 181–206, 208–209

marine environment protection/preservation provisions re, 4: 384

marine scientific research in, 4: 461, 490–495

Sea-Bed Committee on, 2: 439, 457, 466–467

and sea lanes, 1: 226–227, 2: 38, 67–68

sovereignty over, 1: 24, 209, 225, 2: 66–67, 71, 3: 625, 4: 490n

and straits, 2: 406

traditional rights in, 1: 224, 226

use of term, 1: 225, 2: 44, 73, 401

warships in, 3: 628

Archipelagos, 1: 224

(*see also* Archipelagic States; Airchipelagic waters; Baselines)

as an agenda item for UNCLOS III, 1: 90

baselines for, 3: 623–626

and the breadth of the territorial sea, 3: 479

vs. islands, 3: 322–323, 3: 323n

Main Trends Working Paper on, 3: 623–629

use of term, 2: 38, 407–415, 3: 323, 623

Archives and official communications, 1: 288–289, 6: 571–573, 6: 573n. 4

Arctic Ocean, 2: 884, 4: 158, 4: 384n, 4: 393, 398

Area

(*see also* Activities in the Area; Limits of the Area; Marine scientific research, in the Area; Part XI; Who may exploit the Area)

access by developing States, 6: 216–225

charts of, 1: 258

claims re, 1: 259, 270, 6: 162, 164, 171

as common heritage of mankind, 1: 207, 258, 471, 2: 40, 3: 33–34, 3: 94n. 1, 5: 242, 6: 28, 95–99, 110, 877

vs. continental shelf, 3: 33, 6: 110

development of resources of, 1: 264–271

exploration/exploitation of resources in, for benefit of mankind, 6: 28

general provisions, 1: 258

and international law, 1: 262, 6: 28

international régime/machinery applying to, 6: 28–29, 65

legal status of, 1: 259, 6: 101–111, 6: 103nn. 2–3, 104n. 5, 109n. 11, 110n. 14, 6: 878

liability for activities in, 6: 29

marine technology development/transfer in, 4: 665–666

natural resources of, 1: 262

negotiations re, special features of, 5: 277–278

peaceful purposes in (*see* Peaceful purposes, use of the Area for)

principles governing, 1: 258–263, 6: 93–94, 6: 93–94nn. 1–3, 6: 99 (*see also* specific principles and themes)

régime of, overview of, 6: 3, 69

sovereignty over, 6: 28, 105–110 (*see also* Area, legal status of)

States' conduct in relation to, 1: 259, 6: 112–117, 6: 113n, 116n. 8, 6: 878

vs. superjacent waters, 6: 110

use of term, 1: 143, 2: 27, 32–33, 40, 3: 70n, 3: 80, 3: 80n. 12, 368n. 13, 4: 111n. 1, 4: 148–149, 749, 6: 3, 28, 71, 81, 84, 6: 84n. 16, 6: 97, 825

Areas

(*see also* Pioneer areas; Reserved areas)

vs. the Area, 2: 40, 4: 753

clearly defined, 1: 301

ice-covered, 1: 311, 4: 392–398

non-reserved, 1: 269–270, 353–355 (*see also* Pioneer areas; Reserved areas)

renunciation of, 1: 366, 368, 6: 738–739

reservation of, 1: 355

special, pollution in, 1: 301, 4: 181–183, 196–197, 395

Argentina

on air space, 2: 902

on artificial islands, installations and structures, 2: 576, 920–921

on bilateral/subregional agreements, 3: 412–413

on binding decisions, 5: 325

on conservation/management of living resources, 2: 600

on the continental shelf, 2: 843–845, 902, 911, 920–921, 955

on delimitation of the continental shelf between opposite or adjacent coasts, 2: 955

on dispute settlement, 5: 26n. 2

on exceptions to compulsory procedures, 5: 130, 137

on the exclusive economic zone, 2: 557, 623, 644–645, 802–803

on geographically disadvantaged States, 2: 738

on landlocked States, 2: 697

on marine scientific research, 4: 615

on pipelines, 2: 911

on Resolution II, 6: 839

on States' rights/duties in the exclusive economic zone, 2: 557

on stocks in the exclusive economic zone, 2: 644–645

on submarine cables, 2: 911

on superjacent waters, 2: 902

on utilization of living resources in the exclusive economic zone, 2: 623

Arm's length transactions, 1: 363, 6: 715–716

Arms race, 6: 147, 6: 147nn. 1–2, 6: 149, 210, 6: 210n. 1

Arrangements

(*see also* Agreement; Cooperation)

by the Authority, 1: 265–266

commodity, 1: 354

for cooperation with international and nongovernmental organizations, 1: 285

cooperative, 1: 232, 300

by the Enterprise, 1: 377

between the Enterprise and the Authority, 1: 376

equitable, 1: 235–237, 324

re evidence taking, 1: 389

excluding applicability, 1: 336

financial, 1: 280 (*see also* Part XI)

institutional (*see* Agreement (1994))

joint, 1: 269, 355–357, 372, 377

joint-venture, 1: 356, 482–483, 486 (*see also* Joint ventures)

re patents, 1: 327

provisional/practical, 1: 238, 243, 433

for search and rescue service, 1: 247

(*see also* Search and rescue services)

for transfer of technology 1: 350–351

(*see also* Technology transfer)

for utilization of living resources, 1: 231, 235–237

Arrears in payment, 1: 290

Arrest

(*see also* Crews; Detention; Hot pursuit, right of; *and specific offences, such as* piracy)

Convention on the High Seas on, 3: 507

of fishing vessels in the exclusive economic zone, 3: 593–594 (*see also* Foreign ships or vessels, arrest or detention of)

during innocent passage in the territorial sea, 3: 470–472, 500–501, 560–561

notification of reasons for, 3: 474

of a person, 1: 216–217, 250

of a shipping vessel, 1: 217–218, 238, 247, 250–252, 3: 165–167, 169

use of term, 2: 246, 795

Articles, use of term, 2: 37-38, 74, 156, 4: 751

Articles of Agreement of the International Monetary Fund (1945), 6: 499n. 1, 801

Artificial Islands

(*see also* Due notice; Installations; Man-made structures; Structures)

and activities on the continental shelf, 2: 835

as an agenda item for UNCLOS III, 1: 90

Argentina on, 2: 576, 920-921

construction of, 3: 76-79, 83, 631-632

on the continental shelf, 1: 241-242, 2: 918-926, 3: 632-633

in the exclusive economic zone, 1: 228-230, 2: 542-543, 570-588, 3: 579-581, 583, 633

and freedom of navigation, 3: 76-79, 83, 633

in high seas, 1: 244

legal status of, 1: 230, 242

location of, 1: 230, 263

Main Trends Working Paper on, 2: 923, 3: 579-581, 583, 631-634, 3: 631n

marine environment preservation/protection provisions re, 4: 143, 222-226

for marine scientific research, 1: 316, 4: 618-619, 622

maritime space of, 3: 323

vs. natural islands, 3: 327, 3: 327n. 2

pollution from, 1: 298, 302-303

removal of, 1: 230, 2: 589-593

in safety zones, 1: 230, 251, 263, 321, 2: 587

Sea-Bed Committee on, 2: 574, 920-921

and territorial sea delimitation, 1: 212, 230

use of term, 2: 36, 122

Arusha Understanding (1986), 6: 694n. 45, 6: 849

Asia, Pacific Coast, and traffic separation schemes, 2: 216

Asian-African Legal Consultative Committee, 5: 189, 484-485

Asian Group, 1: 69, 83-84

Asian States, 2: 497, 5: 344, 6: 346

Asplund, L. E. G., 2: 59

Assembly, 6: 371-386

(*see also* Assembly, powers/functions of; Authority; Enterprise; Finance Committee; Review Conference)

supreme policy-making, use of term, 6: 395

re suspension of exercise of rights and privileges, 1: 274, 279–280

Tanzania on, 6: 392

U. K. on, 6: 392, 400

U. S. on, 6: 379–380, 392, 394, 400–401

Assembly of the Inter-Governmental Maritime Consultative Organization, 4: 305

Assessment

of available data with respect to Area, 1: 478, 482, 6: 338

of damage, 1: 312

environmental, 1: 282–283, 297, 479, 482, 4: 109–115, 121–124

of joint-venture operations in Area, 1: 482

of marine scientific research data and results, 1: 318

scale of, 1: 273–274, 375

of technological developments, 1: 482

Assistance

(*see also* Economic assistance)

duty to render, 3: 170–177, 3: 175–176nn. 10–11, 3: 507–508, 608

to geographically disadvantaged States, 2: 782–783

from international organizations, 1: 238, 268, 320, 326

to landlocked States, 2: 782–783

legal, 1: 216–217

in marine scientific research, 1: 314–315, 318, 320, 326–327, 486, 4: 597–602

to persons, ships or aircraft, 1: 213, 247 (*see also* Search and rescue services)

technical

to coastal States, 1: 317

to developing States, 1: 296–297, 325–326, 4: 98–104, 712–718

international cooperation promoted via, 1: 486

to landlocked and geographically disadvantaged States, 1: 235–238, 320, 324, 4: 712–718

marine environment protection/preservation, proposals for, 4: 98–108

and marine technology development/transfer, 4: 666, 677–678

use of term, 1: 352

Asylum-seekers, rescue of, 3: 175

Atlantic Ocean, 2: 216, 884

Atmosphere, 1: 294, 302, 307, 4: 67

(*see also* Air space; Marine environment, protection and preservation of, regulations for; Pollution, atmospheric)

Atolls, 1: 210, 224–225, 2: 92–94

(*see also* Islands)

Attributable net proceeds

Authority's share of, 1: 359

calculation of "return on investment," 1: 362

as a financial term of contracts, 6: 710–711, 723–724, 726–727

use of term, 1: 358, 360, 362, 2: 38, 6: 711–712, 714

Audits, 1: 287, 373, 376, 6: 544–545

Australasia, 2: 215

Australia

(*see also* Group of 11)

on anadromous stocks, 2: 669

on the Authority's organs, 6: 369

on the Boat Paper, 6: 60n. 223

as chair of informal group, 5: 7

on conservation/management of living resources, 2: 599

on the continental shelf, 2: 843

on contracts, financial terms of, 6: 719

on the Council's composition/decision-making, 6: 423, 426

on delimitation of the exclusive economic zone, 2: 802

on enforcement of laws and regulations of coastal States, 2: 789

on the exclusive economic zone, 2: 557, 641, 802, 5: 93n. 6

on the Green Book, 6: 51–52

on highly migratory species, 2: 651–653, 655, 997

on the high seas, use of term, 3: 63

on immunities of warships, 2: 261n. 1

on innocent passage, 2: 193–194, 225

on the international régime, 6: 32

on the marine environment, 2: 496–497

on marine environment preservation/protection

global and regional cooperation proposals, 4: 79–80

measures to facilitate proceedings for violations, 4: 321 n. 1

responsibility and liability provisions, 4: 402

and re sovereign immunity, 4: 418

and sovereign rights, 4: 46–47

technical assistance to developing countries, 4: 100–101

and vessel-source pollution, 4: 187

working paper by, 4: 38

on marine scientific research, 4: 533–534

on marine technology development/transfer, 4: 715

on periodic review of the law of the area, 5: 293

on policies on activities, 6: 252, 6: 252n

on production policies, 6: 241

on Resolution II, 6: 837

on sedentary species, 2: 687–688

on States' rights/duties in the exclusive economic zone, 2: 557

on stocks in the exclusive economic zone, 2: 641

on the uses of the seabed, 6: 22

and utilization of living resources, 2: 621–622

Austria

(see also Group of 11)

on the continental shelf, 2: 844

on the Enterprise, 6: 369

on the exclusive economic zone, 2: 535

on geographically disadvantaged States, 2: 744

on joint ventures, 6: 305

on landlocked States, 2: 708

on marine scientific research, 4: 544, 593

and national marine science, technology and ocean service infrastructures, 4: 746

on payments/contributions from exploitation of continental shelf, 2: 937–938, 940–941

Authentic texts

(see also under Final provisions)

of the Agreement, 1: 476, 6: 860

of amendments, 5: 273–274

of the Charter of the United Nations, 5: 303

of the Convention on the High Seas, 3: 513

of the Convention on the Territorial Sea and the Contiguous Zone, 3: 503

final provisions on, 1: 338–339, 5: 171–173, 273–274, 301–305 of the Geneva Conventions on the Law of the Sea, 5: 302–303

of the Protocol, 6: 556

of the United Nations Convention on the Law of the Sea, 1: 150–151, 342, 344, 5: 301–305

Authority (**International Seabed Authority**), 6: 336–370

(*see also* Administrative expenses; Arrangements; Assembly; Authority, establishment of; Authority, financial arrangements of; Authority, powers/functions of; Borrowing power; Budget; Contracts; Contributions; Council; Enterprise; Financial contributions; Funds; International machinery; International régime; Joint ventures; Legal status, of the Authority; Observers; Payments; Performance requirements; Plan of work for activities in the Area; Privileges and immunities of the International Seabed Authority; Production authorizations; Rules and Regulations Commission; Rules, regulations and procedures of the Authority, financial; Secretary-General (Authority))

access to dispute settlement procedures, 5: 61

administrative tribunal for, 1: 284–285

Annex III and regulations of, 6: 66

applicable law between the Authority and contractors, 1: 369

arrangements by, 1: 265–266

arrangements with, First Committee (UNCLOS III) on, 6: 38

assessed or voluntary contributions by members, 1: 286–287, 480–481, 490

audit of, 1: 287, 6: 544–545, 916

autonomy of, 3: 676

borrowing power of, 1: 286–287, 481, 6: 541–543, 915

budget of, 1: 273–274, 279, 287, 424, 480–481, 490, 3: 676, 6: 914–915

   and the Assembly, 6: 387–388, 391–393, 401–402 (*see also* Authority, financial arrangements of)

competence of, 4: 449, 609

composition of, 6: 40 (*see also* Assembly; Council; Secretariat; Tribunal)

contracts with, 6: 42, 933

contractual obligations of, 1: 265, 267, 292, 369–370

control of activities in the Area, 1: 349

Convention as constituent instrument of, 5: 277

cooperation with the United Nations, 6: 503–504, 6: 504n. 7

decisions of; 1: 292, 483–486

determination of size of area, 1: 366

disputes with States Parties, 1: 290–291, 364, 6: 608–609, 615, 617–620

documentation of, 6: xxxvi–xxxvii

and economic assistance to developing States, 6: 337

and the Enterprise, 1: 370, 374, 376, 6: 759, 765, 767–768, 771–775, 6: 773n, 774n. 15, 6: 866

environmental protection, regulatory action for, 6: 76, 190, 192–196, 198, 337–338

equitable sharing, regulatory action for, 6: 143, 285, 287, 348

exclusive jurisdiction over the Area by, 6: 104–105 (*see also* Area, legal status of)

exemption from taxes, 1: 289

expenditures from funds of, 1: 490

expenses of, 1: 273–274, 287, 357, 481, 488, 490, 6: 915

expenses of members borne by, 5: 372

experts employed by, 1: 289

exploration/exploitation of the Area, regulatory action for, 6: 338, 348

facilities, 1: 326, 376

finances of, 1: 286–287, 481, 6: 41, 44, 50, 722 (*see also* Authority, financial arrangements of)

financial statements of, 1: 287

first meeting of, 3: 675

flag and emblem of, 6: 550

functions of (*see* Authority, powers/functions of)

general provisions for, 1: 271–272, 6: 336–338

Group of 77 on, 6: 33

and human life, regulatory action for protection of, 6: 200–204, 348, 882

inability of a member to pay financial contributions, 1: 290, 481

incidental powers, 1: 271, 476

inspection by, 1: 269, 366

institutional elements of, Part XI on, 6: 65

legal basis of, 6: 343

legal status of, 1: 288

limitation of jurisdiction regarding, 1: 292

and marine environment protection/preservation, 4: 118, 149, 153–154, 229, 231

marine scientific research, role in, 6: 160, 163–170, 6: 169n, 6: 172, 337–338

marine scientific research conducted by, 1: 261, 477–478, 6: 880

marine technology development/transfer, duties regarding, 4: 706–718 marine technology development/transfer deliberations of, 4: 676, 708, 710

member of, use of term, 6: 549

membership in, 1: 25–26, 271, 479–481

metal markets/prices monitored by, 6: 337, 485

nature/fundamental principles of, 1: 271, 6: 351–362, 891

need for, 6: 336

nondiscrimination by, 6: 150, 233–234, 283, 285–291

notification of ratification and formal confirmation of the Convention, 5: 199

observers' participation in, 1: 271, 285, 344, 6: 336, 347–350, 6: 348n, 349nn. 27–28, 6: 504–505

offices of, 1: 271

organs of 1: 272, 284, 286, 370, 476–477, 491, 6: 65n. 232, 6: 246, 342, 363–370, 484, 891–893 (*see also* Assembly; Council; Enterprise; Secretariat; Tribunal)

Part XI on, 6: 65, 348–349, 886–887, 889–893, 913–916

participation in, 6: 62

participation in commodity conferences or agreements, 1: 265, 354

as a party to legal proceedings, 5: 413

payments and contributions from exploitation of continental shelf, 1: 242, 2: 946, 2: 946n. 19, 2: 947, 3: 574

penalties imposed by, 6: 312

plans of work approved by, 6: 103n. 3, 6: 337

plans of work monitored by, 6: 337

policies of (*see* Policies on activities in the Area; Production policies)

power of (*see* Authority, powers/functions of)

preferential treatment for developing States by, 6: 283, 285–292, 336

Preparatory Commission decisions implemented by, 6: 337, 370

privileges and immunities of, 1: 288–289, 6: 916–918

procedures of, 6: 383–385

production policies of, 1: 265–268, 487–488, 6: 259, 261, 270, 278, 348

prospecting/exploration data assessed by, 6: 338

provisional membership in, 6: 61, 63, 6: 63n. 227, 6: 350

qualifications of staff, 6: 491, 910

regional marine scientific and technological centres, obligations re, 4: 719–733

regulatory action for activities, 6: 242–243

and revenues, 1: 264, 357, 363 – 364, 3: 574, 582, 6: 132, 143, 247 – 248,

ICNT on, 6: 345–347

Iraq on, 6: 347–348

ISNT on, 6: 343–344

Israel on, 6: 348n

Latin American and Caribbean States on, 6: 342, 346

Malta on, 6: 342, 345–346

and national liberation movements' rights as observers, 6: 349, 6: 349n. 28

Part XI on, 6: 889–891

resolution 2467 A (XXIII) on, 6: 340–341, 6: 340–341nn. 1–2

resolution 2574 C (XXIV) on, 6: 341

resolution re, 5: 473–474

RSNT on, 6: 344–345, 6: 345n. 9

Soviet Union on, 6: 341–342, 6: 345n. 9

Tanzania on, 6: 342

U. K. on, 6: 342

U. S. on, 6: 341

Western European and Other States on, 6: 346

Authority, financial arrangements of, 6: 526–545

(*see also* Contracts, financial terms of; Finance Committee)

administrative expenses, 1: 273–274, 287, 481, 488, 490, 6: 534–540, 915

agreed/assessed contributions, 6: 531, 6: 531n. 3, 6: 538–540, 588, 6: 588n

Agreement on, 6: 528, 530–534, 541–543, 856

annual budget, 6: 387–388, 391–393, 401–402, 532–535, 914–915

audit, 1: 287, 6: 544–545, 916

borrowing power, 1: 286–287, 481, 6: 541–543, 915

costs to States Parties, 6: 532, 541, 860–866

debts, 1: 287

Draft Ocean Space Treaty on, 6: 526, 534, 542

economic assistance to developing States, 6: 528, 536–537, 539–540

and the Finance Committee, 6: 527, 532, 534–535

financial facilities, 6: 550

Financial Regulations of the Authority, 6: 526, 531, 6: 531n. 2, 6: 545

financial terms of contracts, 6: 530, 539

financing of the Enterprise, 6: 530, 539

(*see also* Enterprise, financing of)

First Committee (UNCLOS III) on, 6: 41, 44, 50

funds, 6: 528-531, 536-539, 913-914

Germany on, 6: 527n. 7, 6: 530, 539

Group of 77 on, 6: 530

ICNT on, 6: 530, 534, 539, 543, 545

Informal Consultations on, 6: 61

institutional arrangements, 6: 532, 541

international community expenses, 6: 538

ISNT on, 6: 526-527, 529-530, 534, 538-539, 542-543, 545

negotiating groups on, 6: 654-655

Part XI on, 6: 65

regulations re, 6: 450

RSNT on, 6: 530, 534, 539, 543

Soviet Union on, 6: 530, 539, 543

U. S. on, 6: 530, 539-540, 545

Authority, powers/functions of

in accordance with Part XI, 6: 348-349

acquire scientific knowledge, 6: 485

adopt rules, regulations and procedures, 6: 485

Agreement on, 6: 484-485

assess prospecting/exploration data, 6: 484-485

Convention as source of, 1: 476, 5: 277

develop marine technology, 6: 485

and development of resources, 6: 233-234

early functions, 1: 477-478

Egypt on, 6: 359

re equitable sharing, 1: 260

evolutionary approach to, 1: 477

exercise of, 1: 268, 271, 6: 283-292, 6: 287n, 6: 886-887

and exploration/exploitation, 1: 9, 6: 293, 297, 299-312

First Committee (UNCLOS III) on, 6: 38, 41-42

and fundamental principles of the Authority, 6: 351, 355-356

Green Book on, 6: 310

ICNT on, 6: 305-310

implement Preparatory Commission's decisions re pioneer investors, 6: 484

incidental powers, 6: 358–361

industrialized States on, 6: 310

in the interim period, 5: 473–474, 6: 337–338

ISNT on, 6: 302–303, 336

marine scientific research, role in, 1: 9, 6: 348, 485

monitor contracts for exploration, 6: 485

monitor markets, 1: 9, 6: 337, 485

overview of, 1: 26

Part XI on, 6: 886–887

process applications for plans of work, 6: 484

regional centres/offices for, 6: 339, 344–345, 350

and rights of the Authority, 6: 356

RSNT on, 6: 303–304, 336

Rules and Regulations Commission, 6: 447, 451, 478–479

scope of, 1: 9, 6: 336, 343, 345, 353–356, 358–361

study economic impact of mineral production, 6: 485

U. S. on, 6: 360

and who may exploit the area, 6: 81, 355–357

Authorizations for production, *see* Production authorizations

Awards, arbitral tribunal, 1: 292, 396–397, 5: 433–437

Awol, Manyang d' (of Sudan), 1: 411, 6: xlvii

Bachleda-Curus, Tadeusz (of Poland), 6: xlvii

Bahamas, 2: 422–423, 468

Bahrain, 2: 764, 1013, 5: 484

Bailey, John (of Australia), 1: 410, 6: xlv, 6: 35n. 120

Baker, James (of the U. S.), 6: 58n. 219

Baleen whales, 3: 316n. 2

Ballah, Lennox (of Trinidad and Tobago), 6: xlvi–xlvii, 55, 481

Baltic Sea, 2: 214, 3: 367–368, 4: 28, 202

Bangladesh, 2: 88, 97, 99, 101, 2: 101n. 8, 6: 63n. 227

Banks, 1: 211, 240

Barcelona Convention (General Conference on the Freedom of Communications and Transit; 1921), 3: 373, 375, 382, 384, 455

Bareboat charters, 3: 111, 116–117

Bars to proceedings/decisions, 1: 382, 390, 396, 5: 317, 326–327, 389–390, 433

Basel Convention on the Control of Transboundary Movements of Hazardous Waters and their Disposal (1989), 4: 27

Baselines

(*see also* Territorial seas)

archipelagic, 1: 24, 77–78, 224–225, 2: 38, 82, 399–400, 403–405, 416–432, 434–435, 3: 623–626

and atolls, 2: 92–94

and bays, 1: 211, 2: 89, 3: 475–478, 497–498, 550–551

charts and geographical coordinates of, 1: 209–210, 212–213, 225, 2: 90, 94, 144–150, 424–425, 427, 3: 475, 497, 625

and coasts, 2: 100, 2: 100n. 6

and the continental shelf, 1: 239–240, 242, 316, 4: 515–516

Convention on the Territorial Sea and the Contiguous Zone on, 2: 88, 92, 97, 101, 103, 106–108, 110, 112

due publicity to, 2: 424–425, 427

and the exclusive economic zone, 1: 7, 210, 225, 228, 2: 82, 103, 2: 103n. 18, 2: 106–107, 4: 515–516

and internal waters, 2: 82, 104–108, 405, 3: 497

and islands, 1: 210, 212, 224, 2: 98, 100, 399, 3: 322–323, 331, 333–334, 338–339, 496, 498, 637

and the low-water line, 2: 87–90, 94, 101

marine environment preservation/protection provisions re, 4: 265

and marine scientific research, 4: 515–516

measuring, 3: 496, 549

methods of determining, 1: 209–212, 219, 224, 2: 129–131

and mouths of rivers, 2: 89, 109–112, 3: 499, 550

normal, 2: 87–90, 3: 549

and reefs, 1: 210, 2: 89, 91–94

Sea-Bed Committee on, 2: 88, 92, 97, 110, 130, 419, 435

Second Committee on, 3: 475–476

straight, 1: 77, 2: 89, 95–103, 3: 496–498, 549–550, 624–625

and territorial seas, 1: 77–78, 209–213, 219, 225, 228, 239–240, 242, 316, 2: 61–63, 103, 145–148, 3: 549–550

use of term, 2: 81

Basic Conditions of Prospecting, Exploration and Exploitation. *see* Annex III

Basins, 3: 349, 352

　　(*see also* Enclosed/semi-enclosed seas)

Bay of Bengal, 2: 876, 1020, 1025

Bay of Fonseca, 2: 117

Bays

　　area of indentation of, 2: 113, 117

　　and baselines, 1: 211, 2: 89, 3: 475–478, 497–498, 550–551

　　and breadth of territorial seas, 476–478, 497–498, 550–551

　　historic, 1: 158–160, 211, 336, 2: 113, 115, 3: 464, 498, 530–531, 551

　　juridical, 2: 117

　　mouths of, 1: 211

　　Second Committee on, 3: 464

　　and territorial sea delimitation, 2: 113–119

　　use of term, 1: 211, 2: 38, 115, 3: 497, 550–551

***Beagle Channel* arbitration case**, 2: 142

Beesley, J. Alan (of Canada), 1: 63, 80, 1: 135n. 1, 1: 411, 5: 14–15, 6: 51n. 195

Belarus, 6: 63n. 227

Belgium

　　on Annex III, 6: 657

　　on artificial islands, installations and structures, 2: 574, 2: 574n. 2, 2: 920

　　on the Assembly's powers/functions, 6: 400

　　on the breadth of the territorial sea, 3: 482

　　on contracts, financial terms of, 6: 727

　　on exploration/exploitation, 6: 303

　　on international organizations, 5: 460

　　on participation clause of final provisions, 5: 188

　　on Resolution II, 6: 841

　　special arbitration accepted by, 5: 451

Belinga-Eboutou, Martin (of Cameroon), 6: xlvii

Bello, Andrés (of Latin America), 6: 6

The Belts (Denmark straits), 2: 307–308, 2: 308n. 11

Benefit of mankind, 6: 129–144

　　from activities, 1: 260, 6: 141–142, 360, 879

　　Arab Group on, 6: 140–141

archaeological/historical objects preserved/disposed of for, 1: 263, 6: 226 – 227, 229, 231

Declaration of Principles on, 1: 173–174, 6: 133

and developing States' needs/interests, 6: 137, 139–140, 6: 139n, 6: 141–144, 6: 142n. 14

development of resources for, 1: 264, 6: 235

and equitable sharing, 1: 260, 6: 132–141, 143

and exploitation, general norms re, 6: 135–136

exploration/exploitation for, 1: 3–4, 207, 6: 28, 293, 297, 305–306, 309–310

financial and other economic benefits, 6: 141–143

Group of 21 on, 6: 141

Group of 77 on, 6: 137, 140–141

ICNT on, 6: 132, 138–140

industrialized States on, 6: 142

ISNT on, 6: 132, 135–136

and landlocked/geographically disadvantaged States' participation, 6: 134, 137–138, 143–144

LL/GDS Group on, 6: 137–138

Malta on, 6: 134

marine scientific research for, 1: 261, 315, 6: 160–161, 164–168, 170–171, 879

Norway on, 6: 137–138

Part XI on, 6: 879

and policies on activities, 6: 242–243, 251–252

and production policies, 6: 274–275

Qatar on, 6: 140

revenues of the Authority to be used for, 6: 132, 143

Review Conference on, 6: 318, 327–329

RSNT on, 6: 132, 137

Soviet Union on, 6: 133–134

Tanzania on, 6: 133

U. S. on, 6: 141–142, 6: 142n. 16

Bermuda, 5: 339, 5: 339n. 17

Best scientific evidence, *see* Scientific evidence

Bey, Chinasi (of Turkey), 3: 485

Bigeye tuna, 1: 345

Bilateral agreements, *see under* Agreement

Binding decisions

(*see also* Arbitration; Compulsory procedures, entailing binding decisions; Tribunal)

binding, use of term, 5: 84n

compliance with, 5: 82–84, 396–398

by a court or tribunal, 1: 328–329, 333–334, 368, 390–391, 396, 399

(*see also* Part XV)

on entities other than States, 5: 63

exceptions to, 5: 87–88

finality of, 5: 82–84, 396–398

on interpretation/application disputes, 5: 25–27, 82–34, 394–395

on intervening States Parties, 5: 392–393

limitations of, 5: 82–106, 5: 93nn. 6–7, 96nn. 11–12

on limits of continental shelf, 1: 240

out-of-court, 5: 83

and port States' enforcement obligations for marine pollution violations, 4: 261

by regional or third-party procedure, 5: 89–91, 93–95, 5: 93n. 7, 5: 104–105

and rights of parties to agree on a procedure, 5: 144

Biodiversity, 3: 645

Biological characteristics of stocks. *see* Stocks

Björnssen, M. (of Iceland), 3: 484

Blackfin tuna, 1: 345

Black Sea, 2: 215, 3: 367–368, 3: 368n. 12

Blow-out prevention. *see* Environmental protection

Bluefin tuna, 1: 345

Board. *see* Governing Board

Boarding

(*see also* Right of visit)

for drug searches, 3: 228, 230

for enforcement, 2: 794

by port States, 3: 656

of ship or vessel, 1: 216–217, 238, 250

of ships flying a foreign flag/refusing to show flag, 3: 612–613

Boat Paper, 6: 60–61, 6: 60n. 223

Boats. *see* Fishing vessels; foreign ships or vessels; Ships; Vessels

Boggs, S. Whittemore, 2: 59

Bolívar, Simón, 1: 421, 435

Bolivia

on conservation/management of living resources, 2: 600

on equality of treatment in ports of transit States, 3: 451–452

on the exclusive economic zone, 2: 516–517

on free zones, 3: 437

on geographically disadvantaged States, 2: 749

on landlocked States, 2: 701, 3: 404–405, 410–411, 424–425, 442

Bonds or other financial security

bond, use of term, 5: 69

financial security, use of term, 5: 69

investigation of foreign vessels and provisions for, 1: 308, 4: 337–338, 342–343, 4: 343n. 7

and port States' investigations, 1: 305

for release of vessels, 1: 238, 309, 332–333, 5: 71

suspension and restrictions on proceedings involving marine pollution violations, 4: 359

use of term, 5: 69

Bongsprabandh, Prince Wan Waithay-akon Krommun Naradhip (of Thailand), 3: 492, 536

Borrowing power, 1: 280–287, 372, 374, 481

The Bosporus, 2: 307–308

Botswana, 2: 730, 765

Bouteiko, Anton (of Ukraine), 6: xlvi, 56

Boutros-Ghali, Boutros, 6: 4

Brazil

on Annex Ⅲ, 6: 652

on artificial islands, installations and structures, 2: 581

in Assembly working group on the rules of procedure, 6: 384

and the Boat Paper, 6: 60n. 223

on the breadth of the territorial sea, 2: 79, 3: 486

on the collegiate system, 1: 122

on dispute settlement, 5: 93n. 7

on enforcement of laws/regulations of coastal States, 2: 793

on the exclusive economic zone, 2: 564n. 12, 2: 581

on marine environment preservation/protection, 4: 38, 84, 113, 141, 143–144, 164–165, 167

on marine scientific research, 4: 548, 565, 587–588, 652–653

on marine technology development/transfer, 4: 674–675, 696–697, 715

on nondiscrimination, 5: 192

on opposite or adjacent coasts, 2: 137

on UNCLOS III's preparatory work, 1: 48–49, 54

on uses of the seabed, 6: 22

Working Group proposed by, 6: 37n. 124

Breadth

(*see also* Territorial seas, breadth of)

of the contiguous zone, 1: 219, 225

of the continental shelf, 1: 225, 239–240, 242, 316

of exclusive economic zones, 1: 225, 228

of safety zones, 1: 230, 321

Brennan, Keith (of Australia), 1: 76, 410, 4: 435n. 18, 6: xlv, 6: 35n. 120

Brennan Group, 4: 435n. 18, 4: 548, 574

Broadcasting, 1: 249–250

Broadcasting from the high seas, unauthorized

as an agenda item for UNCLOS III, 1: 90

arrest/prosecution for, 3: 231–232, 236

international restrictions on, 3: 236

Israel on, 3: 234–235, 3: 235n. 5

Main Trends Working Paper on, 3: 233–234

Peru on, 3: 234, 3: 234n. 4

Radio Regulations on, 3: 236, 3: 236nn. 8–9

right of visit against ships engaged in, 3: 237, 242–245

suppression of, 3: 231–232, 3: 234n. 4, 3: 616

U. K. on, 3: 233n. 3

use of term, 2: 38, 3: 231–232, 235–236, 616

Brunei Darussalam, 5: 180n. 3

Budget

of the Authority (*see under* Authority)

of the Enterprise, 1: 372

of the Finance Committee (Assembly), 6: 407

of the Preparatory Commission, 1: 425

of the United Nations, 1: 375, 425, 481

Buero, M. (of Uruguay), 3: 485

Bulgaria, 2: 793, 867, 967, 4: 369, 615, 6: 67

Buoys, 4: 613n

Bureau (Assembly), 6: 383–385, 6: 385n. 10

Burma, 2: 101

By-catch (incidental catch), 3: 311n. 3

Byelorussian SSR, 5: 130n. 37, 422n. 2, 5: 451

Cables and pipelines, submarine

archipelagic States' care of, 1: 226, 2: 447–454

Argentina on, 2: 911

on the continental shelf, 1: 241, 252, 2: 835, 908–917, 3: 521–522, 572, 632

Convention for the Protection of Submarine Cables, 3: 267, 269, 272, 276

Convention on the High Seas on, 3: 276

damage to, 3: 266–278

Convention on the High Seas on, 3: 267–268, 511–512

cost of repairs/liability for, 3: 271–274, 512, 609

culpable negligence in, 3: 269–270

flag State jurisdiction re, 3: 269

as an incident of navigation, 3: 168

indemnity for loss incurred in avoiding, 3: 275–278

as a punishable offence, 3: 266–270, 609

disputes re, 3: 265, 5: 95

due regard to, 1: 241

in the exclusive economic zone, 1: 229, 3: 583

freedom to lay

on the continental shelf, 2: 835, 908–917, 3: 521–522, 572, 632

Convention on the Continental Shelf on, 3: 521–522

Convention on the High Seas on, 1: 7, 3: 505, 511

on the high seas, 3: 608

Main Trends Working Paper on, 3: 609

on the high seas, 1: 244, 252–253, 3: 608

ILC on, 3: 82, 269–270, 3: 270 n. 7

laws/regulations for protection of, 2: 200, 453–454, 835

marine environment preservation/protection provisions re, 4: 128–134, 181

right to lay, 3: 72, 74–79, 82

    Convention on the High Seas on, 3: 74, 262

    disputes re, 1: 334

    existing cables/pipelines, 1: 226

    in the high seas, 3: 72, 74–79, 82

    ICNT on, 3: 264–265

    ISNT on, 3: 263

    RSNT on, 3: 263–264

    States' entitlement, 1: 252, 3: 261–265

    types of, 3: 264n, 3: 270

    use of term, 3: 82

settlement of disputes over, 1: 334, 3: 265, 5: 85, 89

in territorial seas, 1: 214, 241

Cameroon, 2: 709, 6: 24–25

Caminos, Hugo, 1: 116

Canada

    (*see also* Group of 11)

    on anadromous stocks, 2: 669, 672

    on artificial islands, installations and structures, 2: 583

    on the Assembly, 6: 378, 392

    on the Authority's organs, 6: 369

    on the breadth of the territorial sea, 3: 482

    on charts, 2: 818

    on Commission on the Limits of the Continental Shelf, 2: 1003–1005

    on the Commission on the Limits of the Continental Shelf, 2: 1012–1013

    on conservation/management of living resources, 2: 598, 2: 646n. 13, 3: 293

    on the Council, 6: 420, 443–444, 462

    discussions/agreements/deals re UNCLOS III issues, 1: 57

    on dispute settlement, 6: 599

    on the exclusive economic zone, 2: 583, 641, 643–645, 807, 811

    on fishing/fisheries, 5: 91 n

    on geographical coordinates, 2: 818

    on the Green Book, 6: 51–52

on the high seas, use of term, 3: 64

on innocent passage, 2: 171, 173, 198

on the International Court of Justice, 6: 642

on the international régime, 6: 32

on the limits of the Area, 6: 80

on the marine environment, 2: 496-497

marine environment preservation/protection proposals by

    atmospheric pollution regulations, enforcement of, 4: 316

    coastal states' enforcement obligations, 4: 294-295

    contingency plans against pollution, 4: 87

    enforcement obligations of flag States, 4: 243

    re ice-covered areas, 4: 393

    imminent and actual damage notification, 4: 83

    pollution monitoring and risk assessment, 4: 112

    re responsibility and liability, 4: 401-403, 406

    scientific criteria for regulations, 4: 95

    seabed activities pollution, national jurisdiction over, 4: 137-138

    sovereign immunity, 4: 418

    sovereign rights, 4: 46-47

    straits used for international navigation, 4: 384n

    technical assistance to developing countries, 4: 100

    vessel-source pollution, 4: 184, 200

    working paper, 4: 37-38

marine scientific research proposals by

    assistance and facilitation for research vessels, 4: 598

    conditions to be complied with, 4: 540, 545

    creation of favorable conditions, 4: 474

    general provisions re, 4: 441, 446

    implied consent guidelines, 4: 563

    re information to coastal States, 4: 528

    re marine technology development/transfer, 4: 665

    non-recognition as basis for claims, 4: 464-465

    principles for conduct, 4: 456-457

    publication and dissemination of information and knowledge, 4: 481-482, 486

    re responsibility and liability, 4: 634-636

re territorial seas, 4: 490–491

membership in the Authority, 6: 63n. 227

on policies on activities, 6: 241, 252

on pollution, 6: 193, 6: 193n

on production policies, 6: 241

on Resolution II, 6: 837

on the Secretary-General, 6: 483, 487

on sedentary species, 2: 687–688

on stocks in the exclusive economic zone, 2: 641, 643–645

on straits, 2: 289, 304, 318–319

on superjacent waters/air space, 6: 89–90

on the Tribunal, 5: 333, 6: 642

on uses of the seabed, 6: 22

on utilization of living resources in the exclusive economic zone, 2: 618–619

Canadian Arctic Waters Pollution Prevention Act (1970), 4: 398, 4: 398n. 7

Canals, 3: 352

(*see also* Enclosed/semi-enclosed seas)

Candidates

for the Council, 1: 484

for Director-General, 1: 278

for the Economic Planning Commission, 1: 280–281

for the Finance Committee, 1: 489–490

for the Governing Board, 1: 278, 371

for the Legal and Technical Commission, 1: 280–281

for Secretary-General of the Authority, 1: 273, 277, 284

Cape Verde, 2: 199n. 26, 564n. 12, 3: 302n. 11, 5: 304

Caps, 1: 240

Captain. *see* Master of a ship or vessel

Caribbean Sea, 2: 216

Cases, 2: xxix–xxx, 5: 367, 378, 388

(*see also specific* cases)

Cash surplus, 1: 359–360

Casing practices, harmful effects of. *see* Environmental protection

Castañeda, Jorge (of Mexico), 1: 71, 123, 2: 503n. 36, 4: 509, 6: 720, 760, 810–811

Ceylon, 6: 24-25

Chairman of the Informal Meetings

marine environment protection/preservation proposals considered by

atmospheric pollution, enforcement of regulations re, 4: 317

coastal States' enforcement obligations, 4: 290, 292-297

dumping prevention, reduction, and control, 4: 162

flag States' enforcement obligations, 4: 249, 253-255

re ice-covered areas, 4: 395-396

re investigation of foreign vessels, 4: 340-341

land-based pollution regulations, enforcement of, 4: 218, 220

maritime casualties, measures for avoiding, 4: 309-311

monetary penalties and rights of the accused, recognition of, 4: 366-368

port States' enforcement obligations, 4: 264, 266-269

powers of enforcement, 4: 327-328

responsibility and liability, 4: 404, 410-411

seaworthiness of vessels, 4: 275

re straits used for international navigation, 4: 387

suspension and restrictions on proceedings involving, 4: 356-357

vessel-source pollution, 4: 194-198

marine scientific research deliberations by

assistance and facilitation for research vessels, 4: 602

dispute settlements and interim measures, 4: 654

international cooperation proposals, 4: 470-471

non-recognition as basis for claims, 4: 465

research installations and equipment, 4: 617-618

re responsibility and liability, 4: 636

rights of landlocked and geographically disadvantaged states, 4: 589-592

suspension or cessation of research, 4: 575-577

marine technology development transfer proposals by

general provisions, 4: 674-675

re international cooperation, 4: 696-697, 700-701, 703-704, 709

measures for achieving, 4: 693

overview of, 4: 669

national/regional marine scientific and technological centres proposals/provisions, 4: 721, 727-728, 732

Challenger **Oceanographic Expedition** (1872—1876), 6: 10

Chamber of summary dispute settlement, 5: 361-362, 386-388

Chambers for voting in the Council, 1: 484-485

（*see also* Sea-Bed Disputes Chamber; Special chambers of the Tribunal; Tribunal）

Channels, 1: 215, 226-227, 3: 568-569

Charges, 1: 216, 256-257, 289

（*see also* Fees; Production chaiges/royalty payments; Taxes）

Charter of the Economic Rights and Duties of States, 2: 535, 4: 667, 681, 688, 692, 695, 6: 32n. 106, 6: 182

Charter of the United Nations

on aircraft, 2: 341-342

and the Assembly, 6: 383-385

authentic texts of, 5: 303

and codification/development of the law of the sea, 1: 207, 462-463

Commission to Study the Organization of Peace, effect on, 6: 7n. 15

on delimitation of exclusive economic zone, 2: 801-802

and disclosure of information, 5: 157

on disputes, 1: 328, 2: 802-803, 2: 802n, 2: 955-956, 2: 955n, 5: 17-19, 5: 20n, 5: 124

and general conduct of States, 1: 259

on individual rights under international law, 5: 61

on innocent passage, 2: 174-175, 227

and the International Court of Justice, 6: 512n

on international peace and security, 6: 116n. 8

on legal capacity, 6: 559-560, 6: 559n. 3

and marine environment preservation/protection, 4: 425-426

on passage prejudicial to the peace, 1: 213-214

and peaceful purposes on the high seas, 3: 89-91, 5: 154-155

on privileges and immunities, 6: 562-563, 6: 562-563n. 1

on rights/privileges of membership, suspension of, 6: 593-594

and the Sea-Bed Disputes Chamber, 6: 605

and the Secretariat, 6: 483-484, 489, 503

on ships, 1: 221, 2: 341-342

on specialized agencies, 6: 503, 6: 503n. 3

States required to act in accordance with, 6: 28, 113, 117

and technology transfer, 6: 177, 6: 177n. 2

on territories' sovereignty, 1: 433

on voting rights, suspension of, 6: 588-589, 6: 589n

Charts

of archipelagic baselines, 1: 225

of the Area, 1: 258

of baselines, 1: 209-210, 212-213, 225, 2: 90, 94, 144-150, 424-425, 427, 3: 475, 497, 625

on board a ship, 1: 246

of the continental shelf, 1: 240, 243, 2: 882-883, 986-990, 6: 84n. 14, 6: 85

depositary, 1: 213, 225, 239-240, 243, 258

deposited with Secretary-General of the United Nations, 2: 817

    of baselines, 2: 424-425, 427

    of the continental shelf, 2: 883, 986-990

    of the exclusive economic zone, 2: 807

    of geographical coordinates, 2: 821, 883

    of territorial seas, 1: 215, 2: 144, 147, 149-150

of the exclusive economic zone, 1: 239, 2: 807, 817, 820, 2: 820n. 6

of geographical coordinates, 2: 817-821, 883

large-scale, 1: 209, 2: 90, 94

and notification of limits of the Area, 6: 77-78, 81-85

officially recognized, 1: 209-210

publicity to, 1: 258

    by archipelagic States, 1: 225, 227

    of baselines, 1: 213, 2: 424-425, 427

    by coastal States, 1: 239-240, 243

    of the continental shelf, 1: 243, 2: 986-990

    of the exclusive economic zone, 2: 807, 817, 820, 2: 820n. 6

    of sea lanes/traffic separation schemes, 1: 215, 222, 227

    of territorial seas, 2: 144, 147-149

scale of, 1: 212-213, 225, 239, 243, 2: 90

of sea lanes and traffic separation schemes, 1: 222, 227

of territorial seas, 1: 209-210, 212-213, 215, 2: 144, 147, 149-150

use of term, 2: 90

Chicago Convention, *see* Convention on International Civil Aviation

Chile

(*see also* Latin American and Caribbean States; Latin American States)

on amendment/revision of the Convention, 5: 246

on the breadth of the territorial sea, 3: 482

on the collegiate system, 1: 121–122

on the common heritage of mankind, 5: 241

on compulsory dispute procedures, 5: 130

on the continental shelf, 2: 494, 851

on the Council's composition, 6: 420

on dispute settlement, 5: 127–128

on landlocked States, 2: 708–709

on production policies, 6: 241

on the Secretary-General, 6: 483, 487–488, 492, 497

on the SNT, 1: 114

on straits, 2: 304, 319

China

on air space, 2: 902

on the breadth of the territorial sea, 3: 482

on the continental shelf, 2: 843, 868, 873, 955

on cooperation of States in conservation/management of living resources, 3: 298

on the Declaration of Principles, 6: 26n. 90

on delimitation of territorial seas, 2: 435

on delimitation of the continental shelf between opposite or adjacent coasts, 2: 955

on delimitation of the exclusive economic zone, 2: 802

on the exclusive economic zone, 2: 557, 622–623, 802

on innocent passage, 2: 153–154

on the international sea area, 3: 94, 100

on islands, régime of, 3: 329

on landlocked States' access to the sea, 3: 413

on licensing legislation by States, 6: 54

on marine environment preservation/protection, 4: 367

on marine scientific research, 4: 457, 468, 482, 490, 4: 580n, 605n. 2

marine scientific research proposals by, 4: 598

on opposite or adjacent coasts, 2: 137–138

on peaceful purposes on the high seas, 3: 88

and aircraft, 2: 378

and air space, 2: 66–68, 70–74, 374

and archaeological/historical objects found at sea, 5: 158–162

binding decisions for, 3: 34–35

on choice of forum, 5: 69

and compulsory procedures, 5: 85–86, 117, 325

conservation measures by, 3: 515–516

contiguous zone rights of, 3: 502, 564

discretionary rights of, 5: 85–86, 89, 92–94, 321

duties of, 2: 221–227, 882, 1001–1002, 1004, 1010–1011, 1017, 5: 158–162

enforcement by, 1: 232, 234, 238, 305–307, 311

enforcement of laws and regulations of, 2: 784–795

in the exclusive economic zone (see under Exclusive economic zone)

and exhaustion of local remedies, 5: 79–81

and foreign ships or vessels, 2: 376–377, 4: 283, 285, 299–302

and innocent passage, 2: 228–233, 3: 499–501, 556–559 (see under Innocent pas-
sage)

jurisdiction of, 1: 299–300, 303, 3: 597–604, 3: 597n, 5: 92, 117, 6: 6

laws and regulations on, 2: 367–378, 384–389, 481–487, 521–544

limitations to binding decisions/binding force of decisions, 5: 85–106

and the marine environment, 2: 374–375

marine environment protection/preservation, obligations re

activities in the area as source of pollution, 4: 149, 152–154

adverse consequences from exercise of powers, 4: 331–332

contingency plans against pollution, 4: 89

dumping prevention, reduction, and control, 4: 166–168

dumping-related pollution, enforcement of laws re, 4: 232–239

duty to publish rules and regulations, 4: 3

enforcement of regulations, 4: 279–302

investigation of foreign vessels, 4: 342

liability due to enforcement of regulations, 4: 379

maritime casualties, 4: 307–314

nature and extent of rights and responsibilities, 4: 21

vs. port States' obligations, 4: 258–272

and rights, 6: 945–946

use of term, 2: 43, 46, 3: 405-406, 3: 406n. 12, 4: 759

Coastal States Group, 6: 80

on coastal States, 2: 770-771

common interests of members, 1: 71

delegations of, 1: 72

establishment of, 1: 71

on the exclusive economic zone, 1: 71-72

on geographically disadvantaged States, 2: 751-752, 754-756

on landlocked States, 2: 711, 714-715, 717-718

vs. the LL/GDS Group, 1: 71-72

member States, 1: 70-71

organization/procedures of, 1: 71-72

on transfer of rights to exploit living resources, 2: 780-782

Coasts

(*see also* Coastal States)

Coasts/coastline

(*see also* Opposite or adjacent coasts)

and baselines, 2: 100, 2: 100n. 6

marine environment preservation/protection provisions re, 4: 265, 286 – 290, 301, 305-314

use of term, 4: 201n, 4: 205-206

Cobalt, 1: 267, 360, 374, 427, 6: 10, 6: 10n. 27, 6: 259

(*see also* Minerals derived from the Area; Polymetallic nodules)

Codification Conference (**Conference for the Codification of International Law**; **The Hague**, **1930**)

on archipelagos, 2: 399

on dispute settlement, 5: 5

on freedom of navigation, 3: 81 n. 5

history of, 1: 29-30

on innocent passage, 2: 166

on islands, 3: 321

on the low-water line, 2: 89

on the marine environment, 2: 493

on the nautical mile, 2: 44

on opposite or adjacent coasts, 2: 134

on periodic review of the law of the sea, 5: 293n

Preparatory Committee, 2: 279

on the right of transit passage in straits, 2: 279–280

on sovereignty, 2: 73

on territorial seas, 2: 56, 77, 84, 89, 6: 6–7

UNCLOS III's conformance to, 1: 29–30

Cod war, 2: 2, 3: 2

Collection of data, *see* Data

Collegiate system, 1: xli–xlii, 121–124

Collegium (UNCLOS III)

establishment/mandate of, 1: 21–22

and the Final Act, 1: 416–417, 447–448

and the ICNT, 1: 452, 4: 165, 5: 131–133, 265

in the negotiating process, 1: 66–68, 127–128, 130–132, 416–417

Collisions

(*see also* Incidents of navigation; Safety at sea)

assistance following, duty to tender, 3: 170, 507–508, 608

flag States' duties re, 1: 245–247

maritime casualties from, measures for avoiding, 1: 307, 4: 314

penal/disciplinary action in matters of, 1: 247, 3: 165–169, 3: 166n, 3: 507, 608

preventing, 1: 215, 221, 245–247, 13: 135, 137, 139, 141, 149, 4: 225n

Colombia

(*see also* Latin American and Caribbean States; Latin American States)

on bays, 2: 116–117

on the breadth of the territorial sea, 3: 482

on delimitation of continental shelf between opposite or adjacent coasts, 2: 981

on the draft Agreement, 6: 62n. 226

on islands, régime of, 3: 336

on marine environment pollution/preservation, 4: 210

marine scientific research proposals by

Area-based research, 4: 605

conditions to be complied with, 4: 542

dispute settlements and interim measures, 4: 648

general provisions re, 4: 446

re information to coastal States, 4: 530

duty of coastal States to, 1: 347, 2: 882, 1001 – 1002, 1004, 1010 – 1011, 1017, 6: 85

elections and membership of, 1: 345–346, 2: 1000, 1009–1010, 1014–1015

establishment of, 1: 240, 345, 2: 1000

expenses and secretariat of, 1: 346, 2: 1015

functions of, 1: 346, 2: 1000–1001, 1004, 1010, 1015

and the IHO, 2: 1001, 1011, 1015

and the IOC, 2: 1001, 1011, 1015–1016

nationality of members of, 1: 345–347

quorum of, 1: 346

recommendations of, 1: 347–348

sub-commissions of, 1: 347, 2: 1001, 1010–1011, 1016–1017

terms of office of, 1: 346

U. K. on, 2: 1006–1008

Commission on the problems which would be encountered by developing land-based producer States (Special), 1: 424

Commission on Transnational Corporations of the United Nations, 1: 363–364, 6: 716

Commission to Study the Organization of Peace resolution on marine resources, 6: 7–8, 6: 7n. 15, 8n. 17, 6: 11–12, 6: 11–12nn. 30–31, 6: 16

Committee of Experts for the Progressive Codification of International Law (1953), 1: 29–30, 2: 53, 59–63, 84–85, 952–953, 6: 6–7

Committee of Experts on Technical Questions, 2: 92, 134–135

Committee of the Whole (UNCLOS II), 2: 8–9, 2: 9n. 11, 3: 9n. 11, 3: 537

Committee on Conservation and Development of Natural Resources, 6: 10–11

Committee on the Peaceful Uses of the Seabed and the Ocean Floor beyond the Limits of National Jurisdiction.

see Sea-Bed Committee

Commodities

loading or unloading of, 1: 214, 222

produced from minerals derived from Area, 1: 264–265, 275, 485, 487

Commodity agreements/conferences, 1: 354, 6: 256, 266, 268, 271–272, 277

Common Fund Agreement (Agreement Establishing the Common Fund for Commodities, 1980), 6: 583–584, 6: 583n

Common heritage of mankind, 6: 5–24

(*see also* Benefit of mankind)

activities in the Area, and development of, 1: 264

and the *Ad Hoc* Committee to Study the Peaceful Uses of the Sea-Bed and the Ocean Floor
beyond the Limits of National Jurisdiction, 6: 19–23

amendments disallowed, 1: 341, 5: 229

Annex III on, 6: 651

archaeological/historical objects as part of, 6: 227

and the Area, use of term, 6: 97

Area as, 1: 207, 258, 471, 2: 40, 3: 33–34, 3: 94n. 1, 5: 242, 6: 28, 95–99,
110, 877

Codification Conference on, 6: 6–7

and the Commission to Study the Organization of Peace, 6: 7–8, 6: 7n. 15, 8n. 17, 6:
11–12, 6: 11–12nn. 30–31, 6: 16

and the Committee on the Peaceful Uses of the Seabed and the Ocean Floor beyond the
Limits of National Jurisdiction (*see* Sea-Bed Committee)

and cooperation by States Parties, 6: 99

debates on, 6: 24, 109

Declaration of Principles on, 1: 6, 19, 24, 174, 6: 97, 651

and developing States' needs/interests, 1: 8–9, 6: 99

and fishing rights, 6: 6, 6: 6n. 7, 6: 11

vs. freedom of the high seas, 6: 100

and General Assembly resolution 2172 (XXI) on marine resources, 6: 14–16

and General Assembly resolution 2340 (XXII), 6: 21

and General Assembly resolution 2467A (XXIII), 6: 23

and General Assembly resolution 2574A (XXIV), 6: 24

and General Assembly resolution 2574C (XXIV), 6: 24–25

and General Assembly resolution 2574D (XXIV), 6: 25, 6: 25–26n. 90

historical basis for, 1: 18, 6: 5–6, 6: 5n. 5, 6n. 7

landlocked States' access to and from the sea and transit rights as, 1: 256, 3: 371,
378, 416–417, 419

Latin American and Caribbean States on, 6: 97

and the legal status of resources, 6: 109

and the legal status of superjacent waters, 6: 96, 100

Legal Sub-Committee on, 6: 96–97

Malta on, 2: 2–3, 2: 2n. 4, 3: 2–3, 3: 2n. 4, 6: 6, 15–18, 21–22, 97–98

and mining rights, 6: 11

ocean space as, 6: 97-98

and outer space, 6: 11n. 30

resources as, 1: 15, 6: 28, 53

Review Conference on, 1: 270, 6: 318, 323, 325, 329

Tanzania on, 6: 97

and territorial vs. high seas, 6: 8-9, 6: 9n. 21

and title to minerals, 6: 658

and the Truman Proclamation, 6: 7

UNCLOS I on, 6: 8-9

U. S. on, 6: 96-97

and U. S. marine science policy, 6: 12-13, 6: 13n. 35, 13n. 38

use of term, 6: 96

Communications

(*see also under* Secretary-General (United Nations))

on amendments to the Convention, 5: 244, 270-271

and archives, 1: 288-289, 6: 571-573, 6: 573n. 4

Authority, 1: 289

circulation of, 1: 341-342

competence of international organizations, 1: 401-402

facilities for, 1: 214

by international organizations, 5: 460-461

re marine scientific research, 1: 317-319, 4: 554-557

on pollution and pollution regulations, 1: 297, 300-301, 4: 288-290

radio and systems, 1: 214, 221, 245-246, 250

to the Secretary-General (Authority), 1: 342

by States Parties, 1: 341-342

telegraphic or telephone, 1: 252

by the Tribunal, 1: 393

Compensation

(*see also* Assistance; Compensation fund; Economic assistance)

for damage

from marine scientific research, 1: 322, 4: 636-642

from pollution, 1: 311-312, 4: 7

from unjustified boarding, 1: 250

from unjustified hot pursuit, 1: 252, 3: 248, 251, 254, 260, 511, 615 re the fishing industry, 1: 232

through insurance, 4: 402-404, 414

land-based producers, 1: 268, 274, 279, 282

marine environment preservation/protection provisions, 4: 354-355, 402-415

of the Registrar of the Tribunal, 5: 370-371

for Tribunal members, 1: 387

Compensation fund (**for land-based producers of minerals**), 1: 286-287, 424

(*see also* Compensation)

Competence

certificates of, withdrawal of, 3: 165-167, 169, 507

of States, 4: 185-187

transfer/presumption of, 5: 192-193, 456-458, 460-463

Competent international organizations, 1: 313-327

(*see also* International organizations)

acceptance of States' rights/obligations by, 1: 400-401

and Applicability of Part XVII, 1: 403

bonding/financial security via, 1: 306-307

conservation data contributed/exchanged through, 1: 254

cooperation among, 4: 734-737

cooperation with, 1: 222, 230-231, 255, 268, 285, 295, 314-315, 323, 325, 327, 346, 488, 4: 706-711

Council Commissions' consultation with, 1: 281

re the EEC and dispute settlement, 5: 187

marine environment preservation/protection by, 1: 334

marine environment preservation/protection provisions

and coastal States' enforcement obligations, 4: 301

and enforcement obligations of flag States, 4: 253

international rules and national legislation for pollution prevention, reduction and control, 4: 133

land-based pollution regulations, enforcement of, 4: 221

measures to facilitate violations proceedings, 4: 324

and port States' enforcement obligations for marine pollution violations, 4: 261

preferential treatment for developing states, terminology referring to, 4: 107

seabed activities pollution, enforcement of regulations re, 4: 226

and vessel-source pollution, 4: 185, 193, 201-202, 204-205

· 286 ·

and marine scientific research

    in the Area, 4: 603–607

    conditions to be complied with, 4: 537–553

    creation of favorable conditions, 4: 473–478

    general criteria and guidelines, 4: 558–560

    general provisions re, 4: 449

    on implied consent, 4: 561–568

    implied consent guidelines (*see also under* Consent)

    international cooperation proposals, 4: 469–471

    land-locked and geographically disadvantaged States' rights 4: 581–596

    promotion of research, 4: 452

    responsibility and liability for, 4: 632–642

    right to conduct, 4: 440, 603–607

    suspension or cessation of, 4: 569–580

    in water columns, 4: 608–611

marine technology development/transfer proposals, 4: 677–678, 702–705

national/regional marine scientific and technological centres, obligations re, 4: 719–733

pollution rules/standards established through, 1: 307

presumption of competence, 5: 192–193

proceedings attended by, 1: 307–308

on sea lanes/traffic separation schemes, 1: 215, 227

as signatories to the Convention, 5: 456–457

transference of/information re competence, 1: 401–402

use of term, 3: 20, 4: 14–17, 84, 146, 735–736

Compliance

with binding decisions, 5: 82–84, 396–398

certificates of, 1: 432, 478, 6: 830

re conservation/management, 3: 654

with decisions/judgments, 5: 414–416

enforcement of, 3: 654–656

inspectors to assure, 1: 280, 283

noncompliance of warships with coastal State laws and regulations, 1: 218, 2: 253–259, 2: 255n

proceedings on behalf of the Authority

  for noncompliance, 1: 280

with provisional measures, 5: 58-59

responsibility to ensure, and liability for damage, 1: 259-260, 6: 118-128, 6: 126n, 6: 753-755, 878

voluntary, 4: 272, 299

Compulsory procedures

(*see also* Arbitration; Conciliation; Exceptions/exclusions)

adjudication vs. conciliation, 5: 143

applicability of, 5: 85-86, 198, 107-108

debate on, 5: 129-130

entailing binding decisions, 1: 330-337, 5: 37-84, 111-112

access to, 5: 60-65

and applicable law, 5: 72-74

conciliation procedure, 5: 325-327

exceptions/limitations to, 3: 35-36, 5: 38-39, 85-112, 5: 93nn. 6-7, 96nn. 11-12

experts used in, 5: 49-51, 5: 50n. 4

finality of 5: 82-84, 5: 84n

re fisheries, 3: 29-30

ICNT on, 5: 98-101, 104, 112-115

jurisdiction in, 5: 46-48, 72-74

after local remedies are exhausted, 5: 79-81, 5: 80n. 2

Optional Protocol re, 2: 3, 3: 3, 494, 525-526

preliminary proceedings, 5: 75-78

procedures for, 1: 27, 333-334, 5: 37-45, 5: 39n, 5: 312

re prompt release of vessels/crews, 5: 66-71

provisional measures for, 5: 52-59, 5: 55-56nn. 9-11, 56nn. 13-14, 57n. 21, 57nn. 18-19

RSNT on, 5: 96nn. 11-12

U. S. on, 5: 6, 5: 50n. 4

overview of, 5: 38-39, 107-141

right to submit to, 5: 142-146

COMRA. *see* China Ocean Mineral Resources Research and Development Association

Conciliation, 5: 311-327

(*see also* Conciliation commission)

acceptance of procedures, 5: 311

· 288 ·

Resolution II on, 6: 839

Conflicts

(*see also* Disputes; Dispute settlement)

of interest, 1: 371

minimization of, 6: 241

among obligations of an international organization, 1: 401

overlapping, 1: 428–429

resolution of, 1: 229, 292

Consensus

(*see also* Council, decision-making in, by consensus)

on amendments, 1: 270, 341, 393, 5: 416–417, 6: 234

decision-making by, 1: 270, 276–278, 375, 483–484, 491, 5: 265–266, 5: 265n.
  14, 6: 431–432

Declaration of Principles on, 1: 20

Gentlemen's Agreement, 1: lxiii–lxiv, 20–21, 31, 101–102, 1: 190n. 1

marine environment protection/preservation, role of, 4: 20

vs. reservations, 5: 216, 220, 226–227

Review Conference, 1: 270

use of term, 1: lxiv, 276–277, 2: 38, 5: 264–265, 6: 413

vs. voting, 1: lxiii–lxiv, 14, 20, 5: 265–266

Consent

vs. agreement re binding decisions, 5: 143–144

to be bound, 1: 208, 474–476, 5: 38, 89, 180–181

of a coastal State

  express, 1: 240–241, 315, 322

  to marine scientific research, 1: 315–316, 318–320, 322, 334–335, 2: 349–
    353, 4: 490–491, 493–495, 501, 503–510, 512–513, 518–519, 528–531,
    533, 535–536

  re pipelines on the continental shelf, 1: 241

  on resources lying across limits of national jurisdiction, 1: 260

express, 1: 240–241, 315, 322, 4: 495

to marine scientific research, 4: 561–568, 594, 614–615

of a party to a dispute required, 5: 143

Conservation/management of living resources, 3: 290–317

(*see also* Convention on Fishing and Conservation of the Living Resources of the High

Seas; Cooperation; Draft Agreement on Straddling and Highly Migratory Fish Stocks; Fisheries and fishery resources; Living resources)

allowable catch/sustainable yield, 1: 230, 233-237, 253-254, 335, 3: 304-313, 585-586, 588-589, 598-599, 611, 669

Argentina on, 2: 600

conservation vs. management, 3: 29, 300-301

cooperation of States in, 3: 37-38, 44-45, 48, 290-303, 3: 302n. 11, 3: 529

Declaration of Principles on, 1: 175

and development of resources, 6: 235

dispute settlement re, 3: 517-518

disputes over, 1: 335

duties of States to adopt measures for, 3: 41 – 42, 3: 41n. 32, 3: 279 – 317, 3: 291n. 2, 292n. 4, 294n. 8

in enclosed/semi-enclosed seas, 1: 255, 3: 630

in the exclusive economic zone, 1: 230-235, 2: 594-611, 3: 587-594, 620-621

General Assembly resolution 900 on, 1: 155-156

on the high seas, 1: 233-234, 253-254, 262, 3: 610-612

ILC on, 3: 281, 286

international conservation and management measures, use of term 3: 49

by international organizations, 1: 230-231, 233, 238, 254

Main Trends Working Paper on, 2: 603-604, 3: 293, 587-594, 610-612, 620-621

marine environment protection/preservation, concepts involving, 4: 11-12

marine mammals, 2: 659-664, 3: 314-317, 3: 316nn. 2-4

nondiscrimination against fishermen of any State, 3: 304-309, 312-313, 589, 611

organizations for regulating, 3: 301, 312, 366, 588, 603-604, 610

policies on, 6: 241, 244, 246-249, 251

precautionary approach to, 3: 645-647, 669

by regional and subregional organizations, 1: 232-233

right to fish on the high seas, 3: 279-289, 3: 288n. 14

scientific information/statistics, exchanging, 3: 304-309, 3: 311n. 3, 3: 312, 611

technical assistance and training in, 1: 323, 327

in territorial seas, 1: 214

use of term, 2: 491n, 3: 291, 300-301, 514

Consolidated alternative texts, 4: 543, 616-617

Consolidated Gold Fields (U. K.), 6: 67n. 237

(*see also* Plateaus)

Continental or insular land territory, 5: 107, 117–118

Continental rise, 1: 239, 2: 874

Continental shelf, 2: 825–992

(*see also* Baselines; Commission on the Limits of the Continental Shelf; Convention on the Continental Shelf; Exploitation; Jurisdiction; Natural resources; Outer limits)

as an agenda item for UNCLOS III, 1: 33, 88

air space over, 1: 241, 2: 902–905

and archipelagic States, 1: 225

vs. the Area, 3: 33, 6: 110

Argentina on, 2: 843–845, 902, 911, 920–921, 955

and artificial islands, installations and structures, 1: 230, 241–242, 251, 263, 2: 835, 918–926, 3: 632–633

breadth of, 1: 225, 239–240, 242, 316

cables/pipelines on, 1: 241, 252, 2: 835, 908–917, 3: 521–522, 572, 632

charts and geographical coordinates of, 1: 240, 243, 2: 882–883, 986–990, 6: 84n. 14, 6: 85

China on, 2: 843, 868, 873, 955

coastal States' rights/duties re, 1: 240–242, 3: 70–71, 83–84, 95, 571–575, 4: 66

data on, 1: 346–347

delimitation of

and artificial islands/installations/structures, 1: 230, 321

and the Commission on the Limits of the Continental Shelf, 2: 825

and the continental margin, 2: 834–835, 877, 1021

and the Continental Shelf Boundary Commission, 2: 850

disputes re, 2: 40n

and the exclusive economic zone, 2: 491–493, 2: 492n. 3

exemptions in disputes re, 5: 133

Final Act, Annex II on, 2: 1019–1025

and installations, 1: 263

Ireland on, 1: 45

measurement from baselines, 1: 240, 2: 433–436, 825–826, 850

negotiating groups on, 2: 833–834

between opposite or adjacent coasts, 2: 835, 948–985

agreement on, 1: 242–243

Spain on, 2: 963-964

Tunisia on, 2: 959

Turkey on, 2: 955-956, 961, 964, 980-981

U. S. on, 2: 967-968, 981

Venezuela on, 2: 980

publicity to, 1: 240, 2: 849-850

and revenue sharing, 2: 834

sedimentary-rock thickness for determining, 2: 1019, 1021-1022

Sri Lanka on, 2: 1020-1022

between States, 3: 576-577

Truman Proclamation on, 2: 827-828

200-mile limit, 2: 40-41

depth of, 1: 3

draft articles on, 1: 154-155

drilling on, 1: 242, 316

experts on, 1: 345-346

exploration and exploitation of, 1: 240-241, 3: 572-575 (*see also* Truman Proclamations)

extension of, 6: 229-230

freedom of navigation on, 3: 572-573

and the Hedberg formula, 2: 850, 878-879

hot pursuit, 1: 251

installations on, 3: 572-574, 632-633

of an island, 3: 324, 326, 329, 331-333, 335-337, 634-636

legal status of installations/equipment on, 4: 620-622

legal status of superjacent waters and air space, 1: 241

limits of

charts showing, 1: 243, 6: 84n. 14, 6: 85

and the continental margin, 6: 3n. 1

and limits of the Area, 6: 3, 6: 69n. 1, 6: 77-78, 81, 84-86

outer, 1: 239-240, 3: 571, 575-576

Main Trends Working Paper on, 3: 571-578, 3: 571n

and marine environment protection/preservation, 4: 144-145, 166, 181-182, 223-224, 226, 232-239

marine scientific research on

Continental Shelf Delimitation, **arbitration case**, 2: 142

Continental slope, 1: 239–240, 2: 874, 879

Contracting Parties

(*see also* Contractors; States Parties)

access to tribunals, 5: 62–63

categories subject to dispute settlement procedures, 5: 89–91, 107–108

and exceptions to compulsory procedures entailing binding decisions, 5: 90–91

exploration/exploitation in the Area by, 6: 298–302

and jurisdiction of the Tribunal, 5: 379–380

making/withdrawal of declarations, 5: 91, 95–96, 107–108, 110–113

on marine environment preservation/protection, 4: 350–351

marine incineration facilities, obligations of, 4: 171–173, 4: 185n. 8

and participation clause of final provisions, 5: 185

predecessor States as, 5: 180–181

rights/responsibilities as signatory of the Convention, 5: 186–187

use of term, 2: 32

Contractors

(*see also* Awards, arbitral tribunal; Expenditures; Fees; Financial contributions; Taxes)

attributable net proceeds of, 1: 358, 360, 362

cash surplus, 1: 359–360

contributions of, 1: 353, 358–364, 488

development costs for, 1: 359–363, 2: 38, 6: 712–714, 724–725

emergency orders for, 6: 943–944

financial obligations of, 1: 364

gross proceeds of, 1: 359–362, 2: 39, 6: 712, 714

guidance of, 6: 949

marketing costs of, 1: 361

net proceeds of, 1: 358, 360, 362, 2: 39, 6: 712, 714

notice and general procedures for, 6: 948–949

operating costs of, 1: 360–364, 2: 39, 6: 713–714

penalties for, 1: 368, 6: 312

qualifications of, 1: 351

responsibility/liability for damage, 6: 127, 943

return on investment of, 1: 358–359, 362

right of first refusal of, 1: 483

rights and obligations of, 1: 349–350, 364, 366, 368–369, 6: 940, 943–944

right to explore for/exploit minerals, and plans of work, 6: 103n. 3

schedule of 1: 265

suspension of rights under contracts, 1: 368, 6: 745

suspension of termination of rights of, 1: 368

transfer of rights and duties of, 1: 366, 369

use of term, 6: 127n. 8

Contract Regarding an ［Interim］ Supplement to Tanker Liability for Oil Pollution (CRISTAL), 4: 182

Contracts

(*see also* Contractors; Contracts, financial terms of; Interpretation/application; Plan of work for activities in the Area; Terms and conditions for fishing rights and conservation measures)

approval period for, 6: 103n. 3

and the Authority's financial arrangements, 6: 530, 539

Authority's monitoring of, 6: 485

authorization for carrying out activities in the Area, 1: 268–269, 478–479

and denunciation of the Convention, 5: 279, 283

disputes between parties, 1: 291–292, 351–352, 364

duration of, 6: 737–739, 941

of the Enterprise, 6: 294, 304, 311, 510, 522–523, 702–704, 6: 704n, 6: 705–706, 6: 705n

entry into force, 1: 357

for exploration/exploitation, 6: 103n. 3, 6: 293–294, 297, 299–300, 304, 306–310, 312, 939–943, 957–972

fees, 1: 357, 361–362

financial contributions, 1: 358–364

financial incentives, 1: 357

inspectors to assure compliance, 1: 280, 283

monetary penalties, 1: 351–352, 368

penalties for violating, 1: 368, 6: 676, 745–748

and periodic review of plan of work, 6: 942

plan of work in the form of, 1: 268–269, 349, 352–353, 357, 477–479, 481, 483, 488

pre-Review Conference, 6: 319, 322, 324, 326–329, 331–332

disputes about, 6: 717–718, 728

dispute settlement on rules and regulations for, 1: 489

Economic Planning Commission recommendations, 6: 716

Federal Republic of Germany of, 6: 727

financial data, 6: 716, 728

financial obligations expressed in constant terms, 6: 716

and financing of the Enterprise, 6: 718

France on, 6: 727

German Democratic Republic on, 6: 719

Group of 77 on, 6: 725–726, 6: 726n, 6: 727

and the Group of Experts on Tax Treaties between Developing and Developed Countries, 6: 716

ICNT on, 6: 720–724, 726–728

ideological differences on, 6: 723, 6: 723n. 74

incentives to contractors, 6: 723, 728

industrialized States on, 6: 657, 6: 723n. 74, 6: 726, 6: 726n, 6: 727

ISNT on, 6: 719

Japan on, 6: 727

and land-based mining, 6: 726

LL/GDS Group on, 6: 719

market value of processed metals, 6: 709–710

Mexico on, 6: 720

MIT model, 6: 723, 6: 726n

negotiating groups on, 6: 654

negotiation of, 6: 720

Norway on, 6: 726

objectives of, 6: 708–709, 725

principles for, 6: 717–718

processed metals, 6: 715–716

production charges/royalty payments, 6: 718, 721–728

profit, use of term, 6: 722

profit-sharing, 6: 721–724, 728

rate of return, 6: 719, 725–727, 6: 726n

rental fees, 6: 718

return on investment, use of term, 6: 714–715

revenue sharing, 6: 718–722

RSNT on, 6: 654, 719–720

taxation system, 6: 720, 725–727

and title to minerals, 6: 659–660

trigger system, 6: 725, 727

Contributions

to the Authority from members, 1: 273–274, 279, 286–287, 290, 480–481, 490, 3: 574, 582 (*see also under* Authority, financial arrangements of)

by a coastal State for exploitation of continental shelf, 1: 242, 274

contractor's, 1: 353, 358–364, 488

by developing States, 1: 242

to the Enterprise by States' Parties, 1: 374–375

equitable sharing of, 1: 242, 174, 279, 3: 574

voluntary, 1: 286, 374–375, 488

Convention, use of term, 2: 37, 74, 156

Convention (United Nations Convention on the Law of the Sea; 1982)

(*see also* Accession; Agreement; Amendments; Declarations/statements/notifications; Denunciation of the Convention; Dispute settlement; Entry into force; ICNT; Implementation; International law; International organizations; Interpretation/application; Part XI; Ratification; States Parties)

adoption of, 1: 420–423, 5: 195–196, 6: 52, 6: 52n. 202

process leading to, 1: 132–134

amendment/revision of, 5: 244–266, 270–278, 6: 59 (*see also* Informal Consultations)

annexes to, 1: 343, 5: 286–288 (*see also specific annexes*)

applicability of exceptions land limitations to compulsory/binding proceedings, 5: 98

applicable law, 5: 73, 5: 73n. 3

authentic texts of, 1: 150–151, 342, 344, 5: 301–305

as codifying customary international law, 1: 13, 17–18, 462–464, 1: 464n. 27, 2: 39

collegiate approach to, 1: xli–xlii, 121–124

commentary on organization of, 1: xlii–xliii

compromises of, 1: 15, 25

consent to be bound to, 5: 89, 180–181, 6: 62

as constituent instrument of the Authority and the Tribunal, 5: 277

cooperation of States bordering enclosed/semi-enclosed seas, application to, 3: 365–366 criticisms/shortcomings of, 1: 12-13

denunciation clauses of, 5: 282-283 (*see also* Denunciation of the Convention)

vs. the Draft Agreement on Straddling and Highly Migratory Fish Stocks, 3: 645

Drafting Committee documentation as interpretive material for, 1: 146 – 152, 1: 147nn. 61-63, 149-150n. 72, 151n. 76, 152nn. 80-81

effect/impact of other treaties, 5: 242

entitlement to participate in, 5: 179

evolution of text of, 1 : xli

vs. Geneva Conventions on the Law of the Sea, 1: 340, 5: 229, 232, 234-235, 237-239, 242-243

history of, 1: 18-23

implementation of, 6: 675-680

industrialized States' rejection of, 6: 3-4 (*see also* Agreement (1994))

influence/successes of, 1: xxviii, 11-12, 15-16, 23, 3: ix, 675-676

vs. international agreements, 5: 381-382

introduction of, 1: 207-208

leadership of, 1: 14-15

on marine environment protection/preservation, 4: 3-22

on marine scientific research, 1: 27

as a multilingual treaty, 1: 150-152, 1: 151n. 76, 152nn. 80-81

on national jurisdiction, 1: 24-25

negotiating groups of, 1: 14 (*see also specific groups*)

vs. other conventions and international agreements, 5: 229-243, 5: 231n. 2, 233n. 5

as a package deal, 1: lxv, 12, 14, 18, 2: 22 – 23, 2: 22n. 45, 3: 22 – 23, 3: 22n. 45, 3: 36, 5: 216, 248

participation in, 1: 18 (*see also* U. S. *listings below*)

final provisions on, 5: 173

by international organizations, 5: 190-193, 202, 265, 455-464, 5: 459-460n. 6

by Namibia, 6: 348

universal, 6: 57, 6: 57n. 217

on peaceful means of dispute settlement, 5: 18

on pollution, 1: 26-27

preamble

    on codification, 1: 453-454, 462-465, 1: 464n. 27, 465nn. 30-31

    commentary on, 1: 450-467

languages of, 1: 22, 2: 246n. 2, 2: 290, 2: 290n. 40,

uniqueness of, 1: 17-18

title of, 1: 452

universal character of, 3: 675

U. S. rejection of, 1: 80-81, 133, 6: 3-4, 52, 59

U. S. review of, 6: 48-52, 59, 332 (*see also* Green Book)

use of term, 6: 549

use of terms and scope of, 1: 208, 4: 749-759

violation of, and right to contest decision, 5: 380

vote on, 1: 133-134

Convention and Statute on Freedom of Transit (**1921**), 3: 384-390

Convention and Statute on the International Régime of Maritime Ports (**1923**), 3: 373, 3: 373n. 12, 3: 454

Convention for Co-operation in the Protection and Development of the Marine and Coastal Environment of the West and Central African Region (**1981**), 4: 29

Convention for the Conservation of Anadromous Stocks in the North Pacific Ocean (**1992**), 2: 678n, 3: 301

Convention for the Conservation of the Red Sea and Gulf of Aden Environment (**1982**), 3: 367, 4: 30

Convention for the Discontinuance of the Sound Dues (**Denmark and U. S.**) (**1857**), 2: 308n. 11

Convention for the Prevention of Marine Pollution by Dumping from Ships and Aircraft (**1972**), 4: 8, 27, 158, 166, 234, 417

Convention for the Prevention of Marine Pollution from Land-Based Sources (**1974**), 4: 28, 128

Convention for the Prevention of Pollution from Ships (**1973**)

amendment procedure of, 6: 203n

on discharge, 4: 271

on flag states' enforcement obligations, 4: 243, 255-257

on investigation of foreign vessels, 4: 343, 4: 344n. 8

and marine environment protection/preservation, 4: 25

on maritime casualties, measures for avoiding, 4: 314

on measures to facilitate proceedings, 4: 321

on port states' enforcement obligations, 4: 260

on sovereign immunity, 4: 417-418

on suspension and restrictions on proceedings, 4: 350

on vessel-source pollution, 4: 181

Convention for the Prohibition of Fishing with Long Drift Nets in the South Pacific (1989), 3: 41, 301

Convention for the Protection, Management and Development of the Marine and Coastal Environment of the Eastern African Region (1985), 4: 31

Convention for the Protection and Development of the Marine Environment of the Wider Caribbean Region (1983), 3: 367, 4: 30

Convention for the Protection of Submarine Cables (1884), 3: 267, 269, 272, 276

Convention for the Protection of the Marine Environment and Coastal Area of the South-East Pacific (1981), 4: 30

Convention for the Protection of the Mediterranean Sea against Pollution (1976), 3: 367, 4: 28

Convention for the Protection of the Natural Resources and Environment of the South Pacific Region (1986), 4: 32

Convention for the Suppression of Unlawful Acts against the Safety of Maritime Navigation (1988), 3: 36, 185-195, 3: 188n

Convention for the Suppression of Unlawful Seizure of Aircraft (1970), 3: 202

Convention on Civil Liability for Oil Pollution Damage Resulting from Exploration for and Exploitation of Seabed Mineral Resources (1976), 4: 29, 225

Convention on Fisheries Cooperation among African States Bordering the Atlantic Ocean (1991), 3: 301

Convention on Fishing and Conservation of the Living Resources of the High Seas (1958)

on coastal States' conservation measures, 3: 515-516

on conservation of the living resources of the high seas, 3: 280-281, 291, 3: 291n. 2, 3: 514-515

on cooperation among States, 3: 297

dispute settlement by, 3: 517-518, 528, 6: 596

entry into force, 3: 519, 5: 5n. 3

on the exclusive economic zone, 2: 597-598

on fisheries conducted by equipment embedded in the sea floor, 3: 518-519

on fishing, freedom of, 3: 280-281, 514

influence of, 3: 28-29

on marine environment protection/preservation, 4: 54

reservations to articles, 3: 519, 5: 213

revision of, 3: 520

scientific and technical criteria for dispute settlement, 5: 442–443

signature/ratification/accession, 3: 519–520

UNCLOS I and II's preparation of, 3: 494, 6: 7n. 14

use of term, 1: 2–3, 5: 246n. 1

Convention on International Civil Aviation (Chicago Convention; 1944)

on aircraft registry, 4: 212n. 5

on air space, 2: 74

and annexes to the Convention, 5: 287

application of, 5: 236, 238

on civil vs. state aircraft, 2: 335, 4: 328, 417

on international rules/standards, 4: 212

on overflight of the high seas, 3: 96–97

on passage through air space, 2: 156

on rules of the air, 2: 344–347, 3: 81–82

on the territorial sea, 2: 73

Convention on International Regulations for Preventing Collisions at Sea (1972), 2: 343–344, 6: 204

Convention on Long-Range Transboundary Air Pollution (1979), 4: 29, 319

Convention on Marine Pollution from Ships (1973), 5: 235–236

Convention on Psychotropic Substances (1971), 2: 240n. 3, 3: 225, 3: 227n. 7

Convention on the Conservation of Migratory Species of Wild Animals (1979), 4: 26

Convention on the Continental Shelf (1958), 2: 3, 3: 3, 6: 7n. 14, 6: 79

on air space, 2: 901

on artificial islands, installations and structures in the exclusive economic zone, 2: 584

on artificial islands, installations and structures over the continental shelf, 2: 919–920

on cables/pipelines on the continental shelf, 2: 910, 3: 521–522

on charts and geographical coordinates, 2: 988

on coastal States' rights, 2: 893

on coastal States' rights over the continental shelf, 3: 521–523

as codificatory, 1: 454

continental shelf, use of term, 1: 2–3, 8–9, 2: 828–829, 841–842, 3: 521

vs. the Convention, 5: 232

entry into force, 1: 2, 3: 523–524

on the exclusive economic zone, 2: 541

on installations, 3: 522

and the marine environment, 2: 504-506

and marine environment protection/preservation, 4: 6, 23, 54, 137

on marine scientific research, 4: 440, 501-503, 517, 519

on research on the continental shelf, 3: 522

reservations to articles, 3: 524, 5: 213

revision of, 3: 524, 5: 246, 5: 246n. 1

on safety zones around installations, 3: 522

on sedentary species, 2: 687-688

signature/ratification/accession, 1: 3, 3: 523-524

on States lying opposite or adjacent to each other, 3: 522

on superjacent waters over the continental shelf, 2: 901

on tunneling, 2: 992

UNCLOS I's preparation of, 3: 494

Convention on the Control of Transboundary Movements of Hazardous Waters and their Disposal (1989), 4: 27

Convention on the High Seas (1958), 3: 505-513

on arrest/detention of ships, 3: 507

on assistance, duty to render, 3: 172

on assistance/rescue following collision, 3: 507-508

authentic texts of, 3: 513

on boarding, 3: 509-510

on cables/pipelines, 3: 511-512

on cables/pipelines on the continental shelf, 2: 910

as codificatory, 1: 454-455

on disciplinary matters re collision/navigation incident, 3: 507

and the Draft Ocean Space Treaty, 3: 130

entry into force, 1: 2, 3: 512-513

on the exclusive economic zone, 1: 7-8

on fishing, freedom of, 1: 7, 3: 505

on government ships' immunity from jurisdiction of other States, 3: 507

high seas, use of term, 3: 505

on high seas, freedom of, 3: 505-506

on hot pursuit, 3: 250-251, 510-511

influence of, 3: 27–28, 30

and landlocked States' access to and from the sea and transit rights, 3: 409–410, 414, 451, 505–506

and marine environment protection/preservation, 4: 23

    atmospheric pollution, 4: 209

    contingency plans against pollution, 4: 87

    dumping prevention, reduction and control, 4: 157, 4: 158n. 1

    flag States' duties re enforcement of regulations, 4: 242

    sovereign immunity provisions, 4: 417

    and vessel-source pollution, 4: 181–182

on marine scientific research, 4: 440

on navigation, freedom of, 1: 7, 2: 329

on overflight, freedom of, 1: 7, 3: 505

on piracy, 3: 198, 221, 508–509

on piracy/pirate ships, 3: 508–509

on pollution, 3: 511

on pollution prevention, 3: 511

and principles of international law, 3: 27–28

ratifications of, 1: 3

revision of, 3: 513, 5: 246, 5: 246n. 1

on safety at sea, 3: 507

on safety measures, 3: 507

scope of, 3: 131

on ships' flying of flags, 3: 506–507

signature/ratification/accession, 3: 512–513

on slave transport, 3: 508–509

on slave transportation, 3: 508

on submarine cables, damage to, 3: 267–268, 276, 511–512

on submarine cables/pipelines, freedom to lay, 1: 7, 3: 505, 511

UNCLOS I and II's preparation of, 6: 7n. 14

UNCLOS I's preparation of, 3: 493

on warships, 3: 509–510

on warships' boarding of merchant ships, 3: 509–510

on warships' immunity from jurisdiction of other States, 3: 506–507

Convention on the International Regime of Maritime Ports (**1923**), 3: 465–466

Convention on the International Regulations for Preventing Collisions at Sea (1972),
3: 148

Convention on the Liability of Operators of Nuclear Ships (1962), 4: 7, 23

Convention on the Physical Protection of Nuclear Material (1980), 4: 26

Convention on the Prevention of Marine Pollution by Dumping of Wastes and Other
Matter (London Dumping Convention; 1972)

annexes to, 4: 169–175

applicability, and developments in international law, 2: 42n. 22, 2: 543

on dumping, use of term, 2: 31–32

entry into force/amendments to, 4: 25

influence on the Convention, 2: 42

on interpretation of other treaties, 5: 235–236

marine environment preservation/protection provisions, 4: 7–8, 20–21, 157–158, 165
–167

re enforcement of dumping, 4: 234

re global and regional cooperation, 4: 80

re sovereign immunity, 4: 417–418

re sovereign rights, 4: 49

re suspension and restrictions on proceedings, 4: 350

on sea, use of term, 2: 44

Convention on the Privileges and Immunities of the United Nations (1946), 6: 547–
548, 565, 568–570, 572, 577–578, 584

Convention on the Prohibition of Military or any Other Hostile Use of Environmental
Modification Techniques (1976), 4: 25–26

Convention on the Protection of the Black Sea Against Pollution (1992), 3: 367–368

Convention on the Protection of the Environment between Denmark, Finland, Norway
and Sweden concerning (1974), 4: 28

Convention on the Protection of the Marine Environment of the Baltic Sea Area
(1974), 3: 367–368, 4: 28, 202

Convention on the Protection of the Underwater Cultural Heritage (1998—2001),
6: 232n

Convention on the Regulation of Antarctic Mineral Resource Activities (1988), 4: 27

Convention on the Territorial Sea and the Contiguous Zone (1958), 3: 496–504

on air space, 2: 73–74

on articles, use of term, 2: 37–38

authentic texts of, 3: 503

on baselines, 2: 88, 92, 97, 101, 103, 106-108, 110, 112

on bays, 2: 115, 118

on charges levied on foreign ships, 2: 235

on charts, 2: 145

on civil jurisdiction in relation to foreign ships or vessels, 2: 245-246

on coastal States' rights, 2: 229-230, 232

on the contiguous zone, 2: 268, 271, 273

Convention, use of term, 2: 74

on criminal jurisdiction in relation to foreign ships or vessels, 2: 239

entry into force, 1: 2, 3: 503

flaws of, 1: 2

on immunities of warships, 2: 261, 2: 261n. 2

on innocent passage, 2: 53-54, 152-153, 159-160, 162, 167-168, 174, 222-224, 226-227, 283-284, 392, 3: 499-502

on islands, 3: 327-328, 335, 338

on low-tide elevations, 2: 102-103, 127

on marine environment protection/preservation, 4: 23, 385

on noncompliance of warships with coastal State laws and regulations, 2: 254

on opposite or adjacent coasts, 2: 135-136, 138

on outer limits, 2: 85

on ports, 2: 121

on publicity of danger to aircraft, 2: 388

revision of, 3: 503, 5: 246, 5: 246n. 1

on roadsteads, 2: 124

signature/ratification/accession, 1: 3, 3: 502-504

on sovereignty, 2: 66, 72, 3: 496

on straits, 2: 319, 392

on submarines, 2: 180, 183

on the territorial sea, 2: 51-55, 79, 3: 496-502

UNCLOS and I II's preparation of, 3: 493, 6: 7n. 14

on warships, 2: 249, 254, 261, 2: 261n. 2

Convention on Transit Trade of Land-Locked States, *see* Transit Convention

Convention on Wetlands of International Importance, especially as Waterfowl Habitat (1971), 4: 24

Convention Relating to Liability in the Field of Maritime Carriage of Nuclear Materials (1971), 4: 7, 24

Conventions and international agreements, 1: 207, 215, 219–220, 249, 312–313, 331, 338, 340–341, 388, 391, 4: 422–426, 5: 381n

(*see also* specific conventions, agreements, and treaties)

Cook Islands, 1. 408–409, 5: 180, 184

Cooperation

(*see also* International cooperation)

in activities in the Area, 1: 274, 486

Assembly's promotion of, 6: 388

to assist developing countries, 1: 268

Commission on the Limits of the Continental Shelf, 1: 346

with competent international organizations and institutions, 1: 222, 230 – 231, 255, 268, 285, 295, 314–315, 323, 325, 327, 346, 488, 4: 706–711

in the conduct of an inquiry or investigation, 1: 246, 304, 309

and conduct of States, 6: 112–117, 6: 113n, 116n. 8

on conservation/management

between coastal States and competent international organizations, 1: 230 – 231, 3: 529

Draft Agreement on Straddling and Highly Migratory Fish Stocks on, 3: 648–652, 654–655, 657

duty to take conservation measures, 3: 44 – 45, 290 – 295, 3: 302n. 11, 3: 610–611

Main Trends Working Paper on, 3: 610

promotion of, 3: 48

among States, 1: 253, 3: 290–303, 3: 302n. 11, 3: 610

Declaration of Principles of International Law concerning Friendly Relations and Co-operation among States, 6: 28

re enclosed/semi-enclosed seas (*see under* Enclosed/semi-enclosed seas)

on exploitation of marine resources, 3: 602–604

in exploitation of the living resources, 1: 233–237

re fishing vessels, 3: 52–53, 55

in general, 1: 207, 238, 243, 259, 264, 285, 295, 312, 314, 324

International Court of Justice on, 3: 37–38

with international/nongovernmental organizations, 6: 501–505, 6: 504n. 7

on marine environment preservation/protection, 4: 406–407

in marine scientific research, 1: 261, 314–315, 324–325, 327, 486, 6: 160, 164–166, 168–172 (*see also under* International cooperation)

in markets for commodities, 1: 265

in piracy repression, 3: 182–185, 613

policies on, 6: 245, 248–249, 251, 253–254

in protection of archaeological and historical objects, 1: 338

search and rescue service, 1: 247

of States bordering enclosed/semi-enclosed seas, 1: 255

by States Parties, 6: 99

in suppression of illicit acts, 1: 248–250

on technology development/transfer, 1: 261–262, 323–327, 486, 4: 706–711, 6: 178–179, 6: 178n. 6, 6: 182, 187, 189

training programmes, 1: 261–262, 348, 486

transit by landlocked States, 1: 257

Coordinates. *see* Geographical coordinates

Co-ordinating Group of Five, 1: 80

Copper, 1: 267, 360, 374, 427, 6: 259, 271 (*see also* Minerals derived from the Area; Polymetallic nodules)

Corfu Channel **case**, 2: 226, 280–282, 2: 280n. 5, 2: 290, 317, 388, 392

Coring, harmful effects of. *see* Environmental protection

Costs to States Parties

Agreement on, 1: 476–477, 6: 351, 363, 484, 860–866

and the Authority's establishment, 6: 336–337, 860–866

and the Authority's financial arrangements, 6: 532, 541, 860–866

and the Authority's organs, 6: 363, 370, 6: 370n. 5

and the Council's powers/functions, 6: 439

of dispute settlement, 5: 398–399, 5: 399n. 37

and the Economic Planning Commission, 6: 465–466, 472

Informal Consultations on, 6: 59–61

Couillault, P. R. V. , 2: 59

Council, 1: 275–283, 6: 403–434, 458–482

(*see also* Assembly; Candidates; Chambers for voting in the Council; Conciliation; Council, decision-making in; Council, powers/functions of; Developing States; Economic Planning Commission; Enterprise; Finance Committee; Geographically disadvantaged

States; Landlocked States; Legal and Technical Commission; Majority; Monitoring, control and surveillance; Plan of work for activities in the Area; Sea-Bed Disputes Chamber; Special interests)

on accommodation of activities, 6: 215n

Agreement on, 6: 65n. 232

approval and adoption of amendments re activities in the Area, 5: 270–271

vs. the Assembly, 6: 4, 61, 142, 368, 371–373, 377–378, 380, 382–383

attendance by Authority member who is not a Council member, 1: 277

binding orders, 1: 276

candidates for membership in, 6: 414

candidates proposed

    for Director-General of the Enterprise, 1: 273, 278, 372

    for Governing Board, 1: 273, 278, 371

    for Secretary-General of the Authority, 1: 273, 277, 284

composition of, 1: 275–277, 6: 40, 45, 406, 411–412, 415, 418–432, 897–899

    (*see also* Council, election by the Assembly *below*)

consensus decisions, 1: 276–278, 484, 6: 894

decisions, 1: 276–277, 280, 430, 484, 490–491

elected by the Assembly, 5: 203, 207, 209, 6: 387, 391–393, 402–403, 406, 412, 415, 433–434

election to, 1: 275–277

emergency orders issued by, 1: 280, 283

Enterprise as supervised by, 6: 506, 509, 512, 514–515, 517–518, 520–521

and environmental protection, 6: 196, 6: 198–199n. 9, 6: 438, 445, 450–451, 456

as executive body of the Authority, 6: 404, 431 (*see also* Council, powers/functions of)

and the Finance Committee, 6: 404, 407–410

geographical regions represented in, 6: 406, 412, 415, 418–419, 424, 433

importance of, 6: 431

inspection by, 1: 280, 283

interest groups in, 6: 373

marine environment preservation/protection, duties regarding, 4: 230–231

meetings of, 1: 276–277, 284, 289, 373, 6: 412, 419, 6: 419n

membership in, 1: 275–277 (*see* Council, composition of *above*)

membership in organs of, 6: 361–362

membership terms in, 6: 419

developing States on, 6: 404

Federal Republic of Germany on, 6: 429

on financial matters (*see* Finance Committee)

France on, 6: 429

Green Book on, 6: 430–431

Group of 10 on, 6: 404

Group of 77 on, 6: 420–427, 429

ICNT on, 6: 423–426, 428–430

importance/difficulties of resolving issue of, 6: 404–405, 431

industrialized States on, 6: 404

and interest groups, 6: 432

ISNT on, 6: 421–422, 424–425

Japan on, 6: 429

LL/GDS Group on, 6: 422–423

by majority vote, 6: 406–407, 412, 414, 419–430

Malta on, 6: 420

members' voting privileges, 6: 414

negotiations on, duration of, 6: 404

and percentage of value of production/consumption, 6: 422–423

for plans of work, 6: 407, 426, 430, 701, 6: 701n. 58

Poland on, 6: 420

RSNT on, 6: 422

Soviet Union on, 6: 420, 422–423, 425, 429

structured voting system, 6: 404

three-tier system, 6: 429–430

U. K. on, 6: 420

U. S. on, 6: 421–423, 429–431

Western European and Other States on, 6: 424

Council, powers/functions of, 1: 277–281, 286–287, 352, 357, 370–374, 376–377, 6: 435–457

Agreement on, 1: 477, 479–485, 6: 435–438, 454–457

approve plans of work, 6: 435–439, 442–443, 447–448, 450–454, 901–902

vs. the Assembly's powers/functions, 6: 372, 394–395, 397–400, 402–403, 443, 446, 455

re benefits apportionment, 6: 444

for the Tribunal, 6: 444, 448, 455

re protection of human life/health, 6: 445

recommend policies to the Assembly, 6: 437, 445

recommend suspension of membership rights/privileges, 6: 437, 442, 445, 450

review collection of payments, 6: 437, 448, 450

RSNT on, 6: 446–447

Rules and Regulations Commission, 6: 447, 451, 478–479

select applicants for production authorizations, 6: 437, 443, 453–454

submit budget for approval, 6: 437, 448, 450, 455

Tanzania on, 6: 443

transmit reports to the Assembly, 6: 435, 444–445, 449, 455

U. K. on, 6: 443

Council of Europe, 4: 16

Council of the European Communities, 4: 249, 285, 336

Countries

(*see also* Developing States; Industrialized States; States)

developed, 1: 363–364, 426, 475–476

developing, 1: 207, 264, 268, 270, 324, 363–364, 488

importing and exporting by, 1: 264, 268, 282, 488

Court or tribunal

(*see also* Arbitral tribunal; Binding decisions; Experts; International Court of justice; Jurisdiction; Tribunal)

and abuse of legal process, 5: 75–78

as alternative forum, 5: 9–10

and applicability of Part XV, section 2, 1: 335–337

and applicable law, 1: 333, 5: 72–74, 5: 73nn. 3–4

application to, 1: 333, 389, 5: 75–78

and binding commercial arbitration, 1: 291–292

choice of, 5: 37–40, 42

choice of procedure, 1: 330–331

compulsory/obligatory procedures of, 5: 38

decisions, 1: 333–334, 369

determination of unfounded claims, 5: 75–78

to determine scope of jurisdiction, 5: 48

and disputes re the interpretation/application of an arbitral award, 1: 397

and disputes re the interpretation/application of the Convention, 1: 330–331

ex aequo et bono decisions of, 5: 72–74

experts sitting with, 1: 331, 5: 49–51

finality and binding force of decisions, 5: 82–84

for interpretation/application disputes, 5: 40, 42

jurisdiction of, 1: 330–333, 336, 369, 378, 396, 5: 140

law enforcement activities subject to, 5: 137

notification of preliminary procedures to other party, 5: 75, 77

preliminary proceedings of, 1: 333, 5: 75–78, 91, 95–96

procedure for, 5: 40–45

provisional measures by, 1: 331–332, 5: 52–59

recourse to, 5: 310

and release of a vessel from detention, 1: 332–333, 5: 66–71

Sea-Bed Tribunal merged with Law of the Sea Tribunal, 5: 349, 401, 5: 401n. 40, 5: 413–414

of the State, 1: 249–250, 311, 378, 392

Covenant of the League of Nations (1919), 3: 373, 3: 373n. 8, 3: 384, 389

Craft, 1: 251, 256, 317

(*see also* Aircraft; Ships; Vessels)

Credentials Committed (UNCLOS III), 1: 91, 412–413

Crews

(*see also* Arrest)

armed forces, 1: 218

assistance to, 1: 247

contacts with diplomatic agent or consular officer, 1: 217

detention of, 1: 332–333, 5: 66–71

illegal acts by, 1: 248

mutiny by, 1: 248, 8: 163–164, 203–205, 3: 205n, 3: 508

official character of, 4: 329

prompt release of, 1: 238, 332–333, 4: 215, 5: 66–71

rights of, in marine pollution violations, 4: 321

training and qualifications of, 1: 245–246

Crime. *see* Arrest; Investigation; Offences/offenders; *and specific crimes*

Criminal jurisdiction

re collisions and other incidents of navigation, 1: 247

and innocent passage in territorial seas, 3: 500–501, 560

in relation to foreign ships or vessels, 1: 216–217, 2: 237–243, 2: 243n. 7

Criminal prosecution for marine pollution violations, 4: 290n, 4: 353–359

Cuba, 2: 422–423, 476, 3: 482, 4: 366, 6: 67, 839

Cultural heritage, 5: 159n. 2, 160n. 4, 6: 232n

Currency, 1: 214, 222, 364, 376

Customs

(*see also* Laws and regulations; Taxes)

customs rights, 3: 463, 564

customs unions, 5: 185–186

duties, taxes, tariffs and other charges, 1: 256, 289, 3: 387, 394–395, 430–435, 618–619

facilities and free Zones, 1: 257, 3: 395–396, 436–440, 619

officials, 3: 438–440, 619

preventing infringement of, 1: 214, 219

use of term, 2: 274

Cyprus, 2: 136–237, 807, 6: 22

Czechoslovakia

on amendment/revision of the Convention, 5: 246

on the breadth of the territorial sea, 3: 485

dissolution of, 3: 375

on free zones, 3: 437, 439–440

IOM sponsored by, 6: 67

on landlocked States' access to the sea, 3: 414, 424, 431

representatives on the Second Committee, 2: xlvii

Damage

(*see also* Compensation, for damage; Environmental protection; Loss or damage; Pollution; Responsibility to ensure compliance and liability for damage; Threat of damage or pollution)

from activities in the Area, 1: 259, 349–350, 369–370

assessment of, 1: 312

caused by seizure, 1: 249–250, 252

to a coastal State, caused by a warship or government ship, 1: 218

compensation for

marine environment protection/preservation, 4: 90–93, 122

    in marine scientific research, 4: 479–487

on the continental shelf, 1: 346–347

disclosure of, 1: 365, 6: 458, 461, 495–498, 571, 573, 730

from fisheries, 1: 254, 3: 666

marine scientific, 1: 296, 314–315, 317–318, 324, 327, 4: 530–531

marine technology development/transfer, and access to, 4: 687

on mining, 1: 266, 355, 364–366, 376, 428, 478–479, 482

on pollution, 1: 296, 4: 92

proprietary, 1: 281, 285, 288, 364–365

on prospecting/exploration, 6: 484–485, 509, 731–732

transfer of, 1: 364–365, 428, 6: 662–663, 729–732

Davis Strait, 2: 310

De Angulo, M. (of Spain), 3: 483

De Armenteros, M. (of Cuba), 3: 482

Debt guarantees, 1: 375–376, 2: 39, 6: 808–809

Decision-making

    (*see also under* Assembly; Council; Secretariat; *see also* voting)

vs. advisory opinions, 5: 367

Agreement on, 6: 65n. 231, 6: 336–337

    (*see also* Agreement (1994))

of the amendment conference, 1: 341

of the arbitral tribunal, 1: 292, 396

and the Assembly's powers/functions, 6: 401–402

of the Commission on the Limits of the Continental Shelf, 1: 347

by consensus, 1: 270, 276–278, 375, 483–484, 491, 5: 265–266, 5: 265n. 14, 6: 431–432

of the Council, 1: 484–485

Council's powers/functions re, 6: 438

of Economic Planning and Legal and Technical Commissions, 1: 281

in the Economic Planning Commission, 6: 459, 461, 463–464, 6: 464n, 6: 470

in the Enterprise, 6: 383

in the Finance Committee, 6: 410

First Committee (UNCLOS III) on, 6: 40, 47

Informal Consultations on, 6: 61

in the Legal and Technical Commission, 6: 459, 461, 463 – 464, 6: 464n, 6: 476–477

of the Review Conference, 1: 270, 6: 319, 321–322, 324, 327–328, 330, 333–334

by the Sea-Bed Disputes Chamber, 5: 414–416

vs. settlements, 5: 84

in the Tribunal, 6: 383

Decisions. *see* Arbitral tribunal; Assembly; Authority; Binding decisions; Commission on the Limits of the Continental Shelf; Conciliation commission; Consensus; Council; Decision-making; Dispute settlement; Economic Planning Commission; Finance Committee; Implementation; Legal and Technical Commission; Majority; Sea-Bed Disputes Chamber; Tribunal; Voting

Declaration of Cancun, 3: 48

Declaration of Latin American States on the Law of the Sea (1970), 1: 59

Declaration of Legal Principles Governing the Activities of States in the Exploration and Use of Outer Space (1963), 6: 11n. 30

Declaration of Principles Governing the Sea-bed and the Ocean Floor, and the Subsoil Thereof, beyond the Limits of National Jurisdiction (resolution 2749 (XXV); General Assembly, 1970)

on activities, 1: 175–176, 6: 84

adoption of, 1: 4, 19, 404–405, 465–466

on the Authority's establishment, 6: 341–342

on the benefit of mankind, 1: 173–174, 5: 242, 6: 133

on the common heritage of mankind, 1: 6, 19, 24, 174, 5: 242, 6: 28–29, 6: 29–30n. 98, 6: 97, 651

on conduct of States, 6: 113

on consensus, 1: 20

on developing States' participation, 6: 217–218

on dispute settlement, 6: 598–599

Group of 77 on, 6: 25–26n. 90, 54n. 206

on the legal status of the Area, 6: 104, 109

on marine environment preservation/protection, 4: 9–10, 54, 79, 149, 230, 306

on marine scientific research, 1: 175, 4: 431, 6: 162–163

on pollution, 4: 54, 230

and principles governing the Area, overview of, 6: 93

on production policies, 6: 265–266

on responsibility/liability, 6: 121

Sub-Committee I's work as based on, 6: 31–33

text of, 1: 173–176

and UNCLOS III, 1: 4–6

Declaration of Principles of International Law Concerning Friendly Relations and Co-operation among States (1970), 1: 465–466, 6: 28

Declaration of Santo Domingo (1972), 1: 6–7, 10, 59, 2: 66, 79, 548, 556, 842, 3: 61

Declaration of the Eight Courts relative to the Universal Abolition of the Slave Trade (1815), 3: 179n. 1

Declaration of the Organization of African Unity, 1: 59, 83, 2: 515, 526, 642, 845, 4: 47, 443–444, 491–492, 666, 668, 721

Declaration of the United Nations Conference on the Human Environment (1972), 4: 37, 6: 178n. 5

Declaration on Issues of the Law of the Sea. *see* OAU Declaration on Issues of the Law of the Sea

Declaration on the Protection of Submarine Cables and Pipelines (1888), 3: 269

Declaration recognizing the Right to a Flag of States having no Sea-coast, 3: 373

Declarations/statements/notifications

(*see also* Dispute settlement; Notification)

claim statements, 1: 393, 397

in dispute settlement, 1: 330–331, 335–337, 5: 110

for the European Economic Community, 5: 187

exclusionary, 5: 135–136, 143–144

making and withdrawal of, 5: 91, 95 – 96, 107 – 108, 110 – 117, 140 – 141, 5: 141n. 65

by military and law enforcement, 5: 134

expenditures statements, 1: 427

final provisions on, 5: 224–228

and harmonization of a State's laws/regulations, 5: 224–228, 5: 225nn. 2–3

by international organizations, 1: 400–402, 5: 460–461

interpretive declarations, 5: 214, 5: 214n. 4, 5: 222, 226–227

for optional exceptions, 5: 134

profit and loss statements, 1: 373

as reservations, 5: 214, 5: 214n. 4, 5: 220, 222, 226–228, 5: 228n solemn, by members of the Tribunal, 1: 385

by States signing, ratifying or acceding to the Convention, 1: 340, 5: 224-228

of succession, to be bound by the Convention, 5: 180-181

of transfer of competence, 5: 192, 457, 460-461

written or oral, 1: 292-293

Deep Ocean Minerals (Japan), 6: 67n. 237

Deep Ocean Resources Development (DORD; Japan), 6: 67, 696 - 697, 6: 696n, 697n. 48

Default

no bar/impediment to proceedings/decisions, 5: 389-390, 433-434

non-appearance before an arbitral tribunal, 1: 396, 5: 433-434

non-appearance before the Tribunal, 1: 390, 5: 389-390

Defense, 1: 214

Definitions vs. use of terms, 2: 30-31, 4: 750-751

(*see also* Use of terms and scope, generally)

Delimitation

(*see also* Continental shelf, delimitation of; Exclusive economic zone, delimitation; Territorial seas, delimitation of)

and conciliation procedures/proposals, 5: 125-126, 132

of the contiguous zone, 2: 433-436, 3: 502, 563, 638-639

disputes re

alternative procedures for, 5: 12-13, 120

applicable exemptions from, 5: 133

Charter of the United Nations on, 5: 124

conciliation commission for, 5: 125

equidistance and equitable principles of delimitation, 2: 140, 812-813, 965-967, 978, 5: 12-13, 122-127, 129

equitable principles solution to, 5: 122-127, 129

mediators in, 5: 134

optional exceptions to applicability of compulsory/binding proceedings, 5: 107

proposals re, 5: 107-141

rejection of settlement procedures for, 1: 336, 5: 89, 95, 107-108

equitability in, 1: 238, 242

of the exclusive economic zone, 1: 230, 2: 796-816

of internal waters, 1: 211, 219, 225, 2: 443-446

special circumstances or historic title, 1: 212

use of term, 2: 952n. 1

Delimitation Group Supporting equitable Principles, 1: 78-79

Delimitation Group supporting the Median Line or Equidistance principle, 1: 78

Delimitation of the Maritime Boundary between Guinea and Guinea-Bissau arbitration
case, 2: 142

Deltas, 1: 210, 2: 95, 100-101, 111

Democratic Republic of Viet Nam, 1: 407, 5: 180

(*see also* Viet Nam)

Democratic Yemen, 2: 199n. 26

Denmark (*see also* Group of 11)

on anadromous stocks, 2: 670

on the breadth of the territorial sea, 3: 483

on cables/pipelines, 2: 914

on dispute settlement, 5: 93n. 6

on enclosed/semi-enclosed seas, 3: 361-362

on the Enterprise, 6: 369

on the Green Book, 6: 51-52

on international organizations, 5: 462-463

on marine environment preservation/protection, 4: 71, 202

on Resolution II, 6: 837

and straits, 2: 307-308, 2: 308nn. 11-12, 2: 318, 2: 318n. 1

on transit passage, 2: 387n. 2

Denunciation clauses, 5: 170

Denunciation of the Convention

absent from 1958 Conventions, 5: 280

and amendments, 5: 281-282, 284

consequences of, 5: 284-285

and contracts, 5: 279, 283

as controversial, 5: 173, 283

effective date of, 5: 279-280, 283

final provisions on, 5: 173, 279-285

by international organizations, 1: 403, 5: 191, 284, 463-464

limitations to exercise of, 5: 282-283

moratorium periods, 5: 279, 282-284

notification of, 1: 344, 5: 279, 282–283

by States, 1: 343, 5: 279–285

Depositary functions

for amendments, 5: 244, 267, 270, 274

final provisions on, 5: 173, 289–300, 5: 291n. 1, 298n

and national liberation movements, 5: 299

and periodic review of the law of the sea, 5: 293–295, 5: 293n

of the Secretary-General of the Authority, 1: 243, 3: 679

notification and circulation of amendment proposals, 5: 270–271

of the Secretary-General of the United Nations, 1: 213

for the Agreement, 1: 476, 6: 860

"all States" clause re, 5: 181

and amendment/revision of the Convention, 1: 341, 343, 5: 244, 265

on baselines, 2: 424–425, 427

re charts, 1: 225, 243

and conciliation proceedings, 5: 322–323

on the continental shelf, 1: 240, 243, 2: 883

for the Convention, 1: 343–344, 5: 186, 289–300, 5: 291n. 1, 298n

for declarations and withdrawal of declarations, 1: 330–331, 337, 401–402, 5: 108, 140–141, 5: 141n. 65

in denunciation proceedings, 5: 284

on the exclusive economic zone, 2: 807

on geographical coordinates, 2: 821, 883, 986–990

notification and circulation of amendment proposals, 5: 172, 267

for ratification/accession instruments, 1: 339, 474

reports, 1: 381

on territorial seas, 2: 144, 149–150

Depredation. *see* Piracy

De Ruelle, M. (of Belgium), 3: 482

Desalination technologies, 1: 327

Design

of installation or devices, 1: 294

of mining equipment, 1: 365–366, 427

of ships or vessels, 1: 215, 294, 301, 303–304, 2: 202

De Soto, Alvaro (of Peru), 6: 372

Detention

(*see also* Arrest; Foreign ships or vessels; Hot pursuit, right of; *and specific offences,* *such as* piracy)

Convention on the High Seas on, 3: 507

of crews, 1: 332–333, 5: 66–71

extensive, adverse effects of, 5: 68

illegal, 1: 248 (*see also* Piracy)

imprisonment, 1: 238

of offenders, jurisdiction over/delivery of, 3: 190

of passengers, 5: 66–71

vs. prompt release of vessels and crews, 5: 68–69

time limits for, 5: 69–70

of vessels, 1: 238, 247, 306, 332, 3: 165–167, 169, 4: 300, 5: 65, 5: 65n. 7, 5: 66–71 (*see also* Foreign ships or vessels, arrest or detention of)

Developing States

(*see also* Countries; Economic assistance; Geographically disadvantaged States; Group of 77; Landlocked Suites; LL/GDS Group)

access to the Area by, 6: 216–225

activities in the Area

and the Authority's powers/functions, 1: 268

and the benefit of mankind, 1: 260, 270

and development of resources, 1: 264

goods and services of, Council's guidelines re, 1 : 377

participation in, 11: 263, 355, 366, 6: 216–225, 882

plans of work fromt, 1: 356

policies re States' needs/interests, 6: 93, 243–250, 252, 254–255

and technology transfer, 1: 261–262, 325, 351, 366, 486, 4: 706–711

training programmes for, 1: 365

and the Assembly, 1: 274, 6: 388, 393–394, 399–400

assistance to

economic, 1: 282, 488

marine pollution, 1: 296–298

marine scientific research, 1: 314–315, 326–327, 486, 4: 480, 486

scientific/technical, 1: 296–297, 4: 712–718

on the Authority's establishment, 6: 341

benefit of mankind, and needs/interests of, 1: 260, 6: 137, 139–140, 6: 139n, 6: 141–144, 6: 142n. 14

common heritage of mankind, and needs/interests of, 1: 8–9, 6: 99

conservation/management requirements of, 3: 645, 656–658

cooperation with, re fishing vessels/fisheries, 3: 55, 657–658

and the Council, 1: 275–276, 484–485, 6: 404, 445

Economic Planning Commission, 1: 281

fisheries, 1: 253–254

on the international régime, 6: 32

and international trade, participation in transport of, 3: 110

landlocked States as, 3: 375

Least Developed Countries, 3: 375

and marine environment protection/preservation efforts, 4: 12, 46–47, 64, 98–108

on marine scientific research, 4: 461

marine technology development/transfer to

    basic provisions for, 4: 687–688

    centres for, 1: 324–326

    commercial terms for, 1: 486

    general provisions for, 4: 673–679

    international cooperation for, 1: 324–326, 4: 702–711, 713–718

    measures for achieving, 1: 261–262, 324, 351, 4: 689–695

    overview of, 4: 666, 669

    procedures for, 1: 366

Most Seriously Affected, 3: 375

and national and regional marine scientific and technological centres, 4: 719–733

needs/interests of

    and the agenda of UNCLOS III, 1: 38–39, 1: 38n, 1: 87

    policies on, 6: 243–250, 252, 254–255

    production policies on, 6: 259, 261, 265–267, 273

    requirements of, 1: 236–237, 260

    Review Conference on, 6: 318, 323, 325, 327–329

participation by

    in activities, 6: 93, 216–225, 882

    in development of resources, 6: 235

    in marine scientific research, 6: 160, 164–171, 224

and plans of work, 6: 236–237

policies re activities in the Area, 1: 264

and prices, 6: 235

production policies, 1: 265–268

Review Conference, 1: 269–271, 6: 233–234

RSNT on, 6: 233, 246–247

and subsidies, 6: 236–237

and tariffs, 6: 236

and technology transfer to the Enterprise, 6: 235

De Vianna-Kelsch, M. (**of Brazil**), 3: 486

Devices, 1: 214, 294, 4: 67

(*see also* Cables and pipelines, submarine; Equipment; Installations; Pollution)

Dictionnaire de la terminologie du droit international, 5: 152

Diplomatic agents, *see* Consular officers

Diplomatic channels, 4: 556–557

Diplomatic conference (**pollution**)

generally, 1: 300–301, 303–304

and marine environment preservation/protection proposals, 4: 202, 253, 261

use of term, 4: 133

Diplomatic Conference on the Reaffirmation and Development of International Humanitarian Law Applicable in Armed Conflicts (**1974—1977**), 5: 485, 487

Director-General (**of the Enterprise**), 1: 273, 278, 372–373, 482

(*see also* Council)

Disarmament, 1: 461–462

Discharge (**pollution**), 4: 271, 384, 390

(*see also* Violations)

Disciplinary action in matters of collision or navigation incident, 3: 165–169, 3: 166n, 3: 507, 608

Disclosure

(*see also* Confidential data/information, nondisclosure of)

of data, 1: 365, 6: 458, 461, 495–498, 571, 573, 730

of information, 1: 337–338, 5: 156–157

Discretionary rights, 5: 85–86, 89, 92–94, 321

(*see also under* Exceptions/exclusions)

Discretion/discretionary power

of the Authority, 1: 292

of coastal States re fisheries, 1: 335

of coastal States re marine scientific research, 1: 315–316, 318, 334–335

vs. nondiscretionary power, 1: 372

of the Sea-Bed Disputes Chamber, 1: 292

Discrimination. *see* Nondiscrimination

Disposal of wastes. *see* Waste disposal

Disputes

(*see also* Dispute settlement)

vs. cases, 5: 367, 378

categories of, 5: 107–110, 401–402

Charter of the United Nations on, 2: 802–803, 2: 802n, 2: 955–956, 2: 955n, 5: 124

exemption clauses, 5: 107–108

hearing a dispute, use of term, 5: 367

re living resources, 5: 321

mixed (involving territorial and maritime boundaries), 5: 117–118, 121

pre-existing, 5: 118–119, 5: 119n. 8, 5: 121, 123–127

use of term, 5: 18–19, 362

Dispute settlement, 5: 3–146

(*see also* Ad hoc chambers of the Sea-Bed Disputes Chamber; Advisory opinions; Agreement; Arbitration; Claims; Compulsory procedures; Conciliation; Conciliation commission; Conflicts; Contracts; Declarations/statements/notifications; Delimitation, disputes re; Discretion/discretionary power; Enforcement; Enterprise; Hearings; Informal Working Group on the Settlement of Disputes; International Court of Justice; International organizations; Marine environment; Marine scientific research; Notification; Proceedings; Sea-Bed Disputes Chamber; Security Council of the United Nations; Special arbitration; Tribunal; UNCITRAL arbitration rules)

access to

alternative, 5: 62

by the Authority, 5: 61

by detained vessels, 5: 65, 5: 65n. 7

by the Enterprise, 5: 61

by entities other than States/State Parties, 1: 332, 397, 5: 60–65

procedures for, 1: 332, 388, 392

re investigation of foreign vessels, 4: 341

re measures to facilitate proceedings, 4: 321

and port States' enforcement obligations, 4: 261

re responsibility and liability, 4: 399–415

re straits used for international navigation, safeguards re, 4: 391

and structure of Part XII, 4: 19–20

re marine technology development/transfer, 4: 669, 682

means of, generally, 5: 29n

re military activities, 1: 336

under multilateral trade agreements, 1: 267

mutatis mutandis provision for, 5: 193

negotiating process for aspects of, 5: xiii–xv

Norway on, 6: 596

notice and complaint procedure, 6: 596

and obligation to exchange views, 5: 28–31, 5: 30n. 2

out-of-court, 5: 83

re overflight, 1: 334

overview of, 5: 5–15

and Part XI, 1: 329, 331, 351–352, 5: 35–36, 6: 46, 52, 65–66

Part XI on, 6: 918–921

parties in disagreement re exceptions, 5: 88–90

and Part XVI (General Provisions), 5: xv

peaceful, 1: 27, 328–329, 5: 7, 17–21, 90, 142–146

pre-existing disputes, 5: 128

preliminary proceedings, 5: 75–78, 103

Private Group on Settlement on Disputes, 1: 110–111

and privileges and immunities of the Authority, 6: 555, 6: 576–577n. 3

procedures for

choice of, 1: 27, 330–331, 5: 10–21, 107–108, 142–146

conciliators, arbitrators, and experts, 1: 331

and jurisdiction, 1: 331

rights of parties to agree on, 5: 142–146

RSNT on, 4: 41n. 9, 4: 650–652, 658–659, 5: 69, 5: 96nn. 11–12, 5: 111–112

on rules and regulations for financial terms of contracts, 1: 489

on scientific or technical matters, 1: 331

and scientific research, 5: 85-86

separate provisions for, 6: 602, 6: 602n. 41, 6: 612, 6: 612n. 10

settlement vs. decision, 5: 84

re sovereignty, 1: 336, 433

by special chambers of the Tribunal, 5: 361-363

between a State Party and the Authority, 1: 290 - 291, 364, 6: 608 - 609, 615, 617-620

between States Parties

 and failure to reach a settlement, 5: 22-24

 on interpretation or application of a contract, 1: 291-292

 on interpretation or application of Part XI, 1: 290-292, 5: 35-36

 on interpretation or application of the Convention, 1: 322, 328-331, 333-338, 397, 399, 402, 5: 28-31, 40, 86

 obligations under general, regional or bilateral agreements, 5: 25-27

 optional participation in, 5: 88-90, 107-108

 by peaceful means, 5: 20-21, 29, 56

 request to intervene in, 5: 392-393

 Sea-Bed Disputes Chamber's jurisdiction in, 6: 616-617

 before the Tribunal, notification by, 1: 389

 via conciliation, 5: 32-34

re stocks, 1: 335

time limits/effective dates for, 5: 22

and the Tribunal's advisory opinions, 6: 613

and the Tribunal's establishment, 5: 333

types of disputes, 6: 595, 600

U. K. on, 6: 596

U. S. on, 5: 6, 6: 597-598, 600, 609-610, 6: 610n. 2

Working Paper on Settlement of Law of the Sea Disputes, 5: 7-8

Distress signals, 6: 201

Division for Ocean Affairs and the Law of the Sea (U. N.), 3: 678, 6: 92

(*see also* United Nations Office for Ocean Affairs and the Law of the Sea)

Djalal, Hasjim (of Indonesia), 6: xlvi-xlvii, 55

Documentation

(*see also* Drafting Committee, documentation/sources of)

of the *Ad Hoc* Committee to Study the Peaceful Uses of the Sea-Bed and the Ocean Floor

of special arbitration, 5: 441

of the Third Committee, 1: liii, liv–lv, 5: xxx

of UNCLOS III, 1: lii–lvi, 2: xxxvi–xl, 3: xxxiv–xxxviii, 4: xxxii–xxxvi, xxx–iii–
  xxxvi, 5: xxviii–xxx, xxxiv, 6: xxxii–xxxvii (*see also* ICNT; ISNT; RSNT)

of WG. 21, 1: liv

of the Working Group of Legal Experts, 5: xxx

Dolphins, 1: 345, 3: 316, 3: 316n. 2

Dominican Republic, 2: 382

Donigi, Peter Dickson (of Papua New Guinea), 6: xlvii

DORD. *see* Deep Ocean Resources Development

Draft Agreement on Straddling and Highly Migratory Fish Stocks (1994), 3: 42–43,
  643–672

on abuse of rights, 3: 661

amendment of, 3: 664

application of, 3: 644

arbitration procedures of, 3: 670–672

on biodiversity, 3: 645

on compliance/enforcement, 3: 654–656

on conservation/management, 3: 645–650, 669

vs. the Convention, 3: 645

on data collection/sharing, 3: 645–646, 650–651, 665–668

declarations/statements re, 3: 663

denunciation of, 3: 664

on developing States' requirements, 3: 645, 656–658

on dispute settlement, 3: 650, 658–660, 670–672

on enclosed/semi-enclosed seas, 3: 651

entry into force, 3: 663

final provisions of, 3: 662–665

on flag States' compliance/enforcement, 3: 654–656

on flag States' responsibilities/duties, 3: 652–653

general principles of, 3: 645

implementation reports on, 3: 661

on international cooperation, 3: 648–652, 654–655, 657

on new participants, 3: 652

on non-participants in regional fisheries, 3: 660

nonparties to, 3: 661

and other conventions and international agreements, 3: 663

on port State enforcement, 3: 656

precautionary approach of, 3: 645-647, 669

on precautionary reference points in conservation/management, 3: 669

reservations/exceptions to, 3: 663

review conference on, 3: 662

on scientific research, 3: 645-646

scope of, 3: 644

signature/ratification/accession, 3: 662

on transparency in decision-making, 3: 651

use of terms, 3: 644

Draft Convention on the International Seabed Area (1970), 1: 8, 4: 159, 6: 651-652

Draft Convention on the Law of the Sea, Informal Text (ICNT/Rev. 3) . *see* ICNT

Draft Convention on the Legal Status of Ocean Data Acquisition Systems, 4: 613n

Drafting Committee (UNCLOS III)

on access to the Tribunal, 5: 377-378

active period of, 1 : xxvii

on activities in the Area, 6: 84

on adoption of the Convention, 5: 195-196

on amendments to the Contention, 5: 271

on Annex V, 5: 325

Annex VI drafted by, 6: 66

on bilateral, regional, subregional agreements, 4: 477n

on charts and geographical co-ordinates, 6: 84

competence/function of, 1: 135-136, 144

on continental shelf delimitation, 6: 84

on denunciation of the Convention, 5: 280

documentation/sources of

on aircraft, 2: 333

on air space, 2: 65, 438, 901

on anadromous stocks, 1: 150n. 72, 2: 666-667

on archipelagic states, 2: 408, 417-418, 447, 456, 464-465

on archipelagic waters, 2: 438

on artificial islands in the exclusive economic zone, 2: 572

on baselines, 2: 96, 417–418

on bays, 2: 114

on catadromous stocks, 2: 680

on charges levied on foreign ships, 2: 235

on charts, 2: 817, 986–987

on charts and geographical coordinates, 2: 144–145

on civil jurisdiction re foreign ships or vessels, 2: 245

on coastal States, 2: 229, 368, 523, 768, 785, 892

on the Commission on the Limits of the Continental Shelf, 2: 1002

on conservation/management of living resources, 2: 595–596

on the contiguous zone, 2: 267, 434

on the continental shelf, 2: 434, 839, 909, 949

on criminal jurisdiction re foreign ships or vessels, 2: 238

on the exclusive economic zone, 2: 434, 512, 523, 554, 566, 797

on foreign ships or vessels, 2: 45

format/presentation of text, 2: xliii–xliv, 3: xli–xlii, 6: xxxv, xli–xlii

on geographical coordinates, 2: 817

on geographically disadvantaged States, 2: 734

on highly migratory species, 1: 649, 996

informal, 1: lv–lvi, 3: xxxvii–xxxviii, 5: xxx–xxxii

on innocent passage, 2: 165, 185, 222, 391, 456

on installations, 2: 572

on internal waters, 2: 105

as interpretive material, 1: 149–150, 1: 149–150n. 72

on landlocked States, 2: 692

on low-tide elevations, 2: 127

on marine scientific research, 2: 349

on mouths of rivers, 2: 110

on noncompliance of warships with coastal State laws and regulations, 2: 254

Official Records of the Third United Nations Conference on the Law of the Sea, 3: xxxix–xl, 5: xxxiii

on opposite or adjacent coasts, 2: 797

on passage, 2: 159

on payments/contributions from exploitation of the continental shelf, 2: 931

on pipelines, 2: 909

policy of, 1: 141–142nn. 35–37, 1: 141–145, 1: 143nn. 42–45, 144–145nn. 49–52, 144n. 47

and the preamble, 1: 453–454

procedures of, 1: 136–138, 137–138nn. 15–17, 137n. 12

recommendations of, procedures for

adoption

on aircraft, 2: 340

on anadromous stocks, 2: 677–679

on artificial islands, installations and structures in the exclusive economic zone, 2: 583

on baselines, 2: 100, 436

on bays, 2: 117

on catadromous stocks, 2: 685

on charges levied on foreign ships, 2: 236

on charts, 2: 990

on coastal States, 2: 232, 771, 793, 895

on conservation/management of living resources, 2: 608

on the contiguous zone, 2: 273

on the continental shelf, 2: 872–873, 975–976

on cooperation, 2: 782

on enforcement of laws and regulations of coastal States, 2: 793

on geographically disadvantaged States, 2: 764

harmonization process, 1: 145–146, 1: 145n. 55

on highly migratory species, 2: 657

Informal Plenary on, 1: 146

on installations, 2: 36

on internal waters, 2: 107

on landlocked States, 2: 729

Main Committees' choice of, 1: 145

on marine scientific research, 2: 352

on payments/contributions from exploitation of the continental shelf, 2: 945

on rights of coastal States over continental shelf, 2: 895

on rights of protection of coastal States, 2: 232

on ships, 2: 36

on States Parties, 2: 36

on States' rights and freedoms of the high seas, 2: 906

on stocks in the exclusive economic zone, 2: 645–646

on straits, 2: 320

on territorial seas, 2: 57

on use of terms and scope, 2: 37

on vessels, 2: 36

recommendations of, reports containing, 2: xli–xliii, 6: xxxix–xl

on regional marine scientific and technological centres, 4: 729, 732–733

on reservations to treaties, 5: 214n. 4

on rights of parties to agree on a procedure, 5: 145–146

on signature of the Convention, 5: 195–196

on Tribunal members, 5: 369

work of, 1: 22, 138–140, 1: 138n. 18, 140n. 29, 1: 413–414, 3: 17

Drafting committees, competence of, 1: 135–136, 1: 136n. 4

Draft Ocean Space Treaty (1971)

on annexes and other provisions of the Convention, 5: 287

on the Assembly, 6: 367, 378, 392

on the Authority's powers/functions, 6: 354

and the Convention on Fishing and Conservation of the Living Resources of the High Seas, 3: 291–292

and the Convention on the High Seas, 3: 130

on the Council's establishment, 6: 367

on dispute settlement, 6: 598

on drug trafficking, 3: 225

final clauses of, 5: 171

on fishing, freedom of, 3: 75

on a general review conference, 6: 322

on International Maritime Court, 5: 6, 6: 367

on international ocean space, use of term, 3: 61

on International Ocean Space Institution, 6: 342, 378, 392

on island, use of term, 3: 327–328

on jurisdiction over ocean space, 3: 328

legal status, privileges and immunities, 6: 526, 534, 542

on management/development of natural resources, 3: 305–306

marine environment protection/preservation proposals, 4: 137–138, 150, 159

(*see also* Due publicity)

of extent of safety zones, 1: 230

of judgment of the Tribunal, 1: 390

of location of artificial islands, installations or structures, 1: 230, 263

of location of cables in archipelagic waters, 1: 226, 2: 447–454

use of term, 2: 149n. 9

Due publicity

(*see also* Charts, publicity to; Due notice)

to baselines, 2: 424–425, 427

to coastal States' laws on innocent passage, 1: 300

to coastal States' laws on pollution, 1: 215

to the continental shelf, 2: 986–990

to dangers to navigation, 1: 216

to the exclusive economic zone, 2: 807, 817, 820, 2: 820n. 6

to innocent passage and coastal States, 1: 300, 3: 557

to laws of States bordering straits on transit passage, 1: 223

to laws/regulations, 1: 215, 223, 300, 2: 377, 4: 3

to sea lanes and traffic separation schemes, 1: 215, 222, 227, 2: 204, 207, 209–210

use of term, 2: 149, 2: 149n. 9, 2: 820

Due regard

to cables and pipelines, 1: 241

to economy and efficiency, 1: 278, 280

to fishing, 1: 230, 234

to geographical representation, 1: 273, 278, 280, 284, 345–346, 371, 373, 490

to interests of States, 1: 244, 260, 263, 490

to legitimate interests, 1: 323, 4: 682

in marine scientific research proposals, 4: 460–461

marine technology development/transfer and principle of, 4: 682

to navigation, 1: 217, 221, 311

to rights and duties of States, 1: 228–229, 244, 260

to rotation of membership, 1: 276, 371

Dulles, John Foster, 6: 7n. 15

Dumping

(*see also* Environmental protection; Pollution)

and activities in the Area, 1: 368

coastal States jurisdiction over, 1: 299–300, 303

in emergencies, 4: 167–168, 4: 168n

enforcement re, 1: 303, 4: 232–239, 316

marine environment protection/preservation efforts re

    atmospheric pollution regulations, enforcement of, 4: 316

    enforcement of dumping provisions, 1: 303, 4: 232–239, 316

    prevention, reduction and control, proposals for, 4: 155–175

    radioactive dumping, 4: 6

    RSNT on, 4: 62–63

    States duties regarding, 4: 58–61, 66

    terminology re, 4: 42

    treaties re, 4: 8

pollution from, 1: 208, 294, 299–300, 303, 397–399, 3: 511, 4: 155–168 (*see also* Convention on the Prevention of Marine Pollution by Dumping of Wastes and Other Matter)

special arbitration for, 1: 397–399

use of term, 1: 208, 2: 27, 31–32, 34–35, 42, 4: 53, 163–166, 316, 749, 754

Duration of operations, 1: 365–367

Duty, use of term, 4: 40, 4: 40n. 7, 4: 49

Eastern European Group, 1: 83, 5: 344, 6: 62

Eastern European Socialist States

on anadromous stocks, 2: 670

on archipelagic waters, 2: 468, 483

on coastal States, 2: 370–371

on conservation/management of living resources, 2: 600–601

on the contiguous zone, 2: 270

on the exclusive economic zone, 2: 528, 577

on final provisions, 5: 188

on immunity of ships on government noncommercial service, 3: 160

on innocent passage, 2: 160, 224, 387, 393

on landlocked States, 2: 700

on marine scientific research, 2: 350–351

on noncompliance of warships with coastal State laws and regulations, 2: 254

on participation clauses of final provisions, 5: 188

on sea lanes, 2: 209, 358

on ships, 2: 335-336

on States' rights/duties in the exclusive economic zone, 2: 557

on straits, 2: 296, 303, 318, 325, 335-336, 358

on traffic separation schemes, 2: 209, 358

on transit passage, 2: 335-336

on utilization of living resources in the exclusive economic zone, 2: 622, 625-626

Eastern European States

Convention not adopted by, 6: 845

marine scientific research proposals by conditions to be complied with, 4: 540

general provisions re, 4: 441

installation and equipment provisions, 4: 629-630

re installations and equipment, 4: 616, 623-624, 627

international cooperation proposals, 4: 468, 474-475, 481-482

non-recognition of, as basis for claims, 4: 464-465

principles for the conduct of, 4: 456-457

re responsibility and liability, 4: 634-635

re territorial seas, 4: 490-491

re warning signals, 4: 629-630

on pioneer investors, 6: 842-844, 847

ECAFE (Economic Commission for Asia and the Far East), 3: 375-377

Ecology. *see* Environmental protection; Pollution

Economic adjustment assistance. *see* Economic assistance

Economic and Social Council (ECOSOC; United Nations), 1: 285, 405, 4: 231, 5: 295, 6: 13-14, 502-503, 505

Economic and Technical Sub-Committee (SC. 2; Sea-Bed Committee) 1: lilii, 4: 431-432, 5: xxviii, 6: 23-24

Economic and Technological Working Group (WC. 2; *Ad Hoc* Committee to Study the Peaceful Uses of the Sea-Bed and the Ocean Floor beyond the Limits of National Jurisdiction), 1: li, 2: xxxv, 5: xxvii, 6: xxxi

Economic assistance, 6: 4

Agreement on, 1: 488-489, 6: 261-262, 872

Assembly's establishment of system of, 6: 388, 391-392, 397, 400, 402, 896-897

and the Authority, 6: 337, 528, 536-537, 539-540

Council's powers/functions re, 6: 436, 439, 447, 450, 455

to developing States, 1: 268, 274, 279, 282, 488

Economic Planning Commission's proposed system of, 6: 465–466, 468, 472

fund for, 1: 488

general policies on, 6: 246

to land-based producers of minerals from Area, 1: 268, 274, 279, 282, 488–489

Part XI on, 6: 886

productions policies on, 6: 259, 264–266, 270, 273, 276–282, 6: 280–281n. 22

Economic Commission for Asia and the Far East (ECAFE), 3: 375–377

Economic Commission for Europe, 4: 319

Economic Planning Commission (Council), 6: 461–472

and adverse effects on developing States, 6: 470

Agreement on, 6: 465–466, 468, 472

composition of, 6: 458, 461–464, 469

consultations with other commissions/organs, 6: 459, 461, 463

on contracts, financial terms of, 6: 716

and costs to States Parties, 6: 465–466, 472

decision-making in, 6: 459, 461, 463–464, 6: 464n, 6: 470

economic assistance system proposed by, 6: 259, 465–466, 468, 472

establishment of, 6: 65, 369, 404–405, 456, 458, 461–463, 470

functions of, 1: 281, 477, 6: 465, 468–472, 906

Green Book on, 6: 471

Group of 77 on, 6: 471–472

ICNT on, 6: 470–472

and institutional arrangements, 6: 465–466

ISNT on, 6: 469

Legal and Technical Commission as performing functions of, 6: 338, 363, 369–370, 6: 456n. 3, 6: 461, 465–466, 468

meetings of, 6: 459

membership in, 6: 361–362

members of

advice to the Council by, 1: 268, 274, 279, 282

composition of, 1: 280

decision-making procedures of, 1: 281

election/terms of, 1: 281, 6: 458, 461, 463–464

nominations of, 1: 280–281

nondisclosure of confidential information by, 6: 458, 461

qualifications of, 6: 463, 465, 467, 469–471, 906

recommendations to the Authority by, 1: 364

rules, regulations and procedures by, 1: 281

seat of, 1: 281

and production limitation, 6: 472

RSNT on, 6: 469–470

rules/regulations by, 6: 458

trends reviewed by, 6: 267

U. S. on, 6: 469–471

Economic zone. *see* Exclusive economic zone

Economy, world, 6: 243–244, 247–248, 251, 253–254, 318, 328–329

ECOSOC. *see* Economic and Social Council

Ecosystems, 1: 294, 4: 68

(*see also* Ice-covered areas; Marine environment)

Ecuador

(*see also* Latin American and Caribbean States; Latin American States)

on amendment/revision of the Convention, 5: 253

on baselines for archipelagic States, 2: 436

on the breadth of the territorial sea, 2: 80

on conservation/management of living resources, 2: 646n. 13

on the Convention vs. other agreements, 5: 238

on the exclusive economic zone, 5: 225

on fishing/fisheries, 5: 91n

on highly migratory species, 2: 656

on innocent passage, 2: 154

on marine resources, 6: 13–14

marine scientific research proposals by

on assistance and facilitation for research vessels, 4: 600

on dispute settlement and interim measures, 4: 647n. 3, 4: 652, 659

on implied consent, 4: 565

on information to coastal States, duty to provide, 4: 534–535

on suspension or cessation of research, 4: 573–574

on marine technology development/transfer, 4: 715

on peaceful purposes vs. military activities, 3: 88–89

on periodic review of the law of the sea, 5: 294

on plurality of régimes in the territorial sea, 2: 70-71

on the Secretary-General, 6: 483, 487, 492, 497

on uses of the seabed, 6: 25

EEC. *see* European Economic Community

"Effects of the production limitation formula under certain specified assumptions," 6: 50

Egoriew, M. (of the Soviet Union), 3: 486

Egypt

arbitration chosen by, 5: 422n. 2

in Assembly working group on the rules of procedure, 6: 384

on authentic texts, 5: 303-304

on the Authority's powers/functions, 6: 359

on baselines, 2: 101

on the breadth of the territorial sea, 3: 483

on the contiguous zone, 2: 269n. 11

on innocent passage, 2: 199n. 26

on marine environment pollution/preservation, 4: 385n. 2

on marine environment preservation/protection, 4: 407-410, 413-414

on marine scientific research, 4: 445, 4: 580n, 4: 638, 641

on marine technology development/transfer, 4: 708

and WG. 21, 6: 398-399

Eichelberger, Clark, 6: 7n. 15

Eight-Power Group, 6: 652, 660-661, 664, 667, 671, 686, 733, 750

Eirlksson, Gudmundur, 1: 116

Elections. *see* Commission on the Limits of the Continental Shelf; Council; Director-General; Economic Planning Commission; Governing Board; Legal and Technical Commission; Secretary-General (Authority); Tribunal

Elizabeth I, Queen of England, 6: 5, 6: 5n. 5

El Salvador

(*see also* Latin American and Caribbean States; Latin American States)

on conservation/management of living resources, 3: 292

on dispute settlement, 5: 7-8, 5: 30n. 2, 5: 116n. 3, 119n. 8

on the exclusive economic zone, 2: 529

on freedom of the high seas, 3: 76-77, 94

on the high seas, use of term, 3: 61-62

on marine scientific research, 4: 446, 452

on plurality of régimes in the territorial sea, 2: 68-69

on the right of hot pursuit, 3: 252-253

on the right to fish on the high seas, 3: 283

on the Secretary-General and Secretariat, 6: 483, 487, 492, 497

Emergency orders, 1: 280, 283, 6: 943-944

Enclosed/semi-enclosed seas, 3: 343-368

(*see also* Canals; Geographically disadvantaged States; Straits)

as an agenda item for UNCLOS III, 1: 90

coastal States' jurisdiction in, 3: 343

conservation/management in, 3: 630

cooperation of States bordering, 3: 354-368

the Convention's application to, 3: 365-366

and freedoms of navigation and overflight, 3: 358, 363

ICNT on, 3: 363-365

ISNT on, 3: 359-360

in marine environment preservation/protection, 3: 343, 354, 356-362, 364, 366
-367

re marine scientific research, 3: 43, 359-360, 362, 364, 368

regional coordination of, 3: 366-368

RSNT on, 3: 362, 3: 362n. 2

scope of, 3: 345

and the territorial sea, 3: 357

examples of, 3: 344, 3: 348n. 1

exclusive economic zones in, 3: 343, 361-362, 365-366

fishing in, 3: 363

freedom of navigation in, 3: 358, 361, 363-365, 631

ICNT on, 3: 351

Main Trends Working Paper on, 3: 359, 629-631, 3: 629n

marine environment exploration/exploitation in, 3: 366-367, 630

marine environment protection/preservation in, 3: 343, 354, 356-368, 3: 368nn. 12-
13, 3: 630

marine scientific research in, 3: 343, 354, 356-357, 359-362, 364

maritime zones in, delimitation of, 3: 343, 345, 361-364

narrow outlets connecting, 3: 352

natural resources management in, 3: 343, 354, 356–362, 364

pollution in, protection from, 3: 630

regional agreements re, 3: 343–344, 361–362, 366, 368

right of transit passage in, 3: 361, 630–631

RSNT on, 3: 350

scientific research in, 3: 630

States bordering on, 1: 236, 255, 2: 43

and territorial seas, 3: 357, 554

use of term, 1: 255, 2: 38, 3: 346, 348–352, 629

Energy, 1: 228

(*see also* International Atomic Energy Agency)

Enforcement

boarding for, 2: 794

by coastal States, 1: 232, 234, 238, 301–302, 305–307, 311

of decisions of the Sea-Bed Disputes Chamber, 5: 414–416

re dumping, 1: 303, 4: 232–239, 316

of fisheries regulations, 1: 232, 234, 238

by flag States (*see under* Flag States) against foreign ships, 1: 308–311

in ice-covered areas, 1: 311

of laws and regulations of coastal States, 2: 784–795

liability of States arising from, 1: 310–311, 4: 377–381

of marine environment preservation/protection regulations

re activities in the area, 4: 227–231

re atmospheric pollution, 4: 315–319

coastal States' duties regarding, 4: 279–302

re dumping-related pollution, 1: 303, 4: 155–168, 232–239

re land-based pollution, 4: 214–221

re maritime casualties, 4: 303–314

re notification of flag States, 4: 372–373

port States' duties regarding, 4: 258–272

powers of, 4: 325–329

re seabed activities pollution, 1: 302–303, 4: 222–226

States' liability due to, 4: 377–381

structure of Part XII provisions re, 4: 17–19

by port States, 1: 304-305

reasonableness in, 4: 321n. 1

settlement of disputes, 1: 336, 369, 392, 4: 215, 261

use of term, 4: 215

***English Channel Continental Shelf* case (1977)**, 1: 463, 5: 169-170

English language, for authentic texts, 5: 301-304

English Language Group, 1: 413n. 29, 2: 374n. 5

Engo, Paul Bamela (of Cameroon)

First Committee work of, 1: 410, 1: 415n. 39, 6: xlv, 35

influence of, 1: 63, 65

on informal negotiations, 1: 119

Negotiating Group 3 chaired by, 1: 92, 417, 6: 45, 382, 397

SNT work of, 1: 116

on the Tribunal's jurisdiction, 6: 633-634

Enterprise

(*see also* Annex IV; Debt guarantees; Director-General; Facilities; Governing Board; Reserved areas)

access to dispute settlement procedures, 5: 61

access to the Sea-Bed Disputes Chamber, 5: 411-413

activities carried out by, 1: 268, 286, 355-357, 370, 432, 482, 6: 326, 707-708, 830-831

activities in reserved areas by, 6: 702-703

administrative expenses of, 1: 374-376

Agreement on, 6: 507-510, 512, 523, 666-667, 866-867

arrangements by, 1: 377

audit of, 1: 376

and the Authority, 1: 370, 374, 376, 6: 866

borrowing power of, 1: 372, 374

budget of, 1: 372

commercial principles as basis for operations, 6: 506-507, 520-521

commercial principles of, 1: 370, 482-483, 486

commercial production by, 1: 352, 374

commercial viability of, 6: 57n. 218, 6: 188, 370, 521

Commission for the Enterprise, 1: 424

and contracts, financial terms of, 6: 718

marine environment protection/preservation operations by, 4: 149

nickel reserved for, 6: 258, 6: 790n

operational autonomy of, 1: 370

operations of, 1: 371–372, 374, 376–377, 482–483, 6: 61

as an organ of the Authority, 6: 66, 292, 365, 367–369, 506, 509, 512, 912

under the parallel system, 1: 26, 6: 516–517, 520

payments to economic assistance fund, 1: 488

place of business and offices of, 1: 286, 373, 378

powers and functions of, 1: 272, 286, 370, 377, 482

priority over other applicants, 1: 430

privileges and immunities of, 1: 288, 377–378

property and assets of, 1: 376–378

and proprietary data, 1: 365

reports of, 1: 274, 278, 373

in reserved areas, 1: 348, 355–356, 428, 483

RSNT on, 6: 515–516

rules of procedure of, 1: 372

rules/regulations applied to, 6: 518

and the Secretariat of the Authority, 1: 482–483

site-banking system for, 6: 297

Sri Lanka on, 6: 518

staff of, 1: 357, 370, 372–373

staff regulations, 1: 372

Statute of (see Annex IV)

structure of, 1: 370

subsidization of activities of controversy over, 6: 4

technology transferred to (see Technology transfer, to the Enterprise)

title to minerals and substances, 1: 377

transfer of funds to the Authority, 1: 274, 286, 374

transporting, processing and marketing of minerals by, 1: 286, 370

U.S. on, 6: 39–40, 43, 506–507, 515–516, 518–521, 539

use of term, 6: 549

Entitles

(see also Natural or juridical persons; State enterprises)

access of

and the Agreement, 6: 63, 856

Authority's tasks following, 1: 354, 477–478, 6: 60

Commission of the Limits of the Continental Shelf elections following, 1: 346

as controversial, 5: 205–209

and Council membership, 1: 485

Council's election following, 1: 339–340, 5: 203, 207, 209

date of, 1: 339, 5: 203, 207–208, 210, 477, 6: 63

and delimitation disputes, 1: 336, 5: 210

and Enterprise funding requirements, 1: 375

final provisions on, 5: 203–211

International Court of Justice on, 5: 211

periodic review following, 1: 269

and pioneer investors, 1: 425–426, 430, 432

and plans of work, 1: 352, 430, 477–480

and the Preparatory Commission's rules, regulations and procedures, 1: 340, 5: 203, 208

production authorizations issued following, 1: 354

and ratification/accession, 1: 339, 5: 203, 207–210, 477

Resolution II's effect prior to, 1: 433

States' rights/obligations arising from, 3: 677

date of, 5: 203

and denunciation proceedings/clauses, 5: 281–282

of Draft Agreement on Straddling and Highly Migratory Fish Stocks, 3: 663

final provisions on, 1: 339–340, 5: 171–173, 203–211, 275–278

of new arrangements or agreements, 1: 266

overview of; 5: 276–278

Environment. *see* Marine environment

Environmental assessment, 1: 282–283, 297, 479, 482, 4: 109–115, 121–124

Environmental law, 4: 78–79

Environmental protection, 6: 190–199

(*see also* Marine environment; Pollution; Responsibility to ensure compliance and liability for damage)

and accommodation of activities, 6: 208–209

Agreement on, 6: 192, 197–198

Annex III on, 6: 663, 6: 663n, 6: 675

Authority's regulatory action for, 6: 76, 190, 192–196, 198, 337–338

Canada on, 6: 193, 6: 193n

Council's role in, 6: 196, 6: 198–99n. 9, 6: 438, 445, 450–451, 456

Declaration of Principles on, 1: 175, 6: 192–193

ecological balance, 6: 192–193, 195–196

elements/areas of the environment, 6: 196

in enclosed/semi-enclosed seas, 3: 343, 354, 356–368, 3: 368nn. 12–13

environmental impact assessments/baselines, 6: 198–199

general provisions for, 6: 195–196

harmful activities, types of, 6: 190, 193–194, 6: 193n, 6: 196

ICNT on, 6: 195

importance of/concern for, 6: 197–198

ISNT on, 6: 194–195

natural resources, 6: 190, 193–196

Norway on, 6: 192

and plans of work, 6: 198–199

and prospecting, 6: 663, 6: 663n

protection, use of term, 2: 491n

Regulations on Prospecting and Exploration for Polymctallic Nodules in the Area on, 6: 192, 198

and the Review Conference, 6: 318–319

RSNT on, 6: 195

rules, regulations and procedures for, 6: 739, 741

Soviet Union on, 6: 197

special arbitration procedures for, 5: 445

States' obligations re, 6: 197, 199

Sub-Committee I on, 6: 193

and technology transfer, 6: 174

U. S. on, 6: 192

Epicontinental sea, 2: 549n. 6

Equidistance and equitable principles of delimitation, 2: 140, 812–813, 965–967, 978, 5: 12–13, 122–127, 129

Equipment, 1: 352

(*see also* Technology; Technology transfer)

fishing, 1: 232

identification markings on, 4: 629–631

of installations or devices, 1: 208, 294

legal status of, 4: 620–622

for marine scientific research, 4: 459–460, 533, 612–631

mining, 1: 350, 360–362, 365–367, 427

navigational, 1: 246

port, 1: 257

positioning of, harmful effects of (*see* Environmental protection)

scientific, 1: 296, 317–318, 321

of ships or vessels, 1: 215, 245–246, 294, 301, 303–304, 308, 2: 202

testing of, 1: 427

use of term, 4: 67

Equitability

(*see also* Equitable geographical distribution/representation; Equitable sharing)

as basis of approval of plans of work, 1: 353–354

in conditions for transfer of technology, 1: 323–324

in exploitation of the resources of the Area, 1: 270

in international economic order, 1: 207

in marine scientific research, 4: 584

in participation in exploitation of the resources of the exclusive economic zones, 1: 235–237

in solution of conflicts between pioneer investors, 1: 429

in solution of delimitation disputes, 1: 238, 242

in utilization of ocean's resources, 1: 207

Equitable geographical distribution/representation

(*see also* Due regard)

in the Commission on the Limits of the Continental Shelf, 1: 240, 345–346

in the Council, 1: 275, 485

in the Economic Planning and Legal and Technical Commissions, 1: 280

in the Finance Committee, 1: 490

in the Governing Board, 1: 371

in the Sea-Bed Disputes Chamber, 5: 403

in the staff of the Enterprise, 1: 373

in subsidiary organs of the Authority, 1: 273, 278

in training, 1: 325

in the Tribunal, 1: 383, 391, 5: 343-344

Equitable principles solution to delimitation disputes, 5: 122-127, 129

Equitable sharing

    Assembly's powers/functions re, 6: 387-388, 393, 397-398, 6: 398n, 6: 402-403

    Authority's regulatory action for, 6: 143, 285, 287, 348

    and the benefit of mankind, 6: 132-141, 143

    of benefits from activities in the Area, 1: 260, 269-270, 274, 279, 491

    Council's powers/functions re, 6: 436-437

    ICNT on, 6: 132

    ISNT on, 6: 132

    of payments or contributions, 1: 242, 274, 279

    policies on, 6: 242-246

    Review Conference on, 6: 318, 328-329

    RSNT on, 6: 288

Equity, 5: 18

Equity jurisdiction, 5: 7

Erich, M. (of Finland), 3: 483

Essex Minerals (U. S.), 6: 67n. 237

Establishment of the Preparatory Commission for the International Seabed Authority and for the International Tribunal for the Law of the Sea. *see* Preparatory Commission; Resolution I

Estonia, 3: 483

Estuaries, 1: 208, 298, 2: 42, 111, 2: 111-112n. 6, 2: 112, 4: 128-134

European Agreement (1965), 3: 236n. 9

European Convention for the Peaceful Settlement of Disputes (1957), 5: 26, 311

European Economic Community (EEC)

    access to the Convention by, 5: 455

    activities in the Area by, 5: 272

    countries of, 1: 84

    dispute settlement declaration for, 5: 187

    on the exclusive fisheries zone, 5: 186n

    marine environment preservation/protection efforts of, 4: 336-337

    on marine scientific research, 4: 447, 534, 547, 559, 600, 650

    on marine technology development/transfer, 4: 674-676, 686, 693-694, 697, 699-700, 704 as member of the Convention, 5: 320

participation in the Convention by, 5: 185–187, 189, 272, 320, 455

President of the Council of Ministers, 5: 185

regional marine scientific and technological centres, proposals for, 4: 726–727

rights of member States under the Convention, 5: 459–460n. 6

and transfer of legal competencies by member States, 5: 187

treaty establishing, 5: 25–26n. 1, 5: 73, 5: 415n, 5: 416, 437

European States

marine environment protection/preservation proposals of

and coastal States' enforcement obligations, 4: 285–286

re dumping, 4: 160–161, 236

and enforcement obligations of flag States, 4: 249–250

re international rules and national legislation for pollution prevention, reduction, and control, 4: 130

re investigation of foreign vessels, 4: 337

re land-based pollution regulations, 4: 218

re monetary penalties and rights of the accused, 4: 364

re nondiscrimination against foreign vessels, 4: 347

re notification of flag States, 4: 373

port States' obligations in, 4: 263–264

and powers of enforcement, 4: 326

re responsibility and liability, 4: 406, 413–414

re seabed activities pollution, 4: 224

re seaworthiness of vessels, 4: 275

re sovereign immunity, 4: 419

re States' liability due to enforcement of regulations, 4: 378–379

re suspension and restrictions on violations proceedings, 4: 352

and vessel-source pollution, 4: 187

on marine scientific research, 4: 457

Evensen, Jens (of Norway), 1: 415n. 39, 1: 418, 2: 500, 5: 174, 6: 233, 516–517, 760, 810–811

(*see also* Evensen Group)

Evensen Group (Informal Group of Juridical Experts), 3: xli

on air space over the continental shelf, 2: 902–904

on anadromous stocks, 2: 672–673

on artificial islands, installations and structures in the exclusive economic zone, 2: 576, 578-579

on artificial islands, installations and structures over the continental shelf, 2: 921-924

on cables and pipelines on the continental shelf, 2: 911-913

on catadromous stocks, 2: 682

on coastal States' right to participate in the exploitation of the exclusive economic zones, 2: 769-770

on the Commission on the Limits of the Continental Shell, 2: 1003

on conservation/management of living resources, 2: 603-606, 3: 293

on the continental shelf, 2: 847, 849-850

on cooperation of States in conservation/management of living resources, 3: 299

on enforcement of laws and regulations of coastal States, 12: 791-792

establishment of, 1: 105-106

on the exclusive economic zone, 2: 500, 530-534, 550

on exploration/exploitation of the Area, 6: 44, 305

on freedom of the High seas, 3: 77

on geographically disadvantaged States, 2: 741-742, 745

Group of Legal Experts on the Final Clauses chaired by, 1: 91-92

on highly migratory species, 2: 651, 654-655, 996-997

ICNT work of, 1: 65

influence of, 1: 106-107

on landlocked States, 2: 700-701, 705-706, 709

LL/GDS on, 1: 106, 1: 106n

marine environment preservation/protection, proposals considered by

    re activities in the area, 4: 229-230

    re adverse consequences from exercise of powers, 4: 331-332

    and coastal States' enforcement obligations, 4: 286-290

    re damage notification, 4: 84

    re dumping, 4: 237

    and flag States, enforcement obligations, 4: 250-253

    re ice-covered areas, 4: 394-395

    re investigation of foreign vessels, 4: 337-339

    ISNT provision review, 4: xxxix

    re maritime casualties, 4: 308-309

    re measures to facilitate violations proceedings, 4: 322-323

re discretionary rights, 5: 110–111

exceptions, use of term, 5: 136–137

and good faith, 5: 134

re historic bays or titles, 5: 109–111, 113–114, 116

ICNT on, 5: 131–133, 136

re land territory boundaries, 5: 117–118

re maritime boundaries between adjacent and opposite coasts, 5: 117–118

re military activities, 5: 107, 109–114, 135–137

NG7 proposal re, 5: 118–119, 121–122, 125–131

re past vs. future disputes, 5: 123–124, 126–127

re sea boundaries, 5: 107, 109–114, 116–117, 133

and the Security Council, 5: 107, 109–111, 113, 138–140

and sovereign immunity, 5: 135–136

and third-party settlement, 5: 89–91, 93–95, 5: 93n. 7, 5: 104–105, 122–123

to the Convention, 1: 340

to dispute settlement, 5: 85–86, 88–89, 92–93, 5: 93n. 6, 5: 107–108, 110, 116, 142

exceptions, use of term, 5: 222

final provisions on, 5: 173, 212–223

immunities of warships, 1: 218

in marine environment preservation/protection provisions, 4: 167–168, 4: 168n, 4: 306

rights of parties to submit dispute to other procedures, 5: 142–146

RSNT on, 5: 143

strict interpretation of, 5: 92

Excess of jurisdiction, 1: 291–292

Exclusive economic zone, 1: 228–239

(*see also* Access; Conservation/management of living resources; Dumping; Equitability; Jurisdiction; Landlocked States; Navigation, freedom of; Safety zones)

Addis Ababa Declaration on, 1: 6–7, 9–10

African States Regional Seminar on the Law of the Sea on, 1: 6–7

as an agenda item for UNCLOS III, 1: 33, 88–89

aircraft in, 1: 229

Argentina on, 2: 557, 623, 644–645, 802–803

artificial islands, installations and structures in, 1: 228–230, 2: 542–543, 570–588,

3: 579-581, 583, 633

and baselines, 1: 7, 210, 225, 228, 2: 82, 103, 2: 103n. 18, 2: 106-107, 4: 515 -516

breadth of, 1: 225, 228

cables/pipelines in, 1: 229, 3: 583

Castañeda Group on, 1: 108-109, 2: 503, 2: 503n. 36, 2: 539, 561-562, 4: xxxix

Charter of the United Nations on, 2: 801-802

charts and geographical coordinates of, 1: 239, 2: 807, 817, 820, 2: 820n. 6

China on, 2: 557, 622-623, 802

and coastal States, 2: 521-544

> Drafting Committee documentation/sources on, 2: 523
>
> duties of, 1: 239, 255, 2: 565
>
> informal documents on, 2: 523-525
>
> laws and regulations of, 1: 229, 231-232, 238, 251, 305-306, 311, 335
>
> preferential rights of, 1: 25, 34, 3: 586-587, 597-604, 621
>
> regulations on marine scientific research, 1: 315-321
>
> right to participate in the exploitation of, 2: 768-772
>
> Sea-Bed Committee on, 2: 525
>
> sovereignty/jurisdiction of, 1: 7-8, 228-230, 238, 251-252, 315-316, 334-336, 3: 579-581, 584, 590-594, 596

Coastal States Group on, 1: 71-72

conflict over rights not attributed to the coastal State in, 1: 229

conservation/management in, 1: 230-235, 2: 594-611, 3: 587-594, 620-621

Convention on the High Seas on, 1: 7-8

Declaration of Santo Domingo on, 1: 6-7, 10

delimitation of, 1: 45, 230, 238-239, 263, 321, 2: 433-436, 506, 545-552, 796-816, 5: 133

> Charter of the United Nations on, 2: 801-802
>
> General Report of the African States Regional Seminar on the Law of the Sea on, 2: 801-802
>
> ICNT on, 2: 811-813
>
> International Court of Justice on, 2: 800n. 2, 2: 807, 813-814
>
> ISNT on, 2: 806-807
>
> Main Trends Working Paper on, 2: 805, 3: 595-596
>
> RSNT on, 2: 808-809

navigation/overflight in, freedom of, 1: 7, 3: 583

opposite or adjacent coasts, delimitation of, 1: 238-239

outer limits of, 2: 86, 817-821

overview of, 2: 491-510

participation by landlocked or geographically disadvantaged States in exploitation of living resources, 1: 235-238

and participation clause of final provisions, 5: 183-184

pollution in, 1: 299, 301, 303-306, 311

pollution prevention/control in, 31: 579, 596-597

régime of, 2: 491-493

rights as balanced with duties re, 1: 25

safety zones in, 3: 579-581

scientific research in, 3: 579-580, 588, 597

seabed within national jurisdiction, 3: 594-596

sea lanes in, 1: 230

settlement of disputes in, 1: 335, 2: 566-569

sovereignty over, 2: 504, 3: 96

and special arbitration procedures, 5: 443-444

States' rights/duties in, 1: 228-229, 2: 553-565, 3: 69-70, 578-584, 620

stocks in, 1: 232-233, 2: 639-647

through straits, 1: 219-220, 223, 226, 2: 309-320

and the territorial seas' breadth, 1: 7

Third Committee on, 4: xvii, 502-506, 509-511, 515-516, 518-519

and trusteeship, 1: 8

U. S. on, 1: 44-45

use of term, 2: 38

utilization of living resources in, 2: 612-638

Exclusive fishery zones, 1: 60-61, 3: 38, 584-594, 5: 186n

Expenditures

(*see also* Commercial production; Expenditures associated with activities in the Area)

from Authority funds, 1: 490

periodic, 1: 367, 429

to renew anadromous stocks, 1: 234

Expenditures associated with activities in the Area

(*see also* Contractors; Pioneer investors)

after commencement of commercial production, 1: 357-364, 489

contractor's costs/schedule, 1: 265, 361-362

equipment, 1: 362

method of determining, 1: 363-364

pioneer investor's, 1: 429

prior to commercial production, 1: 265, 359-364, 367

Experts

(*see also* Committee of Experts for the Progressive Codification of International Law;
   Evensen Group; Group of Legal Experts)

appointment of, 5: 49-51

on the continental shelf, 1: 345-346

on dispute settlement, 1: 331, 5: xv

employed by the Authority, 1: 289

exchange of, 1: 324, 326

giving of evidence by, 1: 396

independent, 1: 355

lists of, 1: 331, 397-399, 5: 42, 51, 446-447

on marine environment protection, 1: 282

in marine scientific research, 1: 320, 397, 4: 596

on pollution, 1: 397

privileges and immimities of, 6: 553-554

for scientific/technical disputes, 5: 443

sitting with a court or tribunal, 1: 331, 5: 49-51

for special arbitral tribunals, 1: 397-398, 5: 446-447, 5: 447n8

Exploitation

(*see also* Declaration of Principles Governing the Sea-bed and the Ocean Floor, and the
   Subsoil Thereof, beyond the Limits of National Jurisdiction; Exploration/exploitation;
   Exploration/exploitation of the Area; Moratorium resolution; Plans of work)

and amendments to the Convention, 5: 270

of the continental shelf beyond 200 miles, 1: 242, 310 (*see also* Truman Proclamations)

duration of, 1: 366-367

equitable, of the resources of the Area, 1: 270

of living resources 1: 230-231, 233-238, 253

of marine mammal, 1: 233

of mineral resources lying within national jurisdiction, 1: 260

of natural resourced, 1: 293

and peace and security, 1: 3-4

of polymetallic nodules, 1: 426-427

of reserved areas, 1: 269-270, 354-355

stage of; 1: 367, 479-480, 489

Exploration

(*see also* Application; Exploration/exploitation; Plans of work)

and amendments to the Convention, 5: 270

of area covered by the contract, 1: 360-362

data relating to, 1: 478-479, 482

duration of, 1: 366-367, 479-480

exploration area, use of term, 6: 959

fees related to, 1: 429, 478-479, 489

geological, of the Seabed, 1: 327

by pioneer investors, 1: 432, 478-479

stage of, 1: 367

by States or entities other than pioneer investors, 1: 478

Exploration/exploitation

(*see also* Annex III; Continental shelf; Declaration of principles Governing the Sea-bed and the Ocean Floor, and the Subsoil Thereof, beyond the Limits of National jurisdiction; Exploitation; Exploration; Exploration/exploitation of the Area; Living resources; Marine scientific research; Mineral resources; Moratorium resolution; Natural resources)

and marine environment preservation/protection, 4: 58 - 61, 140 - 141, 181, 224, 230-231

marine scientific research for, 4: 434-435

marine technology development/transfer for, 4: 713

of non-reserved areas, 1: 353

Part XI on, 6: 887-888

of reserved areas, 1: 480, 483

size of areas for, 1: 353, 355, 365-367, 429

system governing the Area, 1: 268-271, 274

technical cooperation, 1: 324

Exploration/exploitation of the Area, 6: 293-312

(*see also* Annex III; Mining; Plans of work; Regulations on Prospecting and Exploration for Polymetallic Nodules in the Area; Who may exploit the Area)

and activities in the Area, use of term, 1: 208

and amendments to the Convention, 1: 342

Annex III on, 6: 652, 656, 658, 662, 665-669

Austria on, 6: 305

Authority's assessment of data re, 6: 338

and the Authority's powers/functions, 1: 268-269, 6: 293, 297, 299-312

Authority's rules/regulations re, 1: 274, 279, 366, 6: 338, 348

Belgium on, 6: 303

for the benefit of mankind, 1: 3-4, 207, 6: 28, 293, 297, 305-306, 309-310

and coastal States' rights/interests, 6: 151-159, 6: 153n, 158-159nn. 5-6

conditions of, 6: 37

confidential data/information on, 6: 731-732

by contracting Parties, 6: 298-302

contracts for, 6: 103n. 3, 6: 293-294, 297, 299-300, 304, 306-310, 312, 957-972

Council's establishment of rules/procedures for, 6: 437, 439, 442-443, 445, 450, 452, 454, 456-457

Draft Regulations on Prospecting, Exploration and Exploitation of Polymetallic Nodules in the Area, 4: 154n. 4

duration of, 6: 737-739

and the Economic Planning Commission, 1: 281-282

by the Enterprise, 1: 374, 6: 293-294, 304-307, 309, 311

Evensen Group on, 6: 44, 305

exclusive right to explore/exploit, 6: 668, 734-736, 6: 736n

First Committee on, 6: 37

general norms re, 6: 135-136

Group of 77 on, 6: 297, 300-301, 304-305

ICNT on, 6: 305-310

industrialized States on, 6: 301n. 6

installations for, inspection of, 6: 293, 308, 310, 312

ISNT on, 6: 302-303

Italy on, 6: 298

Japan on, 6: 302

joint ventures for, 6: 298, 302-305, 307, 309

Latin American and Caribbean States on, 6: 298

RSNT on, 6: 303–304

Secretary-General's financial interest in, 1: 285

and sovereignty, 6: 103–104

Soviet Union on, 6: 299

by States Parties, 6: 293, 306–308, 311–312

system of, 1: 268–270

Tanzania on, 6: 298

U. S. on, 6: 297–298, 302–303, 305, 310

Working Group of the Whole on, 6: 305

working group on, 6: 44

Express consent, 1: 240–241, 315, 322, 4: 495

Express prior approval, **use of term**, 4: 166

Extradition of offenders, 3: 191–192

Facilities

(*see also* Off-shore facilities)

for arbitral tribunal, 1: 395

for communication, 1: 214

custom, 1: 257

of the Enterprise, 1: 371, 373, 376, 378

for mineral processing, 1: 366–367

navigational, 1: 214

port, 1: 213, 216, 2: 232

research, 1: 296

seaworthiness of (*see* Environmental protection)

training and technological centres, 1: 326

transit, 1: 256–257, 3: 455–457 (*see also under* Landlocked States)

travel, 1: 289

Fact finding, 1: 399–400, 5: 441–442, 449–451

Fair and reasonable terms/conditions for technology transfer, 1: 261–262, 323, 350–352, 486

Fair prices, 1: 264–265, 363–364

FAO. *see* Food and Agriculture Organization

Fault, **liability without**, 4: 412–413

Fauna. *see* Natural resources

Federal Republic of Germany. *see* Germany

Fees

(*see also under* Contracts, financial terms of)

for application for approval of a plan of work, 1: 357, 361–362, 429, 478–479, 489, 6: 936–937, 6: 936n. 7

of the conciliation commission, 1: 381, 5: 324

for contractors, 1: 357, 360–362, 364, 429, 489

fishing, 1: 232, 3: 591–592

for pioneer investors 1: 428–429, 432, 478–479

Resolution II on, 6: 827, 837–839, 841, 849–850, 6: 849n. 30

FFA (South Pacific Forum Fisheries Agency), 2: 658, 3: 301

Fiji, 6: 60n. 223

on the Authority's establishment, 6: 345–346

on civil jurisdiction lie foreign ships or vessels, 2: 245

on coastal States, 2: 371

on dispute settlement, 5: 93n. 6

on immunities of warships, 2: 262

on innocent passage, 2: 160–161, 167–169, 187, 189–190, 223–224, 386–387

on noncompliance of warships with coastal State laws and regulations, 2: 254

on nuclear substance, 2: 218

on the preamble, 1: 458, 465

on responsibility and liability of flag States, 2: 257

on sea lanes, 2: 206–208, 358

on straits, 2: 288, 358

on submarines, 2: 186–181

on traffic separation schemes, 2: 206–208, 358

on warships, 2: 250–251

Final Act (UNCLOS I), 2: 39, 861, 876, 1019–1025, 3: 491–495, 14: 746–747

Final Act (UNCLOS II), 3: 535–538

Final Act (UNCLOS III), 1: 404–441

on adoption of the Convention, 1: 420–422, 5: 196

and the Collegium, 1: 447–448

commentary on, 1: 445–449

as a draft document, 1: 446–448

on marine technology development/transfer, 4: 668

decision-making in, 1: 491, 6: 410, 909–910

establishment of, 1: 489–490, 6: 370, 404, 407–410, 440, 443, 904, 908

functions of, 1: 477, 491, 6: 408, 414

membership in, 1: 489–490, 6: 409

members of, 1: 489–490, 6: 908–909

recommendations to the Assembly/Council, 1: 484, 488, 490–491, 6: 372, 407–410, 909

vacancies in, 1: 490

Finances

of the Authority, 1: 286–287, 481, 6: 41, 44, 50, 722 (*see also* Authority, financial arrangements of)

of the Enterprise (*see* Enterprise, finances of)

Financial arrangements, 1: 280, 429

(*see also* Arrangements; Authority, financial arrangements of; Equitable sharing)

Financial assistance. *see* Economic assistance

Financial benefits from the area, 1: 260, 274, 279, 354, 491

(*see also* Equitable sharing)

Financial contributions

(*see also* Contributions)

to the Authority, 1: 273–274, 279, 286–287, 290, 358–364, 480–481, 490 (*see also under* Authority, financial arrangements of)

to the Enterprise, 1: 374–375

Financial institutions, compensation through, 4: 407–409

Financial management by the Authority, 1: 274, 279–280, 424, 490

(*see also under* Authority, financial arrangements of)

Financial rules, regulations and procedures of the Authority. *see* Regulations and procedures of the Authority

Financial security. *see* Bonds or other financial security

Financial statements

of the Authority, 1: 287

of the Enterprise, 1: 373, 376, 6: 803–804

Financial terms of contracts. *see* Contracts, financial terms of

Findings of fact, 1: 399–400, 5: 441–442, 449–451

Finland

(*see also* Group of 11)

on institutional arrangements, 6: 45

on the international machinery/régime, 6: 36–37, 65, 286

ISNT issued by, 6: 38–39 (*see also* ISNT/Part I)

on joint ventures, 6: 44

leadership of, 6: 35, 6: 35n. 120

on marine scientific research, 4: 490, 605, 609

on marine technology development/transfer, 4: 708–709, 714–717

meetings of/discussions on, 6: 35–37, 41

on monopolies, 6: 44

negotiating groups/methods of, 1: 92, 6: 45–46

officers of, 1: 410

on a parallel (dual) system for activities, 6: 40–45

on permanent vs. temporary role of States Parties, 6: 42

Preparatory Commission, 6: 49–51 (*see also* Preparatory Commission)

on preparatory investment protection, 6: 50–51

on production ceilings/policies, 6: 51, 64

progress of, 6: 42, 45, 49

on review clause for exploitation, 6: 44

Review Conference, 6: 43, 6: 43n. 154

and RSNT, 1: 119, 6: 40–42, 44

scope of work of, 6: 35–36 (*see also* Annex III; Annex IV; Part XI; Preparatory Commission; Resolution II)

and the Sea-Bed Disputes Chamber, 5: 401–402

SNT work of, 1: 116

on the Tribunal's finances, 6: 50

U. S. participation in, 6: 48–52

on use of terms and scope, 2: 29–30, 4: 750, 6: 71–74

and WG. 21, 1: 93, 1: 415n. 39, 6: 46–48, 6: 47n. 171, 6: 49–51

on who may exploit the Area, 6: 37, 6: 37n. 125

Working Group, 1: 92, 6: 37–39, 6: 37nn. 124–125

First period of commercial production, 1: 358–360, 367

First United Nations Conference on the Law of the Sea. *see* UNCLOS I

Fish. *see* Fisheries and fishery resources; Fishing; Fish stocks; Stocks; *and specific species*

Fisheries and fishery resources

(*see also* Convention on Fishing and Conservation of the Living Resources of the High

in an adjacent area, 1: 233

of anadromous stocks, 1: 233–234

archipelagic States' traditional rights re, 1: 226, 2: 447–454

of catadromous species, 1: 234

catch and effort statistics, 1: 231–232, 254

driftnet, 3: 38–41, 45–47, 3: 311n. 3

due regard to, 1: 230

equipment for, 1: 232

in exclusive economic zones, 1: 231–237, 335

fact-finding re, 1: 399–400

fees for, 1: 232, 3: 591–592

freedom of, 1: 7, 3: 279–289, 3: 288n. 14, 3: 505, 514, 609 (see also under freedom of the high seas)

gear for, 1: 222, 232, 252–253

by geographically disadvantaged States, 1: 236–237

on the high seas, 1: 244, 253–254, 263, 3: 30, 35–38, 72, 74–79, 83, 609 (see also Convention on Fishing and Conservation of the Living Resources of the High Seas)

increases in, 3: 38

and innocent passage, 2: 176

by landlocked States, 1: 235–236

laws and regulations re, 1: 214, 231–232, 238, 335

licenses/permits for, 3: 587, 652–653

punishment for violating regulations re, 3: 612

reflagging of vessels, 3: 43, 48–49

regulatory measures by the coastal State, 1: 222, 230–234, 307

restoration of overfished populations, 1: 231, 253–254

rights in the exclusive economic zone, 3: 579

rights of, 1: 226, 2: 447–454, 3: 579, 5: 91n, 6: 6, 6: 6n. 7, 6: 11

seasons and areas for, 1: 232

settlement of disputes re, 1: 335, 397

and States' rights/duties in the exclusive economic zone, 2: 565

technology for, 1: 232

in territorial seas, 1: 214

traditional rights of; 1: 226, 2: 447–454, 5: 91n

use of term, 2: 35

Fishing vessels

(*see also* Draft Agreement on Straddling and Highly Migratory Fish Stocks)

Agreement to Promote Compliance with International Conservation and Management Measures by Fishing Vessels on the High Seas, 3: 43, 48–58, 3: 145n. 9

arrest in the exclusive economic zone, 3: 593–594 (*see also* Foreign ships or vessels, arrest or detention of)

authorization of, 3: 51–52

cables/pipelines damaged by, 1: 252–253

cooperation with developing States re, 3: 55

entitlement to fly a flag, 3: 52

exchange of information re, 3: 53–55

inspection of, 3: 653, 656

international cooperation re, 3: 52–53

length of, 3: 49–50, 3: 145n. 9

licensing of, 1: 232

marking/identification of, 3: 52

nondiscrimination against, 1: 222

records of, 3: 49–50, 52–53

reflagging of, 3: 43, 48–49

settlement of disputes re, 3: 55–56

use of term, 3: 49

Fish stocks, 1: 231, 254, 3: 301, 588–589, 611, 669

(*see also* Conservation/management of living resources; Draft Agreement on Straddling and Highly Migratory Fish Stocks; Stocks)

Fitzmaurice, Gerald, 1: 141–142n. 35, 2: 102

Flag and emblem of the Authority, 6: 550

Flags

(*see also* Flag States; Nationality; Ships; Vessels)

of convenience, 1: 245, 3: 107, 4: 242, 257

etiquette re, 3: 133, 3: 133n. 10

right to fly, 1: 244–245, 250

showing of, 1: 214, 250

of the United Nations, its specialized agencies or the International Atomic Energy Agency, 1: 245

unlawful use of, 1: 247

Flag States

investigation of foreign vessels, 4: 343-344

land-based pollution regulations, enforcement of, 4: 217-221

monetary penalties and rights of the accused, recognition of, 4: 363-364

notification of flag States, requirements for, 4: 371-376

vs. port States' obligations, 4: 258-272

regulations, enforcement of, 4: 240-257

suspension and restrictions on proceedings involving jurisdiction of, 4: 350-359

vessel-source pollution, duties regarding, 4: 181-206

violations proceedings, facilitation of, 4: 323-324

marine environment preservation/protection duties

re dumping enforcement, 4: 232-239

re sovereign immunity, 4: 421

national maritime administration of, 3: 108-110, 112

notification to, 1: 217, 238, 309-310, 4: 371-376

penal jurisdiction in matters of collision or navigation incident, 1: 247, 3: 165-169, 3: 166n, 3: 507, 608

protection of the marine environment, 1: 299-300, 302-303, 307-308

registration, 1: 245

requests to, for investigation, 1: 304

requests to the coastal or port State, 1: 216-217, 305, 332

responsibilities/duties re conservation/management, 3: 652-653

responsibilities re fishing vessels, 3: 50-52

responsibility of, 1: 218, 223, 2: 256-259, 2: 257n

rights of, 1: 244, 309

shipowning companies' /ships' management by, 3: 115

use of term, 2: 36, 43, 46-47, 3: 111, 4: 759

and warships or ships on government service, 1: 246, 250, 2: 256-259, 2: 257n

Flag states

national maritime administration of, 4: 375-376n. 7

Flora. *see* Natural resources

Food and Agriculture Organization (**FAO**; **U. N.**)

on conservation/management, 2: 609-610, 3: 29, 43, 316

constitution of, 6: 488n. 1, 499n. 1, 502

data collection/sharing via, 3: 668, 4: 91-92

developing States' assistance via, 3: 656

on driftnet fishing, 3: 46

experts list maintained by, 1: 397–398, 5: 42, 446

fishery organizations established by, 2: 657–658, 3: 312, 366, 588, 610

on fishing, 2: 638n. 31

on highly migratory species, 2: 657–658, 997

information exchanged re fishing vessels, 3: 53–55

on international cooperation in marine exploitation, 6: 14

and marine environment preservation/protection, 4: 16, 91–92, 282

and marine scientific research, 4: 437

national marine science, technology and ocean service infrastructures, Annex VI
provisions re, 4: 742–743

Standard Specifications for the Marking and Identification of Fishing Vessels, 3: 52

Technical Consultation on High Seas Fishing, 3: 311

Force, use of, 1: 213–214, 221, 337, 5: 155n (*see also* Arrest; Detention)

Force majeure, 1: 213, 221, 4: 167–168, 6: 968

Foreign ships or vessels

(*see also* Investigation; Nondiscrimination; Ports)

archipelagic passage of, 1: 226

arrest or detention of, 1: 217–218, 238, 250–252, 5: 66–71

charges levied for passage through the territorial sea, 1: 216, 2: 234–236, 382–383

civil jurisdiction in relation to, 1: 217–218, 2: 244–247

and coastal States, 2: 376–377, 4: 283, 285, 299–302

criminal jurisdiction in relation to, 1: 216–217, 238, 2: 237–243, 2: 243n. 7

design, construction and manning of, 1: 215, 2: 202

enforcement against, 1: 308–311

equal treatment of, 1: 257, 309

hot pursuit of, 1: 250–251

innocent passage of, 1: 213–218, 226, 300, 3: 468–474, 500–501

marine environment protection/preservation provisions re

and coastal States' enforcement obligations, 4: 283, 285, 299–302

exclusions for, 4: 14

investigation of, 4: 334–344

measures to facilitate proceedings for, 4: 321

nondiscrimination with respect to foreign vessels, measures for, 4: 345–347

notification of flag States, requirements for, 4: 372–373

port States' enforcement duties re violations by, 4: 272

rules re, 4: 3

safeguards for, 4: 18-19

straits used for international navigation, safeguards for, 4: 391

suspension and restrictions on proceedings involving, 4: 354, 358

vessel-source pollution, standards for, 4: 180-181, 4: 184-185n. 8, 4: 204-206

and marine scientific research, 4: 461, 495

nuclear-powered, 1: 215

penalties against, 1: 238, 309-310

re pollution, 1: 300-301, 308-310

in ports, 3: 465

right to visit, 1: 250

transit passage, 1: 221-223

vexatious claims by, 5: 79-81

Foreign States, use of term, 2: 43

Fourth Committee (UNCLOS I), 2: 910, 992, 4: 137, 501, 519

Fourth Committee (UNCLOS III), 2: 898

France

on Annex III, 6: 657, 686-687

on artificial islands, installations and structures, 2: 583-584, 2: 584n. 10

on the Assembly, 6: 400

on the Authority, 6: 342

on baselines/bays, 3: 478

on the breadth of the territorial sea, 3: 481, 483

on broadcasting from the high seas, 3: 233

on contracts, 6: 727

on the Council, 6: 429

on dispute settlement, 6: 597

on the Enterprise, 6: 520

on islands, régime of, 3: 331

marine environment preservation/protection, proposals by

on adverse consequences from exercise of powers, 4: 331

on atmospheric pollution, 4: 316-317

and coastal States' enforcement obligations, 4: 283

on dumping, 4: 164

on investigation of foreign vessels, 4: 339

on maritime casualties, 4: 309

on monetary penalties and rights of the accused, 4: 367, 369

on notification of flag States, 4: 372

and port States' enforcement obligations, 4: 269–271

on seaworthiness of vessels, 4: 276

on suspension and restrictions on proceedings, 4: 350, 356–357

on transferring or transforming hazards or pollutants, 4: 71–72

and vessel-source pollution, 4: 193–194

on marine scientific research, 4: 501, 519, 521–522, 4: 605n. 2, 4: 615

on monopolies, 6: 686–689

nuclear testing by, 4: 317n. 9

on opposite or adjacent coasts, 2: 142

as a pioneer investor, 6: 67, 823, 6: 838n, 6: 841, 845

on policies on activities, 6: 250

on production authorizations, 6: 694n. 45

on Resolution II, 6: 841, 847–849, 6: 849n. 29

seabed mining legislation of, 6: 834n. 4

on special arbitration, 5: 443

on the Statute of the Enterprise, 6: 769, 780, 784

on uses of the seabed, 6: 22

François, J. P. A. (of the Netherlands), 2: 56–57, 59, 102, 828, 3: 461, 5: 302

Fraud, maritime, 3: 110

Freedom of action, 4: 103–104, 701

Freedom of navigation. *see* Navigation, freedom of

Freedom of the high seas, 3: 70–86

(*see also specific freedoms, such as* navigation, freedom of)

vs. accommodation of activities, 6: 208, 210, 215

and activities in the Area, 3: 86

and air space, legal status of, 2: 52, 64, 156–157, 406, 437–442, 900–907, 3: 70–71

and artificial island/installation construction, 1: 244, 3: 76–79, 83, 609, 633

Castañeda Group on, 3: 79, 95

vs. common heritage of mankind, 6: 100

dispute settlement re, 3: 34–36

due regard in, 3: 86, 3: 86n

equality of States in, 3: 86

and the exclusive economic zone, legal status of, 3: 80

in the exclusive economic zone, 1: 24, 3: 69–70

explore/exploit the subsoil, 3: 85, 523

fishing, 1: 244, 253–254, 263, 3: 30, 35–38, 72, 74–79, 83, 609 (*see also* Fishing; Fishing vessels)

ICNT on, 3: 79–80

ILC on, 3: 74–75n. 4, 3: 75, 85

inter alia, use of term, 3: 76, 78, 84–85, 3: 85n. 27

ISNT on, 3: 77–78, 95

for landlocked States, 3: 78–80, 101 (*see also under* Landlocked States)

and marine scientific research, 4: 429–430, 4: 430n. 3, 4: 440, 455–456, 501–502, 609, 651, 655–656

military purposes, 3: 85

navigation (*see* Navigation, freedom of)

nuclear weapons testing, 3: 85

and obligations, 3: 74–75

overflight, 1: 7, 244, 3: 72, 74–79, 81–82, 96–97, 609

and Part XI, 6: 69, 6: 69n. 2

qualifications on, 3: 80–81, 85–86

régime of the high seas based on, 3: 27–28

regulation of, 3: 609–610

and right of access/transit freedom, 1: 256

and rights/interests of states, 3: 73

RSNT on, 3: 78–79, 95

rules re, 3: 74–75n. 4

scientific research, 1: 244, 3: 72, 75–79, 83–84, 610

sources of, 3: 72–74, 3: 74–75nn. 3–4

vs. sovereignty over the high seas, 3: 94–95

submarine cables and pipelines, laying of, 1: 7, 244, 3: 72, 741–779, 82, 261–265, 608–609

and superjacent waters' legal status, 3: 70–71, 6: 89, 91, 6: 91n. 3

test of reasonableness for, 3: 74

Freedom of the seas, 6: 5–6, 6: 5n. 5

(*see also* Fishing)

General acceptance

of guidelines, criteria and standards, 1: 325

of international regulations, practices and procedures, 1: 215, 222, 227, 245–246

of international rules or standards, 1: 215, 230, 300–301, 308

General Act for the Pacific Settlement of International Disputes (1928, 1949), 5: 26, 55, 5: 119n. 9, 5: 311

General Act of the Brussels Conference relative to the African Slave Trade (1890), 3: 179

General Agreement on Tariffs and Trade (GATT), 1: 487, 3: 374–375, 431, 6: 236, 255, 260, 279–280

(*see also* World Trade Organization)

General Assembly

(*see also* General Assembly Resolutions)

"all states" formula, 5: 170, 181

Charter of Economic Rights and Duties of States adopted by, 6: 32n. 106

and depositary functions of Secretary-General of the United Nations, 5: 291

elections in, 5: 345

marine technology development/transfer policies of, 4: 666, 668

and national marine science, technology and ocean service infrastructures, Annex VI provisions, 4: 747, 4: 747n. 11

Report of its Working Group on the Review of the Treaty-making Process, 1: 135n. 2

General Assembly resolutions

(*see also* Resolution 2340; Resolution 2467 A; Resolution 2750 C; Resolution 3067)

34/92 C, 1: 409, 5: 181

35/116, 5: 297

36/39, 5: 343

37/66, 5: 295

38/36 C, 5: 181

38/59, 5: 295

40/61, 3: 186–187

44/225, 3: 44–47, 3: 311n. 3

46/215, 3: 40–41, 3: 40n

47/192, 3: 42

48/263, 3: xvi, 6: 855–874 (*see also* Agreement (1994))

49/28, 3: 675-680

598 (VI), 5: 214-215

1028 (XI), 1: 177, 3: 391

1112 (XL), 1: 161-162, 6: 13-14, 6: 14n. 41

1262 (XIII), 5: 421-422

1306 (XIII), 2: 118

1453 (XIV), 2: 118

1514 (XV), 5: 183, 6: 139-143, 6: 143n. 18

2172 (XXI), 1: 161-162, 167, 6: 14-16

2272 (XXII), 2: 119

2414 (XXIII), 1: 168-169

2467 (XXIII), 2: 41, 4: 54, 149, 228

2574 A (XXIV), 2: 841-842, 954

2626 (XXV) (International Development Strategy for the Second United Nations Development Decade), 6: 177

3071 (XXVIII), 4: 637-638

3201 (S - VI) (Declaration on the Establishment of a New International Economic Order), 4: 666-667, 6: 32n. 106, 6: 181

3201 (S-VI) (Declaration on the Granting of Independence to Colonial Countries and People), 6: 32n. 106, 6: 181

3281 (XXIX), 4: 667

re the Sea-Bed Committee (*see also* Moratorium resolution)

 2467 B (XXIII) (Examination of the question of the reservation exclusively for peaceful purposes of the seabed and the ocean floor), 1: 165-166

 2467 C (XXIII) (Examination of the question of the reservation exclusively for peaceful purposes of the seabed and the ocean floor), 1: 166-167

 2467 D (XXIII) (Examination of the question of the reservation exclusively for peaceful purposes of the seabed and the ocean floor), 1: 167-169, 4: 753-754

 2574 A (XXIV) (Question of the reservation exclusively for peaceful purposes of the seabed and the ocean floor), 1: 169-170, 177-178, 404-405, 2: 3, 3: 3, 5: 232, 6: 24

 2574 B (XXIV) (Question of the reservation exclusively for peaceful purposes of the seabed and the ocean floor), 1: 170-171

 2574 C (XXIV) (Question of the reservation exclusively for peaceful purposes of the seabed and the ocean floor), 1: 171-172, 6: 24-25, 341

31/63 (Third United Nations Conference on the law of the Sea), 1: 193-194

31/407, 1: 193n. 1

32/194 (Third United Nations Conference on the law of the Sea), 1: 194-195

33/17 (Third United Nations Conference on the Law of the Sea), 1: 195-196

33/405, 1: 196n. 1

34/20 (Third United Nations Conference on the Law of the Sea), 1: 196-197

34/407, 1: 197n. 1

35/116 (Third United Nations Conference on the Law of the Sea), 1: 197-199, 1: 199n. 2

35/452, 1: 199n. 2

36/79 (Third United Nations Conference on the Law of the Sea), 1: 199-200

37/66 (Third United Nations Conference on the Law of the Sea), 1: 201-203, 5: 476

3233 (XXIX), 5: 170

3334 (XXIX) (Third United Nations Conference on the Law of the Sea), 1: 191-192, 408-409, 5: 180, 302

3483 (XXX) (Third United Nations Conference on the Law of the Sea), 1: 192-193

General Committee (**Assembly**), 6: 383-385, 6: 385n. 10

General Committee (**UNCLOS III**), 1: liii, 91, 97, 127, 410, 2: 13, 719-720, 755-756

"General conduct in the Area and in relation to the Area," 6: 114

General Conference on the Freedom of Communications and Transit. *see* Barcelona Convention

General law of the sea, 4: 200, 350, 5: 183

General law of treaties, 5: 175, 222, 5: 222n. 12

General Principles for Assessment and Control of Marine Pollution

(*See also* Principles for Assessment and Control of Marine Pollution)

activities in the area, enforcement of regulations involving, 4: 228

activities in the area as source of pollution, 4: 150

atmospheric pollution, enforcement of regulations re, 4: 316

data and information exchange, studies, and programmes, 4: 92

on dumping prevention, reduction and control, 4: 158

and enforcement obligations of flag States, 4: 242-243

international agencies, 4: 117-118

maritime casualties, measures for avoiding, 4: 306

on responsibility and liability, 4: 401

on scientific criteria for regulations, 4: 95

technical assistance to developing states, 4: 100

and vessel-source pollution, 4: 183

Genetic resources, 6: 76

Geneva Convention on the Territorial Sea and the Contiguous Zond (1958), 1: 9

Geneva Conventions of 1949 for the Protection of War Victims, 5: 188, 225, 280

Geneva Conventions on the Law of the Sea (1958)

(*see also* UNCLOS I; UNCLOS II)

authentic texts of, 5: 302–303

on baselines, 2: 129

vs. the Convention, 1: 340, 5: 229, 232, 234–235, 237–239, 242–243

and the Drafting Committee's harmonization work, 1: 142–143, 2: 17, 3: 17, 19

marine environment protection/preservation efforts in, 4: 6

and need for new Convention, 1 : 207

on opposite or adjacent coasts, 2: 138

Geneva Working Group (1975), 5: 9

Genocide Convention, 5: 280

Gentlemen's Agreement, 1: lxiii – lxiv, 20 – 21, 31, 101 – 102, 1: 190, 1: 412, 414 – 415, 457

Genuine link, use of term, 3: 107, 3: 107n. 7

Geodetic data, 1: 212–213, 225, 239–240, 243, 2: 148, 820

Geographical coordinates

(*see also* Charts)

of archipelagic baselines, 1: 225

charts of, 2: 817–821

of the continental shelf, 1: 243, 2: 882–883, 986–990

deposited with the Secretary-General of the Authority, 1: 243, 258

deposited with the Secretary-General of the United Nations, 1: 213, 225, 239, 243, 2: 821, 883, 986–990

of exclusive economic zones, 1: 239

lists of, 2: 817–821

publicity to, 2: 817, 820, 2: 820n. 6

of the continental shelf, 2: 986–990

and transfer of rights to exploit living resources, 2: 775

use of term, 1: 236, 2: 39, 43, 764–765, 2: 765n. 53, 2: 766, 3: 621–622, 6: 72, 220, 225, 6: 225n

and utilization of living resources in the exclusive economic zone, 2: 629, 631

German Democratic Republic

arbitration chosen by, 5: 422n. 2

on the contiguous zone, 2: 270

on contracts, 6: 719

on fishing rights, 2: 646n. 14, 2: 744

on geographically disadvantaged States, 2: 744

on marine environment protection/preservation, 4: 160, 235–236

maritime boundary of, 2: 80

on the Security Council, 5: 139

special arbitration accepted by, 5: 451

Germany

on Annex III, 6: 657

on the Assembly, 6: 400

in Assembly working group on the rules of procedure, 6: 384

on the Authority, 6: 527n. 7, 6: 530, 539

and the Boat Paper, 6: 60n. 223

on the breadth of the territorial sea, 3: 481–482

and the cod war, 2: 2, 3: 2

on the Commission on the Limits of the Continental Shelf, 2: 1013

on contracts, 6: 727

Convention rejected by, 1: xxviii, 6: 3–4

on the Council, 6: 429

on delimitation disputes, 5: 129

on delimitation of the continental shelf between opposite or adjacent coasts, 2: 968

on enclosed/semi-enclosed seas, 3: 351, 363

on Enterprise, 6: 761

on the exclusive economic zone, 2: 538

on fair and reasonable commercial terms and conditions, 6: 679–680

on the Finance Committee, 6: 407

on the high seas, use of term, 3: 63, 65–68

on innocent passage, 2: 173

on landlocked States' access to the sea, 3: 418

marine environment protection/preservation efforts of

    re adverse consequences from exercise of powers, 4: 331

    and coastal States' enforcement obligations, 4: 285

    re enforcement obligations of flag States, 4: 248-249

    re investigation of foreign vessels, 4: 336, 339-340

    re League of Nations, 4: 4

    re monetary penalties and rights of the accused, 4: 365-366

    re nondiscrimination against foreign vessels, 4: 346

    re notification of flag States, 4: 372-373

    re States' liability due to enforcement of regulations, 4: 378

    re violations proceedings, 4: 322

on marine scientific research, 4: 501, 616

on nuclear-powered ships, 2: 219

on nuclear substances, 2: 219

on opposite or adjacent coasts, 2: 135n. 5

on policies on activities, 6: 250

on Resolution II, 6: 837, 841

on the Review Conference, 6: 324

seabed mining legislation of, 6: 834n. 4

on sea lanes, 2: 470-471

on States' rights/duties in the exclusive economic zone, 2: 563

GESAMP (Group of Experts on the Scientific Aspects of Marine Pollution), 2: 41, 4: 9, 4: 53n. 1, 4: 753

Giannini, M. (of Italy), 3: 483

Gidel, M. (of France), 2: 56, 3: 481, 483

GIPME (Global Investigation of Pollution in the Marine Environment), 4: 111n. 2

GLE/FC. *see* Group of Legal Experts on Final Clauses

Gleissner, Heinrich (of Austria), 1: 412

Global Environment Facility, 3: 656

Global Investigation of Pollution in the Marine Environment (GIPME), 4: 111n. 2

Global Maritime Distress and Safety System (GMDSS), 3: 176n. 11

Global rules, standards and recommended practices. *see* General acceptance; Rules, standards and recommended practices and procedures regarding pollution

GMDSS (Global Maritime Distress and Safety System), 3: 176n. 11

Goicoechea, M. (of Spain), 3: 461

Good faith

and abuse of rights, 1: 337, 5: 150–152

by applicants, 1: 350

by Authority members, 1: 271

by contractors, re plans of work, 1: 479–480, 483

as a general clause of the Convention, 5: 31

marine environment protection/preservation legislation, 4: 133

in seizure of suspected pirate ships, 1: 249

and treaties, 5: 194–195

Good order and security, 1: 213–214, 216–217

Göppert, M. (of Germany), 3: 461, 481

Görner, Gunther (of the German Democratic Republic), 6: xlvi, 56

Governing Board (Enterprise)

(see also Enterprise)

candidates for, 6: 435, 444, 448–449, 455

election of a chairman, 1: 372

election/re-election of, 1: 278, 371, 6: 387, 391–393, 395–396, 402, 779

France on, 6: 780, 784

Group of 77 on, 6: 776, 779

ICNT on, 6: 777, 779–781, 783

location of, 6: 778

meetings of, 1: 373, 6: 778–779, 783

members of, 1: 371, 6: 777, 779–782

need for, 6: 760, 776

NG3 on, 6: 779–781

nomination of candidates, 1: 278, 371

nomination of Director-General of the Enterprise, 1: 372

powers/functions of, 1: 371–372, 374, 377, 6: 763, 778, 784–786, 6: 786n

quorum for, 1: 371, 6: 778, 783–784

remuneration, 1: 371

RSNT on, 6: 776–777, 779, 781, 783–784

seats on, 1: 371

structure of the Enterprise, 1: 370

transfer of funds under recommendation of, 1: 274, 374

U. S. on, 6: 780

vacancies on, 1: 371

voting by, 1: 371, 6: 778, 783–784

WG. 21 on, 6: 781–784

World Bank as model for, 6: 778

Governing Preparatory Investment in Pioneer Activities relating to Polymetallic Nodules.

see Resolution II

Government ships

(*see also* Warships)

damage caused by, 1: 218

disputes re military activities by, 1: 336

enforcement by, 1: 249–251, 308

immunity of, 1: 218, 246, 250, 312, 3: 472–473, 507

innocent passage in territorial seas, 3: 501–502, 561–562

laws and regulations on, 2: 237–265

marine environment preservation/protection, duties regarding, 4: 326–329, 420–421

noncommercial, use of term, 2: 264n. 5

piracy by, 1: 248, 3: 203–205, 3: 205n, 3: 613

rules applicable when operated for commercial purposes, 1: 216–218

rules applicable when operated for noncommercial purposes, 1: 218, 312, 2: 260–265

State responsibility for, 3: 562

status of, 2: 55

Grandy, Neal R., 4: xix

Great Maritime Powers, 1: 79–80

Greaves, Sir Ewart (of India), 3: 484

Greece

on aircraft, 2: 338, 340–341

on air space, 2: 362, 902

on archaeological/historical objects, 5: 159, 161, 6: 227, 6: 227n. 2, 6: 228

on the breadth of the territorial sea, 3: 483–484

on coastal States, 2: 373–374

on the continental shelf, 2: 847, 956

on dumping, 2: 32

on the exclusive economic zone, 2: 539, 803, 806–807

on innocent passage, 2: 174

Group of 77 on, 1: 80, 6: 51–52, 6: 52n. 201

Iceland on, 6: 51–52

Ireland on, 6: 51–52

on the Legal and Technical Commission, 6: 481

naming of, 6: 51n. 194

Netherlands on, 6: 51n. 195

New Zealand on, 6: 51–52

Norway on, 6: 51–52

on policies on activities, 6: 253

on production policies, 6: 277–278

on qualifications of applicants, 6: 674

on the Review Conference, 6: 332

on the Statute of the Enterprise, 6: 763–764, 813

Sweden on, 6: 51–52

Switzerland on, 6: 51–52

on technology transfer, 6: 187

Grisbadarna arbitration case, 2: 142

Gross proceeds. *see* Contractors, gross proceeds of

Grotius, Hugo, 6: 5

Group for the Common Heritage Fund, 2: 945

Group of 10

on the Council's voting procedure, 6: 404

Group of 11, 6: 401

Group of 12, 1: 80–81, 6: 51–52, 6: 51n. 195, 52n. 201

Group of 21 (Nandan Group), 1: 105, 109–110, 125, 6: 140

(*see also* Negotiating groups, Negotiating Group 4)

on coastal States' right to participate in the exploitation of the exclusive economic zones, 2: 770

on geographically disadvantaged States, 2: 746–749, 752–755

on landlocked States, 2: 711–713, 716–719, 2: 720n. 33

on transfer of rights to exploit living resources, 2: 780–781

Group of 77

on the exclusive economic zone, 2: 500, 516, 532–535, 550, 558

on geographically disadvantaged States, 2: 740–742

on landlocked States, 2: 701–702

and the LL/GDS Group, 2: 703n. 11

on settlement of disputes in the exclusive economic zone, 2: 567

on States' rights/duties in the exclusive economic zone, 2: 558

on transfer of rights to exploit living resources, 2: 779

Group of 77 (U. N. General Assembly)

(*see also* Developing States)

on Annex III, 6: 652, 6: 652n. 5, 6: 656–657, 6: 657n. 16, 6: 660–661, 667, 671–672, 733

on applicable law, 6: 751

on the Assembly, 6: 372, 378–381, 393–397, 6: 398n

on the Authority, 6: 33, 343–344, 6: 344n, 6: 345–346, 530

on the benefit of mankind, 6: 137, 140–141

on contracts, 6: 42, 725–726, 6: 726n, 6: 727, 748–749

on the Council, 6: 420–427, 429, 444–446, 452–453

on the Declaration of Principles, 6: 25–26n. 90, 54n. 206

on depositary functions, 5: 296

on developing States' needs/interests, 3: 380–381

on the draft Agreement, 6: 63

on the Economic Planning Commission, 6: 471–472

on the Enterprise, 6: 43, 506, 513–514, 516–517, 520

establishment of, 6: 32n. 105

on exploration/exploitation, 6: 297, 300–301, 304–305

on the Green Book, 1: 80, 6: 51–52, 6: 52n. 201

as heterogeneous, 1: 69

on the international régime, 6: 32–33

on the Legal and Technical Commission, 6: 464

on the legal status of the Area, 6: 107

on licensing legislation by States, 6: 54, 6: 54n. 206

marine environment protection/preservation deliberations of, 4: 80–81, 93, 308

on marine scientific research, 4: 492–493, 530–532, 4: 532n. 3, 4: 542–544, 571–572, 585–586, 605, 4: 605n. 2, 4: 609

on marine technology development/transfer, 4: 673–675, 684–686, 688, 691–693, 697, 703, 707, 713–714

national marine science, technology and ocean service infrastructures, Annex VI provisions re, 4: 744–746 on the parallel system, 6: 315, 516-517

on peaceful uses of the seas, 5: 153

on plans of work of the Enterprise, 6: 42

policies on activities, 6: 247

on the preamble, 1: 458-459

on preference/priority among applicants, 6: 684-685

on preferential treatment for developing States, 6: 288

and the Preparatory Commission, 6: 57

on production authorizations, 6: 691

on production policies, 6: 267

on prospecting, 6: 660-661

on qualifications of applicants, 6: 671-672

regional marine scientific and technological centres, proposals for, 4: 724-726, 731

on reserved areas, 6: 698-699

on Resolution II, 6: 832, 834-835, 837-844, 847

on responsibility for damage, 6: 753

on the Review Conference, 6: 3334

on rights/obligations under contracts, transfer of, 6: 750

on RSNT, 6: 41

on the Secretary-General, 6: 488

on the Statute of the Enterprise, 6: 759-760, 767-768, 772-773, 776, 779-780, 783, 810, 812, 818-819

on title to minerals, 6: 658-659

on training programs, 6: 733

UNCLOS III negotiations affected by, 1: 59-60

and UNCTAD, 6: 32n. 106

and WG. 21, 1: 93, 97, 6: 46, 6: 47n. 171

Group of 77 (**UNCLOS III**), 1: 81-82, 98

Group of Archipelagic States, 1: 771-778

Group of Broad-Shelf States ("**Margineers**"), 1: 76, 2: 842n. 2, 2: 853, 868, 1018

Group of Experts, 1: 30

Group of Experts on Tax Treaties between Developing and Developed Countries, 6: 716

Group of Experts on the Scientific Aspects of Marine Pollution (**CES-AMP**), 2: 41, 4: 9, 4: 53n. 1, 4: 753

Group of Land-locked and Geographically Disadvantaged States. *sea* LL/GDS Group

Group of Legal Experts

    on amendment by simplified procedure, 5: 268-269

    on authentic texts, 5: 302-303

    on the Convention vs. other conventions and agreements, 5: 237-239

    on depositary functions, 5: 293-295

    on dispute settlement, 5: 13-14, 119, 6: 601, 603-604

    documentation of, 5: xv-xvi

    on entry into force, 5: 206-208

    establishment of, 5: 13

    of the First Committee (UNCLOS) III), 1: liv

    on joint ventures, 6: 618

    on majority requirements, 5: 276-277

    on the Sea-Bed Disputes Chamber, 5: 402-403, 405, 6: 616

Group of Legal Experts on Final Clauses (GLE/FC)

    (*see also* Informal Plenary)

    on amendment/revision of the Convention, 5: 249-250, 252-266

    on denunciation clauses, 5: 283-284

    on depositary functions of Secretary-General of the United Nations, 5: 291

    documentation of, 5: xxx

    establishment of, 1: 418, 1: 418n. 48, 5: 173

    final provisions examined by, 5: 167-168, 173-174

    on international organizations, 5: 265

    negotiating process role of, 1: 91-92

    on the Preparatory Commission, 5: 470-471

    on reservations, 5: 218-219

    working paper on final clauses ' presented to, 5: 236-237

Group of Legal Experts on Settlement of Disputes on Part XI, 1: 418, 1: 418n. 47, 5: 409-413, 415

Group of Maritime States, 1: 79

Guarantees. *see* Debt guarantees

Guatemala, 6: 25, 483, 487, 492, 497

    (*see also* Latin American and Caribbean States; Latin American Stages)

Guidelines and Standards for the Removal of Offshore Installations and Structures on the Continental Shelf and in the Exclusive Economic Zone, 4: 225n

Guinea, 2: 142

Guinea-Bissau, 1: 407, 2: 142-143, 5: 180

Gulf of Aden, 3: 367, 4: 30

Gulf of Maine **case**, 2: 551, 5: 363

Gulf of Mexico, 2: 216

Gulfs, 3: 352

  (*see also* Enclosed/semi-enclosed seas)

Guyana, 6: 483, 487, 492, 497

  (*see also* Latin American and Caribbean States; Latin American States)

Gwyer, **Sir Maurice** (**of the U. K.**), 3: 482

Habitats, 1: 294

Hague Codification Conference. *see* Codification Conference

Hague Convention No. I (**1907**), 5: 311, 423, 441-442

Hague Convention No. VII (**1907**), 2: 249, 2: 249n

Haiti, 2: 698-699, 738-739

Hall, **David**, 1: 15, 412

Hamburg, 5: 337-339

Harassment/frivolous complaints, 5: 76-77, 99

Harbours, 1: 211-212, 320, 2: 122, 3: 552

  (*see also* Ports)

Harmful effects of activities in the Area. *see* Environmental protection; Pollution; Responsibility to ensure compliance and liability for damage

Harmful effects or changes, 1: 262, 297, 368

Harmful substances

  (*see also* Substances)

  and marine environment preservation/protection, 4: 66, 129-134, 157, 165, 207-213, 384-385

  marine scientific research that introduces, consent to, 1: 316

  measures to minimize release of, 1: 294, 298

Harmonization of national laws, 4: 12-14, 64-65, 132-134, 146, 203, 302

Harry, **Ralph L.** (**of Australia**), 1: 110, 5: 7, 92

Harvested species, 2: 35

Harvesting capacity of a coastal State, 1: 231, 235-237, 335

Hassan, **Abdel Magied A.** (**of Sudan**), 1: 411

Hazards

(*see also* Damage; Danger; Pollution)

to human health, 1: 208

to the marine environment, 1: 262, 294–295, 4: 69–72

to navigation, 1: 311

to a vessel, 1: 308

Hearings

(*see also* Dispute settlement)

of disputes, 1: 385–387, 389

for parties to a dispute, 1: 331–332, 381, 395

of the Tribunal, 5: 388

of witnesses, 1: 307–308

Hedberg, H. D., 2: 878–879

Hedberg formula, 2: 850, 878–879

Henkin, Louis, 6: 13n. 38

Highly migratory fish stocks

(*see also* Conservation/management of living resources; Draft Agreement on Straddling and Highly Migratory Fish Stocks; Maximum Sustainable yield)

conservation/management of, 3: 38 – 47, 3: 41n. 32, 3: 286 – 289, 591 – 593, 599, 611

in enclosed/semi-enclosed seas, 3: 651

United Nations Conference on Straddling Fish Stocks and Highly Migratory Fish Stocks, 3: 42–43, 3: 288n. 14, 3: 295, 303, 311, 367

Highly migratory species, 1: 233, 345, 2: 505–506, 648–658, 995–999

High seas

(*see also* Conservation/management of living resources; Convention on the High Seas (1958); Flag States; Freedom of the high seas; Immunity; Nationality; Safety at sea; Ships; Waters superjacent to the Area)

access and routes to and from, 1: 210, 220, 223–224, 226–227, 256

as an agenda item for UNCLOS III, 1: 34, 89

applicability of provisions re, 3: 59–71

vs. archipelagic waters, 3: 62–63, 65–66

artificial islands in, 1: 244

broadcasting from, unauthorized, 3: 231 – 236, 3: 233 – 235nn. 3 – 5, 236nn. 8 – 9, 3: 616

cables/pipelines in, 1: 244, 252–253

unauthorized broadcasting on, 1: 249-250

use of term, 3: 61-68, 3: 69n. 15, 3: 505, 605, 3: 605n, 6: 69n. 2

use of term, and the legal status of the exclusive economic zone, 3: 31-33, 3: 32n. 13, 3: 63, 66-68

Historical objects/treasures. *see* Archaeological/historical objects

Historic bays. *see* Bays, historic

Historic title, 1: 212, 336

Historic waters, 1: 158-160, 2: 115, 117-118, 3: 530-531, 551

(*see also* Bays, historic)

Home ports, 1: 247, 306, 3: 106-107

Honduras, 2: 173, 2: 269-270n. 11, 2: 272-273, 793

Hospital ships, 3: 134

Hot pursuit, right of, 3: 247-260

(*see also* Arrest; Detention; *and specific offences, such as* piracy)

in archipelagic waters, 1: 250-251, 4: 490n

areas/conditions for, 2: 275, 3: 247-258, 3: 258n, 3: 473-474, 510-511, 614 -615

Convention on the High Seas on, 3: 250-251, 510-511

ILC on, 3: 249-250, 259

in International Ocean Space, 3: 251

ISNT on, 3: 253-255

marine environment preservation/protection provisions for, 4: 380

and marine scientific research, 4: 436-437, 4: 490n

by military aircraft, 3: 247-248, 250-251, 254-256, 258-259

against a mother ship vs. smaller vessels, 3: 258

against pirate ships, 3: 185, 215

release of an arrested ship, 3: 248, 251, 254, 259, 510-511, 615

Report of the Second Committee on, 3: 473-474

against ships transporting slaves, 3: 181

unjustified, compensation for loss/damage from, 3: 248, 251, 254, 260, 511, 615

and vessel-source pollution, 4: 204

by warships, 3: 247, 250-251, 254-256, 258, 510, 615

Hsieh, M. W. (of China), 3: 482

Huerta, Fernando Pardo (of Chile), 6: xlvii

Humane killing of marine life, 3: 529

Human life, protection of, 1: 262, 270, 6: 200−205, 6: 202n. 2, 203n, 6: 208, 318−319, 323, 325, 329, 348, 882

(*see also* Safety at sea)

Humphrey, Hubert H., 6: 13n. 35

Hungary, 2: 71, 5: 93n. 6, 214n. 4

Hurd, Douglas (of the U. K.), 6: 58n. 219

Hydrographic surveys, 1: 214, 221, 2: 176, 349−353

IAEA. *see* International Atomic Energy Agency

IATA (International Air Traffic Association), 2: 347

LATTC (Inter-American Tropical Tuna Commission), 2: 658, 3: 301

ICAO. *see* International Civil Aviation Organization

ICCAT (International Commission for the Conservation of Atlantic Tunas), 2: 658

Ice-covered areas, 1: 311, 4: 392−398

Iceland

(*see also* Group of 11)

on the breadth of the territorial sea, 3: 484

on coastal States' right to participate in the exploitation of the exclusive economic zone, 2: 772

and the cod war, 2: 2, 3: 2

on the Enterprise, 6: 369

on the exclusive economic tone, 2: 548−549

on the Green Book, 6: 51−52

marine environment preservation/protection proposals, 4: 294−295

on submarine ridges, 2: 880n. 61

ICES (International Council for the Exploration of the Seas), 4: 437

ICNT (Informal Composite Negotiating Text)

(*see also* ISNT; RSNT; SNT)

on abuse of legal process, 5: 77

on accommodation of activities, 6: 212, 6: 212n, 6: 213−214

on activities carried out by the Enterprise, 6: 708

on activities in the Area, 2: 33, 6: 247−248, 251−252

on advisory opinions, 6: 642−643

on aircraft, 2: 340, 486

on amendment by simplified procedure, 5: 269

amendments to, 3: 17, 5: 14

on anadromous stocks, 2: 676-677

and Annex III, 6: 656-657, 659-660, 662-663, 668-669, 672-673, 678-680, 685, 692-693

Annex IV included in, 5: 312

on annexes and other parts of the Convention, 5: 287

on applicable law, 6: 752

on archaeological/historical objects, 5: 159-160, 6: 230

on archipelagic States, 2: 428-429, 486

on archipelagic waters, 2: 461

on the Area, 2: 33

on artificial islands, installations and structures, 2: 582, 925

on the Assembly, 6: 382, 385, 397, 400

on authentic texts, 5: 302-303

on the Authority

    establishment, 6: 345-347

    financial arrangements, 6: 530, 534, 539, 543, 545

    legal status, 6: 546, 559

    organs, 6: 368

    powers/functions, 6: 305-310

    privileges/immunities, 6: 546, 562, 565, 568, 570, 572, 576-577, 581-583

    rules, regulations and procedures, 6: 741-742

    use of term, 2: 33

on baselines, 2: 89, 93, 99, 107, 130, 428-429

on the benefit of mankind, 6: 132, 138-140

on binding force of decisions, 5: 84

on breadth of the territorial sea, 2: 81

on cables/pipelines, 2: 915, 3: 264-265

on charts and geographical coordinates, 2: 147, 819, 989

on coastal States, 2: 373, 770-771, 793

collegiate approach to, 1: 121-124

on the Commission on the Limits of the Continental Shelf, 2: 1006, 1013

on compromise on exemptions proposals, 5: 123-124

on compulsory/binding proceedings/procedures, 5: 98-101, 104, 112-115, 131-133, 137, 144

First Committee issues in, 6: 45, 47

on flag States' responsibility and liability, 2: 258

on freedom of the high seas, 3: 79–80

on general provisions, 5: 149, 154

on geographically disadvantaged States, 2: 754, 764

on highly migratory species, 2: 656–657, 999

on immunities of warships, 2: 263

on incineration, 2: 35–36

as an informal document, 1: lii, 2: xxxvi, 3: xxxiv-xxxv, 6: xxxii

on innocent passage, 2: 155, 161, 173–174, 194, 196, 226, 461

on interpretation/application of the Convention, 5: xiv

issuance of, 3: 15

on joint ventures, 6: 706–707

on landlocked States, 2: 717, 727–728

on landlocked States' access to and from the sea and transit rights, 3: 381–382, 417–418, 426–427, 433, 439, 444, 448, 456–457

on the Legal and Technical Commission, 6: 479–481

on the legal status of territorial seas, 2: 72

on the legal status of the Area/resources, 6: 108–109

on limits of the Area, 6: 83

on local remedies, exhaustion of, 5: 81

marine environment preservation/protection provisions

    re activities in the Area, 4: 152–153

    re activities in the area, 4: 230

    re adverse consequences from exercise of powers, 4: 332–333

    re civil proceedings, 4: 361

    and coastal states' enforcement obligations, 4: 292–294, 297–298

    re competent international organizations, 4: 16

    re damage notification, 4: 84–85

    re data and information exchange, studies, and programmes, 4: 93

    re dumping, 4: 8, 164–165, 238

    effects of activities, assessment of, 4: 124

    and flag States' enforcement obligations, 4: 255

    general provisions language for, 4: 39

    global and regional cooperation proposals, 4: 81

Part XV as basis for final text, 5: 12

on payments/contributions from exploitation of continental shelf, 2: 941–942, 945

on peaceful purposes, 6: 149

on penalties for contractors, 6: 747–748

Peru on, 3: 21–22

on piracy, 3: 200

on policies on activities, 6: 247–248, 251–252

on pollution, 2: 33–34 (*see also* ICNT, marine environment preservation/protection provisions)

and the preamble, 1: 457–459, 461, 464–465

on preference/priority among applicants, 6: 685

on production authorizations, 6: 692–693

on production policies, 6: 265, 268–273, 276–277

on protection of human life, 6: 204

on provisional measures, 5: 387–388

on qualifications of applicants, 6: 672–673

on ratification and formal confirmation of the Convention, 5: 199

on regional marine scientific and technological centres, 4: 728–729, 732

rejection of, 1: 65

on release of vessels, 5: 71

on reservations, 5: 215, 221

on reserved areas, 6: 699–700

on responsibility for damage, 5: 163, 6: 753–754

on responsibility/liability, 2: 258, 6: 125–126, 6: 126n

on the Review Conference, 6: 325–326, 332

on review of the international régime, 6: 316–317, 6: 317n. 4

revisions to, generally, 1: 67, 124–131, 417–419

on rights/obligations under contracts, transfer of, 6: 750–751

on rights of parties to agree on a procedure, 5: 145

on rights/privileges of membership, suspension of, 6: 592–593

on rights/protection of coastal States, 2: 231

on roadsteads, 2: 125

on the Sea-Bed Disputes Chamber, 5: 408, 411, 6: 623, 629, 634–636, 639–640

on sea lanes and traffic separation schemes, 2: 211, 474–476

on the Secretariat/Secretary-General, 6: 488, 493, 498–499

shall, use of term, 6: 84

on ships, 2: 340, 486

on special consent in excluded disputes, 5: 143

on sponsorship, 6: 673-674

on stages of operation, 6: 704

on States Parties, 2: 34

on States' rights and freedoms of the high seas, 2: 906

on States' rights/duties in the exclusive economic zone, 2: 562-563

on the Statute of the Enterprise, 6: 761-762, 768-770, 773, 775-784, 786-795,
    800-801, 805, 811-813, 815, 819-820

on stocks in the exclusive economic zone, 2: 644-645

on straits, 2: 306, 312-313, 320, 328, 396

structure of, 1: 141-142, 1: 141-142nn. 35-36

on submarines, 2: 182

on suspension of contractors' rights, 6: 746-747

on technology transfer, 6: 184-187, 673, 678-679

and Third Committee reports, 4: xvi-xvii

on time limit for detention, 5: 69-70

on training programs, 6: 733-734

on transfer of rights to exploit living resources, 2: 781-782

on the Tribunal, 5: 336, 338-339, 358, 377, 396, 402

on tunnelling, 2: 992

on utilization of living resources in the exclusive economic zone, 2: 631, 633-634

on voting rights, suspension of, 6: 588-589

on warships, 2: 251

WG. 21's work incorporated into, 6: 47-50

ICS. *see* International Chamber of Shipping

**ICSPRO (Inter-Secretariat Committee on Scientific Programmes Relating to Oceanog-
    raphy)**, 4: 111n. 2

ICSU (International Council of Scientific Unions), 4: 437, 4: 478n. 3

Identification markings, 4: 629-631

IFREMER/AFERNOD (France). *see* Institut Français de recherche pour l' exploitation de
    la mer/l' Association francaise pour l' étude et la recherch des nodules

IGOSS (Integrated Global Ocean Services System), 4: 111n. 2, 611n. 2

IHO. *see* International Hydrographic Organization

ILC. *see* International Law Commission

Illicit drug traffic. *see* Drug trafficking

ILO. *see* International Labour Organization

IMCO. *see* Intergovernmental Maritime Consultative Organization

Immediately adjacent, use of term, 2: 431–432, 2: 432nn. 19–20

Immigration, 1: 214, 219, 222, 229–230, 289, 2: 274–275, 3: 564

Immunities of the International Seabed Authority. *see* Privileges and immunities of the International Seabed Authority

Immunity

(*see also* Privileges and immunities)

of aircraft, 1: 223, 312, 4: 417–418

of the Authority, 1: 288–289 (*see also* Privileges and immunities of the International Seabed Authority)

of government ships, 1: 218, 246, 250, 312, 3: 472–473, 507

jurisdictional, of States, 3: 36–37

of ships on government noncommercial service, 1: 218, 246, 250, 312, 3: 157–164

sovereign, 1: 223, 312

of warships, 3: 153–156, 3: 155n, 3: 607

on government noncommercial service, 1: 218, 246, 250, 312

IMO. *see* International Maritime Organization

Implementation

of awards, 1: 397

of decisions relating to activities in Area, 1: 281–282, 366, 488–489

of international rules and standards, 1: 301–304, 307

of provisions of the Convention, 1: 260, 265, 277, 285, 473, 488–489 (*see also* Agreement (1994))

Implementation Agreement. *see* Agreement (1994)

Implied consent

to marine scientific research, 1: 318–319, 4: 561–568

Imprisonment, 1: 238

(*see also* Arrest)

Incidental catch (by-catch), 3: 311n. 3

Incidental powers, 1: 271, 377, 476

Incidents of navigation, 1: 246–247, 307, 3: 165–169, 3: 166n

(*see also* Collisions)

Incineration at sea, 2: 34n, 2: 35-36, 4: 164, 170-175, 754-755

Inco (Canada), 6: 67n. 237

India

> on artificial islands, installations and structures in the exclusive economic zone, 2: 581
>
> on bays, 2: 118
>
> on the breadth of the territorial sea, 3: 484
>
> on the contiguous zone, 2: 269, 2: 269n. 11
>
> on delimitation of the continental shelf, 2: 971
>
> on fishing/fisheries, 5: 91n
>
> on marine environment preservation/protection, 4: 141
>
> on marine scientific research, 4: 563, 4: 647n. 3
>
> on peace/security/cooperation, 6: 113n
>
> as a pioneer investor, 6: 67, 696-697, 6: 696n, 6: 823, 841, 845, 847, 849, 6: 849n. 29
>
> on uses of the seabed, 6: 24-25

Indian Ocean, 2: 215, 884

Indian Ocean Fishery Commission (IOFC), 2: 658

Indigenous people, *see* Developing States

Individuals

> right to use international procedures, 5: 61, 68
>
> in the UNCLOS III negotiating process, 1: 55-56, 61-66

Indonesia

> on archipelagic sea lanes, 2: 440-411
>
> on archipelagic States, 2: 400, 414, 426, 428, 451
>
> in Assembly working group on the rules of procedure, 6: 384
>
> on baselines, 2: 426, 428
>
> in the Boat Paper group, 6: 60n. 223
>
> discussions/agreements/deals re UNCLOS III issues, 1: 58
>
> on innocent passage, 2: 460
>
> on marine scientific research, 4: 501
>
> on production policies, 6: 241
>
> on the right of hot pursuit, 3: 255-256
>
> on sea lanes, 2: 470-471, 474-475

Indo-Pacific Fishery Commission (IPFC), 2: 658

Indo-Pacific Tuna Development and Management Programme (IPTP), 2: 658

Industrialized States

   (*see also* Group of 10)

   on Annex III, 6: 657, 661–663

   on the Assembly, 6: 372–373, 396, 398–400

   on the Authority, 6: 310

   on the benefit of mankind, 6: 142

   on conduct of States, 6: 116

   on contracts, 6: 657, 6: 723n. 74, 6: 726, 6: 726n, 6: 727

   Convention rejected by, 6: 3–4 (*see also* Agreement (1994))

   on the Council, 6: 404

   on data transfer, 6: 662–663

   on exploration/exploitation, 6: 301n. 6

   in the international régime, 6: 31–33

   marine technology development/transfer, duties regarding, 4: 669, 681

   mining investments protected by, 6: 53

   on the moratorium resolution, 6: 25–26n. 90

   on NIEO, 6: 32n. 106

   on plans of work, 6: 684

   on preferential treatment for developing States, 6: 290

   on production policies, 6: 278

   on prospecting, 6: 661

   on Resolution II, 6: 832, 834–835, 837, 839–840, 843–844

   on resources as common heritage of mankind, 6: 53

   on the Review Conference, 6: 331–333

   on the Statute of the Enterprise, 6: 760–761, 765, 768, 770, 812

Industrial secrets, 1: 281, 285, 288

Informal Composite Negotiating Text. *see* ICNT

Informal Consultations (**Secretary-General**), 6: 57–63, 6: 58–60nn. 219–224

Informal documents, 2: xxxvii–xl, 3: xxxv–xxxviii, xli, 5: xxix–xxxii, 6: xxxiii–xxxvi

   on aircraft, 2: 333–334, 385, 481–482

   on air space, 2: 66, 438

   on anadromous stocks, 2: 667

   on archipelagic States, 2: 408, 418, 448, 465, 481–482

   on archipelagic waters, 2: 438, 456

   on artificial islands, 2: 572–573, 919

on roadsteads, 2: 124

on the seabed/ocean floor/subsoil, 2: 66, 438

on sea lanes, 2: 205, 355–356, 465

on ships, 2: 333–334, 481–482

on States' rights and freedoms of the high seas, 2: 901

on States' rights/duties in the exclusive economic zone, 2: 554–555

on stocks in the exclusive economic zone, 2: 640

on straits, 2: 295, 302, 309–310, 317, 322, 355–356, 380, 391

on structures, 2: 572–573, 919

on submarines, 2: 180

on territorial seas, 2: 66, 76–77, 84, 434

on traffic separation schemes, 2: 205, 355–356

on transfer of rights to exploit living resources, 2: 774–775

on tunnelling, 2: 991

on use of terms and scope, 2: 28–29

on utilization of living resources in the exclusive economic zone, 2: 615

on warships, 2: 249

Informal Group of Juridical Experts. *see* Evensen Group

Informal Plenary (UNCLOS III)

on amendments, 5: 248–249, 262–263, 269, 273, 277, 418

on application of optional exceptions, 5: 113–114

on arbitral tribunals, 5: 430, 433, 436

on archaeological/historical objects, 5: 159

on the Authority, 5: 472–474

committees forming, 1 : xxvi–xxvii

on conciliation procedures, 5: 316–317, 320, 323

on the Convention vs. other agreements, 5: 233–242

re delimitation criteria, 5: 122–127

on denunciation clauses, 5: 281–282, 284

on depositary functions, 5: 295

dispute settlement topics examined by, 5: xiii

documentation of, 1: liv, 5: xiii, xxviii–xxix, xxx

Drafting Committee's recommendations considered by, 1: 146

on entry into force, 5: 205–206, 277

establishment of, 1: 456n. 17, 5: 172

examination of draft proposals, 5: 11-12

on the Final Act, 5: xxx

on final clauses/provisions, 5: xxx, 172-174

on general provisions, 5: xxx, 149, 151

on good faith and abuse of rights, 5: 151

Group of Legal Experts on the Final Clauses, 1: 91-92

on interpretation/application of the Convention, 5: xiv

on limitations to compulsory/binding proceedings, 5: 96-97, 104-105

as Main Committee for dispute settlement, 5: 172

marine technology development/transfer proposals, 4: 687

meetings of, 1: 91-92

negotiating groups' recommendations considered by, 5: 13

on participation clause of final provisions, 5: 188

and the preamble, 1: 455-456, 1: 456n. 18, 1: 458, 461, 466, 5: 172

on the Preparatory Commission, 5: xxx, 207-208, 6: 56

reports of, 5: xxxiii-xxxiv

on reservations to the Convention 5: 215-216, 219-220

re revisions to Part XV, 5: 14

on signature, ratification of, accession to and authentic texts of amendments, 5: 273

on the Tribunal, 5: 265, 472-474

Informal Single Negotiating Text. *see* ISNT

Informal Working Group on the Settlement of Disputes

on arbitral tribunals, 5: 431-432, 435-436

on exemptions to procedures, 5: 109-110, 116-117

and the preamble, 1: 466, 1: 466n

on special arbitration, 5: 442-443

Information. *see* Confidential data/information; Data; Disclosure, of information; Scientific information/knowledge

Information Notes (Secretary-General's Informal Consultations), 6: 58n. 221, 6: 60-61, 6: 60nn. 223-224

INMARSAT (International Maritime Satellite Organization), 3: 150, 3: 176n. 11

Innocent passage

(*see also* Foreign ships or vessels)

of aircraft, 2: 175, 342-343, 406

in air space, 2: 156-157

and archipelagic States, 1: 226, 2: 200, 404-405

in archipelagic waters, 1: 226, 2: 82, 405-406, 455-462, 3: 81, 626-629

arrest/investigation in the territorial sea, 3: 470-472, 500-501, 560-561

charges levied for, 1: 216, 3: 470, 500, 560

Charter of the United Nations on, 2: 174-175, 227

coastal State laws, regulations and duties regarding, 1: 214-216, 300, 2: 176, 184-203, 221-227

and coastal States

   due publicity to, 1: 300, 3: 557

   laws/regulations re, 2: 176, 184-203, 372, 377, 3: 556-558

   protection re, 2: 176, 228-233

   rights/duties re, 1: 215-216, 2: 176, 221-227, 3: 499-501, 556-559

continuous/expeditious, 3: 556

Convention on the Territorial Sea and the Contiguous Zone on, 2: 53-54, 152-153, 159-160, 162, 167-168, 174, 222-224, 226-227, 283-284, 392

Fiji on, 2: 160-161, 167-169, 187, 189-190, 223-224, 386-387

in internal waters, 1: 210-211, 216, 300, 2: 107-108

laws and regulations on, 1: 214-215, 300

Main Trends Working Paper on, 2: 54

and marine environment protection/preservation, 4: 64, 181-206

and marine scientific research, 4: 461, 492, 495

and noxious substances, 1: 215

and outer limits, 2: 86

passage, use of term, 2: 158-163, 3: 468, 499, 555

and peaceful uses of the seas, 5: 153-154

of persons and merchandise on board, 3: 470

and port State jurisdiction, 4: 203

as prejudicial to the peace/good order/security of a coastal State, 3: 555-556

and sea lanes/traffic separation, 1: 215, 2: 209

Second Committee on, 2: 55

of ships, generally, 2: 342-343

in straits, 1: 9-10, 24, 33, 88, 223, 2: 282, 284-286, 292, 382-383, 390-396, 3: 565-566

of submarines, 1: 214

suspension of, 1: 216, 223, 226

in territorial seas, 2: 44

    coastal States' duties/rights re, 1: 215–216, 3: 499–501, 556–559

    and coastal States' sovereignty, 1: 300, 3: 81

    Convention on, 1: 24, 2: 51–55

    Convention on the Territorial Sea and the Contiguous Zone on, 2: 51–55

    and criminal jurisdiction, 3: 500–501, 560

    and freedom of navigation, 3: 81n. 15

    of government ships, 3: 501–502, 561–562

    laws/regulations re, 1: 214–215

    Main Trends Working Paper on, 2: 154, 3: 554–562

    of merchant ships, 3: 500–501, 560–561

    and navigation safety, 1: 215

    of nuclear-powered ships, 1: 215

    Second Committee on, 3: 461, 468–474

    of ships, generally, 2: 151–157, 3: 554–559

    of ships with special characteristics, 3: 559

    use of term, 1: 213–214

  vs. transit passage through straits, 1: 77

  use of term, 1: 213–214, 2: 38, 164–178

  and vessel-source pollution, 4: 203–204

  and warships, 2: 155, 162–163, 175, 196, 2: 197n. 11, 2: 203, 3: 474, 502, 561–562

INPFO (International North Pacific Fisheries Organization), 3: 301

Inspection

  (*see also* Boarding; Investigation)

  of archives, public, 1: 288

  by the Authority, 1: 269, 366

  by the Council, 1: 280, 283

  of fishing vessels, 3: 653, 656

  of installations, 6: 293, 308, 310, 312

  by port States, 3: 656

  of ships or vessels

    certificates/records examined during, 3: 108

    coastal States' obligations/rights re, 1: 238, 4: 284–285, 300–301

    flag States' obligations/rights re, 1: 304, 309–310, 4: 247

for violations, 1: 306, 3: 601

use of term, 2: 794

Inspectors, 6: 438, 451, 479, 483–484

Installations

(*see also* Artificial islands; Structures) and accommodation of activities, 6: 206, 209–215

for activities in Area, 1: 263, 269, 299

as an agenda item for UNCLOS III, 1: 90

baseline determinations of, 1: 210, 224

coastal State, 1: 214

construction of, 3: 76–79, 83, 631–632

on the continental shelf, 241–242, 316, 2: 835, 918–926, 3: 572–574, 632–633

damage to, inquiries into, 1: 246

design of, 1: 294

due notice of location of, 1: 230, 263

equipment on, 1: 208, 294

in the exclusive economic zone, 1: 228–230, 241, 316, 2: 542–543, 570–588, 3: 579–581, 583, 633

and freedom of navigation, 3: 76–79, 83, 633

harmful effects of, 6: 197 (*see also* Environmental protection)

in high seas, 1: 244, 246, 249–250

identification markers/warning signals on, 1: 321

identification markings on, 4: 629–631

inspection of, 6: 293, 308, 310, 312

vs. islands, 3: 327, 3: 327n. 3, 3: 522, 6: 206, 210, 212–215, 6: 212n

legal status of, 1: 230, 242, 263, 321, 4: 620–622

Main Trends Working Paper on, 3: 579–581, 583, 631–634, 3: 631n

for marine scientific research, 1: 316–318, 321, 4: 459–460, 612–631

notice of construction of, 3: 522

notification re, 6: 209–211, 213–214

off-shore, 1: 212

for peaceful purposes, 6: 149n. 5, 6: 206, 210, 212–213

pollution from, 1: 262, 294, 298–299, 302–303, 4: 222–226, 6: 197, 215

and protection of human life, 6: 201–202, 204–205

removal of, 1: 230, 263, 2: 589–593, 4: 225n

safety zones around, 1: 230, 251, 263, 321, 3: 522, 633–634, 4: 623–625, 6: 206, 209, 212–214, 6: 212n

Sea-Bed Committee on, 2: 574, 920–921

and shipping routes, 1: 321

use of term, 2: 36, 575, 3: 151n. 30, 3: 574, 4: 67, 6: 214

Institute of International Law, 2: 399

Institut Français de recherche pour l'exploitation de la mer/l'Association francaise pour l'étude et la recherch des nodules (IFREMER/AFERNOD; France), 6: 67, 696–697, 6: 696n, 697n. 48

Institutional arrangements, 6: 45, 439, 465–466, 532, 541

Institution of proceedings. *See* Proceedings

Insurance, and marine environment preservation/protection, 1: 312, 4: 291, 402–404, 414

Integrated Global Ocean Services System (IGOSS), 4: 111n. 2, 611n. 2

Intellectual property rights, 6: 189

Inter-American Specialized Conference on Conservation of Natural Resources (1956), 2: 828

Inter-American Tropical Tuna Commission (IATTC), 2: 658, 3: 301

Interest-bearing loans to the Enterprise, 1: 376

    (*see also* Loans)

Interest-free loans to the Enterprise, 1: 375–376

Interest groups

    (*see also* Nongovernmental organizations; *and specific groups*)

    and the Council, 6: 373, 432

    emergence of, 1: 69–70

    for landlocked and shelf-locked States, 6: 219

    new, 1: 70–81

    overview of, 1: 68–69

    traditional, 1: 70, 81–85

    in UNCLOS III negotiations, usefulness of, 1: 31, 54–55, 85–86

    variety of, 1: 20–21

Interests

    (*see also* Due regard; Legitimate interests)

    conflict of, 1: 371

    economic, 1: 210

national, and the negotiating process of UNCLOS III, 1: 42-44

navigational, 1: 217

and needs of developing States, 1: 207, 242, 260, 269-270, 274, 279, 325

related, 1: 260-261, 300, 302, 306-307, 4: 206

rights and legitimate interests of coastal States, 1: 224, 229, 231, 244, 253, 256, 260-261, 270, 323, 325-326

security, 1: 337-338

separate, 1: 380, 395, 399

special, 1: 207, 263, 273, 275, 278, 280, 485, 490

Interference. *see* Activities in the Area, accommodation of; Freedom of the high seas; Freedom of the seas; Navigation, freedom of

Inter-Governmental Conference on the Dumping of Wastes at Sea, 4: 80, 158

Intergovernmental Maritime Consultative Organization (**IMCO**; **UNESCO**), 4: 389, 6: 203n

(*see also* International Maritime Organization)

Intergovernmental Oceanographic Commission (**IOC**; **UNESCO**), 6: 15

Commission of the Limits of the Continental Shelf's cooperation with, 1: 346

and the Commission on the Limits of the Continental Shelf, 2: 1001, 1011, 1015-1016

establishment of, 3: 366

experts list maintained by, 1: 397-398, 5: 42, 446

on international cooperation in marine exploitation, 6: 14-15

on maps, implications of preparing, 2: 884

on marine environment preservation/protection, 4: 111n. 2

data and information exchange, studies, and programmes, 4: 91-92

and marine scientific research, 4: 437, 449, 4: 482n, 4: 486-487, 560, 4: 560n, 4: 596, 4: 613n, 4: 656

marine technology and, international cooperation involving, 4: 736-737

national marine science, technology and ocean service infrastructures, Annex VI provisions re, 4: 742-743, 747

on pollution of the marine environment, 2: 41, 4: 753-754

Intergovernmental organizations, 1: 405, 408, 439-440, 5: 63, 184, 190

Intergovernmental Working Group on Marine Pollution (**IWGMP**)

on activities in the area, 4: 150, 228

on data and information exchange, studies, and programmes, 4: 91-92

on dumping, 4: 158

International Air Traffic Association (**IATA**), 2: 347

International Atomic Energy Agency (**IAEA**)

Agreement on the Privileges and Immunities of the International Atomic Energy Agency, 6: 548

Conference observers from, 1: 405, 5: 180

on marine environment preservation/protection, 4: 15-16, 54, 157-158, 166

and marine scientific research, 4: 437, 449

radio-active waste control by, 3: 528

ships flying the flag of, 1: 245, 3: 128-134

Statute (1956) of, 6: 488n. 1, 499n. 1

UNCLOS III participation by 1: 407

International Bureau of Weights and Measures, 2: 44, 4: 757, 4: 757-758n. 12

International Chamber of Shipping (**ICS**), 2: 171, 173, 2: 194n 2: 211, 2: 211n. 2, 2: 283, 360

International Civil Aviation Organization (**ICAO**)

on aircraft, use of term, 2: 175

on aircraft safety measures, 1: 221

on air space over archipelagic waters, 2: 478-480

and the Convention on International Civil Aviation, 5: 287

on innocent passage in air space, 2: 156-157

on laws and regulations on aircraft, 2: 335, 340, 344, 346-347

on legal status of air space over the exclusive economic zone, 3: 82

on legal status of straits, 2: 320

and marine environment preservation/protection, 4: 16, 167-168, 212, 4: 329n. 8

and marine scientific research, 4: 625, 631

on safety systems, 3: 176n. 11

on States, 2: 81

International Code of Conduct for Responsible Fishing, 3: 49

International Code of Conduct on the Transfer of Technology, 6: 181-182

International Commission for the Conservation of Atlantic Tunas (**ICCAT**), 2: 658

International Commission on Radiological Protection, 3: 527

International Committee of the Red Cross, 3: 134

International Conference on Marine Pollution (1973), 4: 21, 181-182

International Conference on Responsible Fishing, 3: 48

International Conference on the Suppression of Unlawful Acts against the Safety of Mar-

and the Authority's objectives, 1: 325-326

in coordinating programmes, 1: 325, 4: 702-705

on favourable conditions, 1: 314

guidelines, criteria and standards for, 1: 325

on marine environment protection/preservation, 4: 112-113, 230

on marine scientific research, 4: 466-487

    re communication of information, 4: 554-557

    on the exclusive economic zone and the continental shelf, 4: 496-519

    favourable conditions for, creation of, 4: 473-478

    on information to coastal States, 4: 526-536

    on international organizations projects, 4: 520-525

    overview of, 4: 431

    programmes for, 1: 324-325, 4: 702-705, 741-742, 6: 160, 164-170

    promotion of, 1: 261, 314, 4: 466-472, 6: 160, 168-172

    publication and dissemination of information and knowledge, 4: 479-487, 6: 160, 164-172

    in territorial seas, 4: 491-495

policies on, 6: 245, 248-249, 251, 253-254

promotion of, 1: 314

in publishing/disseminating information, 1: 314-315

on technology development/transfer, 1: 261-262, 323-326, 486, 6: 118-179, 6: 178n. 6, 6: 182, 187, 189

marine, 4: 666, 685-686, 696-718

ways and means of, 1: 324-325

International Council for the Exploration of the Seas (**ICES**), 4: 437

International Council of Scientific Unions (**ICSU**), 4: 437, 4: 478n. 3

International Court of Justice

    (*see also* Arbitral tribunal; Continental Shelf case; Court or tribunal; North Sea Continental Shelf cases; Statute of the International Court of Justice; Tribunal)

    access to, 5: 61

    ad hoc chambers of, 5: 13

    advisory opinions of, 6: 642, 644

    as an alternative forum, 5: 7, 9-10, 26-27

    on baselines, 2: 61, 97, 100-102, 117-118

    binding force of decisions by, 5: 83-84

Canada on, 6: 642

and the Charter of the United Nations, 6: 512n

on coasts, 2: 100, 2: 100n. 6

competence to deal with certain cases, 6: 500

on conservation of living resources, States' obligations re, 3: 37-38

on the continental shelf, 2: 493, 813-814, 2: 814n. 23, 827n. 6, 2: 829, 2: 843n

on the continental shelf between opposite or adjacent coasts, delimitation of, 2: 952-954, 981-983

Continental Shelf case, 2: 137n. 7, 3: 352

on the Declaration on the Granting of Independence to Colonial Countries and Peoples, 5: 183

and disclosure of information, 5: 157

dispute settlement by, 1: 402, 6: 602

dispute settlement re Convention interpretation/application, 1: 330

on entry into force of the Convention, 5: 211

on the exclusive economic zone, 2: 551, 2: 800n. 2, 2: 807, 813-814, 2: 827n. 6

Fisheries Jurisdiction cases, 1: 454-455, 2: 2, 3: 2, 300, 302

on fishing and fishing activities, 2: 610n. 23

as a forum for interpretation/application disputes, 5: 40-41

influence of, 2: 280n. 5

on international law's basis, 2: 952n. 2

jurisdiction of, 5: 116n. 3

on justice and equity, 5: 18n

on marine environment protection/preservation disputes, 4: 19-20, 425

marine environment protection/preservation proposals considered by, 4: 317

on marine scientific research, 4: 660

membership requirements of, 5: 347-350

on opposite or adjacent coasts, 2: 141-142, 807

on provisional status of States, 5: 194

on ratification of the Convention/treaties, 5: 199-200

on right of transit passage in straits, 2: 279n. 1, 2: 280-282, 2: 280n. 5

States parties to, 5: 180

on straits, 2: 304, 317

vs. the Tribunal, 6: 638-640

International Covenant on Civil and Political Rights (1966), 3: 186, 4: 370, 5:

20–21n

International Development Strategy for the Third United Nations Development Decade, 3: 110

International economic order, 1: 207, 462, 6: 32n. 105

International Extraordinary Hydrographic Conference (1929), 2: 44n. 26, 2: 88, 4: 757n. 12

International Frequency Registration Board, 3: 235

International Hydrographif Organization (IHO), 1: 346, 2: 874, 876, 880, 1001, 1011, 1015, 3: 176n. 11, 4: 437, 742–743

International insurance schemes, 4: 291

International Labour Organization (ILO), 3: 120–121, 147–148, 3: 147n. 13, 4: 16, 6: 204, 6: 499n. 1

International law

    and abuse of rights, 5: 152

    accordance with, 1: 311

    agreement on the basis of 1: 238, 242

    and the Area, 1: 262, 6: 281

    codification of, 1 : lviii–lix, lxi, 462–464, 2: 53

    compatibility of rules of, 1: 229, 333–334, 369

    Convention and/or other rules of, 1: 209, 213–214, 218–219, 229, 244, 259, 333–334, 369

    customary/traditional, 1: 1, 38–39, 307, 462–463, 2: 39

    and developing States' needs/interests, 1: 38–39, 1: 38n

    general, 1: 207

    implementation of existing, 1: 312

    International Court of Justice on the basis of, 2: 952n. 2

    interrelatedness of aspects of, 1: 37–38

    re local remedies, exhaustion of, 5: 81

    for marine environment protection/preservation

        re atmospheric pollution, 4: 209

        harmonization with national law on, 4: 14

        and investigation of foreign vessels, 4: 343

        re maritime casualties, 4: 312–313

        negotiations re, 4: 3

        predominance of, in provisions for, 4: 20–21

re responsibility and liability, 4: 399–415

States Parties in relation to, 4: 67

re violations proceedings, 4: 322–323

and marine scientific research, 4: 637–638

in marine scientific research proposals, 4: 471–472

need to update, 1: 38

new concepts embodied in Annex IX, 5: 193

obligations, rights or duties under, 1: 307–308, 333, 343

prejudice to rules of, 1: 259, 307, 338

principles of, 1: 207, 213–214, 221, 259, 337

progressive development of, 1: 274, 312, 2: 39

re protection of human life in Area, 1: 262

pursuant to, 1: 307–308

responsibility and liability under, 1: 338

re settlement of disputes, 1: 333

sovereignty over territorial sea and limits imposed by, 2: 73

and States' rights/duties in the exclusive economic zone, 2: 565

use of term, 6: 117

International Law Association, 2: 399, 413, 6: 232n

International Law Commission (**ILC**), 6: 7–10, 6: 9n. 21, 35n. 118

on amendment/revision, use of terms, 5: 247

on archipelagic waters, 2: 438–439

on articles, use of term, 2: 37, 156, 4: 751

on assistance, duty to render, 3: 172

on baselines, 2: 88, 92, 97, 99

on bays, 2: 117–119

on breadth of the territorial sea, 2: 77–78

on cables/pipelines, 2: 909–911, 3: 82, 269–270, 3: 270n. 7

on charts and geographical coordinates, 2: 145, 987

on classical codification procedures, 1: lviii–lix, 462–464

on coastal States' rights over the continental shelf, 2: 893, 895–898

Commentary as interpretive material for UNCLOS III, 3: 20

on common law terminology, 2: 795n. 5

on conservation/management of living resources, 3: 281, 3: 291n. 2

on the contiguous zone, 2: 54, 274

on the continental shelf, 2: 828, 873, 2: 873n. 52, 2: 909-911, 953, 987

on the Convention vs. other conventions/international agreements, 5: 231

on criminal jurisdiction in relation to foreign ships or vessels, 2: 239-240

on delimitation of continental shelf between opposite or adjacent coasts, 2: 953

on denunciation clauses, 5: 170-171, 280-281

draft Convention prepared by, 1: 30-31

draft treaties prepared by, 1: 47

on the exclusive economic zone, 2: 541-542

on fishing rights on the high seas, 3: 286

on freedom of the high seas, 3: 74-75n. 4, 3: 75, 85

and General Assembly resolutions (see General) Assembly resolutions

on good faith, 5: 194-195

on hot pursuit, right of, 3: 249-250, 259

on immunities of warships, 2: 261, 264-265

on immunity of ships on government noncommercial service, 3: 162-163

on innocent passage, 2: 152-153, 155, 2: 163n. 4, 2: 166, 172, 186-187, 392

on internal waters, 2: 105

on international responsibility and liability, 5: 163-164

on international watercourses, 2: 42n. 20

on islands, régime of, 3: 321, 326-327

on jurisdictional immunities of States and their property, 3: 36-37

on low-tide elevations, 2: 127-128

on low-water line, 2: 89

marine environment protection/preservation efforts

    draft article 48 on, 4: 5-6

    re dumping, 4: 158n. 1

    ecosystem, use of term, 4: 68

    re pollution, 4: 132n, 4: 137, 209

    re responsibility and liability, 4: 413

    re sovereign immunity, 4: 421

    and the Vienna Convention of the Law of Treaties (1986), 4: 16-17

on marine scientific research, 4: 429-430

marine scientific research, duties regarding, 4: 440, 501, 637-638

Model Rules of Arbitral Procedure, 5: 421-422

on the most-favoured-nation clause, 3: 427-428, 3: 427n

on the nationality of ships, 3: 106-107

on opposite or adjacent coasts, 2: 134-135

on the order of Parts in draft articles, 2: 20-22, 3: 20-21

on outer limits, 2: 84-85

on penal jurisdiction in matters on collision or navigation incident, 3: 166-167

on piracy, 3: 197-198, 200-201, 204, 207-208, 210-211, 213, 218, 221, 223

preambles by, 1: 452-453

on reefs, 2: 92

reservations about, 1: 50

on reservations to treaties, 5: 214

on responsibility and liability, 5: 149

on right of transit passage in straits, 2: 281

on the right of visit, 3: 239

on roadsteads, 2: 125

on ships, status of, 3: 123-124

on ships, use of term, 2: 46

on slaves, transport of, 3: 179-180

on sovereignty, 2: 72-73

Statute of, 5: 341

on straits, 2: 392

on submarines, 2: 182

on territorial seas, 2: 57

on territorial waters, 2: 56

on *travaux préparatoires*, 1: 147-148

UNCLOS I's tribute to, 3: 532

UNCLOS III preparatory work as not utilizing, 1: 46-52

on the United Nations' right to sail ships, 3: 129-130, 134

on use of terms and scope, 2: 29-30, 2: 30n

on warships, 2: 249-250

International Legal Conference on Marine Pollution Damage (**1969**), 4: 305

International machinery, 6: 28-29, 34, 36-37, 65

(*see also* Authority; Authority, establishment of)

International Maritime Consultative Organization (**IMCO**), 3: 140, 145-146, 150, 6: 203n

(*see also* International Maritime Organization)

International Maritime Court, 3: 167

International Maritime Law Institute, 4: 688

International Maritime Organization (IMO; *formerly* Inter-Governmental Maritime Consult-

ative Organization)

on aircraft, 2: 336

amendment procedure of, 6: 203n

on artificial islands, installations and structures, 2: 585 – 586, 2: 586n. 14, 2: 589–593

on assistance, duty to render, 3: 175, 3: 176n. 11

and coastal States, 2: 378

Convention (1948) on, 6: 204

dispute settlement by, 5: 26

on the exclusive economic zone, 2: 585–586, 2: 586n. 14, 2: 589–593

experts list maintained by, 1: 397–398, 5: 42

financial assistance provided by, 3: 121

on flag States' jurisdiction, 3: 140

on foreign ships, design, construction, manning or equipment of, 2: 202

historical background for, 4: 15n. 16

on innocent passage, 2: 203, 226–227

International Maritime Law Institute, 4: 688

International Maritime Satellite Organization established by, 3: 150

marine environment preservation/protection initiatives of

re adverse consequences from exercise of powers, 4: 333

and coastal States' enforcement obligations, 4: 282

as a competent international organization, 4: 15–16, 4: 15n. 17

re data and information exchange, studies, and programmes, 4: 91–92

re dispute settlement, 4: 42

re dumping, 4: 159, 166

and flag states' enforcement obligations, 4: 245–246, 255–257

re investigation of foreign vessels, 4: 344

re notification of flag States, 4: 376

and obligations of conventions, 4: 426

re pollution, 4: 54, 181–182, 4: 184n. 8, 4: 185–187, 200–204, 225

re power of enforcement, 4: 329n. 8

provisions for, 4: 20–21, 37

re responsibility and liability, 4: 414

terminology adopted by, 4: 17

re vessel documentation, 4: 343n. 6

re violations proceedings, 4: 324

and marine scientific research, 4: 613n, 4: 625

Maritime Safety Committed, 4: 225

national marine science, technology and ocean service infrastructures, Annex VI provisions re, 4: 742–743

on the nautical mile, 2: 44

on nuclear-powered ships, 1: 220

on nuclear substances, 2: 220

on pollution, 2: 585–586, 2: 586n. 14, 3: 150

on publicity of danger to aircraft, 2: 388–389

regional organizations established by, 3: 366

on registers of shipping, 3: 145–146

on safety, 3: 150, 573, 4: 628n, 4: 631

on sea lanes, 2: 205, 212, 363

on ships, 2: 46, 336

and supplemental law, need for, 6: 204

technical assistance provided by, 3: 121

on territorial seas, 2: 81–82

on terrorism, 3: 186–187

on traffic separation schemes, 2: 205, 214–216, 363–364

on vessels, 2: 46

World Maritime University, 4: 688

International Maritime Satellite Organization (INMARSAT), 3: 150, 3: 176n. 11

International navigation, 1: 215, 226–227, 230, 263, 4: 382–391, 461

(*see also* Navigation; Straits)

International North Pacific Fisheries Organization (INPFO), 3: 301

International Oceanic Commission to the Second Committee, 2: 860

International ocean spacer use of term, 3: 61

International organizations

(*see also* Competent international organizations; Declarations/statements/notifications; Diplomatic conference; Entities; Marine scientific research; Regional organizations)

amendments proposed by, 5: 191

signature of the Agreement by, 1: 474

signature of the Convention by, 1: 339, 400, 5: 177, 190, 456–457

States Parties as members of, 5: 265–266, 272

technical or financial assistance from, 1: 238, 268, 320, 326

treaties as constituent instruments of, 5: 277–278

use of term, 1: 400, 2: 36, 39, 5: 190–191, 193–194, 456

International régime

(*see also* Authority; Authority, establishment of)

as an agenda item for UNCLOS III, 1: 32, 87

applicability to the Area, 6: 28–29, 65

Australia on, 6: 32

Canada on, 6: 32

Declaration of Principles on, 1: 173–176

developing States on, 6: 32

First Committee (UNCLOS III) on, 6: 36–37, 286

Germany on, 6: 316

Group of 77 on, 6: 32–33

ICNT on, 6: 316–317, 6: 317n. 4

industrialized States on, 6: 31–33

vs. international machinery, 6: 34, 37

Malta on, 6: 33

periodic review of, 1: 269, 6: 313–317, 6: 317n. 4

as provisional, 6: 315, 322, 324

scope of, 6: 80–81

Sea-Bed Committee on, 6: 31, 80–81, 285

U. S. on, 6: 31–32

Working Group on the International Régime, 6: 34–35, 6: 37n. 124

International Régime and International Machinery Sub-Committee (SC. I), 5: xxvii

International rules and standards, 1: 301–304, 307

and coastal States' enforcement obligations, 4: 283, 286–290, 297–302

re dumping, 4: 232–239

harmonization of, 4: 12

re ice-covered areas, 4: 394–398

re investigation of foreign vessels, 4: 340–344

re pollution, 4: 125–213, 215–221, 232–239, 358–359

port States' enforcement duties re violations of, 4: 272

re seaworthiness of vessels, 4: 273-278

re violations proceedings, 4: 321

International Seabed Authority. *see* Authority; Legal status, of the Authority; Privileges and immunities of the International Seabed Authority

International Seabed Boundary Review Commission, 6: 79

International Seabed Resource Authority, 4: 150

International Sea-Bed Resources Agency, 6: 105

International seas/international sea area, use of terms, 3: 61, 94, 3: 605n

International Technical Conference on the Conservation of the Living Resources of the Sea (Rome Conference; 1955), 1: lviii, 3: 28-29, 528-529, 6: 9

International Telecommunication Union (ITU), 3: 176n. 11, 3: 232, 235, 3: 235n. 5, 4: 16, 631

International trade, 3: 110, 6: 318, 329

International Tribunal for the Law of the Sea. *see* Tribunal

International watercourses, 2: 42n. 20, 4: 132n

International Whaling Commission (IWC), 2: 663, 3: 316-317

Interoceanmetal Joint Organization (IOM), 6: 67, 696 - 697, 6: 696n, 697n. 48, 849n. 28

Interpretation/application

of awards, 1: 397

of a contract, 1: 291-292, 364

of the Convention, 1: 290-292, 333-338, 390, 5: 17-19, 46-47, 191 (*see also under* Dispute settlement)

of an international agreement, 1: 328, 331, 335, 388, 391

of rules and regulations, 1: 489

Inter-Secretariat Committee on Scientific Programmes Relating to Oceanography (IC-SPRO), 4: 111n. 2

Intertemporal law, 1: 463, 1: 463n. 24, 4: 414, 5: 164

Intervention

proceedings for, 1: 390-391, 5: 392-396

right of, 4: 307-308, 313-314

Investigation

(*see also* Arrest; Detention; Hot pursuit, right of; *and specific offences, such as* piracy)

cooperation in, 1: 246, 304, 309

by flag States, 1: 246-247, 304-305

of foreign ships, 1: 216-217, 247, 304-305, 308

   for marine environment protection violations, 4: 334-344

during innocent passage in the territorial sea, 3: 470-472, 500-501, 560

by port States, 1: 304-305, 308

Investment/investors. *see* Contractors; Pioneer investors

Investment protection. *see* Preparatory Investment Protection; Resolution II

IOC. *see* Intergovernmental Oceanographic Commission

IOFC (Indian Ocean Fishery Commission), 2: 658

IOM. *see* Interoceanmetal Joint Organization

IPFC (Indo-Pacific Fishery Commission), 2: 658

IPTP (Indo-Pacific Tuna Development and Management Programme), 2: 658

Iran

   on enclosed/semi-enclosed seas, 3: 344, 348-349, 358-359

   on exemptions to compulsory procedures, 5: 130

   on innocent passage, 2: 199n. 26

   on marine scientific research, 4: 501

   on payments/contributions from exploitation of the continental shelf, 2: 935

   on reciprocity in transit matters, 3: 421n. 12

   on straits, 2: 328n. 7

Iran/U. S. Claims Tribunal, 5: 399n. 37

Iraq

   on delimitation of continental shelf between opposite or adjacent coasts, 2: 971

   on enclosed/semi-enclosed seas, 3: 348, 350, 357-358, 360-361, 363, 365

   on geographically disadvantaged States, 2: 765

   on marine scientific research, 4: 493, 532, 544, 4: 647-648n. 3

   on national liberation movements, 5: 486

   sanctions against, 3: 91, 3: 91n. 13

   on straits, 2: 299n. 9

   on UNCLOS III's preparatory work, 1: 49

Ireland

   (*see also* Group of 11)

   on anadromous stocks, 2: 671

   on the Commission on the Limits of the Continental Shelf, 2: 1006

   on the continental shelf, 1: 45, 2: 852-853, 855-858, 958-959, 981 on delimitation disputes, 5: 129

on the Enterprise, 6: 369

on the exclusive economic zone, 2: 807–808

on the Green Book, 6: 51–52

on islands, régime of, 3: 332, 337

on marine technology Development/transfer, 4: 685–686, 693, 697

Irish formula, 2: 852–853, 857–858, 887–889

Irish Free State, 3: 484

Islamic States, 2: 728, 868, 1: 331, 364

Islands

(*see also* Archipelagos; Artificial islands; Installations; Structures)

and archipelagic States, 1: 224, 3: 322

vs. archipelagos, 3: 322–323, 3: 323n

vs. artificial islands, 3: 327, 3: 327n. 2

atolls, 1: 210, 224–225

and baselines, 1: 210, 212, 224, 2: 98, 100, 399, 3: 322–323, 331, 333–334, 338–339, 496, 498, 637

and bays, 1: 211

and breadth of territorial seas, 3: 479

in the contiguous zone, 1: 254

vs. installations, 3: 327, 3: 327n. 3, 3: 522, 6: 206, 210, 212–215, 6: 212n

installations or equipment not possessing the status of, 1: 230, 242, 263, 316, 321

limestone, 1: 225

reefs around, 1: 210, 225

régime of, 1: 254, 3: 321–339

adjacent islands, 3: 637

as an agenda item for UNCLOS III, 1: 35, 90

baselines for islands, 3: 637

and colonial dependence/foreign domination, 3: 334–336, 634–635

contiguous zone of islands, 3: 636

vs. delimitation involving islands, 3: 331–332

development of, 3: 321

exclusive economic zone/continental shelf, 3: 324, 326, 329, 331–333, 335–337, 634–636

ILC on, 3: 321, 326–327

on responsibility/liability, 6: 123–124, 753

on review of the international régime, 6: 314–315

on rights/obligations under contracts, transfer of, 6: 750

on rights/privileges of membership, suspension of, 6: 591

and RSNT, 6: 40–41

on the Sea-Bed Disputes Chamber, 5: 404, 6: 623, 632

on the Secretariat/Secretary-General, 6: 488, 492–493, 497–498

on stages of operation, 6: 704

on superjacent waters/air space, 6: 90

on suspension of contractors' rights, 6: 746

on technology transfer, 6: 183

on title to minerals, 6: 658–659

on training programs, 6: 733

on the Tribunal

    establishment, 5: 334

    jurisdiction, 5: 376–378, 6: 632

    President, Vice-President and Registrar, 5: 357

use of terms in, 6: 72–73

on voting rights, suspension of, 6: 588

ISNT/Part II (Informal Single Negotiating Text)

on air space over the continental shelf, 2: 904–905

on anadromous stocks, 2: 673–674

on archipelagic States, 2: 403, 411–412

on archipelagic waters, 2: 440, 459–460, 483–485

on artificial islands, installations and structures, 2: 579–580, 924

on assistance, duty to render, 3: 173

on baselines, 2: 88–89, 93, 97–99, 101, 106–107, 110, 130, 436

on bays, 2: 116

on breadth of the territorial sea, 2: 80

on cables/pipelines, 2: 913, 3: 263

on catadromous stocks, 2: 682–683

on charges levied on foreign ships, 2: 236

on charts and geographical coordinates, 2: 146–147, 818, 988

on coastal States' rights of protection, 2: 230–231

on coastal States' rights over the continental shelf, 2: 894–895

re ice-covered areas, 4: 394–395

re investigation of foreign vessels, 4: 338

re monetary penalties and rights of the accused, 4: 364

re nondiscrimination against foreign vessels, 4: 347

re notification of flag States, 4: 373

and obligations of conventions, 4: 424

re pollution, 4: 62–63, 88, 114, 131, 142, 151–152, 188–189, 202, 210, 218, 224, 317–318

and port States' enforcement obligations, 4: 265–266

re powers of enforcement, 4: 326

re preferential treatment for developing states, 4: 106–107

publication of reports, 4: 119

re responsibility and liability, 4: 406–408

re scientific criteria for regulations, 4: 96

re seaworthiness of vessels, 4: 275

re sovereign immunity, 4: 419–420

sovereign rights principles in, 4: 48

re States' jurisdiction, 4: 61–62

re States' liability due to enforcement of regulations, 4: 379

suspension and restrictions on proceedings involving, 4: 352–353

re technical assistance to developing countries, 4: 102–103

re transferring or transforming hazards or pollutants, 4: 71

re violations proceedings, 4: 321

marine scientific research proposals in

re Area-based research, 4: 606

re assistance and facilitation for research vessels, 4: 599–600

communication of information about, 4: 555

conditions to be complied with, 4: 545–546

re the continental shelf and exclusive economic zones, 4: 503–505

re dispute settlements and interim measures, 4: 649–650, 658

general criteria and guidelines, 4: 559

general provisions re, 4: 446–448

re implied consent, 4: 563–564

re information to coastal States, 4: 533

re installations and equipment, 4: 613, 617–618, 624, 627, 630 re international cooperation, 4: 47, 468-469

non-recognition of, as basis for claims, 4: 465

re promotion of research, 4: 452-453

re publication and dissemination of information and knowledge, 4: 484-485

re responsibility and liability, 4: 637-640

and rights of landlocked and geographically disadvantaged states, 4: 586-587

suspension or cessation of research, 4: 572

re territorial seas, 4: 493-494

re warning signals, 4: 630

re water columns, 4: 610

marine technology development/transfer provisions

basic objectives in, 4: 686

re cooperation among international organizations, 4: 734

general provisions, 4: 676

re international cooperation, 4: 697, 700, 703-704, 707, 714-715

measures for achieving, 4: 693

re protection of legitimate interests, 4: 681

on national and regional marine scientific and technological centres, 4: 720, 726-728, 732-733

ISNT/Part IV (Informal Single Negotiating Text)

contents of, 5: 9

on the Convention's application/interpretation, notification of, 5: 394

on default of appearance, 5: 389

on dispute settlement, 5: 80n.2, 5: 90-91, 94-96, 110-111, 312, 362, 387

drafting/revisions of, 5: 10-11, 335

on expenses of the Tribunal, 5: 372-373

on fisheries, pollution and scientific research, 5: 444

on geographical groups, 5: 345

importance of, 5: 9-10

on institution of proceedings, 5: 385

introduction to, 4: xvi

on the marine environment, 2: 32

marine, scientific research proposals in, 4: 649

on opposite States, 5: 117

on pollution, 2: 32

revisions of, 5: 10–11

on the Sea-Bed Disputes Chamber, 5: 400–401

on the Tribunal

    access, 5: 377

    competence, 5: 373–374

    dismissal of a member, 5: 354–355

    disqualification of a member, 5: 353

    finality and binding force of decisions, 5: 397

    finances, 5: 372–373

    jurisdiction, 5: 373–374, 376

    members/judges, use of terms, 5: 349

    President, Vice-President and Registrar, 5: 356

    privileges and immunities of members, 5: 355

    quorum, 5: 358, 360

Isobaths, 3: 575

    (*see also* Continental shelf)

Israel

on the Authority's establishment, 6: 348n

on broadcasting from the high seas, 3: 234–235, 3: 235n. 5

on conciliation procedures, 5: 128

on the contiguous zone, 2: 273

Convention rejected by, 1: xxviii, 6: 52

on marine environment preservation/protection, 4: 96, 166, 235, 322

on the right of visit, 3: 243

on straits, 2: 319

Italy

on Annex III, 6: 657

on the Assembly, 6: 400

on the Boat Paper, 6: 60n, 223

on the breadth of the territorial sea, 3: 483

on compulsory procedures, 5: 129

on dispute settlement, 5: 93n. 6

on exploration/exploitation, 6: 298

on innocent passage, 2: 199, 285

marine environment protection/preservation efforts of, 4: 4

on participation clause of final provisions, 5: 188

on Resolution II, 6: 841

seabed mining legislation of, 6: 835n

ITU. *see* International Telecommunication Union

Ivory Coast, 2: 971–972

IWC (**International Whaling Commission**), 2: 663, 3: 316–317

IWGMP. *see* Intergovernmental Working Group on Marine Pollution

Jacovides, Andrew J. (**of Cyprus**), 5: 94

Jagota, Satya P. (**of India**), 1: 92, 1: 415n. 39, 6: 41, 304, 653

Jamaica

(see *also* Latin American and Caribbean States; Latin American States)

in Assembly working group on the rules of procedure, 6: 384

and the Boat Paper, 6: 60n. 123

on geographically disadvantaged States, 2: 738–739

as host of the Conference, 5: 304–305

on landlocked States, 2: 698–699

Ministry for Foreign Affairs, 5: 195

resolution expressing gratitude to, 1: 421

as the seat of the Authority, 1: 271, 6: 344, 6: 344n, 6: 345–347, 350 (*see also* Authority, seat of)

on the Secretary-General, 6: 483, 487, 492, 497

on uses of the seabed, 6: 24–25

James I, King of England, 6: 6n. 7

Japan

on anadromous stocks, 2: 669, 671

on Annex III, 6: 657, 671, 686

on archipelagic States, 2: 451

on the Assembly, 6: 400

on the breadth of the territorial sea, 2: 497, 3: 481, 484

on the Commission on the Limits of the Continental Shelf, 2: 1005–1006

on conservation/management of living resources, 2: 599, 2: 599n. 9, 646n. 14, 3: 292, 307

on the continental shelf, 2: 844–845, 848, 854–855, 867, 955–957

on contracts, 6: 727, 739

on cooperation of States in conservation/management of living resources, 3: 297–298

on the Council, 6: 429

discussions/agreements/deals re UNCLOS III issues, 1: 58

on dispute settlement, 5: 26n. 2

on enforcement of laws and regulations of coastal States, 2: 788

on the exclusive economic zone, 2: 536

on exploration/exploitation, 6: 302

on highly migratory species, 2: 651, 656, 999

on landlocked States, 2: 696

on landlocked States' interests, 6: 218–219

on the legal status of the Area, 6: 104

on the limits of the Area, 6: 80

marine environment protection/preservation efforts of, 4: 4, 283, 331, 340, 372, 374

as a pioneer investor, 6: 67, 823, 6: 838n, 6: 845

on plans of work, 6: 686

on policies on activities, 6: 241n

on production authorizations, 6: 691, 6: 694n. 45

on prospecting, 6: 661

on qualifications of applicants, 6: 671

on Resolution II, 6: 837, 839, 841, 843, 847–849, 6: 849n. 29

on responsibility/liability, 6: 123

on the right to fish on the high seas, 3: 282

RSNT on, 6: 41

seabed mining legislation of, 6: 834n. 4

on suspension of contractors' rights, 6: 746

on training programs, 6: 733

on the Tribunal, 5: 333

Jesus, José Luis (of Cape Verde), 5: 477n. 11, 6: xlv, 56

Johnson, Lyndon B. **(of the U. S.)**, 1: 3, 6: 10–11, 13, 6: 13n. 38

Joint ventures

application for, 1: 482–483

assessment of, 1: 482

of Authority, 1: 355–357

of Enterprise, 1: 352, 355–357, 372, 482–483, 486, 6: 866–867

re fishing, 1: 232, 237–238

Group of Legal Experts on, 6: 618

marine environment preservation/protection measures, 4: 87

after the Review Conference, 6: 326

　　activities in the Area through, 6: 326

　　Annex III on, 6: 705-707

　　Austria on, 6: 305

　　of the Enterprise, 6: 188, 507-508, 510, 521-522, 702-703, 705-707

　　for exploration/exploitation, 6: 298, 302-305, 307, 309

　　First Committee (UNCLOS III) on, 6: 44

　　ICNT on, 6: 706-707

　　ISNT on, 6: 706

　　Statute of the Enterprise on, 6: 764-766

technology transfer through, 6: 173, 188-189

transfer of marine technology, 1: 324

United Nations Convention on Conditions for Registration of Ships on, 3: 117

Judgments, 1: 386, 390-392, 5: 391

　(*see also* Awards, arbitral tribunal)

Juridical person. *see* Natural or juridical persons

Juridical status, 2: 298

　(*see also* Legal status)

Jurisdiction

　(*see also* Agreement; Court or tribunal; Foreign ships or vessels; Sea-Bed Disputes
　　Chamber, jurisdiction of; Sovereignty; Tribunal; Tribunal, jurisdiction of)

　of arbitral tribunals, 1: 291-292, 331-332

　in archipelagic waters, 3: 126

　categories of, 5: 47

　civil, 1: 217-218, 310, 3: 472

　of coastal States

　　on the continental shelf, 1: 241, 260, 298, 315-316

　　and dispute settlement, 5: 92-93, 5: 93n. 7, 5: 117

　　on dumping, 1: 299-300, 303

　　in the exclusive economic zones (*see under* Exclusive economic zone)

　　over resources beyond the territorial sea, 3: 597-604, 3: 597n

　　in straits, 1: 219

　　in territorial seas, 1: 216-217, 251-252, 6: 6

of commercial arbitral tribunals, 1: 291–292

concurrent, 3: 126

over conservation/management of living resources on the high seas, 3: 612

Convention vs. Statute of International Court of Justice on, 5: 140

of courts/tribunals, 1: 330–333, 336, 369, 378, 396, 5: 37–39, 5: 39n, 5: 46–48

criminal (penal), 1: 216–217, 247, 3: 472

equity, 5: 7

exceptions to, 5: 88

excess of, 1: 291–292

of flag States, 1: 245–246, 250, 252, 4: 242–257

of foreign vessels in ports, 3: 465

government ships' immunity; from jurisdiction of other States, 3: 507

lack of, 5: 380

marine environment preservation/protection provisions

    re activities in the area, 4: 151, 230–231

    and coastal States' enforcement of regulations, 4: 282–302

    re dumping, 4: 166–167, 234

    re effects of activities, 4: 124

    and flag States' enforcement of regulations, 4: 242–257

    re pollution, 4: 135–146, 151, 182, 217, 222–226, 319

    and port States' enforcement obligations, 4: 261–272

    ratione loci and *ratione materiae*, 4: 65, 144–145

    re responsibility and liability, 4: 399–415

    re State jurisdiction, 4: 59–61, 65

    suspension and restrictions on proceedings involving, 4: 350–352, 358

marine scientific research issues

    re the continental shelf and exclusive economic zones, 4: 504–506, 508, 510–513, 516–517

    re dispute settlements and interim measures, 4: 651–656

    re information to coastal States, 4: 529

    re installations and equipment, 4: 614–617

    re international cooperation, 4: 466–472

    re principles for conduct of research, 4: 457

    re responsibility and liability, 4: 638–641

    re safety zones around installations, 4: 625

re territorial seas, 4: 490, 492

national, 1: 216–217, 228–230, 241, 260, 315, 334, 2: 36, 40 (*see also* Flag States) Convention on, 1: 24–25

and national and regional marine scientific and technological centres, 4: 722

over offences, 3: 189–190, 192, 471–472

penal, in matters of collision or navigation incident, 1: 247, 3: 165–169, 3: 166n, 3: 507, 608

port State, 4: 203

in pre-existing disputes, 5: 119n. 8

ratione materiae, 5: 375–376, 378

ratione personae, 5: 375–376

RSNT on, 5: 11

of States over activities which may cause pollution, 1: 294–295, 297–298, 302–303

Jus cogens, 5: 217, 241–243

Jus communicationis, 3: 27

Kadet Channel (in the Baltic), 2: 80

Kampala Declaration (1974), 1: 59, 2: 515, 2: 698n. 5, 3: 380

Kean, Arnold W. G., 4: 212

Kennecott Consortium, 6: 67n. 237, 838n, 842n. 15, 6: 847, 6: 847n. 24

Kennedy, R. H., 2: 59

Kenya, 6: 24–25, 6: 60n. 223

on the Authority, 2: 31

on conservation/management of living resources, 2: 598

on the continental shelf, 2: 845, 847, 959

on the exclusive economic zone, 1: 6–7, 10, 2: 548, 801–802, 805, 5: 93n. 7

on fishing/fisheries, 5: 91 n

on innocent passage, 2: 194

on jurisdiction, 5: 93n. 7

on landlocked States' access to the sea, 1: 10

marine environment preservation/protection proposals by

re activities in the area, 4: 229

and coastal States' enforcement obligations, 4: 48, 284

re danger notification, 4: 83–84

re data and information exchange, studies, and programme, 4: 93

and flag States' enforcement obligations, 4: 244

re global and regional cooperation, 4: 80

in accordance with their capabilities, use of term, 4: 64

marine environment, use of term, 4: 42

re nondiscrimination against foreign vessels, 4: 346

re pollution, 4: 48, 58–59, 87–88, 113–114, 129–131, 139, 151, 186, 209–210, 217, 223, 317

and port States' enforcement obligations, 4: 262

re preferential treatment for developing states, 4: 106

publication of reports, 4: 118

re responsibility and liability, 4: 403–404

re scientific criteria for regulations, 4: 96

re technical assistance to developing countries, 4: 100–101

re transferring/transforming hazards or pollutants, 4: 71

on marine scientific research, 4: 465, 563, 615

on marine technology development/transfer, 4: 707n

on pollution, 2: 31, 4: 754

representatives on the Second Committee, 2: xlvii

on States' rights/duties in the exclusive economic zone, 2: 556

and utilization of living resources, 2: 620–621

Kissinger, Henry (of the U. S.)

on the Enterprise's finances, 6: 43, 506, 516

on Law of the Sea negotiations, 6: 39–41

on parallel system of exploration/exploitation, 6: 297, 305, 315, 322, 516, 760, 810

on the review system, 6: 43n. 154, 6: 315, 322

on the site-banking system, 6: 810–811

Koch, Joachim (of Germany), 6: xlvii

Koh, Tommy T. B. (of Singapore)

on amendments to the Draft Convention, 3: 17

on the Authority, 6: 654–655

and the Collegium, 1: 67–68

on the continental shelf, 2: 979–980

on contracts, 6: 721–722, 724–727

on the Council, 6: 404, 429

on the Enterprise, 6: 762–763

on final provisions, 5: 174

First Committee work of, 1: 415n. 39

and marine environment preservation/protection regulations, 4: 380–381

on national liberation movements, 5: 482, 485–486

on national marine science, technology and ocean service infrastructures, Annex VI provisions re, 4: 745

Negotiating Group 2 chaired by, 1: 92, 417, 6: 45

on participation in the Convention, 5: 182, 188–190, 278, 455

as President of UNCLOS III, 1: 62–63, 409, 5: 474–475, 6: 46n. 170

on reservations to the Convention, 5: 222–223

Kohl, Helmut (of Germany), 6: 58n. 219

Korea, 2: 646n. 14, 2: 999, 3: 364, 6: 67, 384, 696–697, 6: 696n, 697n. 48

Kuwait, 6: 24–25

Kuwait Regional Convention for Cooperation on the Protection of the Marine Environment from Pollution (1978), 3: 367, 4: 29

Labour supplying country, use of term, 3: 111

Lagoon waters, use of term, 2: 94

Laissez-passer, 6: 547–548, 554

Land, Island and Maritime Frontier Dispute, 2: 117–118

Land-based miners, 1: 357, 424, 489

(*see also* Economic assistance)

Land-based producer States (Special Commission on the problems which would be encountered by developing land-based producer States), 1: 424, 488

(*see also* Economic assistance)

Land-based sources of pollution

atmospheric pollution, 1: 294, 4: 319

enforcement of laws and regulations on, 1: 302, 4: 214–221

international rules and national legislation for pollution prevention, reduction, and control, 1: 298, 4: 127–134

Kenyan proposal re, 4: 58–61

RSNT on, 4: 62–63

seabed activities pollution, enforcement of regulations re, 1: 302–303, 4: 222–226

Soviet proposals re, 4: 61

State obligations re, 4: 66

Land-locked and Geographically Disadvantaged States. *see* LL/GDS Group

Landlocked States

    (*see also* Fishing; Geographically disadvantaged States; Living resources; LL/GDS Group; Neighbouring States)

  access to and from the sea and transit rights of, 3: 371–457

      coast, use of term, 3: 405

      coastal State, use of term, 3: 405–406, 3: 406n. 12

      as the common heritage of mankind, 3: 371, 378, 416–417, 419

      Convention and Statute on Freedom of Transit, 3: 384–386

      and the Convention on the High Seas, 3: 409–410, 414, 451, 505–506

      customs duties, taxes, tariffs land other charges (*see under* Customs)

      delays/difficulties in traffic in trainsit, 3: 395, 446–449, 619

      and disadvantages of being landlocked, 3: 371–372, 3: 371n.

      dispute settlement re, 3: 398

      ECAFE on, 3: 375–377

      emergency exceptions to, 3: 397

      equal treatment in maritime ports, 3: 450–454, 618–619

      evolution of, 3: 373–375, 3: 373n. 12

      freedom of the high seas, as a source of, 3: 379

      freedom of transit, use of term, 3: 419–420

      GATT on, 3: 431

      ICNT on, 3: 381–382, 417–418, 426–427, 433, 439, 444, 448, 456–457

      ISNT on, 3: 403–404, 416–417, 426, 432, 439, 443–444, 447–448, 453–454

      Main Trends Working Paper on, 3: 414–415, 425, 432, 438, 447, 617–618

      means of transport/facilities, 3: 393–395, 400, 402–405, 407, 420, 428–429, 434, 619

        means of transport/facilities, cooperation in constructing/improving, 3: 441 – 445, 619

      and the most-favoured-nation clause, 3: 392, 396, 423–429, 3: 427n, 3: 618

      need for, 3: 371

      Negotiating group No. 2 on, 3: 381–382

      participation in the international régime, 3: 620

      person in transit, use of term, 3: 402, 404

      as preferential for landlocked States, 3: 412–413

      and prohibited goods/passengers, 3: 387–388

participation by, 6: 324

in activities, 6: 216-224

and the benefit of mankind, 6: 134, 137-138, 143-144

preferential treatment for, 6: 283, 285-287, 289-290

remoteness of, 6: 223-224

representation on the Council, 3: 383

on the Review Conference, 6: 324

rights/interests of, 3: 617-621

access to and from the sea, 1: 255-257

in the exclusive economic zone, 3: 581-582, 620

exploit living resources, transfer of, 2: 775

innocent passage, 1: 213

participation in the exploitation of the exclusive economic zones, 1: 235-237, 2: 690-731

on the scope of the international régime, 6: 80

sovereignty of, 2: 71, 2: 71n. 7

special needs of, 6: 224

States that qualify as, 3: 372-373, 3: 373n. 7

technical assistance to, 4: 712-718

and technology development/transfer, 1: 323-325, 4: 675-679, 689-695, 702-705, 6: 184

and transit States, 1: 256-257

use of term, 1: 255, 2: 38, 43, 3: 376-377, 3: 377n. 22, 3: 393, 400, 402-405

and utilization of living resources, 2: 620, 631

after World War II, 3: 375, 3: 375n. 15

Landsdown, Mr. (of the Union of South Africa), 3: 481

Land territory, 1: 209, 239, 254, 336

Language groups

of the Drafting Committee, 1: 137-138, 1: 137n. 15, 138n. 17, 1: 140-141, 1: 140-141nn. 32-33, 1: 149-150, 1: 149-150n. 72, 1: 413-414, 1: 413-414n. 29, 2: 374n. 5, 5: 303

on "shall," 3: xliii-xliv

Lapradelle, A. G. de (of France), 6: 6

Large-scale pelagic driftnet fishing and its impact on the living marine resources of the World's Oceans and Seas, 3: 39-40, 45-47

Latin American and Caribbean States

on the Assembly, 6: 378, 392

on the Authority, 6: 342, 346, 366

on the breadth of the territorial sea, 2: 79

on coastal States' rights/interests, 6: 153–154

on the common heritage of mankind, 6: 97

on the Council, 6: 443

on exploration/exploitation, 6: 298

on the legal status of the Area, 6: 104–105

on marine environment preservation/protection, 4: 38, 71, 228

on marine scientific research, 6: 163

marine scientific research proposals by conditions to be complied with, 4: 541–542

   re information to coastal States, 4: 529

   non-recognition of, as basis for claims, 4: 465

   re principles for conduct of research, 4: 456–457

   publication and dissemination of information and knowledge, 4: 482

   re territorial seas, 4: 490

   on policies on activities, 6: 241

Latin American States

(*see also* Chile; Colombia; Ecuador, El Salvador; Guatemala; Guyana; Jamaica; Latin American and Caribbean States; Mexico; Panama; Peru; Trinidad and Tobago; Uruguay; Venezuela)

Amerasinghe presidency challenged by, 1: 84

on archipelagic waters, 2: 439

on artificial islands in the exclusive economic zone, 2: 574–575

on baselines for archipelagic States, 2: 435

on the breadth of territorial sea, 2: 497

on conservation/management of living resources, 2: 599–600, 3: 292

on the contiguous zone, 2: 271

on the continental shelf, 2: 842

on cooperation of States in conservation/management of living resources, 3: 298

diplomacy of, 1: 36–37

effectiveness/homogeneity of, 1: 83

on the Enterprise, 6: 506, 512–513

on freedom of the high seas, 3: 75–76

on geographically disadvantaged States, 2: 737−738

on international seas, 3: 94

on landlocked States' access to the sea, 3: 412

on opposite or adjacent coasts, 2: 137

on peaceful purposes on the high seas, 3: 88

on the right to fish on the high seas, 3: 283

on States' rights/duties in the exclusive economic zone, 2: 556−557

on the Statute of the Enterprise, 6: 759

on stocks in the exclusive economic zone, 2: 641−642

Tribunal membership of, 5: 344

Latvia, 3: 484

Lauterpacht, Elihu (of Australia), 6: 672

Lauterpacht, Hersch, 1: 147n. 63

Law enforcement activities, 4: 204, 5: 89, 136−137

(*see also* Arrest; Boarding; Detention; Hot pursuit, right of)

Law of the sea, generally, 4: 200, 350, 5: 183

Law of the Sea Bulletin, 4: 602

Law of the Sea Conference. *see* UNCLOS III

Law of the Sea Sub-Committee (SC. II), 5: xxvii

Laws

(*see also* Applicability; International law; Laws and regulations; Regulations)

applicable, 1: 369

and common terminology, 2: 795n. 5

internal, 1: 217−218, 245, 304, 306, 309, 378, 395−396, 475, 480−481

national, 1: 300, 307−308, 310, 475, 480−481

re nationality of a ship, 1: 248

of salvage, 1: 338

Laws and regulations

(*see also* Applicability; International law; Laws; Regulations; Violations)

on air space, 2: 52

on archipelagic sea lanes passage, 1: 227

on archipelagic States, 2: 406, 447−454, 481−487, 3: 627−628

on archipelagic waters, passage in, 3: 627−628

on cables/pipelines, 1: 252−253, 2: 200, 453−454

on coastal States, 2: 367−378, 384−389, 481−487, 521−544

on the contiguous zone, 1: 338

customs, immigration, fiscal and sanitary, 1: 214, 219, 222, 229-230, 3: 564

enforcement of, 1: 238 (*see also* Law enforcement activities)

on the exclusive economic zone, 1: 229, 311

on fishing, 1: 214, 231-232, 238, 335

harmonization of, 4: 12-14

on innocent passage, 1: 214-215, 300

on marine environment preservation/protection, 4: 207-213

on marine scientific research, 1: 318, 320

on nuclear-powered ships, 2: 217-220

on nuclear substances, 2: 217-220

on pollution, 1: 296, 298-310

on the seabed/ocean floor/subsoil, 2: 52

on straits, 1: 222-223

on territorial seas, 1: 214-215, 217-219, 338, 2: 51-52, 58

on transit passage, 1: 222-223

violation of, 1: 217, 238, 250-251, 303, 305-306, 308-311

LDC (Least Developed Countries), 3: 375

League of Arab States, 5: 180, 483-484, 486

League of Nations

on codification of international law, 1: 29, 2: 53

Organization for Communications and Transit, 4: 4

on reservations to treaties, 5: 213

on territorial seas, 2: 52-53

on territorial waters, 2: 56

Least Developed Countries (LDC), 3: 375

Lebanon, 4: 430n. 3

Legal and Technical Commission (Council), 6: 65, 6: 198-199n. 9, 215n, 6: 311, 473-482

(*see also* Council)

Agreement on, 6: 474-475

appraisal of plan of work, 1: 268-269, 376, 478-479, 484-485, 6: 937-939, 6: 937n, 939n

Authority's early functions carried out by, 6: 363

composition of, 1: 280, 6: 458, 461-464, 481

consultation with other commissions/organs, 6: 459, 461, 463

on contracts, financial terms of, 6: 716

decision-making in, 1: 281, 485, 6: 459, 461, 463–464, 6: 464n, 6: 476–477

Economic Planning Commission's functions performed by, 6: 338, 363, 369–370, 6: 4561n. 3, 6: 461, 465–466, 468

establishment of, 1: 280, 6: 369, 404–405, 456, 458, 461–463, 470, 477–478

functions of, 1: 281–283, 477, 6: 473–474, 476–480, 907–908

Green Book on, 6: 481

Group of 77 on, 6: 464

ICNT on, 6: 479–481

ISNT on, 6: 478

on marine environment protection/preservation, 4: 154n. 4

marine environment protection/preservation proposals of, 4: 154, 231

meetings of, 6: 459

membership in, 6: 361–362

members of

election/terms of office, 1: 280–281, 6: 458, 461, 463–464, 481–482

nomination of candidates, 1: 280–281

nondisclosure of confidential information by, 6: 458, 461, 573

qualifications of, 1: 280, 282, 6: 463, 473, 476, 478, 907

and pioneer investors, 1: 430–431

plans of work, recommendations re, 6: 407, 426, 436–438, 442–443, 447–448, 450–454, 701, 6: 701n. 58, 6: 901

powers/functions of, 6: 405

and production limitation, 6: 474–475, 477

recommendations to the Authority by, 1: 364

recommendations to the Council by, 1: 268–269, 278–279, 281–283, 478–479, 484–485, 6: 907–908, 949

RSNT on, 6: 478

rules/regulations by, 1: 281, 6: 458

seat of, 1: 281

subcommissions of, 6: 481

U. S. on, 6: 464, 480–481

Legal Committee, 4: 212

Legal Counsel of the United Nations, 6: 842

Legal order for the seas and oceans, 1: 207

Legal personality, use of term, 6: 523, 559

Legal process, immunity from, 6: 564-566

Legal régime. *see* Régimes

Legal status

(*see also* Enterprise; Exclusive economic zone)

of archipelagic waters, 1: 225, 243-244, 6: 92

of the Area, 1: 259, 6: 878

of artificial islands and installations, 1: 230, 242, 263, 321

of the Authority, 1: 288, 6: 549, 558-563 (*see also* Air space, Superjacent; Area, legal status of; Privileges and immunities of the International Seabed Authority; Resources, legal status of; Waters superjacent to the Area, legal status of)

and the Charter of the United Nations, 6: 559-560, 6: 559n. 3

and dispute settlement, 6: 559

ICNT on, 6: 546, 559

ISNT on, 6: 546, 559

and legal capacity, 6: 558-560

and legal personality, 6: 550, 558-560

RSNT on, 6: 546, 559

U. K. on, 6: 559

of the continental shelf's superjacent waters and air space, 1: 241

of the Enterprise, 6: 759-760, 763-764, 817-829

of the high seas, 1 : 219-220, 244

of installations and equipment for marine scientific research, 4: 620-622

of marine research installations and equipment, 4: 614-616

in marine scientific research projects, 4: 651

of straits, 1: 219-220

of territorial seas, 1: 209, 2: 64

use of term, 2: 298

Legal Sub-Committee (**SC. I; Sea-Bed Committee**), 1 : li-lii, 4: 431-432, 5: xxvii-xxviii, 6: 23-24, 26, 96-97

Legal Working Group (**WG. I;** *Ad Hoc* **Committee to Study the Peaceful Uses of the Sea-Bed and the Ocean Floor beyond the Limits of National Jurisdiction**), 1: li, 2: xxxv, 5: xxvii, 6: xxxi

Legitimate interests

of coastal States, 1: 260

due regard to, 1: 323

of immediately adjacent neighbouring State of an archipelagic State, 1: 224

and marine scientific research, 4: 461–462

of a party to a contract, 1: 291

and technology, 1: 323, 325–326, 4: 680–682, 717

of transit States, 1: 256

Lesotho, 2: 541, 3: 403, 405, 414

Lex generalis/lex specialise, 4: 425, 5: 243

Liability

(*see also* Responsibility and liability; Responsibility to ensure compliance and liability for damage)

for activities in the Area, 6: 29

for damage caused by breaches of confidentiality, 6: 732

from enforcement measures, 1: 310–311, 4: 377–381

of the Enterprise, limitation of, 6: 775–776

and marine environment protection/preservation, 4: 7, 377–381, 399–415

for seizure of pirate ships or aircraft without adequate grounds, 3: 217–219, 3: 219n, 3: 614

use of term, 2: 259n, 4: 380

without fault, 4: 412–413

Liberia, 4: 295n. 7

Libya, 6: 24–25

Libyan Arab Republic, 2: 147, 631, 3: 336

Licenses

Council's powers/functions re, 6: 443

for exploration/exploitation of the Area, 6: 299, 651–652

fishing, 3: 587, 652–653

legislation by States, 6: 53–54, 6: 54n. 206

marine environment preservation/protection proposals re, 4: 173

and marine technology development/transfer, 4: 713

master's certificate, 1: 247

Tanzania on, 6: 652

transfer of rights re exploitation of living resources, 1: 237–238

transfer of technology to Enterprise by means of, 1: 350–351

Lijnzaad, Liesbeth (of the Netherlands), 6: xlvii

Limitations and exceptions. *see* Exceptions/exclusions

Limits of national jurisdiction, 2: 40, 6: 79–81, 85

   (*see also* Contiguous zone; Continental shelf; Continental shelf, limits of; Exclusive economic zone; Limits of the Area; Outer limits; Tentorial seas)

Limits of the Area, 6: 77–86

   Canada on, 6: 80

   charts/notification of, 6: 77–78, 81–85

   Coastal States Group on, 6: 80

   ICNT on, 6: 83

   ISNT on, 6: 81

   Japan on, 6: 80

   and limits of continental shelf, 6: 69n. 1, 6: 77–78, 81, 84–86

   and limits of the exclusive economic zone, 6: 85

   Malta on, 6: 80

   Poland on, 6: 80

   RSNT on, 6: 82–83

   Sea-Bed Committee on, 6: 78–80

   Soviet Union on, 6: 80

   Tanzania on, 6: 79

   U. K. on, 6: 79

List (s)

   (*see also* Due publicity)

   of Agreement signatories, 1: 493–494

   of anadromous stocks, 2: 667n. 2

   of arbitrators, 5: 422, 424–425

   armed forces service, 1: 218

   of candidates, 1: 277, 346, 383

   of conciliators, 1: 379–380, 5: 311, 313–315

   of Convention ratifications, 1: xxxiv–xxxix, 495–498, 5: 200n. 7

   of Convention signatories, 5: 197n

   of countries in the Council, 1: 484

   of experts, 1: 331, 397–399, 5: 42, 51, 446–447

   of geographical coordinates, 1: 212–213, 225, 239, 243, 258, 429, 2: 817–821

Little tuna, 1: 345

Living marine resources, 4: 282

(*see also* Living resources)

Living resources

(*see also* Allowable catch; Arrangements; Conservation/management of living resources; Cooperation; Exclusive economic zone; Fishing; Highly migratory species; High seas; International organizations; Licenses; Living marine resources; Terms and conditions for fishing rights and conservation measures)

access to, 1: 231, 234-238

allowable catch of, 1: 230, 235-237, 253-254, 335

conservation of, 1: 207, 213-214, 228, 230-231, 233, 238, 253-255, 323, 327, 335, 2: 594-611

and the continental shelf, 2: 896-898

development of, 1: 232-233

disputes re, 1: 335, 5: 86, 321

exploration and exploitation of, 1: 238, 255

as a food source, 3: 291, 3: 292n. 4, 3: 514

geographically disadvantaged States' access to, 1: 235-238

harm to, by pollution, 1: 208

harvesting capacity of, 1: 231, 235-237, 335

landlocked States' access to, 1: 235-238

landlocked States' rights/interests re, 3: 620-621

management of, 1: 228, 230-231, 233, 253-255, 323, 327, 335

maximum sustainable yield of, 1: 231, 253-254

surplus of, 1: 231, 335

use of term, 2: 827n. 4

utilization of, 1: 231-232, 2: 612-638

LL/GDS Group (Group of Land-locked and Geographically Disadvantaged States)

on the Assembly's powers/functions, 6: 394, 396

on the benefit of mankind, 6: 137-138

vs. the Coastal States Group, 1: 71-72

on coastal States' right to participate in the exploitation of the exclusive economic zones, 2: 770

common interests of members, 1: 73-74

on conservation/management of living resources, 2: 606

on the continental shelf, 2: 848

on contracts, 6: 719

on the Council, 6: 422–423

delegations of, 1: 75

developing, 1: 75

establishment of, 1: 73, 3: 372, 3: 372n. 4

on the Evensen Group, 1: 106, 1: 106n

on the exclusive economic zone, 1: 69, 73, 2: 516–519, 538–539, 550–551

on exploration/exploitation, 6: 305

on geographically disadvantaged States, 2: 740–741, 743–745, 749–751, 756, 764

and the Group of 77, 2: 703n. 11

as homogeneous, 1: 69

on landlocked/geographically disadvantaged States' participation, 6: 222–223

on landlocked States, 2: 703–705, 2: 705n, 2: 706–708, 2: 707n. 16, 2: 710–711, 713–714, 719–720, 729

on landlocked States' access to the sea, 2: 496, 3: 416–417, 426

landlocked States' proposals by, 3: 380–381

marine scientific research by, 4: 583

marine scientific research proposals by, 4: 584–586, 646–648, 650, 657–658

member States, 1: 72–73

organization/procedures of, 1: 74–75

on payments/contributions from exploitation of the continental shelf, 2: 938

on policies on activities, 6: 245, 247

on preferential treatment for developing States, 6: 287–288

rights in the exclusive economic zone, 1: 109–110 (*see also* Group of 21)

on settlement of disputes in the exclusive economic zone, 2: 568

on sharing of resources, 1: 42

on States' rights/duties in the exclusive economic zone, 2: 558, 561

on the Statute of the Enterprise, 6: 779

on transfer of rights to exploit living resources, 2: 780–782

Loans, 1: 374–376

Local remedies, rule for exhaustion of, 5: 79–81

Lockheed (U. S.), 6: 67n. 237

London Dumping Convention. *see* Convention on the Prevention of Marine Pollution by Dumping of Wastes and Other Matter

Long usage, use of term, 2: 100

Lorck, M. (of Denmark), 3: 483

Loss or damage

　(*see also* Damage)

　in avoiding injury to cables/pipelines, 1: 252–253

　claim for, due to pollution, 1: 310

　due to seizure or stoppage, 1: 249–250, 252

　indemnity for, 1: 252–253

　international responsibility for, 1: 218, 223

　of life, 1: 246

　in marine environment preservation/protection provisions, 4: 380

　of nationality, pirate ship or aircraft, 1: 248

　operating losses of a contractor, 1: 361

　profit and loss statements, 1: 373

　to States bordering straits, 1: 223

Lotus **case**, 3: 166n

Low-tide elevations

　adjacent, 3: 637

　and baselines, 1: 210, 224, 2: 89, 102–103, 430–431, 3: 637

　and the breadth of the territorial sea, 1: 212, 2: 126–128, 3: 498, 549–550, 552

　low-water marks on, 1: 212

　marine space of, 3: 636, 638–639

　use of term, 1: 212, 2: 38, 102, 3: 634

Low-water marks

　(*see also* Baselines)

　absence of, 3: 550

　and baselines, 1: 209–211, 2: 87–90, 94, 101, 3: 549–551

　and indentation areas, 1: 211, 2: 95, 113, 117, 2: 117n. 4, 3: 551

　and internal waters, 1: 211, 2: 113, 3: 551

　on low-tide elevations, 1: 212

　and territorial seas, 1: 209–210, 2: 59–61, 3: 475, 496–498, 549

　use of term, 3: 475

Luxembourg, 5: 225n. 3

Mackerel, 1: 345

Madagascar, 2: 646n. 13

Magalhães, M. Barbosa de (of Portugal), 3: 461, 485

Main Committees (UNCLOS I), 2: 8–9, 2: 8n. 10, 3: 8–9, 3: 8n. 10, 3: 88

Main Committees (UNCLOS III), 1 : xxvi–xxvii, 87–91, 410–411, 5: xiv, 7, 172, 6: 35–36, 45

> (*see also* First Committee (UNCLOS III); Second Committee (UNCLOS III); Third Committee (UNCLOS III))

Main Trends Working Paper, 1 : xxvii

on air space over the continental shelf, 2: 903

on anadromous stocks, 2: 672

on archipelagic States, 2: 411, 423–424, 450–451

on archipelagic waters, 2: 440

on archipelagos, 3: 623–629

on artificial islands/installations, 2: 923, 3: 579–581, 583, 631–634, 3: 631n

on baselines, 2: 88, 93, 97, 101, 106, 110, 423–424

on bays, 2: 115–116

on broadcasting from the high seas, unauthorized, 3: 233–234

on cables/pipelines, 2: 912

on catadromous stocks, 2: 682–683

on charges levied on foreign ships, 2: 236

on charts and geographical coordinates, 2: 988

as a compendium of approaches, 2: 11–12, 3: 11–12

on conservation/management of living resources, 2: 603–604, 3: 293, 610–612

on conservation/management of marine mammals, 3: 315, 317

on the contiguous zone, 2: 271, 3: 563–564, 3: 563n

on the continental shelf, 2: 847–848, 928, 959–960, 988, 3: 571–578, 3: 571n

on criminal jurisdiction in relation to foreign ships or vessels, 2: 240

on drilling, 2: 928

on drug trafficking, 3: 226–227, 614

on enclosed/semi-enclosed seas, 3: 359, 629–631, 3: 629n

on enforcement of laws and regulations of coastal States, 2: 791

on the exclusive economic zone, 3: 578–597

> artificial islands in, 3: 579–581, 583, 633
>
> cables/pipelines in, 3: 583
>
> coastal States' preferential rights in, 2: 805, 3: 586–587, 597–604, 621
>
> coastal States' rights in an exclusive fishery zone, 2: 531

on States' rights/duties in the exclusive economic zone, 2: 557–558

on status of ships, 2: 55

on stocks in the exclusive economic zone, 2: 642

on straits, 2: 296, 303, 310, 318, 325, 358, 3: 564–570, 3: 564n

on submarines, 2: 181

on superjacent waters over the continental shelf, 2: 903

on the territorial sea, 3: 548–563

    baselines, 3: 549–550

    bays, 3: 550–551

    breadth of, 2: 80, 3: 553

    delimitation between States with opposite or adjacent coasts, 3: 552–553

    freedom of navigation and overflight from question of plurality of régimes in, 2: 69–70, 3: 562–563

    historic waters, 3: 548

    innocent passage in, 2: 54, 3: 554–562

    limits of, 3: 549–554

    low-tide elevations, 3: 552

    nature/characteristics, 3: 548

    permanent harbour works, 3: 552

    rivers, 3: 550

    roadsteads, 3: 552

on transfer of rights to exploit living resources, 2: 778

on transit passage, 2: 387–388

on tunnelling, 2: 992

on the United Nations' right to sail ships, 3: 130–131

on utilization of living resources in the exclusive economic zone, 2: 627

on warships, 2: 251, 3: 154–155, 607

on the zone beyond the territorial sea, 3: 597–604, 3: 597n

Majority

    (*see also* Quorum)

    for amendments, 5: 275–277

    in arbitral tribunals, 1: 396, 5: 432–433

    in the Assembly, 1: 272–273, 483, 5: 271

    in the Commission on the Limits of the Continental Shelf, 1: 346–347

    in the conciliation commission, 1: 380

in the Council, 1: 276-278, 430, 484-485

in the Finance Committee, 1: 491

in the Governing Board of Enterprise, 1: 371

in international organizations, 1: 400

in the Legal and Technical Commission, 1: 485

ratification by, 5: 191

in the Review Conference, 1: 270-271

Rules of Procedure of UNCLOS III on, 5: 266

in the Sea-Bed Disputes Chamber, 1: 391

of States Parties, 1: 270-271, 346, 383

in Tribunal decisions, 1: 384, 390, 5: 352-354, 390-391

in the Tribunal elections, 1: 383, 5: 347

use of term, 5: 352

Vienna Convention of the Law of Treaties (1969) on, 5: 266

Makowski, M. (of Poland), 3: 485

Malaysia

on archipelagic States, 2: 421-422

on baselines for archipelagic States, 2: 421-422, 424-429

on coastal States, 2: 373

discussions/agreements/deals re UNCLOS III issues, 1: 58

on innocent passage, 2: 361

on marine scientific research, 2: 351

on safety aids, 2: 382

on sea lanes and traffic separation schemes, 2: 361

on ships, 2: 339

on straits, 2: 298, 327, 361, 4: 386

Mali, 2: 71

Malone, James L. (of the U. S.) . 1: 81, 6: 52, 6: 52n. 202

Malta

(*see also* Draft Ocean Space Treaty)

on accommodation of activities, 6: 208-209

on anadromous stocks, 2: 669

on artificial islands and installations in the exclusive economic zone, 2: 574, 2: 575n

on the Assembly, 6: 378, 392

on atolls, 2: 92

on the Authority, 6: 342, 345–346, 354, 367

on baselines, 2: 97, 106

on bays, 2: 115

on the benefit of mankind, 6: 134

on cables/pipelines, 3: 268, 272

on charts, 2: 146

on coastal States, 2: 369

on the common heritage of mankind, 2: 2–3, 2: 2n. 4, 3: 2–3, 3: 2n. 4, 6: 6, 15–18, 21–22, 97–98

on compulsory procedures, 5: 131

on conservation/management of living resources, 2: 598–599, 3: 291–292, 3: 292n. 4

on the Council, 6: 420, 443

on delimitation of continental shelf between opposite or adjacent coasts, 2: 955

on drug trafficking, 3: 225

on enforcement of laws and regulations of coastal States, 2: 789

on the exclusive economic zone, 2: 548, 802

on exploration/exploitation, 6: 298

on highly migratory species, 2: 651

on immunities of warships, 2: 262

on innocent passage, 2: 153, 223, 386

on the international régime, 6: 33

on the legal status of the Area, 6: 104

on the limits of the Area, 6: 80

on low-tide elevations, 2: 127

on marine environment protection/preservation, 4: 38, 42, 76, 103, 137–138, 150, 182–183, 228, 316

on marine mammals, 2: 660

on marine resources, 6: 15–18

on marine scientific research, 6: 163

marine scientific research proposals by conditions to be complied with, 4: 540–541, 4: 541n

    re dispute settlements and interim measures, 4: 645

    re information to coastal States, 4: 528–529, 4: 529n, 4: 535

    re installations and equipment, 4: 614, 624, 630

    re non-interference with shipping routes, 4: 627

re notification, 4: 491n. 2

re ocean space, 4: 442

re responsibility and liability, 4: 635

re safety zones around installations, 4: 624

re suspension or cessation of research, 4: 571

re territorial seas, 4: 491

re warning signals, 4: 630

on national ocean space, use of term, 2: 85

on payments/contributions from exploitation of the continental shelf, 2: 933

on peace/security/cooperation, 6: 113–114

on piracy, 3: 198–199, 204

on pirate ships/aircraft, seizure of, 3: 213–214, 218, 221

on ports, 2: 121

on resources, use of term, 6: 71n.

on responsibility/liability, 6: 121

on the Review Conference, 6: 322

on the right of hot pursuit, 3: 251

on the right of visit, 3: 239–240

on safety aids in straits, 2: 380–381

on the seabed, use of term, 6: 71n. 1

on sea lanes, 2: 206, 357

on the Secretary-General, 6: 483, 487, 492, 497

on stocks in the exclusive economic zone, 2: 641

on submarines, 2: 180, 182

on traffic separation schemes, 2: 206

on UNCLOS III's preparatory work, 1: 49

on uses of the seabed, 6: 24

on utilization of living resources in the exclusive economic zone, 2: 622

on vessels flying under only one State's flag, 3: 124

on weapons, 6: 147, 6: 147n. 2

Management of living resources. *see* Conservation/management of living resources

Manganese, 1: 267, 360, 374, 427, 6: 10–11, 31–32, 259

(*see also* Minerals derived from the Area; Polymetallic nodules)

Mankind. *see* Benefit of mankind; Common heritage of mankind

Man-made structures, 1: 208

(*see also* Artificial islands; Installations; Structures)

Manner, Eero. J. (of Finland), 1: 94, 417, 2: 139–140, 812, 965, 5: 12, 118

Manning regulations, 1: 215, 245, 294, 301, 303–304, 2: 202

Maps, 2: 884–890

    (*see also* Charts)

Marchant, M. (of Chile), 3: 482

Mare liberum vs. mare clausum, 1: lviii

Margineers. *see* Group of Broad-Shelf States

Marine activities, 1: 208, 2: 176

    (*see also* Activities in the Area; Fishing; Marine scientific research; Pioneer activities)

Marine archaeology, 5: 149, 158–162

    (*see also* Archaeological/historical objects)

Marine casualties, 1: 246

    (*see also* Incidents of navigation; Maritime casualties)

Marine environment

    (*see also* Activities in the Area, accommodation of; Agreement; Cooperation; Damage; Dumping; Ecosystems; Enforcement; Environmental protection; Evidence; Flag States; Harmful substances; Notification; Pollution; Technology transfer)

    activities in, 1: 262–263

    and coastal States, 2: 374–375

    contingency plans for, 1: 295

    damage to, 1: 246

    danger to, 1: 260–261, 295, 301–302, 310, 4: 313–314

    drilling in, 1: 262, 368

    enclosed/semi-enclosed seas, 1: 255

    and exceptions to compulsory procedures entailing binding decisions, 5: 94, 99

    exploration/exploitation of, 3: 602–604

    global ecological systems, 4: 13–14, 393

    hazards to, 1: 262, 294–295

    laws and regulations on, 2: 543

    laws to be adopted by States, 1: 298–300, 302–303

    Legal and Technical Commission's recommendations re, 1: 282–283

    monetary penalties for violations of laws and regulations, 1: 310

    monitoring of, 1: 283, 297

    pollution and other hazards to, 1: 208, 2: 42, 2: 42n. 20, 4: 3–4, 456 pollution of the marine environment, use of term, 1: 208, 2: 27, 31, 41, 4: 53–54, 749, 753–754

protection and preservation of

as an agenda item for UNCLOS III, 1: 35, 90

and cables/pipelines, 2: 200

coastal States' jurisdiction re, 1: 228

cooperation of States re, 1: 255, 295–296

disputes re, 1: 397, 399

experts on, 1: 282, 397–398

legal order as facilitating, 1: 207

obligations under other conventions, 1: 312–313

Part XI on, 6: 881

pollution prevention/reduction, 1: 293–296, 4: 55–57n. 8

regional centres' programmes re, 1: 327

States' obligations/rights re, 1: 293, 2: 200–202

States' responsibility/liability re, 1: 311–312

in straits, 1: 311

technology development/transfer for, 1: 323, 478, 482, 486

and warships, 1: 312

protection and preservation of, regulations for

re assessment of potential effects, 4: 121–124

civil proceedings involving, 4: 360–361

and coastal States' enforcement duties, 4: 279–302

and coastal States' rights, 6: 945–946

comprehensive planning for, 4: 36–37

contractors' obligations re, 6: 943–944

conventions containing obligations for, 4: 422–426

re dumping, 4: 155–168, 170–175, 232–239

emergency orders, 6: 944–945

enforcement provisions, 4: 214–319

adverse consequences from exercise of powers, avoidance of, 4: 330–333

flag State notification requirements, 4: 371–376

flag States' duties re enforcement of regulations, 4: 240–257

general provisions of Part XII re, 4: 35–76

global and regional cooperation proposals, 4: 77–97

re transferring or transforming hazards or pollutants, 4: 69–72

treaties re, 4: 6–8, 23–33

use of technology and introduction of alien and new species, 4: 73–76

protection of, in the Area, 1: 262–263, 270, 280, 282, 348, 368, 482, 486

responsibility for protection of, 1: 311–312

and scientific and technical assistance to developing States, 1: 296–297, 323, 486

scientific research in (*see* Marine scientific research)

serious damage to, 1: 246

settlement of disputes over, 1: 312, 331–332, 334–335, 397, 399

sovereignty over, 2: 200–201, 491, 2: 492n. 2, 2: 493

species introduced to, 1: 295

States' obligations re, 1: 255, 293–295, 300, 311–314

straits, 1: 311

use of term, 2: 33–35, 42, 4: 42–43, 442, 755

violation of laws, regulations or international rules and standards for the protection and preservation of, 1: 308–309

Marine Environment Protection Committee, 4: 225

Marine incineration facilities, 4: 170–175

Marine life, 1: 208, 294, 3: 529

Marine mammals, 1: 233, 254, 345, 2: 659–664, 3: 289, 314–317, 3: 316nn. 2–4

Marine pollution

(*see also* Pollution)

Marine resources. *see* Resources

Marine Resources and Engineering Development Act (U. S. , 1966), 6: 12, 6: 12n. 33

Marine scientific research, 4: 429–661, 6: 160–172

(*see also* Authority; Cooperation; Exclusive economic zone; Installations; International organizations; Peaceful purposes; Scientific research; Technology transfer; Territorial seas; Training)

agreement on, 1: 316–318

and aircraft use, 4: 459–461

Annex III on, 6: 664–665

applied vs. fundamental, 6: 163n. 2

arbitration of disputes re, 3: 34, 5: 445

in archipelagic waters, 4: 490–495, 4: 490n

in the Area

and international organizations, 1: 261, 313-322, 326-327, 4: 520-525

ISNT on, 6: 166

landlocked and geographically disadvantaged states, rights of, 4: 581-596

laws and regulations on, 1: 318, 320, 2: 481-487, 543

legal status of installations/equipment for, 4: 620-622

and the marine environment, use of term, 4: 442

and the marine environment concept, 4: 456-457

marine environment protection/preservation

    data and information exchange, studies, and programmes, 4: 91-93

national and regional marine scientific and technological centres, 4: 719-733

national marine science, technology and ocean service infrastructures, 1: 421, 436-438, 4: 741-747

non-recognition as a legal basis for claims, 1: 314, 4: 463-465

notification of, 1: 316-317, 319

obligations of researching States, 1: 316-319

overview of, 4: 429-437

for peaceful purposes, 1: 261, 313-315, 4: 457-459, 461, 6: 149n.6, 6: 160-162, 164-168, 170-171

principles governing, 1: 313

programmes for, 1: 232, 255, 261, 296, 318, 324-325, 4: 702-705, 741-742

promotion of, 1: 261, 313-320, 323, 326-327, 477-478, 4: 451-453, 488-611

and prospecting, 6: 664-665, 6: 665n. 24

publication of data and results of, 1: 314-315

pure vs. resource-oriented, 4: 446-447

research projects, 1: 315-320

research results, 1: 261, 314-315, 317-318, 327, 477-478, 482

responsibility and liability for, 1: 322, 4: 632-642, 6: 165

Review Conference on, 6: 318-319, 323, 325, 329

and rights of neighbouring landlocked and geographically disadvantaged States, 1: 319-320

rights to conduct, 1: 313, 315, 317, 319-320, 334-335, 4: 438-450, 603-607

RSNT on, 6: 166-167, 169

and safety, 6: 204-205

safety zones around installations, 1: 321, 4: 625

samples derived from, 1: 317-318

vs. scientific research generally, 6: 163n. 2

scientific research installations or equipment provisions, 4: 612–631

and sea lanes, 2: 206, 208

and shipping routes, 4: 626–628

by States Parties, 6: 160, 164–172, 224

suspension or cessation of project by coastal State, 1: 319, 334, 4: 569–580

in territorial seas, 4: 488–495

and traffic separation schemes, 2: 206, 208

training programmes for, 1: 261, 314–315, 327, 348

and transit passage, 1: 221, 4: 461

use of term, 3: 84, 3: 84n. 20, 4: 441–449, 755, 6: 163, 168

in water columns, 4: 608–611

Marine technology

Authority's monitoring of, 6: 338

cooperation among international organizations for, 4: 734–737

development of, 1: 324, 478, 482, 6: 485

development/transfer of, 4: 665–737

basic objectives for, 4: 683–688

general provisions, 4: 671–679

guidelines, criteria, and standards, 4: 699–701

international cooperation provisions, 4: 696–718

legitimate interests, protection of, 4: 680–682

measures for achieving, 4: 689–695

overview of, 4: 665–670

Enterprise's assessment of, 6: 509

national and regional marine scientific and technological centres, 4: 719–733

use of term, 6: 182–183

Marine transmissions. *see* High seas; Unauthorized broadcasting

Maritime casualties (*see also* Incidents of navigation)

in high seas, 1: 246

and marine environment protection/preservation, 4: 205, 303–314

pollution from, 1: 302, 307

use of term, 1: 307, 2: 39, 3: 168–169, 4: 303

Maritime ports, 3: 450–454

(*see also* Ports)

Maritime régimes vs. the high seas, 3: 27-28

Maritime traffic, 1: 214, 222

Maritime zones, marine scientific research in

continental shelf and exclusive economic zones, 4: 519

general provisions re, 4: 449

information to coastal States, duty to provide, 4: 526-536

installation and equipment provisions, 4: 614

legal régimes for, 4: 490-495

territorial seas provisions, 4: 490

Market, 1: 363

(*see also* Markets; Open market)

Marketing, 1: 286, 327, 361, 370

Markets

access to, 1: 264, 487, 6: 235-236

Authority's monitoring of, 6: 337, 485

Enterprise's monitoring of, 6: 509

free market principles, 6: 245

growth, efficiency, stability of, 1: 265

policies on, 6: 245-246, 251-252, 255

production policies on, 6: 256, 260, 266, 268, 272, 274, 276, 279

value of processed metals in, 6: 709-710

Market value, 1: 358, 363-364

Marlins, 1: 345

MARPOL 73/78. *see* Convention for the Prevention of Pollution from Ships (1973)

MARPOLMON (Pollution Monitoring) System, 4: 111n. 2

Marsit, Mohamed Mouldi (of Tunisia), 6: 547

Master File Containing References to Official Documents of the Third United Nations Conference on the Law of the Sea, 3: xxxix, 5: xxxiii

Master of a ship or vessel, 1: 216-217, 245-247, 300, 2: 242, 4: 321

Master's certificates, withdrawal of, 3: 165-167, 169, 507

Mauritania, 6: 24-25

Mauritius, 5: 93n. 7, 6: 776

Mavrommatis Palestine Concessionscase, 5: 18-19

Maximum sustainable yield, 1: 231, 253-254

(*see also* Allowable catch; Living resources)

May/shall. *see* Shall, use of term

McNair, A. D. , 1: 147n. 63

Means of transport, 1: 256–257, 2: 38

Measures, 5: 84

   (*see also* Provisional arrangements/measures)

Measures to Prevent Unlawful Acts against Passengers and Crews on Board Ships, 3: 187

Mediterranean Sea, 2: 215, 510, 3: 352–353, 3: 352n. 6, 3: 367, 4: 28

Members, use of term, 5: 459

Membership. *see* Arbitral tribunal; Authority; Commission on the Limits of the Continental Shelf; Council; Economic Planning Commission; Finance Committee; Governing Board; Legal and Technical Commission; Nationality; Sea-Bed Disputes Chamber; Special arbitral tribunal; Special chambers of the Tribunal; Suspension; Tribunal

Members States, use of term, 2: 43

Memorandum of Understanding between Certain Maritime Authorities in the Maintenance of Standards on Merchant Ships, 4: 260n. 1

Mendelevich, G. (**of the Soviet Union**), 6: 22

Mensah, Thomas A. , 4: 329n. 8

Merchant ships, 1: 216–218, 2: 237–247

Mero, John L. , 6: 10, 6: 10n. 27, 6: 11

Metaini, M. (**of Romania**), 3: 485

Metternich, Cornel A. (**of the Federal Republic of Germany**), 1: 95, 116, 1: 416n. 39

Mexico

   (*see also* Latin American and Caribbean States; Latin American States)

   on artificial islands, installations and structures over the continental shelf, 2: 924

   on the collegiate system, 1: 122

   on the continental shelf, 2: 972

   on contracts, 6: 720

   on good faith and abuse of rights, 5: 150–151

   on landlocked States, 2: 709

   on marine scientific research, 4: 446, 452, 533–534

   on the Review Conference, 6: 323–324

   on review of the international régime, 6: 315–316

   on the Secretary-General, 6: 483, 487, 492, 497

on the Statute of the Enterprise, 6: 811

on UNCLOS III's preparatory work, 1: 54

on uses of the seabed, 6: 22, 24–25

Micronesia, 2: 653

Migratory species. *see* Anadromous stocks; Catadromous stocks; Highly migratory fish stocks;
Highly migratory species

Mile, nautical, use of term, 2: 44, 2: 44n. 26, 4: 757, 4: 757–758n. 12

Military

(*see also* Warships)

activities by

in the Area, 6: 147–148, 6: 147n. 1, 6: 149

re exceptions to conciliation, 5: 135–137

exempt from certain procedures, 5: 89, 95, 107

and marine environment protection/preservation and vessel-source pollution, 4: 204–205

and paramilitary activities, 5: 136

vs. peaceful purposes, 3: 88–89, 91, 3: 91n. 12, 5: 154–155

and States' rights/duties in the exclusive economic zone, 2: 564

aircraft, 1: 249–251, 308, 312, 336, 3: 237–246, 4: 326–329

devices, 1: 214

disputes re, 1: 336

purposes of, 3: 85

ships and vessels, 4: 326–329

Military and Paramilitary Activities in and against Nicaragua **case**, 5: 199

Miller, Mr. (of the U. S.), 3: 482

Mineral resources, 1: 241–242, 258, 264, 269–270, 281–282, 487

(*see also* Development of resources in the Area; Exploration/exploitation; Minerals derived from the Area; Mining; Polymetallic nodules; Prospecting; Resources)

Minerals

(*see also* Development of resources in the Area; Exploration/exploitation; Minerals derived from the Area; Mining; Polymetallic nodules; Prospecting; Resources)

alienation of, 6: 101, 108–110

exporters and exports of, 1: 264, 268, 275, 281, 485, 488

importers and imports of, 1: 242, 264, 275, 485

nondiscrimination between sources of, 6: 260

Monetary practice, 1: 364, 376

Mongolia, 2: 1012

Monitoring, control and surveillance

(*see also* Pollution; Vessels)

environmental, 1: 283, 297, 4: 109–115

programmes approved by the Council, 1: 283

radio frequencies for air traffic control, 1: 221, 2: 346

surveillance, 1: 297

technical assistance in, 1: 296

Monopolies

Annex III on, 6: 655–656, 685–689

and development of resources, 6: 235

First Committee (UNCLOS III) on, 6: 44–45

France on, 6: 686–689

ICNT on, 6: 687–688

Regulations on Prospecting and Exploration for Polymetallic Nodules in the Area on, 6: 689

Review Conference on, 6: 318, 325, 328–329

Soviet Union on, 6: 686

U. K. on, 6: 686

Monopolization of activities in the Area, 1: 264, 269–270, 353–354

Montevideo Declaration on the Law of the Sea (1970), 1: 58–59

Montreal Guidelines for the Protection of the Marine Environment Against Pollution from Land-Based Sources, 4: 133

Montreaux Compromise, 5: 8–9

Moratorium periods

for amendment/revision of the Convention, 5: 244, 250–262, 269

for denunciation of the Convention, 5: 279, 282–284

Moratorium resolution (resolution 2574 D (XXIV); General Assembly), 1: 5–6, 172–173, 6: 25–26n. 90, 6: 103–104

Morocco

on aircraft, 2: 339–340

on air space, 2: 361

on the continental shelf, 2: 964, 966, 971

Convention signed by, 5: 164

on the exclusive economic zone, 2: 811

on innocent passage, 2: 194

on marine environment preservation/protection, 4: 407–410, 4: 411n, 4: 413

on marine scientific research, 2: 351, 4: 638, 641

on opposite or adjacent coasts, 2: 139–140

on safety aids, 2: 382–383

on ships, 2: 339

on straits, 2: 298, 327, 388

Most-favoured-nation clause, 1: 256, 3: 392, 396, 423 – 429, 3: 427n, 3: 618, 5: 236

Most Seriously Affected (MSA) developing countries, 3: 375

Mott, H. C. (of Australia), 1: 410, 6: xlv, 6: 35n. 120

Mouths of bays, 1: 211

Mouths of rivers

and baselines, 1: 211, 2: 89, 109–112, 3: 499, 550

territorial seas' delimitation at, 3: 480–481, 499, 550

UNCLOS III sources on, 2: 109–110

use of term, 2: 42

MSA (Most Seriously Affected) developing countries, 3: 375

Mud circulation. *see* Environmental protection

Mushakoji, M. (of Japan), 3: 481, 484

Mutatis mutandis **provision**, 5: 191, 193

Mutiny, 1: 248, 3: 163–164, 203–205, 3: 205n, 3: 508

NAFO (North Atlantic Fisheries Organization), 3: 301

Namibia, 1: 408–409, 5: 177, 180–182, 374, 5: 459n. 5, 6: 348

Nandan, Satya N. (of Fiji)

(*see also* Group of 21)

Boat Paper group chaired by, 6: 60n. 223

compromise proposal on production policies by, 6: 275–276

First Committee work of, 1: 415n. 39

informal negotiating group chaired by, 6: 46, 270, 274–276

Information Notes issued by, 6: 58n. 221

on landlocked States, 2: 711

on the moratorium clause, 6: 330

Negotiating Group 4 chaired by, 1: 94, 127, 417, 2: 720, 6: 655

pioneer area dispute settled by, 6: 848

on pioneer investor status, 6: 842

production policies group chaired by, 1: 93

on scheduling of negotiations, 1: 42

on the Second Committee, 1: 93, 411, 2: xlvii, 3: xlv

as Secretary-General of the Authority, 6: 489

SNT work of, 1: 116

on sources of/commentary on UNCLOS III, 1: xli

on straits, 2: 288

Nandan Group. *see* Group of 21

Narcotic drugs, 1: 216–217, 249, 2: 240

(*see also* Drug trafficking; Substances)

National Council on Marine Resources and Engineering Development (U. S.), 6: 13n. 35, 15n. 43

National cultural protection zone, 5: 159n. 2

National Environmental Policy Act (NEPA; U. S. , 1969), 4: 122

National Institute of Standards and Technology (U. S. Dept. of Commerce), 4: 758n. 12

Nationality

(*see also* Laws)

of ad hoc chamber members, 1: 392

of aircraft, 1: 248–249

arbitral tribunal for overlapping claims of, 1: 428–429

of arbitral tribunal members, 1: 394–395

of arbitrators, 5: 425–426

change of, by pioneer investor, 1: 432

of Commission on the Limits of the Continental Shelf members, 1: 345–347

concealed or absent, 3: 125–127

of Finance Committee members, 1: 490

and jurisdiction/control, 3: 144n. 5

loss of, 1: 248

of a natural or juridical person

for approval of plan of work, 1: 481

for carrying out activities in Area, 1: 268

for nondiscriminatory access to markets, 1: 487

for registration as pioneer investor, 1: 426–428

for representing a State Party in arbitration, 1: 428–429

of pioneer investors, 1: 432

of pirate ships or aircraft, 1: 248, 3: 209–211, 509, 613

right of visit against ships without, 3: 237, 240, 243–245

of Sea-Bed Disputes Chamber members, 5: 366–367, 407

of ships or vessels, 1: 218, 244–245, 248–250, 3: 103–109, 3: 107n. 7, 3: 122–127, 606, 612

single vs. double, 3: 122, 124

of special arbitral tribunal members, 1: 398–399

of Tribunal members, 1: 383, 386–387, 5: 341–345, 365–369

use of term, 3: 106

of warships, 1: 218, 250

National jurisdiction. *see* Jurisdiction, national

National laws and regulations

(*see also* Laws)

re assistance and facilitation for research vessels, 4: 600

and coastal States' enforcement obligations, 4: 283, 285, 291–302

re dumping, 4: 232–239

harmonization of, 4: 12–14, 64–65, 132–134, 146, 203, 302

re ice-covered areas, 4: 396–398

re pollution, 4: 125–213, 215–226, 232–239, 358–359

re responsibility and liability, 4: 407–415

re straits used for international navigation, safeguards re, 4: 390–391

National liberation movements, 5: 184, 299, 6: 347, 6: 398n

(*see also* Authority, observers' participation in)

number of, 5: 487

OAU on, 5: 483–484, 486

as observers, 1: 409, 439, 5: 180, 483–487, 6: 349, 6: 349n. 28

signature by, 1: 433–434

and transitional provisions, 5: 481–482

National marine science, technology and ocean service infrastructures, 1: 421, 436–438, 4: 719–733, 741–747

National marine scientific and technological centres, 4: 719–722, 741, 743

National maritime administration, use of term, 3: 111, 4: 375–376n. 7

National ocean space, 4: 491n. 2

National security, and disclosure of information, 5: 156–157

Natural or juridical persons, 1: 356, 426–430, 432, 481, 487, 5: 61–63, 411–413, 6: 618

Natural resources

(*see also* Living resources; Mineral resources; Resources)

of the Area, 1: 262

coastal States' rights/duties/interests re, 3: 33–34, 70, 96, 287–288

of the continental shelf, 1: 240–241, 3: 575, 577

in enclosed/semi-enclosed seas, management of, 3: 343, 354, 356–362, 364

of the exclusive economic zone, 1: 228, 3: 579, 583

exploration and exploitation of, 1: 228, 240–241, 294, 316, 318, 323–324, 384

marine environment protection/preservation and exploitation of, 4: 44–49, 61–63, 66, 6: 190, 193–196

rights/duties/interests of States re, 3: 33–34

sovereign rights of States to exploit, 1: 228, 240–241, 293, 4: 44–49

use of term, 1: 241, 6: 76

Nature and fundamental principles of the Authority, 1: 271

(*see also* Authority)

Nautical mile, use of term, 2: 44, 2: 44n. 26, 4: 757, 4: 757–758n. 12

Navigation

(*see also* Archipelagic waters; Canals; Exclusive economic zone; Freedoms of navigation and overflight; Innocent passage; International navigation; Maritime casualties; Navigation, freedom of; Safety of navigation; Safety zones; Straits; Territorial seas; Traffic separation schemes)

aids to, 1: 214, 223

arbitration of disputes re, 1: 397–399, 3: 34, 5: 445

channels used for international navigation, 1: 215, 226–227

danger in, 1: 216, 223, 308

due regard to, 1: 217, 221, 311

equipment for, 1: 246

facilities for, 1: 214

hazards to, 1: 311

incidents of, 1: 246–247, 307, 3: 165–169, 3: 166n (*see also* Collisions) interests of, 1: 217

interference with, 1: 230, 241, 263

marine environment protection/preservation and global nature of, 4: 13–14, 283, 398

passage, use of term, 1: 213

right of, 3: 98–102, 3: 99n. 1, 5: 85, 105

routes for international navigation, 1: 220, 226–227

special arbitration re, 1: 397–399, 5: 445

Navigation, freedom of

(*see also* Transit rights)

and archipelagic waters, 2: 406

and artificial islands/installations, 3: 76–79, 83, 633, 6: 212, 6: 212n

on the continental shelf, 3: 572–573

Convention on the High Seas on, 1: 7, 3: 505

the Convention vs. other agreements on, 5: 238–239

Declaration of Principles on, 6: 208–209

disputes re, 5: 89–90, 95

in enclosed/semi-enclosed seas, 3: 358, 361, 363–365, 631

in the exclusive economic zone, 3: 583

on the high seas, 3: 72, 74–79

and innocent passage, 3: 81, 3: 81n. 15

vs. investigation of crimes, 3: 471–472

Main Trends Working Paper on, 3: 609

and marine environment protection/preservation in developing countries, 4: 12–13

and right of navigation, 3: 99

Second Committee on, 3: 461

in straits, 3: 566–570

and vessel-source pollution policies, 4: 182

Necessity, state of, 4: 305n. 2

Negotiating groups

agenda items allocated to, 1: 92

and Annex III, 6: 654–656

on the Authority's financial arrangements, 6: 654–656

chairs of/issues addressed by each group, 1: 417, 3: 16–17

on contracts, financial terms of, 6: 654

dispute settlement assigned to, 5: xiv

establishment of, 1: 21, 97-98, 417, 3: 15-17

> First Committee issues considered by, 6: 45-47
>
> gap filled by, 1: 96
>
> meeting procedures of, 1: 98-99
>
> Negotiating Group 1, 1: 92-94, 97, 417, 2: 502, 6: 45
>
> Negotiating Group 2, 1: 92-94, 98, 417, 6: 45
>
> Negotiating Group 3, 1: 92-94, 417, 2: 832, 940, 6: 45
>
> Negotiating Group 4, 1: 94, 97, 127, 417, 2: 504, 631-633, 2: 636n. 28, 2:
> 720-728, 2: 720n. 33, 2: 756-763 (see also Group of 21)
>
> Negotiating Group 5
>
>> on allowable catch, coastal States' discretion re, 2: 731, 767
>>
>> on delimitation of the continental shelf, territorial sea and exclusive economic
>> zone, 2: 832, 963
>>
>> on dispute settlement, 2: 504, 4: 653, 5: 76-77, 101-104, 144, 325
>>
>> establishment/goals of, 1: 94, 417, 5: 12, 76-77
>>
>> on good faith and abuse of rights, 5: 151
>>
>> and marine scientific research proposals, 4: 511, 653
>>
>> progress by, 1: 127
>>
>> size of, 1: 97
>
> Negotiating Group 6
>
>> on the Commission on the Limits of the Continental Shelf, 2: 834, 867, 1006
>>
>> on the continental shelf, 1: 94, 128, 2: 833-834, 856-857, 859-861, 863-
>> 864, 867-869, 905, 942-944, 1006
>>
>> establishment of, 1: 417
>>
>> marine scientific research proposals in
>> continental shelf and exclusive economic zones, 4: 513-514
>>
>> meetings of; 2: 859-860
>>
>> on oceanic ridges, 2: 834, 867
>>
>> on revenue sharing, 1: 94, 2: 943
>>
>> on Sri Lanka, 2: 834, 861, 867-868, 1020, 1022
>
> Negotiating Group 7
>
>> compromise package on conciliation, 5: 125-128, 130, 5: 130n. 36
>>
>> on conciliation, 5: 113
>>
>> on delimitation criteria, 2: 968-970, 976
>>
>> on delimitation disputes, 1: 94, 2: 504, 5: 12, 118-119

on delimitation of the continental shelf and territorial sea, 2: 140-141, 833-834

on dispute settlement, 5: 118-122, 325

on equidistance and equitable principles of delimitation, 2: 140, 812-813, 965-967, 978, 5: 12-13, 122-127

establishment of, 1: 417, 5: 12

mandate of, 2: 140

progress by, 1: 126-127

on provisional arrangements, 2: 969, 972-975

on reservations to the Convention, 2: 985

on sea boundary delimitations, use of term, 2: 274

private, 1: 104-112 (*see also specific groups*)

reports of each group, 1: 417, 3: 18-19, 4: xv

secret, 1: 111

size of, 1: 92-93, 95-96, 98-99

work of, 2: 16-17, 711-712

Negotiation. *see* Arbitration; Dispute settlement; Negotiating groups

Neighbouring States

(*see also* Landlocked States; Legitimate interests; Marine scientific research; Transit States)

cooperation with, 1: 247

immediately adjacent to an archipelagic State, 1: 224, 226

information regarding, and participation in marine scientific research, 1: 320

Nelson, Dolliver, 3: 91n. 9

NEPA (National Environmental Policy Act; U. S. , 1969), 4: 122

Nepal, 5: 93n. 6

Netherlands

on amendment/revision of the Convention, 5: 246

on the breadth of the territorial sea, 3: 484

on compulsory procedures, 5: 129

on conciliation process, 5: 316-317, 323

on the continental shelf, 2: 844, 957-958

on dispute settlement, 5: 93n. 6

on enclosed/semi-enclosed seas, 3: 349-350

on the exclusive economic zone, 2: 536, 549, 803-804, 806

on final provisions, 5: 189

on geographically disadvantaged States, 2: 738–739

on the Green Book, 6: 51n. 195

on marine environment pollution/preservation, 4: 363–364

on marine environment preservation/protection, 4: 245, 262, 350–351

on marine scientific research, 4: 585, 616, 647–648, 657–658

marine technology development/transfer proposals by, 4: 674

on opposite or adjacent coasts, 2: 138

re participation clauses in proposed final provisions, 5: 189

on payments/contributions from exploitation of the continental shelf, 2: 933, 943

on privileges and immunities of the Authority, 6: 582, 584–585, 6: 585n. 4

on regional marine scientific and technological centres, 4: 726–727, 731

on roadsteads, 2: 125

on the Statute of the Enterprise, 6: 769, 798, 812–813

on utilization of living resources in the exclusive economic zone, 2: 625

Netherlands Antilles, 1: 408–409, 2: 292, 2: 292n. 48, 5: 180

Net proceeds. *see* Contractors, net proceeds of

New International Economic Order (**NIEO**), 1: 462, 6: 32n. 106, 6: 181–182

New York Convention on Special Missions (**1969**), 1: 464n. 29

New York Understanding, 6: 849

New Zealand

(*see also* Group of 11)

on anadromous stocks, 2: 669

on atolls, 2: 92

on conservation/management of living resources, 2: 599

on enforcement of laws and regulations of coastal States, 2: 789

on the Enterprise, 6: 369

on exemptions from compulsory procedures, 5: 136

on the Green Book, 6: 51–52

on highly migratory species, 2: 651–653, 997

on islands, régime of, 3: 331–332

on the marine environment, 2: 496–497

on payments/contributions from exploitation of the continental shelf, 2: 935–936

on the right of hot pursuit, 3: 252

on the Sea-Bed Committee, 6: 22

on sedentary species, 2: 687–688

on stocks in the exclusive economic zone, 2: 641

on UNCLOS III's preparatory work, 1: 49

on utilization of living resources, 2: 621–622

NGOs. *see* Nongovernmental organizations

Nicaragua, 2: 80, 805, 845, 902, 911, 5: 199, 6: 62n. 226

Nickel, 1: 427

(*see also* Minerals derived from the Area; Plan of work for activities in the Area; Poly-
metallic nodules)

consumption of demand for, 1: 266, 6: 267–270, 278–279

funds to transport, process and market, 1: 374

net proceeds from, 1: 360

production ceiling for, 1: 266–267

production limits for, 6: 257–259, 268–273

quantity to be recovered from Area, 1: 265, 267, 360

reserved for the Enterprise, 6: 258, 6: 790n

trend line values for, 6: 257–258, 273

NIEO (New International Economic Order), 1: 462, 6: 32n. 106, 6: 181–182

Nigeria

on baselines, 2: 101

in the Boat Paper group, 6: 60n. 223

on the breadth of the territorial sea, 2: 80

on the exclusive economic zone, 2: 527–528, 576–577

on exploration/exploitation of the Area, 6: 303

on the international machinery, 6: 24–25

on landlocked States, 2: 699

on marine scientific research, 4: 446, 452

on marine technology development/transfer, 4: 674, 707, 713–714

on regional marine scientific and technological centres, 4: 724, 731

on States1 rights/duties in the exclusive economic zone, 2: 557

Niue, 1: 408–409, 5: 180, 184

Nixon, Richard, 2: 284, 6: 26–27n. 93

Njenga, Francis X. (of Kenya), 1: 38n, 1: 92, 417, 6: 45, 270, 327, 654

Nodules. *see* Polymetallic nodules

Nondisclosure of confidential information, 1: 428, 490, 6: 458, 461, 495–498, 571,
573, 730

Nondiscrimination

    in approval of plans of work, 1: 353-354, 479, 482

    by the Authority, 1: 260, 268, 6: 150, 233-234, 283, 285-291

    in conservation measures re living resources, 1: 254

    in enforcement of pollution controls, 1: 311

    in Enterprise operations, 1: 377-378

    European Economic Community on, 5: 192

    financial, 1: 357, 364, 366, 489

    against fishermen, while conserving/managing living resources, 3: 304 - 309, 312 - 313, 589

    against foreign vessels or ships, 1: 216, 222, 309, 4: 345-347

    ISNT on, 6: 286-288

    in marine protection and preservation provisions, 4: 396-397

    between minerals, 1: 487

    policies on, 6: 242

    in production of minerals in Area, 1: 265

    production policies on, 6: 256, 279-280

    in sharing of benefits derived from activities in Area, 1: 260

Nongovernmental organizations (NGOs)

    Asian Group, 1: 69

    Coastal States Group, 1: 70-72

    consultation with, 1: 285, 405, 6: 501-505, 6: 504n. 7

    cooperation with, 6: 501-505, 6: 504n. 7

    Delimitation Group Supporting Equitable Principles, 1: 78-79

    Delimitation Group supporting the Median Line or Equidistance Principle, 1: 78

    Great Maritime Powers, 1: 79-80

    Group of 12, 1: 80-81

    Group of Archipelagic States, 1: 77-78

    Group of Maritime States, 1: 79

    homogeneous/heterogeneous groups, 1: 69

    LL/GDS, 1: 69, 72-75

    Margineers (Group of Broad-Shelf States), 1: 76

    marine environment protection and preservation, agreements dealing with, 4: 33

    and marine scientific research, 4: 449, 477-478

    membership in multiple groups, 1: 69

Oceania Group, 1: 79

Straits States Group, 1: 77, 107

Territorialist Group, 1: 75–76

UNCLOS III role of, 1: 15, 68–86

    interest groups, emergence of, 1: 69–70

    interest groups, overview of, 1: 68–69

    interest groups, usefulness in negotiations, 1: 31, 54–55, 85–86

    new special interest groups, 1: 70–81 (*see also specific groups*)

    as observers, 1: 408, 440–441

    traditional groups, 1: 70, 81–85 (*see also specific groups*)

Non-interference. *see* Activities in the Area, accommodation of; Freedom of the high seas; Freedom of the seas; Navigation, freedom of

Non-living resources, 1: 228, 241–242, 316

    (*see also* Minerals derived from the Area)

Non-reserved areas, 1: 269–270, 353–355

    (*see also* Reserved areas)

Non-target species. *see* Catches

Noranda Exploration (Canada), 6: 67n. 237

North Atlantic Fisheries Organization (NAFO), 3: 301

Northeastern Atlantic, 4: 158

Northern Ireland, 6: 400

North Sea, 4: 158

North Sea Continental Shelf **cases**, 1: 454, 463, 2: 137n. 7, 2: 807, 813, 829, 2: 843n, 2: 846, 953–954, 981–982, 5: 30n. 4, 5: 199

North Sea Fisheries Convention (1882), 3: 475–476

Norway

    on Annex III, 6: 684

    on armaments, 6: 147n. 1

    on the Authority's organs, 6: 369

    on the benefit of mankind, 6: 137–138

    on the breadth of the territorial sea, 3: 484

    on the continental shelf, 2: 843, 967

    on contracts, 6: 726

    on dispute settlement, 6: 596

    on environmental protection, 6: 192

on the exclusive economic zone, 2: 557, 561, 802

on exploration/exploitation, 6: 305

on the Green Book, 6: 51-52

marine environment preservation/protection, proposals by, 4: 38

    re dumping, 4: 159, 234-235

    re effects of activities, 4: 122-123

    and flag States' enforcement obligations, 4: 244

    and obligations of conventions, 4: 423

    re pollution, 4: 112, 128-129, 137-138, 150, 216-217, 223, 316-317

    and port States' enforcement obligations, 4: 262

    re transferring or transforming hazards or pollutants, 4: 71

    and use of technologies, 4: 74-75

on marine scientific research, 4: 564, 573, 658

on nondiscrimination, 6: 288

on opposite or adjacent coasts, 2: 135nn. 3-4, 2: 142

on policies on activities, 6: 246-247

on preference/priority among applicants, 6: 684

on preferential treatment for developing States, 6: 288

on production policies, 6: 267

on Resolution II, 6: 837

on the Review Conference, 6: 324-325

on review of the international régime, 6: 316

on States' rights/duties in the exclusive economic zone, 2: 557, 561

on the Statute of the Enteiprise, 6: 811

on straits, 2: 304, 319

Notice. *see* Due notice; Notification

Notification

(*see also* Declarations/statements/notifications)

of amendments, 1: 344, 5: 244, 267, 270-271

of amendments, proposed, 5: 172

of arbitrators' appointment, 5: 426

by the Authority, 1: 430-431

to the Authority, 1: 356, 430-431, 5: 199, 289

by coastal States

    of dangers to the marine environment, 1: 295, 301-302, 310

re arbitral tribunal, 1: 393–394

re competence of an international organization, 1: 401–402

re conciliation procedures, 1: 379–382, 5: 313–314

denouncing the Convention, 1: 343

re dispute before Tribunal, 1: 389

re special arbitral tribunal, 1: 397–399

re unfounded claim or abuse of legal process, 5: 75, 77

Novakovitch, M. (of Yugoslavia), 3: 486

Noxious substances

(*see also* Substances)

discharge by ships in a strait, 1: 222

and innocent passage, 1: 215

and marine environment preservation/protection, 4: 66, 134, 157, 159, 165, 181–182, 207–213, 390

release from land-based sources, 1: 294, 298

sea lanes and traffic separation schemes for ships carrying, 1: 215

Nuclear disarmament, 1: 461–462

Nuclear-powered ships

laws and regulations re, 2: 217–220, 2: 329n

and sea lanes, 1: 215, 2: 204–205, 208, 210

straits used for international navigation, safeguards re, 4: 383

and traffic separation schemes, 2: 205, 208, 210

Nuclear submarines, 6: 148

Nuclear substances

laws and regulations re, 2: 217–220

and sea lanes, 1: 215, 2: 204–210

and traffic separation schemes, 2: 205–206, 208, 210

Nuclear testing, 3: 85, 527, 4: 24, 317, 4: 317n. 9, 6: 147n. 2, 6: 149

Nuclear Tests **cases**, 4: 317

Nuclear weapons, 1: 461–462, 2: 329n, 3: 85, 559, 6: 147–148, 6: 147n. 2, 6: 149, 210, 6: 210n. 1

OAS (Organization of American States), 5: 26

OAU Declaration on Issues of the Law of the Sea (1973), 1: 59, 83, 2: 642, 651, 669–670

Objective, use of term, 4: 295

Obligation, use of term, 4: 40, 4: 40n. 7, 4: 49

Observers, 1: 423

in the Authority, 1: 271, 285, 344, 6: 336, 347–350, 6: 348n, 349nn. 27–28, 6: 504–505

national liberation movements as, 5: 180, 483–487, 6: 349, 6: 349n. 28

and the Secretary-General of the United Nations, 1: 344, 5: 289

at UNCLOS I, 3: 491–492

at UNCLOS II, 3: 535–536

at UNCLOS III, 1: 271, 405, 408–409, 438–441

at UNCLOS III, 5: 233

Ocean Data Acquisition Systems (ODAS), 4: 530, 532, 4: 613–614n. 1, 4: 615

Ocean floor, 1: 207–208, 239, 471

(*see also* Seabed/ocean floor/subsoil)

Oceania Group, 1: 79

Oceanic plateau, 1: 225

Oceanic ridges, 1: 239, 2: 874, 876, 879

Ocean Management Incorporated (OMI), 6: 67n. 237, 838n, 842n. 15, 6: 847, 6: 847n. 24

Ocean Minerals (OMCO), 6: 67n. 237, 838n, 842n. 15, 6: 847, 6: 847n. 24

Ocean Mining Associates, 6: 67n. 237, 838n, 842n. 15, 6: 847, 6: 847n. 24

Oceanography/oceanology, 1: 282, 327, 479

Oceans Center (University of Virginia School of Law), 3: ix

Ocean space, 1: 15, 19, 37–38, 406, 2: 44, 85, 4: 3, 442, 614, 757

Ocean thermal energy conversion (OTEC), 6: 76

ODAS (Ocean Data Acquisition Systems), 4: 530, 532, 4: 613–614n. 1, 4: 615

Offences/offenders, 1: 251, 3: 189–192, 471–472

(*see also* Arrest; Detention; Hot pursuit, right of; Investigation; Unlawful acts (offences) against navigation safety; *and specific offences, such as* piracy)

Office. *see* Term of office

Office for Ocean Affairs and the Law of the Sea. *see* United Nations Office for Ocean Affairs and the Law of the Sea

Office of the Special Representative of the Secretary-General for the Law of the Sea, 4: 747

(*see also* United Nations Office for Ocean Affairs and the Law of the Sea)

Officers consular, 1: 216–217, 310

elected or appointed, 1: 272, 284, 385, 423

of a ship, 1: 218, 245–246, 250

Offices. *see* Authority; Enterprise; Facilities

Official Records of the Third United Nations Conference on the Law of the Sea, 1: lii, 3:

xxxiv, xxxix–xl, 4: xxxii, 5: xxviii, xxxiii–xxxiv, 303

Off-shore facilities, 1: 212, 300, 303–305, 2: 34, 122, 4: 182, 291–292, 298–299

(*see also* Installations)

Offshore Pollution Liability Agreement (**OPOL**), 4: 182

Oil/gas reserves, 4: 502

Oil/oily wastes, 1: 222

OILPOL. *see* International Convention for the Prevention of Pollution of the Sea by Oil

Oil pollution, 1: 222, 4: 4–8, 181, 193, 390

Oman, 2: 358, 371, 382, 394

OMCO. *see* Ocean Minerals

OMI. *see* Ocean Management Incorporated

Omissions, 1: 290–291, 369–370

Open market, 1: 350–351, 486

(*see also* Market)

Open registry shipping, 3: 107

Operations Commission (**Council**), 6: 477–478, 609–610

Operators, 1: 265–267, 349–350, 356, 364–365, 367–368, 429, 3: 111

(*see also* Applicants; Contractors)

OPOL (**Offshore Pollution Liability Agreement**), 4: 182

Opposite or adjacent coasts

(*see also* Delimitation)

contiguous zone delimitation, 3: 502, 563, 638–639

continental shelf delimitation, 2: 948–985, 3: 522–523, 595

(*see also under* Continental shelf; Continental shelf, delimitation of)

exclusive economic zone delimitation, 1: 238–239, 2: 506, 796–816, 2: 800n. 1, 3:

595–596, 638–639

ISNT on, 5: 117

States' delimitation, 3: 552–553

territorial sea delimitation, 1: 212, 2: 62–63, 73, 82, 132–143, 2: 135–137nn. 3–

7, 3: 498–499, 502, 552–553, 638–639

use of term, 5: 117

zone beyond the territorial sea, delimitation of, 3: 598

Optional Protocol of Signature concerning the Compulsory Settlement of Disputes, 2: 3, 3: 3, 494, 525–526, 5: 5n. 4

Organization for Communications and Transit (League of Nations), 4: 4

Organization of African Unity (OAU)

(*see also* Declaration of the Organization of African Unity)

on conservation/management of living resources, 3: 292

dispute settlement by, 5: 26

on islands, régime of, 3: 328–329

on landlocked States, 2: 697

on national liberation movements, 5: 483–484, 486

re participation in the Convention, 5: 180

on the right to fish on the high seas, 3: 282

UNCLOS III negotiation role of, 1: 83–84

Organization of American States (OAS), 5: 26

Organizations. *see* Food and Agriculture Organization; International organizations; Nongovernmental organizations; Regional organizations; Specialized agencies of the United Nations; United Nations; *and specific organizations*

Organs, 1: 277, 280–281, 284, 491

(*see also* Authority, organs of)

Oslo Regional Conference on Ocean Dumping, 4: 91–92

OTEC (ocean thermal energy conversion), 6: 76

Outer edge, 1: 239–240

Outer limits

of air space, 2: 86

of the contiguous zone, 2: 86

of the continental shelf, 1: 240, 243, 258, 346–347

of exclusive economic zones, 1: 233–234, 239, 2: 86, 817–821

of the territorial sea, 1: 209, 212, 2: 62–63, 82–86

Outer space, 2: 73, 6: 11n. 30

Outfall structures, 4: 128–134

Overflight

(*see also* Navigation, freedom of; Safety of navigation)

in archipelagic sea lanes, 1: 226–227

the Convention vs. other agreements on, 5: 238–239

danger in, 1: 216, 223

in exclusive economic zones, 1: 229

freedom of, 1: 7, 3: 72, 74–79, 81–82, 96–97, 505, 566–570, 583

in high seas, 1: 244

settlement of disputes over, 1: 334, 5: 85, 105

in straits, 1: 220, 223

Overlapping claims to pioneer areas, 1: 428–429

(*see also* Nationality)

Owners, use of term, 3: 111

Oxman, Bernard (of the U. S.), 2: 520n, 3: 91n. 9

Pacific Islands, Trust Territory of, 1: 409, 5: 180, 183–184

Pacific Ocean, 2: 215–216, 884

Pacific Settlement of International Disputes (Hague Convention), 5: 311

Pact of Bogotà (American Treaty on Pacific Settlement; 1948), 5: 26, 311

Pakistan

on conservation/management of living resources, 2: 607

on geographically disadvantaged States, 2: 745

on highly migratory species, 2: 656

on the international machinery, 6: 24–25

on landlocked States, 2: 701, 713, 3: 413

on marine environment preservation/protection, 4: 238, 367

on marine resources, 6: 13–14

marine technology development/transfer deliberations by, 4: 708, 716, 718

on national and regional marine scientific and technological centres, 4: 720–721

national marine science, technology and ocean service infrastructures, Annex VI provisions re, 4: 744–745

on transfer of rights to exploit living resources, 2: 777, 780

on utilization of living resources in the exclusive economic zone, 2: 631

Palestine Liberation Organization, 5: 484, 487, 6: 348n

Pan Africanist Congress of Azania, 5: 487

Panama, 2: 118, 5: 91n, 6: 62n. 226, 6: 483, 487, 492, 497

(*see also* Latin American and Caribbean States; Latin American States)

Papua New Guinea, 1: 408–409, 2: 461, 967, 5: 180

Paraguay

    on conservation/management of living resources, 2: 600

    on equality of treatment in ports of transit States, 3: 452–453

    on free zones, 3: 438–439

    on landlocked States, 2: 701, 706, 3: 403, 425–426, 432, 443, 447

    on sovereignty, 2: 71

    on transit facilities, 3: 456

Parallel system

    Enterprise under, 1: 26, 6: 516–517, 520

    of exploration/exploitation, 6: 297, 304–305, 310

    First Committee (UNCLOS III) on, 6: 39–45

    Group of 77 on, 6: 315, 516–517

    Kissinger on, 6: 297, 305, 315, 322, 516, 760, 810

    and the Review Conference, 6: 322, 328, 333

    and technology transfer, 6: 176–177, 186, 6: 186n. 19

Pardo, Arvid (of Malta), 1: xxvi, 3, 15, 6: 6, 16–18, 6: 29–30n. 98, 6: 651

Paris Agreement (1930), 6: 642n

Part XI, 6: 877–921

    (*see also* Agreement (1994); Group of Legal Experts on Settlement of Disputes on Part XI)

    on activities in the Area, and the marine environment, 6: 882

    and the ad hoc chambers of the Sea-Bed Disputes Chamber, 5: 409–411

    amendments to, 1: 486, 5: 255

    application of Part XV provisions to disputes submitted under, 5: 35–36

    on archaeological/historical objects, 6: 883

    on the Assembly, 6: 893–897

    on the Authority, 6: 65, 348–349, 886–887, 889–893, 913–916

    on the benefit of mankind, 6: 879

    on coastal States' rights/interests, 6: 879

    on the common heritage of mankind, 6: 877

    on the Council, 6: 897–910

    on developing States' participation, 6: 882

    on dispute settlement, 6: 918–921

    on economic assistance, 6: 886, 896–897

    on the Economic Planning Commission, 6: 906

166n, 3: 507, 608

Penal jurisdiction, 1: 216–217, 247

Penal proceedings, 4: 356–357

Penalties

    (*see also* Monetary penalties)

    Annex III on, 6: 745–748

    for contractors, 1: 368, 6: 312

    for contract violations, 1: 368, 6: 676, 745–748

    for fisheries laws/regulations violations, 1: 238

    against foreign ships or vessels, 1: 238, 309–310

    against pirate ships or aircraft, 1: 249

    for pollution violations, 1: 304, 309–310, 4: 244, 357–358, 362–370

Pérez de Cuéllar, Javier, 3: xv–xvi, 6: 4

    (*see also* Informal Consultations)

Performance requirements, 1: 265–266, 365, 367

Permanent Court of Arbitration, 5: 422–423

Permanent Court of International Justice, 3: 389, 5: 18–19, 30, 152, 5: 225n. 2, 6: 642n

Permits, *see* Licenses

Persia, 3: 485

Persons

    assistance to, 1: 213, 247 (*see also* Search and rescue services)

    connected with the Authority, privileges and immunities of, 1: 289, 6: 574–578

    danger to, 1: 213, 247

    innocent passage of, 3: 470

    juridical, use of term, 6: 618

Peru

    (*see also* Latin American and Caribbean States; Latin American States)

    on amendment/revision of the Convention, 5: 246–247, 249–250, 252, 254

    on artificial islands, installations and structures, 2: 581

    on broadcasting from the high seas, 3: 234, 3: 234n

    on conservation/management of living resources, 2: 607–608

    on the contiguous zone, 2: 271–272

    on the continental shelf, 2: 494, 966, 972

    on the Convention vs. other agreements, 5: 237–238

on the draft Agreement, 6: 62n. 226

on drug trafficking, 3: 227

on exceptions to compulsory procedures, 5: 137

on the exclusive economic zone, 2: 536, 540–541, 560–561, 563, 568, 581

on fishing/fisheries, 2: 34–35, 5: 91n

on geographically disadvantaged States, 2: 764

on highly migratory species, 2: 999

high seas proposals of, 3: 32n. 13, 3: 125, 3: 125n. 3

on the ICNT, 3: 21–22

on immunity of ships on government noncommercial service, 3: 160–161

on landlocked States, 2: 706

on Main Committees, 5: 172–173n. 20

on marine environment preservation/protection, 4: 141

on marine mammals, 2: 661–662

on marine scientific research, 4: 470–471, 476–477, 535, 588–589

and national marine science, technology and ocean service infrastructures, Annex VI provisions re, 4: 746

on noncompliance of warships with coastal State laws and regulations, 2: 255n

on nondiscrimination, 5: 192

on opposite or adjacent coasts, 2: 140

on peaceful purposes on the high seas, 3: 89

on periodic review of the law of the sea, 5: 293–294, 5: 293n

on piracy, 3: 183–184, 199–200

on pirate ships/aircraft, seizure of, 3: 214–215

on residual rights of coastal States, 2: 530

on Resolution II, 6: 841

on the right of hot pursuit, 3: 255–256

on the right of visit, 3: 242–244

on the Secretary-General, 6: 483, 487, 492, 497

on settlement of disputes, 2: 568

on States' rights/duties in the exclusive economic zone, 2: 560–561, 563

on transit States' sovereignty, 3: 372n. 5

on warships' immunity, 3: 155

Philippines

on aircraft, 2: 486–487

on archipelagic States, 2: 400, 414, 418-419, 427, 435

on baselines for archipelagic States, 2: 418-419, 427, 435

on the breadth of the territorial sea, 5: 225

on historic waters, 2: 115, 137

on innocent passage, 2: 460-461

on the international machinery, 6: 24-25

on sea lanes, 2: 470-471, 474, 476, 486-487

Pinke, A. S., 2: 59

Pinto, Christopher (of Sri Lanka), 1: 92, 116, 1: 415n. 39, 6: 37-39, 6: 37n. 124, 6: 106-107, 220, 518, 652, 699

Pioneer activities, 1: 426-429, 432, 2: 39, 6: 824, 846

(*see also* Pioneer areas; Pioneer investors)

Pioneer areas, 1: 427-429, 432, 2: 39, 6: 824-826, 839, 841, 843-844, 846

(*see also* Application)

Pioneer investors

(*see also* Application)

Pioneer investors

(*see also* Applicants; Exploration; Pioneer activities; Pioneer areas; Régimes)

Annex III on, 6: 694-697, 6: 694n. 45, 696n

certificates for, 1: 427, 432, 478

and certifying State, 1: 427, 430, 432, 477

and commercial production, 1: 429-431

conflicts among, 1: 428-429

devolution of rights of, 1: 426

duties of, 1: 427, 429, 432

expenditures of, 1: 426-427, 429, 6: 743-744, 6: 744n

and exploration/exploitation, 6: 311

factual report on fulfillment of obligations by, 1: 478-479

fees for, 1: 429, 478-479

first, 6: 67, 6: 67n. 237, 6: 696-697, 6: 696n, 697n. 48, 842n. 15, 6: 847, 6: 847n. 24

nationality of, 1: 432

notification by, 1: 430-431

plans of work by, 1: 429-430, 478-479

Preparatory Commission on, 1: 432, 6: 56

production authorizations for, 1: 430–432

registered, 1: 426–429, 432, 477–479, 6: 56, 825–826, 832, 845, 847

and reserved areas, 6: 698n. 52

Resolution II on (*see* Resolution II)

use of term, 1: 426, 6: 823–824, 840–842, 6: 842–843n. 16, 6: 845

PIP. *see* Preparatory Investment Protection

Pipelines. *see* Cables and pipelines, submarine

Piracy

(*see also* Pirate ships or aircraft; Right of visit)

on aircraft, 1: 248–249, 3: 201–202

boarding of pirate ships, 1: 250

Convention on the High Seas on, 3: 508–509

on the high seas, 1: 248–249

Main Trends Working Paper on, 3: 199, 612–614

penalties for, 3: 614

pirate ship or aircraft

use of term, 3: 206–208

repression of, 1: 248, 3: 182–185, 508, 613

use of term, 1: 248, 2: 38, 3: 164, 196–202, 3: 201n. 8, 3: 508, 613

by a warship, government ship or government aircraft, 1: 248, 3: 203–205, 3: 205n, 3: 508, 613

Pirate broadcasting. *see* Broadcasting from the high seas, unauthorized

Pirate ships or aircraft

hot pursuit of, 3: 185, 215

nationality of, 1: 248, 3: 209–211, 509, 613

right of visit against, 3: 215, 237, 239–242, 244–245

seizure of 1: 249–250, 3: 212–219, 3: 219n, 3: 220–223, 3: 222n, 3: 509, 613–614

use of term, 2: 38, 3: 508–509, 613

Planes. *see* Aircraft

Plan of work for activities in the Area

(*see also* Application; Contractors; Nationality; Notification; Partnership or consortium; Pioneer investors; Production authorizations; Sponsorship)

approval of, 1: 278, 348–349, 351–354, 357, 367–369, 376, 429–430, 477–485

approved, 1: 265–266, 268–270, 278, 348–349, 353–356, 477–481, 487

Annex III on, 6: 650–651, 665–667, 674–675, 680–690

by the Authority, 6: 103n. 3, 6: 337

by the Council, 6: 435–439, 442–443, 447–448, 450–454, 901–902

period for, 6: 103n. 3

Authority's monitoring of, 6: 337

and contractors right to explore for/exploit minerals, 6: 103n. 3

Council's decision-making on, 6: 407, 426, 430, 701, 6: 701n. 58

Eight-Power Group on, 6: 686

for the Enterprise, 6: 304, 311, 510, 522–523, 702–704, 6: 704n, 6: 705–706, 6: 705n

and environmental protection, 6: 198–199

for exploration/exploitation, 6: 103n. 3, 6: 293, 297, 304, 306–309

industrialized States on, 6: 684

ISNT on, 6: 683

Japan on, 6: 686

Legal and Technical Commission's recommendations re, 6: 407, 426, 436–438, 442–443, 447–448, 450–454, 701, 6: 701n. 58

and production policies, 6: 236–237

Regulations on Prospecting and Exploration for Polymetallic Nodules in the Area on, 6: 688–690

Resolution II, 6: 700n, 6: 827–828, 832, 850, 6: 850n. 33

RSNT on, 6: 683

Sea-Bed Disputes Chamber on, 6: 619, 6: 619n. 18

Soviet Union on, 6: 686

Plateaus, 1: 225, 240

Platforms, 2: 34, 4: 613n

(*see also* Dumping; Environmental protection; Pollution)

Plenary (*see also* Informal Plenary)

adoption of compromise on "all States," 5: 182

adoption of the Convention, process leading to, 1: 132–134, 5: xiv

agenda items allocated to, 1: 87

debate on preamble and final provisions, 1: 455–456, 1: 456n. 18, 1: 458, 461, 466

formal/informal meetings of, 1: 91–92, 5: xxviii–xxix (*see also* Informal Plenary)

on ICNT preparation, 1: 123–124

marine environment preservation/protection deliberations of, 4: 310, 327, 367

Second Committee's work on, 2: 10-11, 3: 10-11

on special arbitration, 5: 444-445

Plenary, reports to

on marine environment preservation/protection, 4: 411-412

on marine scientific research obligations

re assistance and facilitation for research vessels, 4: 602

re the continental shelf and exclusive economic zones, 4: 515-516

re dispute settlements and interim measures, 4: 653-654

re international cooperation, 4: 476

re international organizations projects, 4: 522

and rights of landlocked and geographically disadvantaged states, 4: 589

on regional marine scientific and technological centres, 4: 728-729

Pohl, Reynaldo Galindo (of El Salvador)

chair of informal group, 5: 7

on dispute settlement, 5: 88, 92, 6: 601-602

Private Group on Settlement of Disputes chaired by, 1: 110

on the Second Committee, 1: 107, 411, 2: xlvii, 1, 3: xlv, 1-2

Poland

on the Assembly, 6: 378, 392

in Assembly working group on the rules of procedure, 6: 384

on the Authority's organs, 6: 366

on the breadth of the territorial sea, 3: 485

on the Council, 6: 420

on the exclusive economic zone, 2: 517, 538

on the limits of the Area, 6: 80

on marine scientific research, 4: 482, 615

as a pioneer investor, 6: 67, 696-697, 6: 696n

on the Secretary-General, 6: 483

on the SNT, 1: 115

on the Statute of the Enterprise, 6: 811

on straits, 2: 303

on UNCLOS III's preparatory work, 1: 53-54

Policies on activities in the Area, 6: 240-256

(*see also* General Agreement on Tariffs and Trade)

Australia on, 6: 252, 6: 252n

on the Authority, 6: 242–243, 246–248, 251, 254

and the benefit of mankind, 6: 242–243, 251–252, 883

Canada on, 6: 241, 252

controversy over, 6: 250

on developing States' needs/interests, 6: 243–250, 252, 254–255, 883

on development and management of the Area/resources, 6: 240–241, 243–244, 253

on economic assistance to developing States, 6: 246

on efficiency/rational management, 6: 243–244, 247–249, 251, 254

on equitable sharing, 6: 242–246

Federal Republic of Germany of, 6: 250

France on, 6: 250

on geographically disadvantaged States' needs/interests, 6: 245

Group of 77 on, 6: 247

ICNT on, 6: 247–248, 251–252

on international cooperation, 6: 245, 248–249, 251, 253–254

ISNT on, 6: 243–245

Japan on, 6: 241n

on knowledge promotion, 6: 244

and landlocked producers vs. potential miners, 6: 254

on landlocked States' needs/interests, 6: 245

Latin American and Caribbean States on, 6: 241

LL/GDS Group on, 6: 245, 247

on markets, 6: 245–246, 251–252, 255, 883–884

on nondiscrimination, 6: 242

Norway on, 6: 246–247

overview/fundamental aims of, 6: 233–237, 240–241

Part XI on, 6: 883–884

on prices, 6: 240–243, 245–252

vs. production policies, 6: 248, 265, 271 (*see also* Production policies)

RSNT on, 6: 246–247

Soviet Union on, 6: 247

Tanzania on, 6: 240–242

on technology transferred to the Enterprise, 6: 248–249, 251, 254, 883

U. S. on, 6: 244–245, 253

on the world economy, 6: 243–244, 247–248, 251, 253–254, 883

Political independence, 1: 213–214, 221, 337

Pollution

(*see also* Aircraft; Cooperation; Damage; Danger; Diplomatic conference; Discharge; Drilling; Dumping; Enforcement; Evidence; Exclusive economic zone; Foreign ships or vessels; Installations; Internal waters; Jurisdiction; Land-based sources of pollution; Laws and regulations; Monetary penalties; Monitoring, control and surveillance; Noxious substances; Nuclear testing; Penalties; Proceedings; Responsibility and liability; Risk; Rules, standards and recommended practices and procedures regarding pollution; Violations)

and accommodation of activities, 6: 208–209, 211

from activities in Area, 1: 262, 299, 303

from aircraft, 1: 208, 302–303, 307, 4: 56n. 8, 4: 59

of air space, 1: 302, 307, 4: 207–213, 319

from artificial islands, 1: 298, 302–303

assistance to developing States re, 1: 296–298

atmospheric, 1: 294, 302, 307, 4: 58, 60, 207–213, 315–319

Canada on, 6: 193, 6: 193n

and coastal States, 1: 215, 2: 373–376, 4: 89, 137–146, 149, 152–154, 176–206, 226, 232–239, 6: 151–159

communications re, 1: 297, 300–301, 4: 288–290

compensation for damage from, 1: 311–312, 4: 66

of the continental shelf, 1: 241, 299, 303, 3: 574

contingency plans to respond to, 1: 295

control of, 1: 223, 293–296, 6: 190, 192–198, 6: 193n, 195n, 6: 215

Convention on, 1: 26–27

Convention on the High Seas on, 3: 511

damage from, 1: 295, 311–312, 4: 7, 66, 6: 151–159

data on, 1: 296, 4: 92

due publicity to coastal States' laws on, 1: 215

from dumping, 1: 208, 294, 299–300, 303, 397–399, 3: 511

dumping regulations enforcement, 1: 303, 4: 155–168, 232–239 (*see also* Convention on the Prevention of Marine Pollution by Dumping of Wastes and Other Matter)

in enclosed/semi-enclosed seas, protection from, 3: 630

of estuaries, 1: 208, 298

in the exclusive economic zone, prevention/control of, 3: 579, 596–597

transporting of, 1: 360–362

use of term, 1: 427, 2: 39

Pomfrets, 1: 345

Pope, dispute settlement by, 5: 134

Ports

of arrival, 4: 266–267

boarding/inspection by port States, 3: 656

and breadth of territorial seas, 3: 478

of call, 1: 245, 247, 300, 306, 3: 127

coastal State requirements for entry into, 1: 300

drug trafficking in, 3: 230

equipment at, 1: 257

facilities of, 1: 213, 216, 2: 162, 232

foreign vessels within, 1: 257, 300, 304–306, 3: 465

in marine environment protection/preservation proposals, 4: 266–267, 275, 291–292, 297–302

maritime, use of term, 3: 454

of registry, 1: 247, 306, 3: 106–107

and territorial sea delimitation, 1: 211–212, 2: 120–122

unsafe, 1: 308

use of term, 2: 122, 162, 3: 440, 555

Port States, 1: 304–305, 2: 43, 4: 234–237, 256, 258–272, 275, 286–290, 350–352, 372

(*see also* Flag States; Investigation; Violations)

Portugal

on amendment/revision of the Convention, 5: 247, 249–250, 252, 254

on the breadth of the territorial sea, 3: 485

on conservation/management of living resources, 2: 608

on dumping, 2: 34n, 2: 35

jurisdiction granted by Elizabeth I, 6: 5, 6: 5n. 5

on marine environmental protection, 4: 409–412

marine scientific research recommendations of, 4: 430n. 3, 4: 640–641

marine technology development/transfer, proposals for, 4: 708, 735

on periodic review of the law of the sea, 5: 293–294

on the Sea-Bed Committee, 6: 22

on stocks in the exclusive economic zone, 2: 644

on the Tribunal, 5: 339, 5: 339n. 17

Portuguese language, for authentic texts, 5: 304

"Possible impact of the Convention with special reference to article 151 (production policies), on developing countries which are producers and exporters of minerals to be extracted from the Area," 6: 51

Potential applicants, use of term, 6: 689n. 42

"Potential financial implications for States Parties to the future Convention," 6: 50

Powers and functions

(*see also* Assembly, powers/functions of; Authority, powers/functions of; Council, powers/functions of; Economic Planning Commission; Enterprise, powers and functions of; Legal and Technical Commission)

of the Authority's organs, 1: 425

of the Governing Board, 6: 763, 784–786, 6: 786n

re marine environment protection/preservation, 4: 264, 283, 321, 325–333, 397

of the Preparatory Commission, 1: 424

of the Sea-Bed Disputes Chamber, 1: 386

Practices, 1: 301

(*see also* Procedures)

Preamble. *see under* Convention

Preference/priority among applicants, 6: 704–705

Preliminary Conference on Oil Pollution of Navigable Waters (1926), 4: 4

Preparatory Commission

and applicable law, 5: 73

Authority's implementation of decisions by, 6: 337, 370, 484

and the Authority's size/activities, 6: 57, 6: 57n. 218

budget/expenses of, 1: 425, 5: 468, 472, 475–476

composition of, 1: 423, 5: 467, 475

as controversial, 5: 173

decisions under Resolution II, 1: 340, 432–433, 477

documentation of, 5: xxx, 469–470, 6: xxxvi

duration of, 1: 425

establishment/mandate of, 1: 13–14, 26, 419–420, 423–425, 5: 174, 467–477, 5: 470n. 3, 476–477n. 11, 6: 54–55 (*see also* Resolution I)

and the First Committee, 5: 173

Processed metals, 1: 363, 2: 39, 6: 715–716

(*see also* Polymetallic nodules)

Producers of minerals, 1: 264–265, 275, 424, 477, 485, 488

(*see also* Land-based producer States)

Production authorizations

Agreement on, 6: 690–691

Annex III on, 6: 651, 690–697, 6: 694n. 45

applications for, 1: 265–267, 279, 283, 354–355, 372, 431

issued by the Authority, 1: 265–267, 283, 354, 357

issued to pioneer investors, 1: 427, 430–432

and level of production of other metals, 1: 267

and operator's actual vs. specified production, 1: 267

priority among applicants for, 1: 354–355, 430–431

reapplication for, 1: 266

Resolution II on, 6: 828–830, 832, 838–839, 843–444, 850–851

selection among applicants for, 1: 279, 283, 354–355, 6: 437, 443, 453–454, 651, 690–697, 6: 694n. 45

supplementary, 1: 267, 6: 258–259

Production ceilings

(*see also* Interim period)

calculation of, 1: 266–267, 283

and developing States, 6: 51

and the Economic Planning Commission, 6: 472

exceeding, 1: 266–267, 431

First Committee (UNCLOS III) on, 6: 51

and the Legal and Technical Commission, 6: 474–475, 477

portion reserved for the Enterprise, 1: 267

production policies on, 6: 51, 234, 257–259, 267–268, 271–275, 278–279

(*see also specific resources, such as* nickel)

Resolution II, 6: 829, 838–839

and supplementary production authorizations, 1: 267

Production charges/royalty payments, 1: 357–364, 6: 718, 721–728

Production policies

(*see also* General Agreement on Tariffs and Trade; Production ceilings)

and adverse effects, 6: 268, 276 (*see also* Economic assistance)

Agreement on, 6: 260 – 261, 264, 279 – 280, 6: 279 – 280n. 21, 6: 682 – 683, 870–872

Annex III on, 6: 658

applicability of, 6: 256n, 6: 264, 279–280

application/authorization for plans of work, 6: 256–257, 260, 272, 275–276, 278–279

Australia on, 6: 241

of the Authority, 1: 265–268, 487–488, 6: 259, 261, 270, 278, 348

authorizations for production, supplementary, 6: 258–259

and benefit of mankind, 6: 274–275

Canada on, 6: 241

on a ceiling/floor/safeguard formula, 6: 276–277

Chile on, 6: 241

on cobalt, 6: 259

commercial principles applied to, 6: 260

on commodity agreements/conferences, 6: 256, 266, 268, 271–272, 277

controversy over, 6: 267–268, 271, 273–275, 277–279

on copper, 6: 259, 271

Council's powers/functions re, 6: 440

Declaration of Principles on, 6: 265–266

on developing States' needs/interests, 6: 259, 261, 265–267, 273

on dispute settlement, 6: 259–261, 278, 280

on economic assistance to developing States, 6: 259, 261–262, 264–266, 270, 273, 276–282, 6: 280–281n. 22

First Committee (UNCLOS III) on, 6: 64

Green Book on, 6: 277–278

Group of 77 on, 6: 267

on guaranteed minimum tonnage allocations, 6: 276

ICNT on, 6: 265, 268–273, 276–277

Indonesia on, 6: 241

industrialized States on, 6: 278

informal negotiating group on, 6: 270–271, 275

interim limits, 6: 246, 257–258, 266, 268–272, 276

interim period, duration of, 6: 257, 266, 268–272

and investment climate, 6: 274, 279

and land-based producers vs. potential miners, 6: 273–274

Authority's rules/regulations re, 1: 274, 279, 365-368

Eight-Power group on, 6: 660-665

Enterprise's assessment of data re, 1: 482

Group of 77 on, 6: 660-661

industrialized States on, 6: 661

Japan on, 6: 661

and marine environment, protection of, 6: 663, 6: 663n

and marine scientific research, 6: 664-665, 6: 665n. 24

notification of, 1: 348, 6: 665, 927-928, 950-951

phases of, 6: 664-665

prospector's rights/duties re, 1: 348

regulations re, 1: 274, 279, 365-368, 6: 925-943

Soviet Union on, 6: 661

U. S. on, 6: 660

use of term, 6. 661, 664

Prospectors, 1: 348, 365

Protection of ecosystems and habitats, 1: 294

(*see also* Environmental protection; Marine environment)

Protection of human life. *see* Human life, protection of

Protection of the marine environment. *see* Environmental protection; Marine environment

Protocol for the Suppression of Unlawful Acts against the Safety of Fixed Platforms Located on the Continental Shelf (1988), 3: 36

Protocol of the Commission of Mediation, Conciliation and Arbitration (1964), 5: 26, 311-312

Protocol on Cooperation in Combating Pollution of the Black Sea Marine Environment by Oil and Other Harmful Substances in Emergency Situations, 3: 368n. 12

Protocol on Protection of the Black Sea Marine Environment Against Pollution from Land-based Sources, 3: 368n. 12

Protocol on Space Requirements for Special Trade Passenger Ships Agreement (1973), 3: 149

Protocol on the Privileges and Immunities of the International Seabed Authority. *see* Privileges and immunities of the International Seabed Authority

Protocol on the Protection of the Black Sea Marine Environment Against Pollution by Dumping, 3: 368n. 12

Protocol Relating to Intervention on the High Seas in Cases of Pollution by Substances

Qualifications

of applicants, 1: 349–351, 353–354, 478, 6: 656–662, 667–678

    of candidates for tribunal, 1: 382–383

    of contractors, 1: 351

    of Economic and Planning Commission members, 1: 281

    of international organization members, 1: 400

    of Legal and Technical Commission members, 1: 282

    of master and officers of the ship, 1: 246

    standards of, 1: 349–350, 366

Quorum

    for the Assembly, 1: 272

    for the Commission on the Limits of the Continental Shelf, 1: 346

    for the Council, 1: 276

    for the Governing Board, 1: 371

    for the Sea-Bed Disputes Chamber, 1: 392, 5: 403, 407

    for the Tribunal, 1: 383, 385–386, 389

Quotas of catch, 1: 232

    (*see also* Allowable catch; Living resources; Maximum sustainable yield)

Rabuka, Sakiusa A. (**of Fiji**), 6: xlvii

Radio-active waste, 3: 511, 527–528, 4: 6, 159, 174, 181

Radio broadcasts from the high seas, unauthorized. *see* Broadcasting from the high
    seas, unauthorized

Radio communications. *see* Communications

Radio frequencies for air traffic control, 1: 221, 2: 346

Radio Regulations, 3: 236, 3: 236nn. 8–9

Raestad, M. (**of Norway**), 3: 484

***Railway Traffic between Lithuania and Poland* case**, 5: 30

Rapporteur of the Legal Committee of the Council of ICAO, 4: 167–168, 212

Ratification

    (*see also* Accession; Consent, to be bound; Entry into force)

    of Agreement relating to implementation of Part XI, 1: 474–475

    of amendments, 1: 270–271, 342–344, 5: 257, 273–275

    and applicability of the Convention, 5: 38, 5: 39n

    of the Convention, 1: xxxiv–xxxix, 339, 342, 495–498, 5: 198–200, 5: 200n. 7,

5: 477

final provisions on, 5: 171-173, 198-200, 273-275

by majority of States, 5: 191

notification of, 1: 344, 5: 199

and participation in the Convention, 5: 179

of Review Conference amendments modifying system of exploration/exploitation of Area,
1: 270-271

Ratione loci, 4: 65, 76, 144-145, 211, 736

Ratione materiae, 4: 65, 144-145, 211-212, 736, 5: 375-376, 378

Rattray, Kenneth (of Jamaica), 1: 412, 6: 489

Reagan, Ronald (of the U.S.), 1: 80, 6: 48, 50-51, 59, 6: 657n. 16

Reasonable regard, use of term, 4: 460-461, 6: 214-215

Reciprocating States Regime, 6: 834-835

Red Cross, 3: 134

Red Sea, 3: 367

Reefs

(*see also* Atolls)

and baselines, 1: 210, 2: 89, 91-94

coral, 2: 92

drying, 1: 224-225, 2: 430-431

faros, 2: 94

fringing, 1: 210, 225, 2: 92-93

horseshoe, 2: 93-94

and lagoons, 2: 94

and the low-water line, 2: 94

use of term, 2: 93

Régimes

(*see also* Contiguous zone; Continental shelf; Exclusive economic zone; Exploration/exploitation; High seas; Innocent passage; International régime; Islands, régime of; Legal status; Straits; Transit passage)

archipelagic sea lanes passage, 1: 77, 225

Area (*see* Area)

high seas, 1: 153-154, 3: 27-28, 6: 8-9, 6: 9n. 21

internal waters, 1: 210-211

and marine environment protection/preservation efforts, 4: 3

marine scientific research, 4: 490–495, 519, 655–656

maritime vs. the high seas, 3: 27–28

pioneer investor, 1: 478–479

plurality of, 2: 67–72, 154, 3: 562–563

territorial sea, 1: 153, 6: 8–9, 6: 9n. 21

Regional groups, 1: 82–84, 5: 185–186, 189

(*see also specific groups*)

Regional marine scientific and technological centres

establishment of, 4: 723–729

functions of, 4: 730–733, 741, 743

Regional organizations

(*see also* Cooperation; Zonal management approach)

fisheries, 1: 231–234, 253–254, 2: 657–658

for marine environment preservation/protection, 4: 15–16, 141, 201–202

Regional rules, standards and recommended practices. *see* Rules

Regional Seas Programme, 3: 366–367, 4: 202

Regional Seas Programme Activity Centre (UNEP), 4: 16

Registered pioneer investors. *see* Pioneer investors

Register of ships, use of term, 3: 111

Registrar of the tribunal. *see* Tribunal, Registrar of

Registry

of aircraft, 1: 302–303, 307

change of ship registry, 1: 245

of installation or structure, 1: 250, 299, 321

and marine environment protection, 4: 211–212, 232–233

port of, 1: 247, 306

State of, 2: 43

of vessels, 1: 299–300, 302–304, 307, 4: 286–290

Regulation of Aerial Navigation (Paris Convention), 2: 74

Regulations, 1: 214–216, 222, 307–308, 4: 94–97, 462, 638–642, 6: 80–84

(*see also* Agreement (1994); Applicability; Communications; Enforcement; Exclusive e-
conomic zone; General acceptance; Interpretation/application; Laws and regulations;
Manning regulations; Marine environment; Maritime traffic; Pollution; Rules, regula-
tions and procedures of the Authority; Stocks; Violations)

Regulations on Prospecting and Exploration for Polymetallic Nodules in the Area, 6:

on safety, labour and health standards, 6: 967

on security of tenure, 6: 959

on size of areas, 6: 748, 934, 941

on suspension of contractors' rights, 6: 748

on suspension/termination of contract and penalties, 6: 969–970

on termination of sponsorship, 6: 969

on training, 6: 942, 963

on transfer of rights/obligations, 6: 970

on undertakings, 6: 965

use of terms and scope, 6: 925–926, 959

on waivers, 6: 970

Related interests. *see* Interests

Release

of crews, 4: 215

prompt, 1: 238, 332–333, 4: 215, 5: 66–71

of vessels and ships, 1: 238, 251–252, 308–309, 332–333, 4: 215, 274, 5: 66–71

Remuneration

of arbitral tribunal members, 1: 396

of Authority staff, 1: 284

of Governing Board members, 1: 371

retirement pensions, 5: 371

of scientists of coastal States, 1: 317

of Tribunal members, 1: 387, 5: 369–371

Renunciation of areas, 1: 366, 368, 6: 738–739

Repair concept, 4: 413–414

Report of the President, 5: 325

Report of the Second Committee (1930)

Appendix 1, 3: 464, 466–474

Appendix 2, 3: 464, 475–481

Appendix 3, 3: 481–486

Appendix 4, 3: 486–487

on baselines, 3: 475–476

on bases of discussion, 3: 461, 465

on bays, 3: 464, 475–478

on the breadth of the territorial sea, 3: 461–462, 464, 481–486 on Coastal States' rights in the territorial sea, 3: 461-462, 464, 469-470

on the codification work re territorial waters, 3: 486-487

on Committee of Experts' formation, 3: 461

on the contiguous zone, 3: 462-463, 481-486

on the Convention on the International Régime of Maritime Ports, 3: 465-466

on criminal vs. civil jurisdiction, 3: 472

on customs rights, 3: 463

on the First Sub-Committee, 3: 461, 464

on fisheries' importance, 3: 466

on freedom of navigation

  agreement on, 3: 461

on historic bays, 3: 464

on immunity of government ships, 3: 472-473

on islands, 3: 479

on jurisdiction of foreign vessels in ports, 3: 465

on leadership of the Committee, 3: 461

on the legal status of/sovereignty over the territorial sea, 3: 466-474

on mouths of rivers, 3: 480-481

on ports, 3: 478

on right of innocent passage through the territorial sea, 3: 461, 468-474

on right of pursuit, 3: 473-474

on roadsteads, 3: 478-479

on the Second Sub-Committee, 2: 53, 3: 461, 464, 476, 479

on straits, 3: 479-480

on Sub-Committees' formation, 3: 461

on territorial seas, 3: 461-487

Report of the United Nations Conference on Environment and Development (Rio Declaration) , 6: 198

Reports

(*see also* Council; Governing Board)

by the conciliation commission, 1: 335-336, 381, 5: 322-323

by the Enterprise, 1: 274, 278, 373

on marine environment preservation/protection, 4: 116-120

on pioneer investors, 1: 478-479

by the Preparatory Commission, 1: 424-425, 5: 468

by the Secretary-General of the United Nations, 5: 289

"Reports of the Committees and Negotiating Groups on Negotiations at the seventh session contained in a single document both for the purposes of record and for the convenience of delegations," 1: 127

(*see also* ICNT)

Representation

of coastal State in a marine scientific research project, 1: 317

double, 5: 272

full powers/credentials of representatives, 5: 271–272

of principal legal systems, 1: 383, 391, 5: 341–342, 403–406

of special interests, 1: 275, 280, 485, 490

Representatives, 6: 549, 551–552

Republic of Korea. *see* Korea

Res communis, 6: 24, 109

Rescue at Sea Resettlement Offers, 3: 175

Rescue services. see Search and rescue services

Research. *see* Marine scientific research

Researching States, **use of term**, 2: 43

Reservations

and amendments, 5: 169–170, 173

to the Convention, 1: 15, 340, 2: 985, 5: 212–223, 5: 214n. 4

declarations as, 5: 214, 5: 214n. 4, 5: 220, 222, 226–228, 5: 228n

final provisions on, 5: 173, 212–223, 5: 214n. 4

use of term, 5: 222, 226–227

Reserved areas

(*see also* Non-reserved areas)

activities in, 1: 355–356

Agreement on, 1: 480, 483, 6: 697, 700–701, 6: 700n

Annex III on, 6: 697–701, 6: 698nn. 49–52, 6: 702–704

data disclosure to Enterprise, 1: 365

designation of, 1: 351, 355, 428, 432, 480, 6: 934–935

Enterprise activities in, 1: 348, 355–356, 428, 432, 483, 6: 702–703

evaluation of information and data relating to, 1: 482

Group of 77 on, 6: 698–699

ICNT on, 6: 699–700

vs. non-reserved areas, Review Conference on, 6: 318, 325, 327–330

and pioneer investors, 1: 432, 6: 698n. 52

plans of work re, 1: 356, 6: 935

production authorizations for, 1: 354

Regulations on Prospecting and Exploration for Polymetallic Nodules in the Area on, 6: 698n. 49, 6: 701

reservation of, 1: 355, 366

RSNT on, 6: 699

size of, 6: 737, 739, 6: 740n, 6: 743

Res nullius, 6: 24, 109

Resolution I (Establishment of the Preparatory Commission for the International Seabed Authority and for the International Tribunal for the Law of the Sea), 1: 26, 420–421, 423–425, 446–447, 5: 467–477, 6: 3, 35, 66

(*see also* Preparatory Commission)

Resolution II (Governing Preparatory Investment in Pioneer Activities relating to Polymetallic Nodules), 1: 425–433, 6: 822–851

activities in the Area, use of term, 6: 825

adoption of, 1: 420–421

on allocation of pioneer area, 6: 825–826

and Annex III, 6: 66

on annual fixed fees, 1: 429, 6: 827, 841, 849–850

on application fees, 1: 429, 6: 827, 837–839, 849, 6: 849n. 30

Area, use of term, 6: 825

Argentina on, 6: 839

and the Arusha Understanding, 6: 849

Australia on, 6: 837

Authority, use of term, 6: 825

Belgium on, 6: 841

Canada on, 6: 837

on certificates of compliance, 6: 830

certifying State, use of term, 6: 824

China on, 6: 841

on confidential data, 1: 428, 6: 839

on conflicts, 1: 428–429, 6: 826–827, 833–834, 846–849

and consortia of early investors, 6: 838, 6: 838n, 6: 841–842, 844, 847 (*see also* Pioneer investors)

Cuba on, 6: 839

Denmark on, 6: 837

developing States on, 6: 836

Eastern European States on, 6: 52n. 202, 6: 842–845, 847

on the Enterprise, activities carried out by, 6: 830–831

on expenditures, 1: 429, 6: 743–744, 6: 744n, 6: 827, 839, 841–842, 845, 850, 6: 850n. 32

France on, 6: 841, 847–849, 6: 849n. 29

Germany on, 6: 837, 841

Group of 77 on, 6: 832, 834–835, 837–844, 847

haste in negotiation of, 6: 840n

importance of, 1: 446–447, 6: 3

industrialized States on, 6: 832, 834–835, 837, 839–840, 843–844

intention of, 6: 66–67

Italy on, 6: 841

Japan on, 6: 837, 839, 841, 843, 847–849, 6: 849n. 29

Legal Counsel of the United Nations on, 6: 842

on legislation on seabed mining, 6: 834–835, 6: 834–835n. 4

on nationality/sponsorship, 1: 426–429, 432, 6: 830, 851

and the New York Understanding, 6: 849

Norway on, 6: 837

Peru on, 6: 841

on pioneer activities, 1: 426–429, 432, 6: 824, 827, 846, 849

on pioneer areas, 1: 427–429, 432

    overlapping, 1: 428–429, 6: 826, 846–848

    size, 6: 839, 841, 843–844, 846

    use of term, 6: 824–825, 846

    on pioneer investors, 1: 425–432, 6: 67, 6: 67n. 237, 109n. 11

    registration as, 1: 426–429, 6: 825–826, 832, 845, 847

    use of term, 1: 426, 6: 823–824, 840–842, 6: 842–843n. 16, 6: 845

and the PIP, 6: 832–837, 839–840 (*see also* Preparatory Investment Protection)

plans of work, 1: 429–430, 432, 6: 700n, 6: 827–828, 832, 850, 6: 850n. 33

and the Preparatory Commission, 1: 26, 432–433, 6: 832–833, 835–836, 839, 847–848, 6: 849n. 29, 6: 850–851 on production authorizations, 1: 427, 430−432, 6: 828−830, 832, 838−839, 843−844, 850−851

on production ceilings, 1: 431, 6: 829, 838−839

on the Reciprocating States Régime, 6: 834−835

on reimbursement of costs, 6: 830, 838, 851

on the site-banking system, 6: 838, 846

Soviet Union on, 6: 841, 6: 842−843n. 16, 6: 843−845, 847−849, 6: 849n. 29

U. K. on, 6: 837, 839, 841

UNCLOS III's work on, 6: 35

and the Understanding on Resolution of Conflicts Among Applicants for Registration as Pioneer Investors, 6: 849

U. S. on, 6: 833−835, 837, 839−841

WG. 21 on, 6: 837−838

Zaire on, 6: 839

Zambia on, 6: 844

Resolution III (Rights of peoples of non-self-governing or disputed territories), 1: 420−421, 433, 5: 478−482

Resolution IV (Authorizing certain national liberation movements to sign the Final Act of the Conference as observers), 1: 420−421, 433−434, 5: 483−487

Resolution 8 (International Convention for the Prevention of Pollution of the Sea by Oil), 4: 5

Resolution 1112 (XL) (General Assembly), 1: 161−162, 6: 13−14, 6: 14n. 41

Resolution 1514 (XV) (Declaration on the Granting of Independence to Colonial Countries and People; General Assembly), 5: 183, 6: 139−143, 6: 143n. 18

Resolution 2340 (XXII) (General Assembly), 1: 161−163, 172−173, 178, 182, 404−405, 2: 2−3, 3: 2−3, 4: 430, 6: 21, 78−79

Resolution 2467 A (XXIII) (General Assembly)

and the Authority's establishment, 6: 340−341, 6: 340−341nn. 1−2

re the Sea-Bed Committee, 1: 163−164, 180, 2: 3, 3: xxxiii, 3, 4: 430−431, 6: 23, 78−79, 340−341, 6: 340n

Resolution 2574 C (XXIV) (General Assembly), 1: 171−172, 6: 24−25, 341

Resolution 2750 C (XXV) (General Assembly), 2: 79, 284, 496, 4: 20, 54−55, 91−92, 432, 665, 747

re the Sea-Bed Committee, 1: 30−32, 36, 38−39, 47, 1: 50n, 1: 178−184, 404, 2: 3−4, 3: xxxiii, 4, 6: 30

subject matter listed in, 1: 405-406

Resolution 3067 (XXVIII) (General Assembly)

re the Sea-Bed Committee

3067 (XXVIII) (Reservation exclusively for peaceful purposes of the seabed and the ocean floor), 1: 37-38, 50-51, 188-190

UNCLOS III, resolutions adopted during, 1: 37-38, 405-406, 4: 11, 5: 298

3067 (XXVIII), 1: 412, 5: 179-180

Resolution 3201 (S-VI) (Declaration on the Granting of Independence to Colonial Countries and People; General Assembly), 6: 32n. 106, 6: 181

Resolution of conflicts. *see* Dispute settlement

Resolution on Development of National Marine Science, Technology, and Ocean Service Infrastructures, 4: 669

Resolutions of the General Assembly. *see* General Assembly resolutions; *and specific resolutions*

Resource-oriented research. *see* Marine scientific research

Resources

(*see also* Development; Equitability; Exploitation; Exploration/exploitation; Living resources; Mineral resources; Minerals derived from the Area; Natural resources)

in archipelagic waters, bed and subsoil, 1: 225

categories of, 1: 349, 365-368, 6: 738-739

and coastal States' rights/interests, 6: 151-159, 6: 158n

as common heritage of mankind, 1: 15, 6: 28, 53 (*see also* Common heritage of mankind)

human, 1: 324

legal status of, 6: 101-111, 6: 103nn. 2-3, 104n. 5, 109n. 11, 110n. 14

marine, 1: 323-324, 326

non-living, 1: 228, 241-242, 316

Part XI on, 5: 266

prospecting/exploration for, 6: 949

resolution 1112 (XL) on, 6: 13-14, 6: 14n. 41

straddling deposits, 6: 158, 6: 158n

use of term, 1: 258, 427, 2: 32-34, 39, 41, 619, 897, 3: 85n. 30, 5: 266, 6: 69-78, 6: 71n. 1, 76n. 9, 6: 158, 360, 877

Responsibility and liability

(*see also* Damage)

of the Authority, 1: 291, 369-370

for the Authority's debts, 1: 287

for enforcement measures, 1: 310-311

of the Enterprise, 1: 370

for fish stocks and species, 1: 233-234

of flag States, 1: 218, 223, 2: 256-259, 2: 257n

of international organizations, 1: 259-260, 322, 402, 5: 461-462

limitations of, 1: 370

and marine environment protection/preservation, 1: 311-312, 4: 399-415

for marine scientific research, 1: 322, 4: 632-642, 6: 165

for seizure of ship or aircraft on suspicion of piracy, 1: 249-250

for straits, damage to, 3: 570

use of terms, 2: 259n

Responsibility to ensure compliance and liability for damage, 6: 118 – 128, 753 – 755, 878

Return on investment, use of term, 2: 39, 6: 714-715

Revenue. *see* Authority; Commercial production; Contractors; Costs; Expenditures

Revenues, 1: 264, 357, 363-364, 2: 930-947, 3: 574, 582, 6: 132, 143, 247-248, 251, 254

Review Conference, 6: 318-335

(*see also* Accession)

on accommodation of activities, 6: 323, 329

on activities in the Area, 6: 323, 329

and the Agreement, 1: 486, 6: 64, 6: 64n. 230, 6: 234, 6: 318n, 6: 319, 321-322, 334-335, 6: 334n. 19, 6: 869-870

amendments adopted by, 1: 270-271, 6: 319, 321-326, 329-335, 6: 330n. 7, 333n. 14, 334n. 17

applicability of, 6: 319, 321-322

on benefit of mankind, 6: 318, 327-329

on coastal States, 6: 318-319, 323, 325, 329

on common heritage of mankind, 1: 270, 6: 318, 323, 325, 329

on contracts already existing, 6: 319, 322, 324, 326-329, 331-332

Convention amendments by, 6: 319, 321 – 326, 329 – 335, 6: 330n. 7, 333n. 14, 334n. 17

decision-making of, 1: 270, 6: 319, 321-322, 324, 327-328, 330, 333-334 on developing States' needs/interests, 1: 270, 6: 318, 323, 325, 327–329

developing States on, 6: 331

on development of resources, 6: 233–234

on environmental protection, 6: 318–319

on equitable sharing, 1: 270, 6: 318, 328–329

on exploration/exploitation of the Area, 1: 269–270, 6: 318, 323–326, 328–329

failure to reach agreement by, 6: 318, 321–322, 326–332, 334

Federal Republic of Germany on, 6: 324

geographically disadvantaged States on, 6: 324

goals of, 6: 318, 323–329

and the Green Book, 6: 332

Group of 77 on, 6: 333n. 14

on human life, protection of, 6: 318–319, 323, 325, 329

ICNT on, 6: 325–326, 332

industrialized States on, 6: 331–333

and the interim period, 1: 266

Kissinger on, 6: 43, 6: 43n. 154

landlocked States on, 6: 324

limitations of/scepticism about, 6: 326

Malta on, 6: 322

on marine environment protection/preservation, 4: 153–154

on marine scientific research, 1: 270, 6: 318–319, 323, 325, 329

Mexico on, 6: 323–324

on monopolies, 1: 270, 6: 318, 325, 328–329

moratorium clause for, 6: 328, 330–332

and non-reserved areas, 1: 269–270

Norway on, 6: 324–325

and the parallel system, 6: 322, 328, 333

Part XI on, 6: 888–889

on peaceful purposes, 1: 270, 6: 318–319, 323, 325, 329

vs. periodic review, 6: 314, 322

on reserved vs. non-reserved areas, 1: 270, 6: 318, 325, 327–330

on sovereignty, 1: 270, 6: 318, 323, 325, 329

on superjacent waters/air space, legal status of, 1: 270, 6: 318–319, 323, 325, 329

on technology transfer, 1: 270, 6: 318–319, 323, 325, 329

timing of, 6: 318, 322–325, 327–330, 6: 330n. 8, 6: 334

U. S. on, 6: 332–333

voting procedures of, 1: 270–271, 6: 321–322, 324–326, 329–330, 333–334

on the world economy/international trade, 1: 270, 6: 318, 328–329

Revised Single Negotiating Text. *see* RSNT

Revision, use of term, 5: 247

Revision of contracts. *see* Contracts

Richardson, Elliot L. (**of the U. S.**), 6: 25–26n. 90

Ridges, 2: 834, 867, 879–880, 2: 880n. 61

oceanic, 1: 239, 2: 834, 874, 876, 879

submarine, 1: 240, 2: 834, 867, 879–880, 2: 880n. 61

Right (s)

(*see also* Coastal States, rights/duties/interests of; Continental shelf; Contractors; Due regard; High seas; Interests; Landlocked States; Marine scientific research; Sovereign rights)

abuse of 1: 337, 3: 661, 5: 103, 150–152

of access to and from the sea, 1: 256

of the accused, 1: 310, 4: 362–370

to archaeological/historical objects, 5: 159–160

of archipelagic sea lands passage, 1: 226–227

of archipelagic States, 1: 226

in archipelagic waters, traditional, 1: 224, 226

duties balanced with, 1: 24–25, 5: 223

of enforcement of land-based pollution regulations, 4: 219

enjoyment of, and participation clauses in final provisions, 5: 188

in exclusive economic zones, 1: 228–229

fishing, 1: 226, 2: 447–454, 3: 579, 5: 91n, 6: 6, 6: 6n. 7, 6: 11 (*see also* Fishing, freedom of)

of flag States, 1: 244, 309

and freedoms of States, 1: 228, 241, 244, 334

of geographically disadvantaged States, 1: 236–237

of hot pursuit, 1: 250–251

of innocent passage, 1: 210–211, 213, 215–216, 226, 300

to lay submarine cables and pipelines, 1: 226, 252, 334

legally protected, 5: 93n. 6

marine scientific research, conduct of, 1: 313, 315, 317, 319–320, 334–335, 4: 438–450, 455–456, 581–596, 603–607

of navigation, 1: 226, 241, 244, 334

of parties to agree on or modify a procedure, 1: 337, 381, 5: 142–146, 229, 240

to protection of coastal States, 1: 216

of self-determination, 5: 183

of States to exploit their natural resources, 1: 228, 238, 240–241, 293

transfer of

    by contractor, 1: 366, 369

    to exploit living resources, 1: 237–238, 2: 773–783

    by States to an international organization, 1: 400–401

of transit passage, 1: 220–223

of visit, 1: 250

voting, 1: 290

Right of intervention, 4: 307–308, 313–314

Right of Passage Over Indian Territory case, 5: 141n. 65

Right of visit, 3: 237–246

(*see also* Boarding)

boarding/inspection, 3: 244–245

vs. flag State's exclusive jurisdiction over ships flying its flag, 3: 238–239, 244

against ships

    engaged in drug trafficking, 3: 240–244

    engaged in piracy, 3: 215, 237, 239–242, 244–245, 509–510

    engaged in slave trade, 3: 237, 239–242, 244–245, 509–510

    engaged in unauthorized broadcasting, 3: 237, 242–245

    flying a foreign flag/refusing to show flag, 3: 237, 239–241, 243–245, 509–510

    without nationality, 3: 237, 240, 243–245

treaty-generated, 3: 244

unjustified boarding, 3: 246

Rights/privileges of members. *see* Suspension, of membership rights/privileges

Rio Declaration (Report of the United Nations Conference on Environment and Development), 6: 198

Riphagen, Willem (of the Netherlands), 1: 110, 5: 8, 43, 5: 321n

Rises, 1: 239–240, 2: 874

Risk of pollution, 1: 296–297

Rivers, 4: 128-134

(*see also* Islands; Mouths of rivers)

Roadsteads, 1: 212, 2: 123-125, 232, 3: 127, 478-479, 498, 552

Rocks

adjacent, 3: 637

baselines, 3: 637

vs. islands, 3: 324, 333, 335-336, 338-339

marine space of, 3: 636, 638-639

use of term, 3: 339, 634

Romania

on the breadth of the territorial sea, 3: 485

on the continental shelf, 2: 959, 966, 982

on declarations, and harmonization of a State's laws/regulations, 5: 226

on the exclusive economic zone, 2: 804-805

on geographically disadvantaged States, 2: 763-765

on innocent passage, 2: 199n. 26

on islands, régime of, 3: 330, 332-333, 337-338

on landlocked States, 2: 729

on opposite or adjacent coasts, 2: 138

on utilization of living resources in the exclusive economic zone, 2: 631, 633-635

Rome Conference (1955). *see* International Technical Conference on the Conservation of the Living Resources of the Sea

Roosevelt, James (of the U. S.), 6: 15

Rosenne, Shabtai (of Israel), 2: 970, 2: 971n, 4: xix, 4: 329n. 8, 5: xvi – xvii, 120, 124

Routes

(*see also* Exclusive economic zone; High seas; Sea lanes; Traffic separation schemes)

air, 1: 226-227

archipelagic, 1: 226-227

through exclusive economic zones, 1: 220

on high seas, 1: 220

for international navigation, 1: 220, 226-227 (*see also* International navigation; Straits)

shipping, 1: 321

shipping, non-interference with, 4: 626-628

systems of, 1: 300

Royal Air Force (U. K.), 4: 305

Royal Bos Kalis Westminster (**Netherlands**). 6: 67n. 237

Royal Dutch Shell (**Netherlands**), 6: 67n. 237

Royal Navy (U. K.), 4: 305

Royalty payments. *see* Production charges/royalty payments

RSNT (**Revised Single Negotiating Text**)

    on accommodation of activities, 6: 212

    on activities carried out by the Enterprise, 6: 708

    on Activities in the Area, 2: 33

    activities in the Area, use of term, 6: 73

    on advisory opinions, 6: 643

    on anadromous stocks, 2: 674–675

    and Annex III, 6: 653 – 654, 6: 653n. 8, 6: 659, 662, 667 – 668, 672, 683, 686, 692

    on an arbitral tribunal, 5: 430, 435–436

    on archipelagic States, 2: 412, 451–452, 485–486

    on archipelagic waters, 2: 440, 460

    on the Area, 2: 33

    on artificial islands, installations and structures, 2: 581, 924–925

    on the Assembly, 6: 372, 380–381, 394–396

    on the Authority, 2: 33

        establishment, 6: 344–345, 6: 345n. 9

        financial arrangements, 6: 44, 530, 534, 539, 543

        legal status, 6: 546, 559

        powers/functions, 6: 303–304, 336

        privileges and immunities, 6: 546, 562, 565, 6: 576–577n. 3, 6: 581

        rules, regulations and procedures, 6: 740–741

    on baselines, 2: 89, 98–99, 101, 107, 426–427

    on bays, 2: 116–117

    on the benefit of mankind, 6: 132, 137

    on the breadth of the territorial sea, 2: 80–81

    on cables/pipelines, 2: 913–914, 3: 263–264

    on catadromous stocks, 2: 683–684

    on charges levied on foreign ships, 2: 236

    on charts and geographical coordinates, 2: 147, 819, 988–989

on review of the international régime, 6: 315

on the right of navigation, 3: 100

on rights/obligations under contracts, transfer of, 6: 750

on rights of protection of coastal States, 2: 231

on rights/privileges of membership, suspension of, 6: 592

on the right to fish on the high seas, 3: 285

on the Sea-Bed Disputes Chamber, 5: 335–336, 6: 623, 639

on sea lanes and traffic separation schemes, 2: 210–211, 360–361, 471–472

and the Second Committee (UNCLOS III), 1: 119–120, 3: 14–15, 21

on the Secretariat/Secretary-General, 6: 483, 488, 493, 498, 502

on sedentary species, 2: 688

on settlement of disputes in the exclusive economic zone, 2: 568

on sovereignty, 2: 72

on special arbitration, 5: 444

on stages of operation, 6: 704

on States Parties, use of term, 6: 73

on States' rights/duties in the exclusive economic zone, 2: 560

on status of ships, 2: 55

on the Statute of the Enterprise, 6: 760, 769–770, 773, 776, 779–781, 783–784, 786–787, 794, 800, 803, 805, 810, 815, 819

on stocks in the exclusive economic zone, 2: 643

on straits, 2: 297–298, 305–306, 311–312, 319, 327, 360–361, 394–395

on submarines, 2: 181–182

on superjacent waters/air space, 6: 90

on technology transfer, 6: 183–184

and the Third Committee (UNCLOS III), 1: 120

on title to minerals, 6: 659

on training programs, 6: 733

on transfer of rights to exploit living resources, 2: 779–780

on the Tribunal, 5: 335, 345, 349, 354, 357, 363–365, 373, 377, 380, 387, 397–398, 401, 404–406, 414–415, 6: 612–613, 632–633, 638–640

on tunnelling, 2: 992

on the United Nations' right to sail ships, 3: 130–131

on use of terms and scope, 2: 33–34

on utilization of living resources in the exclusive economic zone, 2: 631

on warships, 2: 251

RTZ Deepsea Mining Enterprises (U. K.), 6: 67n. 237

Rules

> (*see also* Amendments; Applicability; Damage; Duration of operations; General acceptance; Government ships; Implementation; International law; Interpretation/application; Marine environment; Rules, regulations and procedures of the Authority; Rules, standards and recommended practices and procedures regarding pollution; Rules of procedure; UNCITRAL Arbitration Rules; Violations)

of admiralty, 5: 158–160, 5: 160n. 3

Economic Planning Commission, 1: 281

Legal and Technical Commission, 1: 281

Preparatory Commission, 1: 340, 374, 423

Rules, regulations and procedures of the Authority, financial, 1: 280, 287, 360–368, 424, 490

> (*see also* Authority)

Rules, standards and recommended practices and procedures regarding pollution, 1: 295–296, 298–299, 302

for marine environment preservation/protection

> re activities in the area, 4: 152–154, 230

> flag States' enforcement obligations re, 4: 255–256

> re global and regional cooperation, 4: 77–97

> multiple sources for, 4: 20

> re pollution, 4: 141–146, 152–154, 176–206, 4: 184–185n. 8, 4: 207–213, 221–226

Rules and Regulations Commission, 6: 447, 451, 478–479

> (*see also* Council, powers/functions of)

Rules of procedure

> (*see also* Rules of Procedure (UNCLOS III))

applicable, 1: 333

of Assembly, 1: 272, 423

of Authority's organs, 1: 285

of Council, 1: 278, 484–485

on drafting committees' competence, 1: 135–136, 1: 136n. 4

of Enterprise, 1: 372

re marine environment preservation/protection, 4: 369

of the Preparatory Commission and subsidiary bodies, 1: 340, 374, 423–424, 2: 795, 5: 459, 5: 459n. 5, 5: 467–468

of the Sea-Bed Disputes Chamber, 5: 399–417

of the Tribunal, 1: 386, 5: 363–365

Rules of Procedure of the General Assembly, 6: 383, 385–386

Rules of Procedure of the Preparatory Commission, 5: 459, 5: 459n. 5, 5: 467–468

Rules of Procedure of UNCLOS III, 1: 19–21, 31, 54, 99–104, 135–136, 414–420, 1: 415–416n. 39, 418nn. 47–48, 1: 423, 3: xxxix n. 1, 5: 266

documentation of, 5: xxxiii, 5: xxxiii n. 1

Rules of the International Tribunal for the Law of the Sea, 1: 386, 5: 363 – 365, 6: 644

Russian Federation, 6: 62n. 226, 6: 384, 6: 694n. 45, 744n, 834–835n. 4, 850n. 32

Russian language, for authentic texts, 5: 301–302

Russian Language Group, 1: 413n. 29

Safety aids, 1: 223, 2: 379–383

(*see also* Procedures; Search and rescue; Ships)

Safety at sea

(*see also* Safety zones)

and construction/equipment/seaworthiness of ships, 3: 135, 137, 139, 141, 147

international cooperation re information necessary for, 1: 314

and manning of ships, labour conditions, and training of crews, 3: 135, 137, 139, 141, 147–148, 607–608

measures to ensure, 1: 294

and procedures, 1: 221

and qualifications of officers/crews of ships, 3: 135, 138, 606–607

signals and preventing collisions, 1: 245–247, 321, 3: 135, 137, 139, 141, 149, 507, 607–608

Safety of navigation

(*see also* Safety zones)

air, 1: 221, 302, 307, 321

marine, 1: 214–215, 221–222, 230, 263, 308, 3: 135, 141, 606

unlawful acts against, 3: 36, 185–195, 3: 188n

Safety/safeguards

(*see also* Human life, protection of; Safety aids; Safety at sea; Safety of navigation) marine environment preservation/protection

provisions re, 4: 18–19

in marine environment preservation/protection regulations

re adverse consequences from exercise of powers, 4: 330–333

re civil proceedings, 4: 360–361

re exercise of powers, 4: 325–329

re flag State notification, 4: 371–376

re international navigation straits, 4: 382–391

re investigation of foreign vessels, 4: 334–344

re monetary penalties and rights of the accused, 4: 362–370

re nondiscrimination with respect to foreign vessels, 4: 345–347

re proceedings facilitation, 4: 320–324

re responsibility and liability, 4: 406

re States' liability due to enforcement, 4: 377–381

re suspension and restrictions on proceedings, 4: 348–359

and protection of human life, 6: 201–202, 204–205

Safety zones, 6: 209, 212–214, 6: 212n

around installations, 1: 230, 251, 263, 321, 3: 522, 633–634, 4: 623–625, 6: 206, 209, 212–214, 6: 212n

artificial islands, installations and structures in, 1: 230, 251, 263, 321, 2: 587

breadth of, 1: 230, 321

on the continental shelf, 3: 572–574

due notice of extent of, 1: 230

in the exclusive economic zone, 3: 579–581

hot pursuit for violation of, 1: 251

for marine environment protection, 4: 225n

for scientific research, 1: 321

Sail-fishes, 1: 345

Saint Christopher and Nevis, 5: 180n. 3

Salmon, 2: 667n. 2

(*see also* Anadromous stocks)

Salvage

and archaeological/historical objects, 5: 158–159, 6: 227–228

(*see also* Archaeological/historical objects)

International Convention on Salvage, 3: 148, 176, 3: 176n. 11, 4: 27

laws of, 1: 338

of sunken ships, 3: 174, 3: 176n. 11, 6: 227–228

Samim Ocean (Italy), 6: 67n. 237

Samples derived from marine scientific research, 1: 317–318

Sampling, 1: 232, 355

(*see also* Testing)

Sanitation, *see* Laws and regulations

Santen, C. W. Van, 2: 59

Santiago Declaration (1952), 1: 2, 58, 2: 494

Sao Tome and Principe, 2: 199n. 26, 3: 302n. 11

Sauries, 1: 345

Scale of assessment, 1: 273–274, 375

Schmidt, Markus G. , 6: 43n. 154

Schücking, M. (of Germany), 3: 481–482

Scientific and Technical Commission, 6: 477

Scientific Committee on Oceanic Research (SCOR), 4: 437

Scientific evidence, 1: 230–231, 253–254, 301, 311, 4: 398

(*see also* Evidence)

Scientific information/knowledge, 1: 231, 254, 6: 338, 485

(*see also* Data; Marine scientific research; Scientific evidence; Technology transfer)

Scientific research

(*see also* Marine scientific research)

as an agenda item for UNCLOS III, 1: 35, 90

on the continental shelf, 3: 578

data collection/sharing, 3: 667

and dispute settlement, 5: 85

documentation of, 5: xxx

Draft Agreement on Straddling and Highly Migratory Fish Stocks on, 3: 645–646

in enclosed/semi-enclosed seas, 3: 630

in the exclusive economic zone, 3: 579–580, 588, 597

freedom of, 3: 72, 75–79, 83–84, 610

and marine environment protection/preservation, 4: 91–97, 112–113

vs. marine scientific research, 4: 502

use of term, 3: 84, 4: 441–442

SCOR (Scientific Committee on Oceanic Research), 4: 437

Sea, use of term, 2: 44, 4: 757

Seabed boundary delimitations, 6: 79

Sea-Bed Committee (Committee on the Peaceful Uses of the Seabed and the Ocean Floor beyond the Limits of National Jurisdiction), 6: 23–35

(*see also* Declaration of Principles Governing the Sea-bed and the Ocean Floor, and the Subsoil Thereof, beyond the Limits of National Jurisdiction; Economic and Technical Sub-Committee; General Assembly resolutions; International régime; Legal Sub-Committee; Resolution 2750 C; Sub-Committee I)

on aircraft, 2: 334, 385–386

on anadromous stocks, 2: 668–670

approval to examine dispute settlement provisions, 5: xiii

on archipelagic States, 2: 401, 408–409, 419, 435, 482–483

on archipelagic waters, 2: 439, 457, 466–467

on artificial islands, installations and structures, 2: 574

on baselines, 2: 88, 92, 97, 110, 130, 419, 435

on bays, 2: 115

on breadth of the territorial sea, 2: 79, 85, 497–498

on catadromous stocks, 2: 681–682

on charges levied on foreign ships, 2: 235

on charts, 2: 146

on coastal States, 2: 230, 369, 496 – 497, 525, 786 – 789, 893 – 894, 4: 283, 528–530

on the common heritage of mankind, 6: 24

composition of, 6: 23

consensus vs. voting in, 1: 19, 101

on conservation/management of living resources, 2: 597–599

on the contiguous zone, 2: 268–269

on the continental shelf

air space over, 2: 901–902

artificial islands/installations on, 2: 920–921

cables and pipelines on, 2: 911

coastal States' rights re, 2: 829–830

delimitation between opposite or adjacent coasts, 2: 954–955

drilling on, 2: 928

marine scientific research provisions, 4: 503

proposals submitted to, number/scope of, 6: 35n. 118

reports by, 4: xiv

on resources, use of term, 6: 71

on roadsteads, 2: 124

on safety aids in straits, 2: 380–381

and the Sea-Bed Disputes Chamber, 5: 400

on sea lanes, 2: 206–207, 356–357, 466–467

on sedentary species, 2: 687–688

on ships, 2: 334, 385–386, 482–483

single preparatory text, effects of not producing, 1: 50–54

on sovereignty, 2: 66–67

on States' rights/duties in the exclusive economic zone, 2: 556, 558

on stocks in the exclusive economic zone, 2: 641

on straits, 2: 295–296, 302–303, 317–318, 323, 385–386, 392

Sub-Committee (SC. I) (*see* First Committee (UNCLOS III))

Sub-Committee II (SC. II), 1: li–lii, 5: xxviii

Sub-Committee III (SC. III), 1: li–lii, 5: xxvii

on submarines, 2: 180

on superjacent waters/air space, 2: 901–902, 6: 87–89

on territorial seas, 2: 79, 85, 497–498, 4: 490–492

and the Third Conference on the Law of the Sea, 6: 30–31

on traffic separation schemes, 2: 206–207

on transfer of rights to exploit living resources, 2: 775–776

on use of terms and scope, 2: 30–31

on utilization of living resources in the exclusive economic zone, 2: 616–618, 622

on warships, 2: 250

and the Working Group on the International Régime, 6: 34–35, 6: 37n. 124

Sea-Bed Disputes Chamber, 6: 65–66, 595–644

(*see also* Ad hoc chambers of the Sea-Bed Disputes Chamber; Fact finding; Majority; Proceedings; Tribunal)

access to, 1: 392, 5: 374, 411–413

advisory opinions of, 1: 273, 293, 393, 5: 367, 6: 641–644, 921

amendments to rules of, 5: 417

applicability of the Statute of the Tribunal to, 5: 416

and applicable law, 5: 413–414

re States Party-Authority disputes, 1: 290–291, 6: 608–609, 615, 617–620

and the Tribunal's jurisdiction, 5: 378

re wrongful damage by the Authority, 6: 499–500

law applicable to, 1: 392

and marine environment protection/preservation disputes, 4: 231

on marine scientific research, 4: 655

members of

nationality of, 5: 366–367, 407

terms of office, 5: 403, 406–407

and merger of Sea-Bed Tribunal and Law of the Sea Tribunal, 5: 401, 5: 401n. 40, 5: 413–414

power to prescribe provisional measures, 5: 385, 387

President of, 1: 391–392, 5: 403, 406–407

procedures of, 5: 399–417

proceedings on behalf of the Authority, 1: 280, 283

provisional measures of, 1: 332, 389

quorum of, 1: 392, 5: 359

representative of principal legal systems, 5: 403, 405–406

rights/obligations of parties to a dispute, 6: 605–606

RSNT on, 5: 335–336, 6: 623, 639

rules of procedure for, 5: 399–417

ruling by, 1: 290–292

States Parties or their nationals, disputes involving, 6: 616

States Parties' participation/appearance in proceedings, 6: 638–640

submission of disputes to, 6: 621–629

term of office of members/officers, 1: 391–392

vacancies in, 1: 391–392, 5: 350, 403, 407

Seabed mining

(*see also* Mining)

and access to dispute settlement, 5: 65

legislation on, 6: 834–835, 6: 834–835n. 4, 6: 844

revenue from, 5: 372

seabed mining code, 4: 710, 6: 55–56

technology for, 1: 366–367

Seabed/ocean floor/subsoil

(*see also* Declaration of Principles Governing the Sea-bed and the Ocean Floor, and the
  Subsoil Thereof, beyond the Limits of National Jurisdiction)

coastal States' sovereign rights re, 1: 228

as the common heritage of mankind, 1: 207

laws and regulations re, 2: 52, 492, 2: 492n. 2

legal status of, 2: 64, 437–442

and the limits of the continental shelf, 1: 239

and marine environment preservation/protection, 4: 135–146, 149, 181, 222–226

marine scientific research on, 4: 433, 502, 605

marine technology development/transfer re, overview of, 4: 668

pollution from installations on, 1: 294

resources in, 1: 225, 241

sovereignty over, 2: 66

subsoil, use of term, 2: 74

use of terms, 2: 74

Sea boundary disputes, 5: 107, 122–127

Sea lanes

(*see also* Archipelagic sea lanes passage; Archipelagic waters; Due publicity; Routes;
  Tankers; Traffic separation schemes)

and archipelagic States, 2: 404–406, 463–480, 3: 627

and archipelagic waters, 1: 226–227, 2: 38, 67–68

charts of, 1: 215, 222, 227

and coastal States, 2: 206–210, 375

in exclusive economic zones, 1: 230

Fiji on, 2: 206–208, 358

and innocent passage, 1: 215, 2: 209

interference with, 1: 230, 263

international, 1: 230, 263

and marine scientific research, 2: 206, 208, 4: 627–628

for noxious-substance shipping, 1: 215

and nuclear-powered ships, 2: 204, 208, 210

and nuclear substances, 2: 207–210

in straits, 1: 221–222, 2: 354–366, 3: 568–569

and submarines, 2: 207

and tankers, 2: 204, 207–210

chairmen's reports on, 2: 18–19

complexity of issues addressed by, 1: 44

on the continental shelf, 2: 830–833, 854–855, 857–859, 864–865, 869–870

on delimitation disputes, 5: 131, 5: 131n. 42

documentation of, 5: xxix, xxx

on enforcement of laws and regulations of coastal States, 2: 793

on the exclusive economic zone, 2: 500, 502, 806, 809–810

on geographically disadvantaged States, 2: 752

influence of, 3: xiii

informal working groups of, 1: 415, 1: 415–416n. 39

International Oceanic Commission to the Second Committee, 2: 860

on landlocked States, 2: 701, 710–711, 715

on low-tide elevations, 2: 102

marine environment protection/preservation

terminology used by, 4: 15

on marine mammals, 2: 663

and marine scientific research, 4: 449, 490, 502–506, 509–510

officers of, 1: 411, 2: xlvii, 3: xlv

on opposite or adjacent coasts, 2: 806, 809–810

on outer limit of the territorial sea, 2: 85

on participation clause of final provisions, 5: 183

on peaceful uses of the seas, 5: 153–154

on ships, use of term, 2: 45

on sovereignty, 2: 71, 2: 71n. 8

on territorial seas, 2: 56

on underwater archaeology, 5: 159

work of, 2: 1–23, 3: 1–23

    Ad Hoc Committee to Study the Peaceful Uses of the Sea-Bed and the Ocean Floor
        beyond the Limits of National Jurisdiction established, 2: 2–3, 3: 2–3

    agenda items, 1: 87–90

    on archipelagic States, 2: 67–68

    on archipelagic waters, 2: 67–68

    articles, overview of, 2: 1, 3: 1

    on baselines, 2: 88

    chairmanship, 2: 1, 3: 1–2

depositary functions of, 1: 243, 3: 679

Ecuador on, 6: 483, 487, 492, 497

election/term of, 1: 273, 277, 284, 6: 387, 391–392, 395–397, 402–403, 486–489, 6: 488n

El Salvador on, 6: 483, 487, 492, 497

on final provisions, 5: 171–172

financial disinterest of, 6: 495, 497

functions of, 1: 284, 405, 3: 676–679, 5: 271, 6: 486, 488–489

Group of 77 on, 6: 488

Guatemala on, 6: 483, 487, 492, 497

Guyana on, 6: 483, 487, 492, 497

ICNT on, 6: 488, 493, 498–499

Informal Consultations of, 6: 57–63, 6: 58–60nn. 219–224

ISNT on, 6: 488, 492–493, 497–498

Jamaica on, 6: 483, 487, 492, 497

Malta on, 6: 483, 487, 492, 497

and marine environment preservation/protection, 4: 149

marine technology development/transfer, report on, 4: 668

Mexico on, 6: 483, 487, 492, 497

nondisclosure of confidential information by, 6: 495–498, 573

on officials, categories, 6: 553

Panama on, 6: 483, 487, 492, 497

as part of the Secretariat, 6: 489

Peru on, 6: 483, 487, 492, 497

Poland on, 6: 483

privileges and immunities of, 1: 289

reports to the Assembly by, 3: 676, 678–680, 6: 486–487, 489–490

responsibility and duty of, 1: 284–285

RSNT on, 6: 483, 488, 493, 498, 502

Tanzania on, 6: 483, 487

Trinidad and Tobago on, 6: 483, 487, 492, 497

U. K. on, 6: 483, 487–488

Uruguay on, 6: 483, 487, 492, 497

U. S. on, 6: 483, 487–488, 492, 497–498, 502

use of term, 6: 549

Venezuela on, 6: 483, 487, 492, 497

written communications addressed to, 1: 342

Secretary-General (United Nations)

(*see also* Communications; Depositary functions; Due publicity; Geographical coordinates)

and arbitrators' list, 1: 393–394

circulation of amendments to States Parties, 5: 289

circulation of communications to States Parties, 1: 331, 337, 341, 344, 5: 244, 246

communications/notifications addressed to, 1: 341, 343, 381, 5: 244

and conciliators' list, 1: 379–380, 5: 311, 314–315

convocation of meeting of States Parties, 1: 346, 383, 5: 289

convocation of the Preparatory Commission, 1: 423

on the denunciation clause, 5: 281

depositary functions of, 1: 343–344, 5: 108, 186, 244, 289–300, 5: 291n. 1, 298n

dispute settlement by, 5: 134

drawing of lots for terms of office of Tribunal members, 1: 384

on the exclusive economic zone, 2: 509–510, 2: 510n. 46

experts appointed by, 1: 399

on marine scientific research, 2: 41

nominations for Commission on the Limits of the Continental Shelf, 1: 346

nominations for Tribunal, 1: 383

notification

of convening amendment conference, 5: 244

to observers, 1: 344, 5: 289

of ratification and formal confirmation of the Convention, 5: 199

of simplified amendment of the Convention, 5: 267

to States Parties, 1: 341–342, 344, 346, 5: 289

procedure for election of members to Tribunal, 5: 345

recommendations received from Commission on the Limits of the Continental Shelf, 1: 347

relations with observers, 1: 344

reports

to the Authority, 5: 289

as a depositary function, 5: 298–299

to international organizations, 5: 289

Senegal, 2: 143, 633, 5: 170, 5: 170n. 10, 6: 384

Sépahbody, M. (of Persia), 3: 485

Settlement of disputes. *see* Dispute settlement

Shall, use of term, 2: xlv–xlvi, 685, 3: xliii–xliv, 3: xliii n. 2, 4: xli–xlii, 36, 6: xliii–xliv

Share of net proceeds, 1: 358–364

Sharks, 1: 345

Shelf-locked States and States with narrow shelves or short coastlines, 1: 34, 90, 3: 621–623

Shipowners, 3: 111, 4: 4, 378

Shipping routes, 1: 321, 4: 626–628

  (*see also* Routes)

Ships

  (*see also* Boarding; Bonds or other financial security; Craft; Crews; Damage; Detention; Enforcement; Equipment; Flags; Flag States; Force majeure; Foreign ships or vessels; Freedoms of navigation and overflight; Government ships; High seas; Immunity; Inspection; Investigation; Jurisdiction; Loss or damage; Manning regulations; Maritime casualties; Maritime traffic; Master; Mutiny; Nationality, of ships; Navigation; Nondiscrimination; Noxious substances; Officers; Piracy; Proceedings; Registry; Release; Responsibility and liability; Safety at sea; Sovereign immunity; United Nations Convention on Conditions for Registration of Ships; Vessels; Warships)

  anchorage of, 1: 308

  arrest/detention of (*see* Arrest)

  assistance to, 1: 213, 247

  carrying nuclear substances, 3: 559

  Charter of the United Nations on, 2: 341–342

  danger to, 1: 213, 247, 308, 2: 384, 388–389

  design of, 1: 215, 294, 301, 303–304, 2: 202

  flying a foreign flag/refusing to show flag, 3: 237, 239–241, 243–245, 509

  boarding of, 3: 612–613

  flying the flag of a State, 3: 103–108, 506–507, 509 (*see also* Flag States)

  flying the flag of the International Atomic Energy Agency, 3: 128–134

  flying the flag of the United Nations, 3: 128–134, 3: 133n. 10

  on government noncommercial service, 2: 260–265, 3: 157–164, 4: 326–329

  hospital, 3: 134

and innocent passage, 2: 406

inspection of, 3: 108, 601

laws and regulations on, 2: 332–348, 481–487

log-books on, 3: 113

manning of, 3: 113–114

marine environment protection/preservation proposals involving, 4: 17–22, 187, 247, 302–314, 378, 382–391

and marine scientific research, 4: 495, 625

merchant, 1: 216–218, 2: 55

nationality of, 1: 218, 244–245, 248–250, 3: 103–109, 3: 107n. 7, 3: 122–127, 606, 612

nondiscrimination between, 2: 203

nuclear-powered, 1: 215, 3: 559

ownership of, 3: 113–114

pirate (*see* Piracy)

registration of, 3: 103–109, 112–113, 115–116, 606 (*see also under* Flag States, duties on the high seas)

rules applicable to, 1: 213–218

safety re (*see* Safety at sea)

seaworthiness of, 1: 245

seizure of, 1: 249

status of, 1: 245, 2: 55, 3: 122–127, 506, 606

transfer of ownership of, 1: 245

and transit passage, 2: 385–386

use of term, 2: 36, 45–46, 156, 3: 101, 111, 187, 4: 758–759

Shotwell, James T. , 6: 7n. 15

Sierra Leone, 2: 646n. 13

Signature

and accession, 5: 173, 273

to the Agreement, 1: 474–475, 493–494, 6: 856, 858

and authentic texts of amendments, 5: 273–274

categories of participants, 5: 180

of the Convention

abstentions from, 1: xxviii

dates for, 5: 177

on the exclusive economic zone, 2: 536, 550

on geographically disadvantaged States, 2: 744

on a review conference, 5: 293

on settlement of disputes in the exclusive economic zone, 2: 568

on the SNT, 1: 114

on sovereignty, 2: 71

and straits, 2: 330

on transfer of rights to exploit living resources, 2: 779

on utilization of living resources in the exclusive economic zone, 2: 631

Single Convention on Narcotic Drugs (1961), 3: 225, 3: 225n. 1, 5: 247

Single Negotiating Text. *see* SNT

Site-banking system, 6: 297, 699–700, 810–811, 838, 846

(*see also* Reserved areas)

Sitensky, M. (of Czechoslovakia), 3: 485

Sites (mine), 1: 242, 355, 368, 374, 430, 483

Sixth Committee (General Assembly), 6: 17

Size of areas for exploration and exploitation, 1: 353, 355, 365–367, 429

Sjöborg, M. (of Sweden), 3: 485

Skipjack tuna, 1: 345

Slavery Convention (1926), 3: 179

Slavery/slave trade

abolition of, 3: 179, 3: 179n. 1, 3: 180–181

hot pursuit of ships transporting slaves, 3: 181

prohibition of transport of slaves, 1: 247, 3: 178–181, 508–509, 613

right of visit against ships engaged in, 1: 250, 3: 237, 239–242, 244–245, 509–510

Slope, continental, 1: 239–240, 2: 874, 879

SNT (Single Negotiating Text), 1 : xxvii, 51, 56, 113–120

(*see also* RSNT)

Socialist States, 4: 446, 465, 544

on assistance and facilitation for research vessels, 4: 598–599

on the continental shelf and exclusive economic zones, 4: 504

on information to coastal States, 4: 531–532

on installations and equipment, 4: 616, 624, 630

on international cooperation, 4: 468

on legal status of installations and equipment, 4: 621–622

on marine technology development/transfer, 4: 690

on principles for the conduct of marine scientific research, 4: 458

on promotion of research, 4: 452

on publication and dissemination of information and knowledge, 4: 483–484

on rights of landlocked and geographically disadvantaged states, 4: 584–585

on safety zones around installations, 4: 624

on territorial seas, 4: 493

on warning signals, 4: 630

on water columns, 4: 610

Sohn, Louis B. (of the U. S.)

on alternatives to exemption procedures, 5: 120–123, 126

on the arbitral tribunal, 5: 426n

background of, 5: xvii

on dispute settlement, 1: 110, 2: 965, 970, 5: 12, 127–128

drafts prepared by, 5: xvi

as informal group rapporteur, 5: 7

on maritime boundary disputes, 5: 118

Somalia, 2: 981, 4: 563, 4: 580n

Sondaal, Hans H. M. (of the Netherlands), 1: 92, 6: xlvi, 41, 55, 304, 653

The Sound (straits between Denmark and Sweden), 2: 307–308, 2: 308n. 12

South Africa, 5: 182n

South-east Asia, 2: 215

Southern bluefin tuna, 1: 345

South Pacific Commission, 3: 45

South Pacific Forum, 3: 45

South Pacific Forum Fisheries Agency (FFA), 2: 658, 3: 301

South West Africa People's Organization, 5: 487

Sovereign immunity, 1: 223, 312, 4: 416–421, 5: 135–136

(*see also* Warships)

Sovereign rights

(*see also* Exclusive economic zone; Natural resources; Right (s); Sovereignty)

and archaeological research, 5: 162

and the Area, 1: 259

of coastal States, 1: 228, 238, 240–241, 293–294, 316, 334–336, 5: 85–86

and limitations to dispute settlement procedures, 5: 95, 107 and marine scientific research, 4: 494

over military activities disputes, 1: 336

Sovereignty

    (*see also* Archipelagic States; Archipelagic waters; Dispute settlement; Sovereign rights; Territorial seas; Transit States)

over air space, 1: 209, 219, 225, 302, 307, 2: 66–68, 70–74, 3: 96–97, 496, 548

of archipelagic States, 1: 77–78, 209, 225, 2: 64, 66–67, 71, 86, 405, 3: 625

over archipelagic waters, 1: 24, 209, 225, 2: 66–67, 71, 3: 625, 4: 490n

and the Area, 1: 259, 270, 6: 28, 105–110

    (*see also* Area, legal status of)

of coastal States (*see under* Coastal States)

and conciliation procedures, 5: 310–311

over the continental shelf, 3: 571

Convention on the Territorial Sea and the Contiguous Zone on, 2: 66, 72

and denunciation clauses, 5: 282

disputes re, 1: 336, 433

over the exclusive economic zone, 3: 96

and exploration/exploitation of the Area, 6: 103–104

over the high seas, 1: 244, 3: 93–97, 3: 94n. 1, 3: 605, 6: 100

over internal waters, 1: 209

and marine environment protection/preservation

    re coastal states' enforcement obligations, 4: 298–302

    re pollution, 4: 46, 48–49, 132–134, 137–146, 181–213, 219–220

    re responsibility and liability, 4: 410–411

and marine scientific research

    in archipelagic waters, 4: 490n

    on the continental shelf and exclusive economic zones, 4: 504, 511–512, 517

    dispute settlements and interim measures re, 4: 651–656, 661

    and installations and equipment, 4: 614–617

    and international cooperation, 4: 466–472

    non-recognition of, as basis for claims, 4: 464

    and responsibility and liability, 4: 638–641

    and territorial seas, 4: 488–495

and national and regional marine scientific and technological centres, 4: 722

Review Conference on, 6: 318, 323, 325, 329

vs. rights of private companies, 5: 64

Sea-Bed Committee on, 2: 66-67

over seabed/ocean floor/subsoil, 2: 66

vs. sovereign rights, 3: 96

of States bordering straits, 1: 219, 221

over territorial seas, 1: 209, 2: 66, 3: 466-474, 496

of transit States, 1: 256

use of term, 3: 96, 467

Soviet Union

on accommodation of activities, 6: 209-210

on aircraft, 2: 334, 385-386

on anadromous stocks, 2: 669

on Annex III, 6: 657n. 16, 6: 661, 671-672, 686

arbitration chosen by, 5: 422n. 2

on artificial islands, installations and structures, 2: 582, 925

on the Assembly, 6: 378, 392, 394

on the Authority

establishment, 6: 341-342, 6: 345n. 9

financial arrangements, 6: 530, 539, 543

organs, 6: 366

on the benefit of mankind, 6: 133-134

on the breadth of the territorial sea, 1: 37, 2: 497, 3: 486

on coastal States, 2: 369, 791, 793

on the Commission on the Limits of the Continental Shelf, 2: 1006

on conservation/management of living resources, 2: 598, 607, 2: 646n. 14, 3: 306

on the continental shelf, 2: 842-843, 857, 862-863, 867-869, 889, 925, 943

on the Council. 6: 420, 422-423, 425, 429

on the Declaration of Principles, 6: 25-26n. 90

on delimitation disputes, 5: 130

discussions/agreements/deals re UNCLOS III issues, 1: 58

dissolution of, 3: 375

on enclosed/semi-enclosed seas, 3: 351, 363

on enforcement of laws and regulations of coastal States, 2: 791, 793

on environmental protection, 6: 197

on the exclusive economic zone, 2: 519, 528-529, 574, 582, 3: 68

re international cooperation, 4: 469, 476

re legal status of installations and equipment, 4: 622

non-recognition of, as basis for claims, 4: 465

re principles for the conduct of research, 4: 459

re publication and dissemination of information and knowledge, 4: 484-485

re safety zones around installations, 4: 625

re warning signals, 4: 630

on marine technology development/transfer, 4: 703, 708, 715

on monopolies, 6: 686

on nondiscrimination, 5: 192

on nuclear-powered ships, 2: 220

on nuclear substances, 2: 220

on the Optional Protocol of Signature concerning the Compulsory Settlement of Disputes, 5: 5n. 4

on payments/contributions from exploitation of the continental shelf, 2: 943

on peaceful purposes, use of seabed for, 5: 171

on peace/security/cooperation, 6: 114, 6: 114n. 2

as a pioneer investor, 6: 67, 696-697, 6: 696n, 6: 823, 841, 845

on plans of work, 6: 686

on policies on activities, 6: 247

on prospecting, 6: 661

on qualifications of applicants, 6: 671-672

on Resolution II, 6: 841, 6: 842-843n. 16, 6: 843-845, 847-849, 6: 849n. 29

on resources, use of term, 6: 72

on responsibility/liability, 6: 121

on review of the international régime, 6: 316

on rights of protection of coastal States, 2: 233

on salvage of sunken ships, 3: 174

seabed mining legislation of, 6: 834n. 4

on sea lanes and traffic separation schemes, 2: 213, 357

on ships, 2: 334, 385-386

special arbitration accepted by, 5: 451

on the Statute of the Enterprise, 6: 772, 777, 780, 798, 803

on straits, 2: 296, 302-303, 325

strategic/security interests of, 1: 42-43

on the territorial sea's breadth, 2: 3-4, 3: 3-4

on UNCLOS III's preparatory work, 1: 53-54

on the uses of the seabed, 6: 22

on utilization of living resources in the exclusive economic zone, 2: 617-618

Spain

on aircraft, 2: 338-340, 2: 340n. 7

on the breadth of the territorial sea, 3: 483

on coastal States, 2: 373-374

on conservation/management of living resources, 2: 607

on the continental shelf, 2: 963-964

Convention signed by, 5: 164

on the exclusive economic zone, 2: 536, 807, 811

jurisdiction granted by Elizabeth I, 6: 5, 6: 5n. 5

on marine environment pollution/preservation, 4: 210, 311, 4: 312n. 13, 4: 365, 4: 385n. 2

on marine scientific research, 2: 351, 4: 573-574, 587-588

on safety aids, 2: 382

on sea lanes and traffic separation schemes, 2: 361

on ships, 2: 339

on straits, 2: 297-298, 2: 299n. 9, 2: 305, 311, 319, 327-328, 361, 388, 4: 386-388, 4: 388n. 10, 4: 390

on transitional provisions, 5: 482

on utilization of living resources in the exclusive economic zone, 2: 634

Spanish language, for authentic texts, 5: 301-302

Spanish Language Group, 1: 149-150n. 72, 414n. 29

Special arbitral tribunal

(*see also* Arbitral tribunal)

appointments to, 5: 447-448

constitution of, 1: 398-399, 5: 447-449

experts for, 1: 397-398

fact finding by, 1: 399-400

as forum for interpretation/application disputes, 5: 40

general provisions of, 5: 449

overview of, 5: 441-445

President of, 1: 398-399

procedures for, 1: 330, 398-400

recommendations by, 1: 400, 5: 450-451

vacancies in, 5: 448

Special arbitration

(*see also* Special arbitral tribunal)

categories addressed, 5: 445

commission of inquiry, 5: 441-442

documentation of, 5: 441

for dumping, 1: 397-399

experts for, 1: 397-398, 5: 446-447, 5: 447n. 8

fact finding, 5: 449-451

general provisions of, 1: 399

institution of proceedings under, 1: 397, 5: 445

re marine scientific research, 4: 655-656, 5: 445

re navigation, 1: 397-399, 5: 445

Special areas, pollution in, 1: 301, 4: 181-183, 196-197, 395

Special chambers of the Tribunal, 1: 291, 386, 5: 361-363

Special circumstances. *see* Delimitation

Special Commission 4, 4: 343n. 7, 5: 337, 5: 355n, 5: 364-365, 6: 56

Special commission for the Enterprise. *see* Commission for the Enterprise

Special interest groups. *see* Interest groups; Nongovernmental organizations; *and specific groups*

Special interests

of the Authority, Assembly and Council, 1: 273, 275, 278, 280, 490

of developing countries, 1: 207, 263

Specialized agencies of the United Nations, 1: 245, 407-408, 439, 5: 180

(*see also* Economic and Social Council; Food and Agriculture Organization; Intergovernmental Oceanographic Commission; International Atomic Energy Agency; International Civil Aviation Organization; International Hydrographic Organization; International Maritime Organization; United Nations)

Specialized Conference of the Caribbean Countries on Problems of the Sea, 2: 66, 3: 281-282

Special Trade Passenger Ships Agreement (**1971**), 3: 149

Species

(*see also* Anadromous stocks; Fishing; Highly migratory species; Marine environment;

Stocks)

alien, 1: 295

associated, 1: 231-233, 253-254

catadromous, 1: 234-235

dependent, 1: 231, 253-254

endangered, 1: 294

harvested, 1: 231, 233-235, 253-254, 2: 35

new, 1: 295, 4: 73-76

sedentary, 1: 235, 241, 2: 39, 506, 687-689, 897-898

use of term, 2: 667n. 1

Spiropoulos, M. (of Greece), 3: 483-484

Sponsoring State or States, 1: 292-293, 349-350, 479, 2: 43, 6: 920

(*see also* Certifying State; Partnership or consortium; Sponsorship)

Sponsorship, 1: 349-350, 432, 6: 673-675, 931, 942-943

(*see also* Sponsoring State or states)

Spurs, 1: 240

Sri Lanka, 1: 45, 6: 518, 839

on the continental shelf, 2: 834, 861, 2: 861n, 2: 868-869, 943, 1020-1022

on fishing/fisheries, 5: 91n

on marine technology development/transfer, 4: 672-673, 691

national marine science, technology and ocean service infrastructures, Annex VI provisions re, 4: 742-744, 747

on payments/contributions from exploitation of the continental shelf, 2: 943

on right to participate in the exploitation of continental shelf, 2: 834

Standard Clauses for Exploration Contracts, 6: 205

State bordering an enclosed/semi-enclosed sea, use of term, 2: 43

State enterprises, 1: 291, 426, 487

State instituting proceedings, use of term, 2: 43

Statement of Objectives (IWGMP), 4: 183

Statement of Understanding (1980), 1: 346, 421, 2: 1019-1025

Statement on the United States Policy for the Seabed, 6: 25-26n. 90

Statements. *see* Declarations/statements/notifications; Financial statements

State of cultural origin, use of term, 2: 43

State of historical and archaeological origin, use of term, 2: 43

State of origin of anadromous, use of term, 2: 43

State of registration/registry, 2: 43, 3: 111, 5: 68

States

re participation clause of final provisions, 5: 183

pollution control by, 6: 215 (*see also* Pollution)

rights/duties/interests of

    in the exclusive economic zone, 2: 553–565, 3: 69–70, 578–584, 620

    and freedom of the high seas, 2: 900–907, 3: 73

    on the high seas, 3: 605–609

    re natural resources, 3: 33–34, 290–295, 3: 291n. 2, 292n. 4, 294n. 8

self-governing associated, 1: 338–339, 5: 184

semi-independent, 5: 182–184

as signatories of the Convention, 5: 177, 179

succession of, 5: 170, 180–182, 5: 182n

and territorial application of treaties, 5: 183

use of term, 2: 42–43, 81, 5: 175

States bordering the straits, use of term, 2: 43, 289–290, 300

(*see also* Coastal States)

States Parties

(*see also* Contracting Parties; Costs to States Parties; Dispute settement, between States Parties)

access of, 1: 388, 5: 60–65, 374–378, 411–413

and the Agreement, 1: 480–481

agreements to modify/suspend Convention provisions, 5: 229, 240

and amendment/revision of the Convention, 5: 244–266, 268–269

applicability of the Convention to, 5: 19, 238–239

applications for plans of work sponsored by, 1: 479

as Authority members, 6: 339, 342, 344–345, 6: 345n. 9, 6: 349–350, 361–362

common heritage of mankind, and cooperation by, 6: 99

and conciliation, 5: 319

conciliators nominated by, 5: 314

consent to ad hoc special chambers, 5: 363

contributions to the Enterprise, 1: 374–375

as Council members, 1: 485, 6: 406, 412, 414–415, 418–419

cultural heritage to be protected by, 6: 232n

decisions/judgments, compliance with, 5: 414–416

declarations made/withdrawn by, 5: 91, 95–96, 107–108, 111–113

denunciation procedure, 5: 279–285

Enterprise mine sites funded by, 1: 483

exchange of views among, 5: 28–31

exploration/exploitation by, 6: 293, 306–303, 311–312

as Finance Committee members, 1: 489–491

good faith by, 5: 194–195

as international organization members, 5: 265–266, 272

and international organizations' rights/duties, 5: 187–188

marine environment protection/preservation, commitment to, 4: 3, 7, 167, 321

marine scientific research by, 6: 160, 164–172, 224

marine scientific research obligations of, 4: 479–487 (*see also* Marine scientific research)

marine technology development/transfer, obligations re, 4: 687–688

participation/appearance in Sea-Bed Disputes Chamber proceedings, 6: 638–640

Part XI implemented by, 1: 473

and peaceful uses of the seas, 5: 154

permanent vs. temporary role of, 6: 42

procedure for simplified amendment of the Convention, 5: 267

production policies applicable to, 1: 487–488

provisional measures, compliance with, 5: 58–59

regional groupings of, 5: 344

representation at international conferences, 5: 271–272

rights as members of the Authority, 6: 361–362, 918

right to select tribunal/arbitration, 5: 8–9, 56

special arbitration experts nominated by, 5: 446

subsidization by, 1: 487

technology transfer by, 1: 486, 6: 173–176, 179, 183–185

transfer of competence to international organization, 5: 456–458, 460–461

Tribunal expenses borne by, 5: 372

and Tribunal jurisdiction, 5: 40

and Tribunal members, 5: 345–347, 370

use of term, 1: 208, 476, 2: 27, 32, 34, 37, 2: 37n, 2: 42–43, 4: 749–750, 756–757, 5: 175, 179, 374, 6: 72–74, 349, 860

Statistics

(*see also* Data; Fishing)

catch and fishing effort, 1: 231–232, 254

on conservation/management of living resources, 3: 304 - 309, 3: 311n. 3, 3: 312, 611

on consumption of commodities, 1: 275, 485

Statute of the Enterprise. *see* Annex IV

Statute of the International Court of Justice

advisory opinions, 6: 644

on delimitation of the continental shelf, 1: 242

on delimitation of the exclusive economic zone, 1: 238

on experts, 5: 51

on jurisdiction, 5: 140

marine research dispute settlements and interim measures, 4: 660

on provisional measures, 5: 53–54

Statute of the Tribunal on, 5: 336–337, 341–342, 347–350, 383

Statute of the International Law Commission, 5: 341

Statute of the International Monetary Fund, 6: 760

Statute of the Tribunal. *see* Annex VI

Statute of the World Bank, 6: 760, 778, 786–787, 797–798, 800, 801

Statute on Freedom of Transit (**1921**), 3: 386–390, 401

Stavropoulos, Constantin A. (**of Greece**), 1: 66, 94, 412, 417, 5: 12, 76

Stevenson, John R. (**of the U. S.**), 5: 6, 6: 600

Stockholm Conference. *see* United Nations Conference on the Human Environment

Stockholm Declaration, 4: 37, 45–46, 55, 64, 100, 401

Stocks

(*see also* Allowable catch; Anadromous stocks; Fish stocks; Highly migratory species; Species; Straddling stocks)

biological unity of, 3: 37

catadromous, 1: 234–235, 2: 505–506, 680–686, 3: 286–289, 591

conservation of, 1: 231–234, 254

decline/depletion of, 3: 38

enforcement of regulations, 1: 234

in exclusive economic zones, 1: 232–233, 2: 639–647

interdependence of, 1: 231, 253–254, 3: 304, 311, 3: 311n. 3, 3: 611

management, 1: 234

research and identification of, 1: 231

settlement of disputes about, 1: 335

use of term, 2: 667n. 1

Straddling deposits, 6: 158, 6: 158n

Straddling stocks

(*see also* Conservation/management of living resources; Draft Agreement on Straddling and Highly Migratory Fish Stocks; Draft Agreement on Straddling and Highly Migratory Fish Stocks on; Nongovernmental organizations)

coastal States' rights re, 6: 158n

conservation/development of, 3: 38–47, 286–289, 3: 302n. 11

in enclosed/semi-enclosed seas, 3: 651

in the exclusive economic zone, 2: 639–647

United Nations Conference on Straddling Fish Stocks and Highly Migratory Fish Stocks, 3: 42–43, 3: 288n. 14, 3: 295, 303, 311, 367

use of term, 3: 41n. 32

Strait of Dover, 2: 291–292, 2: 292n. 45, 2: 358

Strait of Malacca, 2: 330, 4: 388–390

Strait of Singapore, 4: 388–390

Strait of the Beagle Channel, 2: 291–292, 2: 292n. 46

Strait of Tiran, 2: 291–292, 2: 291–292n. 44

Straits, 2: 279–396

(*see also* Due publicity; Enclosed/semi-enclosed seas; Jurisdiction; Laws and regulations; Marine environment; Noxious substances; Overflight; Safety aids; Sea lanes; Sovereignty; Traffic separation schemes; Transit passage)

and aircraft, 1: 220, 223, 2: 385, 388

air space over, 1: 219, 2: 282, 299, 320

applicability of provisions on, exceptions/exclusions to, 2: 301–308

and archipelagic waters, 2: 406

baselines for, 1: 210

and breadth of territorial seas, 3: 479–480

channels/sea lanes/separation schemes in, 3: 568–569, 626–627

concurrent jurisdiction in, 3: 126

Convention on the Territorial Sea and the Contiguous Zone on, 2: 319, 392

duties of ships/aircraft during passage through, 1: 221, 2: 332–348

exclusive economic zones through, 1: 219–220, 223, 226, 2: 309–320

and freedom of navigation, 2: 282–283, 292

general provisions re, 1: 219–220

high seas in, legal status of, 3: 70

innocent passage in, 1: 9-10, 24, 33, 88, 223, 2: 282, 284-286, 292, 382-383, 390-396, 3: 565-566

between island/mainland, 2: 328-329

laws/regulations on, 1: 222-223, 2: 301-308, 356-366, 3: 569

legal status of, 1: 219-220, 2: 294-300, 320, 6: 92

Main Trends Working Paper on, 3: 564-570, 3: 564n

in marine environment preservation/protection regulations, 4: 382-391

marine scientific research in, 4: 461

as narrow outlets, 3: 352

overview of; 2: 279-293

and pollution, 1: 222, 2: 379-383

Private Group on Straits, 1: 107

régime of passage through, 1: 77, 219-223, 2: 282-284, 294, 296-299, 316-320

research and survey activities in, 1: 221, 2: 349-353

responsibility/liability for damage to, 3: 570

safeguards re, 1: 311

sea lanes and traffic separation schemes in, 1: 221-222, 2: 354-366

Second Committee on, 3: 479-480

and sovereignty, 2: 280-283, 294, 296-299

States bordering, 1: 219-223, 2: 43, 289-290, 300, 367-378, 384-389 (*see also* Coastal States)

and territorial seas, 2: 282

transit passage through, 1: 9 - 10, 24, 33, 77, 88, 220 - 223, 2: 279 - 282, 2: 279n. 1, 280n. 5, 2: 291, 321-348, 385, 388, 3: 81, 566-570, 4: 385, 6: 204

and treaties, 2: 291-292, 2: 291-292nn. 43-46, 292n. 48-49

use of term, 2: 289-290, 315, 2: 319n. 2, 2: 320

warships in, 3: 480, 568

Straits of Magellan, 2: 291-292, 2: 292n. 46, 2: 307-308, 2: 308n. 10

Straits States Group, 1: 77, 107

Strait States, use of term, 2: 297, 300

(*see also* Coastal States)

Stratton, Julius A. (**of the U. S.**), 6: 13

Stratton Commission (**Commission on Marine Science, Engineering and Resources; U. S.**), 6: 12-13

Structures

(*see also* Artificial islands; Continental shelf; Due notice; Enforcement; Installations; Islands; Registry; Safety zones)

abandonment/disuse/removal of, 1: 230, 2: 589–593, 4: 225n

dumping from, 1: 208

establishment/construction of, 1: 228, 230, 316

in exclusive economic zones, 1: 229, 2: 570–588

legal status of, 1: 230, 288

man-made, 1: 208, 2: 34

marine scientific research, 1: 316

pollution from, 1: 298–299, 302–303, 4: 222–226

Sea-Bed Committee on, 2: 574, 920–921

States' duties to fly their flag, 1: 299

use of term, 2: 36

Study of the implications of preparing large-scale maps for UNCLOS III, 2: 884–890

Suarez, José Léon (of Argentina), 6: 6

Sub-Committee (Sea-Bed Committee)

(*see also* First Committee (UNCLOS III))

on access to the Area by developing States, 6: 219

on archaeological/historical objects, 6: 227–229

on the Area/resources, use of terms, 6: 71

on environmental protection, 6: 193

on the international régime/machinery, 6: 31, 33–37

marine environment preservation/protection deliberations of, 4: 150

on marine scientific research, 4: 431–432

marine scientific research deliberations of, 4: 441

marine technology development/transfer deliberations of, 4: 665–666

on protection of human life, 6: 202

successes of, 1: lxi

on superjacent waters, 6: 89–90

on technology transfer, 6: 178, 180–181

work allocated to, 1: lxi, 2: 4, 3: 4 (*see also* Annex I; Final Act; Part XI; Resolution I; Resolution II)

Working Group, 1: lxi

Sub-Committee II (Sea-Bed Committee)

on anadromous stocks, 2: 669-670

on artificial islands and installations, 2: 574

on the exclusive economic zone, 2: 547-548, 574

on marine environment protection/preservation, 4: 70

on marine scientific research, 4: 431-432, 441, 535

on marine technology development/transfer, 4: 665

on national jurisdiction, 6: 31

on pollution, 4: 70

successes of, 1: lxi-lxii

work allocated to, 1: lxi-lxii, 2: 4-5, 66-67, 79, 497-498, 6: 35-36

Sub-Committee III (Sea-Bed Committee), 4: xiii-xvii

on marine environment preservation/protection

re activities in the area, enforcement of regulations re, 4: 228-229

re adverse consequences from exercise of powers, 4: 331

re coastal States' enforcement obligations, 4: 283-284

re data and information exchange, studies, and programmes, 4: 91-93

re dumping, 4: 159, 235

re effects of activities, 4: 122-123

re flag States' enforcement obligations, 4: 243, 245-246

re global and regional cooperation, 4: 79

re imminent and actual damage notification, 4: 83-84

re maritime casualties, 4: 306-307

re nondiscrimination against foreign vessels, 4: 346

re notification of flag States, 4: 372

re pollution, 4: 55-56, 128, 138, 150, 184, 4: 184-185n. 8, 4: 245-246, 317

re port States' enforcement obligations, 4: 262

publication of reports, 4: 118

re responsibility and liability, 4: 401-402

re scientific criteria for regulations, 4: 95-96

re seaworthiness of vessels, 4: 274

re sovereign immunity, 4: 418

re sovereign rights, 4: 46-47

re States' liability due to enforcement of regulations, 4: 378

suspension and restrictions on proceedings involving, 4: 351

re violations proceedings, 4: 321n. 1

on marine environment protection/preservation

    re pollution, 4: 209

marine scientific research deliberations of

    re Area-based research, 4: 604

    re assistance and facilitation for research vessels, 4: 598

    conditions to be complied with, 4: 540–542

    re dispute settlements and interim measures, 4: 645

    generally, 4: 431–432

    general provisions, 4: 441–443

    re implied consent, 4: 562–563

    re information to coastal States, 4: 528–530, 535

    re installations and equipment, 4: 621, 627

    re international cooperation, 4: 468, 474

    non-recognition of, as basis for claims, 4: 464–465

    re principles for conduct, 4: 456–457

    re publication and dissemination of information and knowledge, 4: 481–482, 486

    re suspension or cessation of research, 4: 571

    re territorial seas, 4: 490–491

on marine technology development/transfer, 4: 665–666, 690, 6: 178, 180

successes of, 1: lxii

work allocated to, 2: 4, 3: 4

Working Groups, 1: lxii

Submarine cables. *see* Cables and pipelines, submarine

Submarine elevations. *see* Banks; Caps; Plateaus; Rises; Spurs

Submarine ridges, 2: 834, 867, 879–880, 2: 880n. 61

Submarine rises, 1: 239–240, 2: 874

Submarines

Convention on the Territorial Sea and the Contiguous Zone on, 2: 180, 183

innocent passage of, 1: 214

navigation on the surface by, 2: 180–181, 3: 468, 474, 499, 558

nuclear, 6: 148

and sea lanes, 2: 207

submarine areas, use of term, 2: 827n. 7

and territorial seas, 2: 179–183

Subregional or regional observer programmes. *see* Observers

Subsidiary bodies

(*see also* Subsidiary organs)

establishment under the Convention and Agreement, 1: 476–477

of the Preparatory Commission and subsidiary bodies, 1: 340, 423–424, 2: 795, 5: 459, 5: 459n. 5

of U. N. agencies, regarding expert lists, 1: 397–398

Subsidiary organs

(*see also* Subsidiary bodies)

of the Assembly, 1: 273, 284

Assembly's establishment of, 6: 387, 393

of the Authority, 1: 272–273, 278, 284

of the Council, 1: 278, 280, 284, 491

Council's establishment of, 6: 435, 438, 444, 449, 451, 456, 480

Subsidies

and development of resources, 6: 236–237

production policies on, 6: 260–261, 273–274, 276, 279–280

Subsidization, 1: 487, 6: 4

Subsoil areas. *see* Seabed, ocean floor and subsoil

Substances

(*see also* Nuclear substances)

harmful, 1: 294, 298, 316

noxious, 1: 215, 222, 294, 298

nuclear, 1: 215

persistent, 4: 130–134

psychotropic, 1: 216–217, 249, 2: 240, 3: 224–230, 3: 226n. 5, 227n. 7 (*see also* Drug trafficking)

toxic, 1: 294, 298

Succession of States, 5: 170, 5: 170n. 9, 5: 180–182, 5: 182n

Sudan, 2: 199n. 26, 6: 24–25

Sunken ships, 3: 160–161, 164, 174, 3: 176n. 11, 6: 227–228

(*see also* Archaeological/historical objects)

Sun Ocean Ventures (U. S.), 6: 67n. 237

Superjacent waters

(*see also* High seas; Waters superjacent to the Area)

of the Area, 1: 258, 270

vs. the Area, 6: 110

coastal State jurisdiction over, 1: 228

Declaration of Principles on, 1: 175, 6: 88–89

legal status of, 1: 241, 258, 2: 900–907, 3: 70–71, 6: 91–92, 96, 100, 318–319, 323, 325, 329, 877

marine scientific research on, 4: 605

use of term, 2: 44, 542, 906, 4: 611

Supertankers, marine pollution violations by, 4: 304–305, 383

Supplementary Convention on the Abolition of Slavery, the Slave Trade and Institutions and Practices Similar to Slavery (1956), 3: 179

Suppliers of marine technology, 1: 323, 325–326

Surie, Vice-Admiral (of the Netherlands), 3: 461, 484

Suriname, 1: 408–409, 5: 180

Surplus, 1: 231, 335

(*see also* Contractors)

Surveillance, 1: 297, 4: 114–115

(*see also* Monitoring)

Surveys

of area for potential exploitation, 1: 426

research and survey activities, 1: 214, 221, 227, 2: 176, 349–353

during transit passage, 1: 221

Suspension

(*see also* Archipelagic States; Authority; Contractors; Contracts; Flag States; Innocent passage; Marine scientific research; Notification; Proceedings; Transit passage)

of investigation, 1: 305

of marine scientific research, 4: 569–580

of membership in the Assembly, 1: 274, 279–280, 290

of membership rights/privileges, 6: 437, 442, 445, 450, 586–594, 6: 615n. 13

of operation of the Convention provisions, 1: 341

of operations in Area, 1: 283

Sustainability. *see* Allowable catch; Long-term sustainability; Maximum sustainable yield

Sweden

(*see also* Group of 11)

on the breadth of the territorial sea, 3: 485

on enclosed/semi-enclosed seas, 3: 344

on the Enterprise, 6: 369

on the Green Book, 6: 51-52

on innocent passage, 2: 199n. 26

on the marine environment, 4: 394

on marine scientific research, 4: 605n. 2

on opposite or adjacent coasts, 2: 142

and straits, 2: 307-308, 2: 308n. 12

Switzerland

(*see also* Group of 11)

Authority membership of, 6: 63n. 227

on conciliation proceedings, 5: 316-317, 323

on the continental shelf, 2: 845n. 7

on the Enterprise, 6: 369

on equality of treatment in ports of transit States, 3: 453

on the Green Book, 6: 51-52

on landlocked States' access to the sea, 3: 376, 417

on marine scientific research, 4: 605n. 2

on the preamble, 1: 465

Swordfish, 1: 345

Symposia, 1: 324, 327

(*see also* Training)

Tacit consent, 4: 166, 6: 62

Tanker Owners Voluntary Agreement Concerning Liability for Oil Pollution (TOVALOP), 4: 182

Tankers, 1: 215

innocent passage of, 3: 559

marine pollution violations by, 4: 304-305, 383

and sea lanes/traffic separation schemes, 2: 204-210

use of term, 3: 559

vessel-source pollution initiatives of, 4: 182

Tanzania

on accommodation of activities, 6: 208-209

on the Assembly, 6: 378, 392

on the Authority, 5: 171, 6: 285, 342, 354-355, 366

on the benefit of mankind, 6: 133

on the common heritage of mankind, 6: 97

on the Council, 6: 420, 443

on exclusive right to explore/exploit, 6: 734

on exploration/exploitation, 6: 298

on landlocked States, 2: 727

on the legal status of the Area, 6: 104

on licenses, 6: 652

on the limits of the Area, 6: 79

on marine environment preservation/protection, 4: 196 – 198, 228, 323, 357 – 358, 365–367, 409, 419

on marine technology development/transfer, 4: 668

on peaceful purposes, 6: 147

on peace/security/cooperation, 6: 113

on policies on activities, 6: 240–242

on protection of human life, 6: 202

on responsibility/liability, 6: 121

on review of the international régime, 6: 314

on the Secretary-General, 6: 483, 487

and straits, 2: 328–329

on title to minerals, 6: 658

on uses of the seabed, 6: 24–25

Tarawa Declaration (**1989**), 3: 45

Tariffs, 3: 434–435, 6: 236, 260

(*see also* Customs; General Agreement on Tariffs and Trade)

Taxes

(*see also* Authority; Customs)

Agreement's establishment of system of, 6: 4

on corporate income, 1: 363

on the Enterprise, 1: 378

exemption from, 5: 370–371, 6: 579–585

on traffic in transit, 1: 256–257

on Tribunal members/officers, 1: 387, 5: 370

Technical assistance. *see* Assistance; Cooperation; Development

Technical Commission, 6: 306, 308–309

Technical Consultation on High Seas Fishing (1992), 3: 311

Technical Experts on Marine Scientific Research, 4: 437n. 21

Technical institutions, compensation through, 4: 407

Technology

    (*see also* Agreement; Arrangements; Authority; Contracts; Cooperation; Developing States; Enterprise; Equipment; Equitability; Fair and reasonable terms/conditions for technology transfer; Fishing; International organizations; Joint ventures; Landlocked States; Marine technology; Plan of work for activities in the Area; Technology transfer; Training)

    deep seabed mining, 1: 366–367

    fishing, 1: 232, 3: 38–41, 45–47

    holders, suppliers and recipients of, 1: 323, 325–326

    marine environment protection/preservation and use of, 4: 73–76

    marketing of, 1: 327

    pollution from use of, 1: 295

    research centres for, 1: 326–327, 4: 719–733

    use of term, 1: 352, 2: 39, 6: 677

Technology transfer, 4: 665–737, 6: 173–189

    (*see also* Agreement; Arrangements; Authority; Contracts; Developing States; Enterprise; Equipment; Fair and reasonable terms/conditions for technology transfer; Fishing; international organizations; Joint ventures; Landlocked States; Marketing; Open market; Plan of work for activities in the Area; Symposia; Technology; Training)

    acquisition of technology by Authority, 1: 261

    acquisition of technology by Enterprise, 1: 351, 372, 486

    and activities in the Area, 4: 706–718

    as an agenda item for UNCLOS III, 1: 35, 90–91

    Agreement on, 6: 176, 189, 675–678, 870

    Annex III on, 6: 650–51, 655–657, 673, 675–680, 700

    and the Authority, 6: 173–174, 176, 178–180, 183–187, 348

    Charter of the Economic Rights and Duties of States, 6: 182

    and the Charter of the United Nations, 6: 177, 6: 177n. 2

    on commercial terms, 6: 173–174, 176, 181, 187–189

    controversy over, 6: 4, 176–177, 187

    Convention on, 1: 27

Declaration on the Establishment of a New International Economic Order, 6: 181

to developing States, 1: 261, 264, 325-326, 351, 357, 366, 486, 4: 706-711

and developing States' participation, 6: 173-174, 176-184, 6: 178n. 5, 6: 186-187, 189

development of infrastructure for, 1: 324

to the Enterprise, 4: 706-711, 6: 176, 184-186, 188-189, 248-249, 251, 254, 506-508, 512, 524-525 (*see also under* Annex III)

and environmental protection, 6: 174

equitability in, 1: 323-324

fair and reasonable terms/conditions for, 1: 261-262, 323, 350-352, 486, 6: 507-508, 679-680

and geographically disadvantaged States, 4: 675-679, 689-695, 702-705, 6: 184

Green Book on, 6: 187

guidelines, criteria and standards for, 1: 325

ICNT on, 6: 184-187, 673, 678-679

information to the Authority, 1: 350

and intellectual property rights, 6: 189

International Code of Conduct on the Transfer of Technology, 5: xxx, 6: 181–182

international cooperation on, 1: 261–262, 323–326, 486, 6: 178–179, 6: 178n. 6,
6: 182, 187, 189

ISNT on, 6: 183

through joint ventures, 6: 173, 188–189

and landlocked States' participation, 6: 184

marine technology, use of term, 6: 182–183

and marine technology development

basic objectives of, 4: 683–688

general provisions of, 4: 671–679

guidelines, criteria, and standards, 4: 699–701

international cooperation provisions, 4: 696–718

legitimate interests, protection of, 4: 680–682

measures for achieving, 4: 689–695

overview of, 4: 665–670

and the parallel system, 6: 176–177, 186, 6: 186n. 19

Part XI on, 6: 880–881

"Problems of Acquisition and Transfer of Marine Technology," 6: 182–183

Programme of Action on the Establishment of a New International Economic Order, 6:
181–182

programmes for, 4: 702–705, 6: 173–174, 179–180, 183–186, 189

regional centres for, 1: 326–327, 4: 719–733

resolution 2626 (XXV) on, 6: 177

Resolution II, 6: 830, 838, 851

Review Conference on, 1: 270, 6: 318–319, 323, 325, 329

RSNT on, 6: 183–184

by States Parties, 6: 173–176, 179, 183–185

and the Statute of the Enterprise, 6: 791

Sub-Committee I on, 6: 178, 180–181

Sub-Committee III on, 6: 178, 180

terms and conditions for, 1: 261–262, 323, 350–352, 486

and training programs, 6: 733

undertakings by contractors, 1: 350–353, 357, 430, 432, 486

U. S. on, 6: 177, 6: 178n. 6, 6: 180, 183, 187, 519–520

Television broadcasts from the high seas, unauthorized. *see* Broadcasting from the high seas, unauthorized

Ten States. *see* Group of 10

Term of office

    (*see also* Authority; Commission on the Limits of the Continental Shelf; Enterprise; Legal and Technical Commission)

    for arbitrators, 5: 425

    of the Assembly's President and officers, 1: 272

    of the Commission on the Limits of the Continental Shelf, 1: 346

    of Council members, 1: 276

    of the Economic and Planning Commission, 1: 281

    of the Enterprise's Director-General, 1: 372

    of the Finance Committee members, 1: 490

    of Governing Board members, 1: 371

    of Sea-Bed Disputes Chamber members, 5: 403, 406–407

    of the Sea-Bed Disputes Chamber members/officers, 1: 391–392

    of Tribunal members, 1: 383–384, 387, 5: 347–351

Terms and conditions for fishing rights and conservation measures, 1: 226, 231–232, 234–235

    (*see also* Contracts)

Terms of contracts. *see* Contracts

Territorial integrity, 1: 213–214, 221, 337

Territorialist Group, 1: 75–76

Territorial seas

    (*see also* Air space; Artificial islands; Baselines; Breadth; Cables and pipelines; Conservation/management of living resources; Convention on the Territorial Sea and the Contiguous Zone; Due publicity; Foreign ships or vessels; Historic title; Hot pursuit; Islands; Jurisdiction; Laws and regulations; Marine scientific research; Opposite or adjacent coasts; Outer limits; Sea lanes; Tankers; Traffic separation schemes)

    as an agenda item for UNCLOS III, 1: 32, 88, 2: 51

    air space over, 1: 209, 302, 307, 2: 86

    archaeological/historical objects in, 6: 230

    artificial islands in, 1: 212, 230

    vs. bays, 1: 211

    breadth of (*see also* Baselines; Contiguous zone)

        and archipelagos, 3: 479

global/regional criteria for, 3: 554

at mouths of rivers, 3: 480–481, 499, 550

and permanent harbour works, 3: 552

and enclosed/semi-enclosed seas, 3: 357, 554

fishing in, 1: 214

freedom of navigation and overflight from question of plurality of régimes in, 2: 68–72, 3: 562–563

general provisions, 1: 209

geographical coordinates of, 1: 212–213

vs. high seas, 3: 61, 69, 6: 6, 8–9, 6: 9n. 21

historic waters, 3: 548

hot pursuit in, 1: 250–251

innocent passage (*see* Innocent passage, in territorial seas)

vs. internal waters, 1: 210–211

of islands, 3: 635–638

legal status of, 1: 209, 2: 72

legal status of/sovereignty over, Second Committee on, 3: 464, 466–474

limits of, 2: 44, 73, 3: 549–554 (*see also* Territorial seas, breadth of)

of low-tide elevations, 1: 212

Main Trends Working Paper on, 3: 548–563

marine environment preservation/protection provisions

re coastal States' enforcement obligations, 4: 279–302

re dumping, 4: 166–167, 232–239

re maritime casualties, 4: 311

re monetary penalties and rights of the accused, 4: 365–370

re pollution, 4: 144–145, 180–206, 232–239

re port States' enforcement obligations, 4: 265, 270–271

re straits used for international navigation, safeguards re, 4: 384–385

re suspension and restrictions on proceedings involving jurisdiction of, 4: 356–359

treaties re, 4: 7

marine scientific research in, 4: 461, 488–495, 616, 621–622

nature/characteristics of, 3: 548

plurality of régimes in, 2: 67–72, 154, 3: 562–563

pollution in, prevention, reduction and control of, 1: 300, 304–307, 310, 4: 144–145, 180–206, 232–239 ports/permanent harbour works, 1: 211–212

reefs in, 1: 210

régime of, 1: 153, 6: 8–9, 6: 9n. 21

Report of the Second Committee on, 3: 461–487

rivers flowing into, 1: 211

roadsteads included in, 1: 212

Second Committee on (*see* Report of the Second Committee)

Second Committee on Coastal States' rights in, 3: 461–462, 464, 469–470

and sovereignty of coastal States, 1: 209, 300, 315

submarines in, 1: 214

use of term, 2: 38, 55–58, 85, 3: 467

zone beyond, coastal States rights/jurisdiction over, 3: 597–604, 3: 597n (*see also* Exclusive economic zone)

Territorial waters, 2: 55–58, 3: 486–487

(*see also* Territorial seas)

Territories

internally self-governing, 1: 339

non-independent, 1: 433

non-self-governing, 5: 478–482

and participation clause of final provisions, 5: 184

semi-independent, 5: 183–184

as signatories to the Convention, 5: 177, 179

sovereignty of, 1: 433

Terrorism, 3: 186–187

Testimonium, 5: 171–173, 304–305

Testing (*see also* Sampling)

of equipment, mining or processing, 1: 366, 368, 427–428

recovery of minerals from Area for, 1: 348

Testing programs, harmful effects of. *see* Environmental protection

"Texts illustrating areas of agreement and disagreement," 6: 285–286

Thailand, 2: 422, 449, 459, 745, 6: 24–25, 6: 62n. 226

Thant, U (of Burma), 6: 19

Third Committee (UNCLOS III)

agenda items allocated to, 1: 90–91, 4: xiii–xiv, 5: xiv

on conciliation procedures, 5: 13–14

documentation of, 1: liii, liv–lv, 5: xxx

on dumping, 2: 34n, 2: 35

establishment of, 1: xxvi

informal working groups of, 1: 415, 1: 416n. 39

on the marine environment, 2: 31, 35, 835, 5: 99

marine environment preservation/protection deliberations of

    re activities in the area, 4: 151–152, 231

    re adverse consequences from exercise of powers, 4: 333

    re civil proceedings, 4: 361

    re coastal States' enforcement obligations, 4: 284, 286, 295–296

    consideration of, 4: 11

    re data and information exchange, studies, and programmes, 4: 93

    re dumping, 4: 161, 164–165

    re flag States' enforcement obligations, 4: 249–250, 253–254

    general obligation provisions of, 4: 38–39

    re global and regional cooperation, 4: 80–81

    re ice-covered areas, 4: 393–395

    re imminent or actual damage, 4: 84

    re introduction of alien and new species, 4: 76

    re investigation of foreign vessels, 4: 341–342

    re maritime casualties, 4: 307, 309–313

    re monetary penalties and rights of the accused, 4: 365–368

    re notification of flag States, 4: 374

    re obligations of conventions, 4: 423–424

    re pollution, 4: 114, 129–130, 140, 144–145, 151–152, 188, 193–197, 210, 218–220, 224, 317–318

    re port States' enforcement obligations, 4: 264–265, 268–269, 271

    re powers of enforcement, 4: 327–329, 4: 328n. 6

    re preferential treatment for developing states, 4: 106

    proposals of, 4: 59–61, 4: 59–61n. 9

    re responsibility and liability, 4: 406, 410–411, 4: 411n

    In RSNT revisions, 4: 62–63

    re scientific criteria for regulations, 4: 97

    re seaworthiness of vessels, 4: 276–277

    re sovereign immunity, 4: 419

709n. 6, 4: 714-718, 735

measures for achieving, 4: 693

overview of, 4: 666, 668-670

re protection of legitimate interests, 4: 681, 4: 682n

national and regional marine scientific and technological centres, proposals for, 4: 720-721, 4: 721n. 2

negotiations of, 1: 94-95

officers of, 1.411, 4: xliii

on pollution, 2: 31-32

on regional marine scientific and technological centres, 4: 726-729, 731

reports by, 4: xiv-xvii

RSNT work of, 1: 120

SNT work of, 1: 116

on use of terms and scope, 2: 29-30, 4: 750

Third flag-vessels, 4: 185n. 8

Third States, 1: 226, 237-238, 2: 43, 4: 39

Third United Nations Conference on the Law of the Sea. *see* UNCLOS III

Threat of damage or pollution, 1: 260-261, 300, 306-307, 309, 4: 278-279

Threat or use of force, 1: 213-214, 221, 337

Tides, 1: 212, 254

(*see also* Low-tide elevations)

Time limits/effective dates

for amendments relating exclusively to activities in the Area, 5: 275

for appointing ad hoc chamber members, 5: 410-411

for appointing arbitral tribunals, 5: 425-429

for appointing conciliators, 5: 315

for appointing special arbitral tribunals, 5: 448-449

for conciliation, 5: 126, 318, 321-323

for the conciliation commission, 5: 316-318, 322-23

re contested decisions, 5: 380

for denunciation proceedings, 5: 279-280, 282-284

for detention, 5: 69-70

for determination that a claim is unfounded, 5: 77

for dispute settlement, 5: 22

for entry into force of amendments, 5: 275, 278

Annex III on, 6: 660, 662–663, 732–734

and contracts, 6: 942

of crews, 1: 245

fisheries research, 1: 232

marine science and technology, 1: 261–262, 324, 326–327, 348, 352, 486

marine scientific research, 1: 261, 314–315, 327, 348

in pollution prevention, 1: 296

Resolution II on, 6: 830, 838, 851

seminars and symposia, 1: 324, 327

and technology transfer, 4: 665–666, 6: 733

Transboundary stocks. *see* Straddling stocks

Transfer of data. *see* Data, transfer of

Transfer of ownership of a ship, 1: 245

Transfer of technology. *see* Technology transfer

Transfer/presumption of competence. 5: 192–193, 456–458, 460–463

Transit. *see* Landlocked States; Traffic in transit; Transit passage; Transit states

Transit Convention (Convention on Transit Trade of Land-Locked States; 1965), 3: 377, 3: 377n. 27, 3: 382, 391–399, 401, 437, 447, 456, 5: 23

Transit facilities, 1: 256–257

(*see also under* Landlocked States)

Transit passage

(*see also* Straits)

and archipelagic States, 2: 404

of foreign ships or vessels, 1: 221–223

vs. innocent passage, 1: 77

and marine environment protection/preservation, 4: 385

and marine scientific research, 1: 221, 4: 461

and pollution control rights, 4: 64

rights of, 1: 220–223, 2: 320

through straits, 1: 9–10, 24, 33, 77, 88, 220–223, 2: 279–282, 2: 279n. 1, 280n. 5, 2: 291, 321–348, 385, 388, 3: 81, 566–570, 4: 385, 6: 204

suspension of, 1: 223

use of term, 2: 38, 320

Transit rights

(*see also under* Landlocked States)

Assembly's receipt of advisory opinions from, 6: 381–382, 386

binding decisions/binding force of decisions, 5: 82–83, 397

on Canada, 5: 333

Canada on, 6: 642

candidates for, 6: 444, 448, 455

choice of procedure, 1: 330–331

competence of, 5: 373–383, 6: 500

composition of, 1: 382–383, 5: 341–342, 349

conduct of cases, 5: 388

conduct of cases by, 1: 389

constitution and functions of, 5: 338–339

convening of, 1: 419

Convention as constituent instrument of, 5: 277

costs of, 1: 391, 5: 398–399

on criminal jurisdiction in relation to foreign ships or vessels, 2: 243n. 7

decision-making procedures of, 1: 390, 6: 383

decisions of, 1: 332, 384–385, 387–391, 5: 390–393, 396–398

default of, 5: 389–390

dispute settlement by, 5: 18, 6: 612–613

draft rules of procedure for, development of, 5: 337

election by the Assembly, 6: 393, 395

election of President and Vice-President, 1: 385

enforceability of decisions, 1: 392

on enforcement of laws and regulations of the coastal States, 2: 794

establishment of, 1: 27, 330, 382, 424 – 425, 3: 676 – 678, 5: 333 – 335, 5: 335n. 11, 5: 473–474, 6: 56, 610–611

establishment of Sea-Bed Disputes Chamber, 1: 386

expenses of, 1: 388, 5: 371–373

finances of, First Committee (UNCLOS III) on, 6: 50

as forum for interpretation/application disputes, 5: 40

general provisions of, 1: 382

hearing of, 1: 389, 5: 388

institution of proceedings, 1: 389, 5: 384–385

interim arrangements for, 1: 419, 5: 473–474

vs. the International Court of Justice, 6: 638–640

special chambers of, 1: 291, 386, 5: 361–363, 6: 919–920

Statute of (*see* Annex VI)

structure of, 6: 56

summary procedure, 1: 386

U. S. on, 5: 6, 333

vacancies in, 1: 384–385, 5: 350–351

Tribunals. *see* Arbitral tribunal; Court or tribunal; Jurisdiction; Special arbitral tribunal

Trinidad and Tobago

(*see also* Latin American and Caribbean States; Latin American States)

on geographically disadvantaged States, 2: 744

on islands, régime of, 3: 335

on marine environment preservation/protection, 4: 294–295, 365, 403–404

on marine scientific research, 4: 444, 492, 610, 616

on marine technology development/transfer, 4: 707n

on the Secretary-General, 6: 483, 487, 492, 497

and straits, 2: 292, 2: 292n. 49

on the uses of the seabed, 6: 24–25

Truman, Harry S. , 2: 493, 827

Truman Proclamations (1945), 1: 1–2, 2: 493, 827–828, 6: 7

Trust Territory of the Pacific Islands, 1: 409, 5: 180, 183–184

Tuna, 1: 345, 2: 658, 3: 46

Tunisia

on the continental shelf, 2: 845, 959

on the exclusive economic zone, 2: 805

on islands, régime of, 3: 336

on marine environment preservation/protection, 4: 410

on marine scientific research, 4: 616

on opposite or adjacent coasts, 2: 137

Tunnelling, 1: 243, 2: 835, 991–992

Turkey

on amendment/revision of the Convention, 5: 246

on archaeological/historical objects, 6: 227–228

on the breadth of the territorial sea, 2: 80–81, 3: 485

on the contiguous zone, 2: 271

Convention rejected by, 1: xxviii, 6: 52

on the Convention vs. other agreements, 5: 232

on delimitation of continental shelf between opposite or adjacent coasts, 2: 955–956, 961, 964, 980–981

on delimitation of exclusive economic zone, 2: 802–803

on dispute settlement, 5: 29

on enclosed/semi-enclosed seas, 3: 343, 350, 357, 361–362, 365

on the exclusive economic zone, 2: 808

on final provisions, 5: 169

on the high seas, use of term, 3: 67

on islands, régime of, 3: 331, 333, 336

on marine environment preservation/protection, 4: 410

on marine scientific research, 4: 616

on opposite or adjacent coasts, 2: 136–138

on the Preparatory Commission, 5: 476

representatives on the Second Committee, 2: xlvii

on reservations to the Convention, 5: 221

on straits, 2: 305–306

on transit passage, 2: 362

Uganda, 2: 85, 136, 2: 698n. 4

Ukraine, 4: 615, 5: 188, 5: 422n. 2, 5: 451, 6: 63n. 227

Unauthorized broadcasting, 1: 249–250

(*see also* Broadcasting from the high seas, unauthorized)

UNCED (United Nations Conference on Environment and Development; 1992), 3: 41–43, 311, 317

UNCITRAL (United Nations Commission on International Trade Law) Arbitration Rules, 6: 621–623, 626–627, 629, 676–677, 826

disputes re contracts, 1: 292

disputes re overlapping claims in pioneer areas, 1: 428–429

disputes re undertakings by contractors, 1: 351–352

UNCLOS I (First United Nations Conference on the Law of the Sea; Geneva, 1958), 6: 7–9

(*see also* General Assembly resolutions; Main Committees (UNCLOS I))

on application of the Convention, 5: 225

on archipelagic States, 2: 400, 418–419

resolutions adopted by, 3: 494-495, 527-532

    convening of a second United Nations Conference on the Law of the Sea, 3: 531, 535

    cooperation in conservation measures, 3: 529

    humane killing of marine life, 3: 529

    international fishery conservation conventions, 3: 528

    nuclear tests on the high seas, 3: 527

    pollution of the high seas by radioactive materials, 3: 527-528

    régime of historic waters, 3: 530-531

    special situations re coastal fisheries, 3: 530

    tribute to the International Law Commission, 3: 532

on right of transit passage in straits, 2: 281, 283

on roadsteads, 2: 125

States represented at, 3: 491

on straits, 2: 392

vs. UNCLOS III, 1 : lx-lxi, 30-31

UNCLOS II (Second United Nations Conference on the Law of the Sea; Geneva, 1960)

(*see also* General Assembly resolutions)

on breadth of the territorial sea, 2: 77, 79, 495-496

on coastal States' right to participate in the exploitation of the exclusive economic zones, 2: 772

Committee of the Whole, 2: 8-9, 2: 9n. 11, 3: 9n. 11, 3: 537

committees of, 3: 536

convening of, 1: 159-160, 3: 531, 535, 6: 7

Convention on Fishing and Conservation of the Living Resources of the High Sea, 5: 5n. 3

Final Act, 3: 535-538

on fishery limits, 3: 538

leadership of, 3: 536

observers at, 3: 535-536

on publication of record of discussions at, 3: 537

on right of transit passage in straits, 2: 282

States represented at, 3: 535

UNCLOS III (Third United Nations Conference on the Law of the Sea; 1973—1982)

(*see also* Collegium; Declaration of Principles Governing the Sea-bed and the Ocean

list of relevant agreements, 4: 23–33

re pollution, 4: 316

specific concepts contained in, 4: 10–11

re straits used for international navigation, 4: 383

on marine scientific research, 4: 429, 431, 502

Montreaux Compromise, 5: 8–9

and the moratorium resolution, 1: 5–6

national and regional marine scientific and technological centres, development of, 4: 720–721

negotiating process of, 1: 29–134, 6: 58n. 221

    adoption of the Convention, process leading to, 1: 132–134, 5: xv

    agenda items' complexity/novelty, 1: 44–46

    agenda items' importance for national interests, 1: 42–44

    agenda items' scope and interrelatedness, 1: 31–42

    authority vested in individuals, 1: 55–56

    Chairmen's role in, 1: 63–67

    conformity to UNCLOS III proceedings and to preceding conferences, 1: 29–31

    convening the conference without a single preparatory text, 1: 52–54

    coordinating national departments on law of the sea, 1: 46

    delaying tactics, 1: 41

    duration of the conference, 1: 57

    events/activities outside the conference, 1: 57–60

    evolution of the Convention, overview of, 1: 113

    formal structure of, 1: 87–99 (*see also* First Committee (UNCLOS III); Main Committees (UNCLOS III); Second Committee (UNCLOS III); Third Committee (UNCLOS III))

general debates, 1: 39, 5: xxxv

Gentlemen's Agreement, 1: 31, 101–102, 412, 414–415

ICNT preparation/revisions, 1: 121–131, 417–419 (*see also* ICNT)

ILC not used in preparatory work, 1: 46–52

individuals' role in, 1: 61–66

interest groups, 1: 31, 54–55 (*see also* Nongovernmental organizations; *and specific groups*)

ISNT preparation/revisions, 5: 10–11

meetings of the whole, 1: 95

on ships, 2: 483

on submarine cables, 2: 911

session two (1974), 1: xxvi–xxvii, 92, 406, 2: 11–12, 5: 6–8, 6: 36–37

 on air space, 2: 902–903

 on anadromous stocks, 2: 670–672

 on archipelagic States, 2: 402, 409–411, 420–423, 435–436, 448–450

 on archipelagic waters, 2: 440, 458–459, 468

 on artificial islands, installations and structures, 2: 576–578, 921–923

 on baselines, 2: 97, 130, 420–423

 on bays, 2: 115

 on catadromous stocks, 2: 682

 on charts and geographical coordinates, 2: 146, 988

 on coastal States, 2: 369–371, 789–791

 on conservation/management of living resources, 2: 600–604

 on the contiguous zone, 2: 269–271

 on the continental shelf, 2: 831, 844–848, 921–923, 933–935, 955–960, 988

 on criminal jurisdiction in relation to foreign ships or vessels, 2: 240

 on delimitation of continental shelf between opposite or adjacent coasts, 2: 955–960

 on drilling on the continental shelf, 2: 928

 on the exclusive economic zone, 2: 498–499, 515–516, 525–531, 549–550, 557–558, 576–578, 642, 803–805

 on geographically disadvantaged States, 2: 738–740

 on highly migratory species, 2: 651–654, 996–997

 on immunities of warships, 2: 262

 on innocent passage, 2: 154, 160, 168–169, 187–192, 195, 224, 386–387, 392–393

 on internal waters, 2: 444

 on landlocked States, 2: 698–701

 on low-tide elevations, 2: 127–128

 Main Committees issues assigned, 1: 415

 on marine mammals, 2: 660–661

 on marine scientific research, 2: 350–351

 on noncompliance of warships with coastal State laws and regulations, 2: 254–255

 on nuclear-powered ships, 2: 218

 on nuclear substances, 2: 218

on opposite or adjacent coasts, 2: 136n, 2: 137–138, 803–805

on payments/contributions from exploitation of the continental shelf, 2: 933–935

on pipelines, 2: 911–912

on ports, 2: 121

on régime of straits, 2: 287–288

on responsibility and liability of flag States, 2: 257–258

on rights of coastal States over continental shelf, 2: 894

on safety aids, 2: 381–382

on sea lanes, 2: 357–358, 468

on sedentary species, 2: 688

on ships, 2: 334–337

on States' rights/duties in the exclusive economic zone, 2: 557–558

on stocks in the exclusive economic zone, 2: 642

on straits, 2: 296, 303, 318, 323–325, 357–358, 381–382, 386–387, 392–394

on submarine cables, 2: 911–912

on submarines, 2: 181

on superjacent waters, 2: 902–903

on territorial seas, 2: 67–68, 80, 85

on traffic separation schemes, 2: 357–358

on transfer of rights to exploit living resources, 2: 776–778

on use of terms and scope, 2: 30–31

on utilization of living resources, 2: 625–627

on warships, 2: 250–251

session three (1975), 1: 114–115, 2: 12–13, 6: 37–40

on air space, 2: 903–905

on anadromous stocks, 2: 672–674

on archipelagic States, 2: 402–403, 411–412, 423–425, 450–451

on archipelagic waters, 2: 440, 459–460, 468–470, 483–485

on artificial islands, installations and structures, 2: 578–580, 923–924

on artificial islands, installations and structures over the continental shelf, 2: 923–924

on baselines, 2: 88, 97–98, 130, 423–425, 436

on bays, 2: 116

on catadromous stocks, 2: 682–683

on charts and geographical coordinates, 2: 146–147, 818, 988 on civil jurisdiction in relation to foreign ships or vessels, 2: 246

on coastal States, 2: 371-372, 769, 791-792

on Commission on the Limits of the Continental Shelf, 2: 1003

on conservation/management of living resources, 2: 604-606

on the contiguous zone, 2: 271-272

on the continental shelf, 2: 831-832, 848-851, 894-895, 923-924, 928, 935-
937, 960-961, 988

on criminal jurisdiction in relation to foreign ships or vessels, 2: 240-241

on delimitation of continental shelf between opposite or adjacent coasts, 2: 960-961

on drilling on the continental shelf, 2: 928

on the exclusive economic zone, 2: 500-501, 516-517, 531-535, 550, 558-
560, 567-568, 578-580, 642-643, 806-807

on geographically disadvantaged States, 2: 740-743

on highly migratory species, 2: 654-655, 997-998

on immunities of warships, 2: 262-263

on innocent passage, 2: 54, 154, 160-161, 169-170, 192-193, 209-210,
224-225

on innocent passage in archipelagic waters, 2: 459-460, 483-485

on innocent passage in straits, 2: 382, 394-395

on internal waters, 2: 106, 444-445

ISNT prepared, 1: 416

on landlocked States, 2: 701-707

on low-tide elevations, 2: 128

on marine environment, 2: 31-32

on marine mammals, 2: 661

on marine scientific research, 2: 351

on mouths of rivers, 2: 110

on noncompliance of warships with coastal State laws and regulations, 2: 255

on nuclear-powered ships, 2: 218-219

on nuclear substances, 2: 218-219

on opposite or adjacent coasts, 2: 138, 806-807

on payments/contributions from exploitation of the continental shelf, 2: 935-937

on pipelines, 2: 912-913

on pollution, 2: 31-32

on ports, 2: 121-122

on reefs, 2: 93

on responsibility and liability of flag States, 2: 258

on rights of coastal States over continental shelf, 2: 894-895

on rights of protection of coastal States, 2: 230-231

on roadsteads, 2: 124

on sea lanes/traffic separation schemes, 2: 209-210, 358-359, 468-470

on ships, 2: 337-338

on States' rights/duties in the exclusive economic zone, 2: 558-560

on stocks in the exclusive economic zone, 2: 642-643

on straits, 2: 297, 303-304, 310-311, 318-319, 325-326, 358-359, 382, 387-388, 394-395

on submarine cables, 2: 912-913

on submarines, 2: 181

on superjacent waters, 2: 903-905

on territorial seas, 2: 70-72, 80, 85

on transfer of rights to exploit living resources, 2: 778-779

on tunnelling, 2: 992

on utilization of living resources, 2: 627-631

on warships, 2: 251

session four (1976), 1: 117, 2: 14-15, 6: 40-41

on aircraft, 2: 338-339

on air space, 2: 440, 905

on anadromous stocks, 2: 674-675

on archipelagic States, 2: 403, 425-427, 436, 451-452, 470-473, 485-486

on archipelagic waters, 2: 440, 460, 485-486

on artificial islands, installations and structures, 2: 581, 924-925

on baselines, 2: 98-99, 130, 425-427

on bays, 2: 116-117

on catadromous stocks, 2: 683-684

on charts and geographical coordinates, 2: 147, 818-819, 988-989

on civil jurisdiction in relation to foreign ships or vessels, 2: 246

on coastal States, 2: 372-373, 769-770, 792-793

on Commission on the Limits of the Continental Shelf, 2: 1003-1005

on conservation/management of living resources, 2: 606-607

on the contiguous zone, 2: 272

on the continental shelf, 2: 832, 851–854, 924–925, 928, 937–940, 961–963, 988–989

on criminal jurisdiction in relation to foreign ships or vessels, 2: 241

on delimitation of the continental shelf between opposite or adjacent coasts, 2: 961–963

on drilling on the continental shelf, 2: 928

on the exclusive economic zone, 2: 501–502, 517, 535–537, 550, 568, 581, 807–810

on geographically disadvantaged States, 2: 743–746

on highly migratory species, 2: 655–656, 998–999

on immunities of warships, 2: 263

on innocent passage, 2: 154–155, 161, 171–173, 193–194, 225, 388, 395, 460, 485–486

on internal waters, 2: 106–107, 445

ISNT prepared, 1: 416

on landlocked States, 2: 707–710

on legal status, 2: 72

on marine mammals, 2: 661

on marine scientific research, 2: 351

on mouths of rivers, 2: 110–111

on noncompliance of warships with coastal State laws and regulations, 2: 255

on nuclear-powered ships, 2: 219

on nuclear substances, 2: 219

on opposite and adjacent coasts, 2: 138–139, 807–810

on payments/contributions from exploitation of the continental shelf, 2: 937–940

on pipelines, 2: 913–914

on pollution, 2: 382

on reefs, 2: 93

on responsibility and liability of flag States, 2: 258

on rights of protection of coastal States, 2: 231

on safety aids, 2: 382

on the seabed/ocean floor/subsoil, 2: 440

on sea lanes/traffic separation schemes, 2: 210–211, 359–361, 470–473

on ships, 2: 338–339

on States' rights/duties in the exclusive economic zone, 2: 560

on stocks in the exclusive economic zone, 2: 643

on straits, 2: 289, 297–298, 305, 311–312, 319, 327, 359–361, 388, 395

on submarine cables, 2: 913–914

on submarines, 2: 181–182

on superjacent waters, 2: 905

on territorial seas, 2: 80–81

on transfer of rights to exploit living resources, 2: 779–780

on tunnelling, 2: 992

on use of terms and scope, 2: 33

on utilization of living resources in the exclusive economic zone, 2: 631

on warships, 2: 251

session five (1976), 1: 121, 2: 15, 6: 41–43

on artificial islands, installations and structures, 2: 581

on catadromous stocks, 2: 684–685

on coastal States, 2: 339, 2: 373

on Commission on the Limits of the Continental Shelf, 2: 1005–1006

on conservation/management of living resources, 2: 607

on the continental shelf, 2: 832, 854–855, 940

on the exclusive economic zone, 2: 502–503, 517–518, 537–539, 550–551, 560–561, 568, 581, 631, 643–644, 810

on geographically disadvantaged States, 2: 746–749

on landlocked States, 2: 710–713

on marine scientific research, 2: 351

on opposite or adjacent coasts, 2: 810

on payments/contributions from exploitation of the continental shelf, 2: 940

RSNT prepared, 1: 416

on sea lanes/traffic separation schemes, 2: 211, 361, 473–474, 486

on ships, 2: 339

on States' rights/duties in the exclusive economic zone, 2: 560–561

on stocks in the exclusive economic zone, 2: 643–644

on straits, 2: 298, 306, 319–320, 327–328, 361, 382–383, 396

on transfer of rights to exploit living resources, 2: 780

on utilization of living resources in the exclusive economic zone, 2: 631

session six (1977), 1 : xxvii-xxviii, 92, 121, 2: 15–16, 6: 43–45

on aircraft, 2: 339–340

45–46, 6: 46n. 166

session eight (1979), 1: xxviii, 93, 127-129, 6: 46-47

    on artificial islands, installations and structures, 2: 925

    on baselines, 2: 436

    on charts and geographical coordinates, 2: 147-148, 989-990

    on coastal States, 2: 793

    on Commission on the Limits of the Continental Shelf, 2: 1006-1009

    on the continental shelf, 2: 860-868, 895, 925, 943-945, 970-976, 989-990, 1020-1022

    on the exclusive economic zone, 2: 519, 540-541, 563, 633, 644

    on geographically disadvantaged States, 2: 761-763

    Group of Legal Experts on Final Clauses established, 1: 418

    Group of Legal Experts on Settlement of Disputes on Part XI established, 1: 418

    on incineration, 2: 35-36

    on landlocked States, 2: 727-728

    on marine mammals, 2: 662-663

    on opposite and adjacent coasts, 2: 140-141

    on participation in the Conference, 1: 420

    on payments/contributions from exploitation of the continental shelf, 2: 943-945

    on rights of coastal States over continental shelf, 2: 895

    on rights of protection of coastal States, 2: 231-232

    on States' rights and freedoms of the high seas, 2: 905-906

    on States' rights/duties in the exclusive economic zone, 2: 563

    on stocks in the exclusive economic zone, 2: 644

    on transfer of rights to exploit living resources, 2: 782

    on utilization of living resources in the exclusive economic zone, 2: 633

session nine (1980), 1: 130-131, 6: 47-48

    on artificial islands, installations and structures, 2: 582-583, 925-926

    on coastal States, 2: 793

    on Commission on the Limits of the Continental Shelf, 2: 1009-1013

    on the continental shelf, 2: 868-872, 895, 925-926, 945, 976-979, 1022-1023

    on the exclusive economic zone, 2: 582-583, 633-634, 644-645

    on geographically disadvantaged States, 2: 763-764

    on highly migratory species, 2: 999

    ICNT revised, 1: 418-419

    on innocent passage, 2: 155-156, 195-196

on landlocked States, 2: 729

on marine mammals, 2: 663

on opposite and adjacent coasts, 2: 141

on payments/contributions from exploitation of the continental shelf, 2: 945

on the Preparatory Commission, 1: 419

on rights of coastal States over continental shelf, 2: 895

on sea lanes/traffic separation schemes, 2: 211

on stocks in the exclusive economic zone, 2: 644-645

on straits, 2: 312-313

on the Tribunal, 1: 419

on utilization of living resources in the exclusive economic zone, 2: 633-634

session ten (1981), 1: 131-132, 6: 49-50, 52

on artificial islands, installations and structures, 2: 583

on baselines, 2: 100

on charts and geographical coordinates, 2: 148, 990

on coastal States, 2: 794

on Commission on the Limits of the Continental Shelf, 2: 1014

on the continental shelf, 2: 872-873, 945, 979-980, 990

on the draft Convention, 1: 419

on the exclusive economic zone, 2: 583, 645

on geographically disadvantaged States, 2: 764-765

on highly migratory species, 2: 999

on innocent passage, 2: 195-197

on landlocked States, 2: 729

on payments/contributions from exploitation of the continental shelf, 2: 945

on stocks in the exclusive economic zone, 2: 645

on straits, 2: 313

on transfer of rights to exploit living resources, 2: 782

session eleven (1982), 1: 23, 132-134, 2: 17, 6: 50-53

on aircraft, 2: 340-341

on archipelagic waters, 2: 461

on artificial islands, installations and structures, 2: 583-584

on coastal States, 2: 771

on the continental shelf, 2: 873, 980-982, 1024

on the exclusive economic zone, 2: 541, 583-584, 645-646

on stocks in the exclusive economic zone, 2: 639-640

on straits, 2: 294, 301-302, 309, 316, 321-322, 354-355, 379, 390-391

on structures, 2: 571-572, 918

on submarines, 2: 179-180

on superjacent waters over the continental shelf, 2: 900-901

on territorial seas, 2: 64-65, 75-76, 83, 433-434

on traffic separation schemes, 2: 204-205, 354-355

on transfer of rights to exploit living resources, 2: 773-774

on tunnelling, 2: 991

on use of terms and scope, 2: 28

on utilization of living resources, 2: 613-614

on warships, 2: 248-249

Statement of Understanding adopted by, 1: 346, 421, 2: 1019-1025

Study of the implications of preparing large-scale maps for UNCLOS III, 2: 884-890

texts for discussion by, 1: lx-lxi

titles of parts of, 4: 750

and UNCLOS I, 1: lx-lxi, 30-31, 3: 20

and the Vienna Convention on the Law of Treaties (1969), 5: 169-170, 196

UNCTAD. *see* United Nations Conference on Trade and Development

Understanding on Resolution of Conflicts Among Applicants for Registration as Pioneer Investors, 6: 849

Underwater cultural heritage, use of term, 6: 232n

Underwater vehicles, 1: 214

(*see also* Submarines)

UNEP (United Nations Environment Programme). *see* United Nations Environment Programme

UNESCO. *see* United Nations Educational, Scientific, and Cultural Organization

Union of South Africa, 3: 481

Union of Soviet Socialist Republics. *see* Soviet Union

Union Seas (Belgium), 6: 67n. 237

United Arab Emirates, 2: 171, 181, 3: 361, 5: 130-132, 6: 63n. 227

United Kingdom

on aircraft, 2: 334-335

Annex III on, 6: 656-657, 686

on applicable law for the Sea-Bed Disputes Chamber, 5: 414

on archipelagic States, 2: 400, 409, 419, 421–423

on archipelagic waters, 2: 439, 457, 466–467

on artificial islands, installations and structures, 2: 582–583

on the Assembly, 6: 378, 392, 400

in Assembly working group on the rules of procedure, 6: 384

. on the Authority

      establishment, 6: 342

      legal status, 6: 559

      privileges and immunities, 6: 547, 562, 565, 576, 581, 584–585

on baselines, 2: 106, 419, 421–423

on the Boat Paper, 6: 60n. 223

on the breadth of the territorial sea, 3: 482

on broadcasting from the high seas, unauthorized, 3: 233n. 3

on coastal States, 2: 369–370

and the cod war, 2: 2, 3: 2

on Commission on the Limits of the Continental Shelf, 2: 1006–1008

on the continental shelf, 2: 435, 873

Convention rejected by, 1: xxviii, 6: 3–4

on the Council, 6: 420, 429, 443

on dispute settlement, 6: 596

drug trafficking treaty with the U. S. , 3: 228

on the exclusive economic zone, 2: 435, 538, 582–583

on freedom of the high seas, 3: 86n

in Informal Consultations with the Secretary-General, 6: 57–59, 6: 58n. 219

on innocent passage, 2: 160, 168–169, 187–188, 224, 393–394, 457

on islands, régime of, 3: 338

on the limits of the Area, 6: 79

marine environment protection/preservation efforts of, 4: 5, 158, 160, 264, 269, 305–306

on marine technology development/transfer, 4: 693, 708, 715

on monopolies, 6: 686

on opposite or adjacent coasts, 2: 142

on pollution, 2: 381

on the Preparatory Commission, 5: 477

on Resolution II, 6: 837, 839, 841

on responsibility and liability of flag States, 2: 257, 2: 257n

on safety aids in straits, 2: 381

seabed mining legislation of, 6: 834n. 4

on sea lanes, 2: 207, 357–359, 466–467

on the Secretary-General, 6: 483, 487–488

on ships, 2: 334–335

on straits, 2: 287–289, 303, 2: 305n, 2: 310, 318, 323–326, 357–359, 393–394, 4: 386

on submarines, 2: 181

on superjacent waters/air space, 6: 88

on the *Torrey Canyon* disaster, 4: 305–306

on traffic separation schemes, 2: 207, 357–359

on transit passage, 2: 386

on uses of the seabed, 6: 22–23

on warships, 2: 250–251, 257, 2: 257n

United Nations

(*see also* Charter of the United Nations; Flag States; Food and Agriculture Organization; General Assembly; Secretary-General (United Nations); Security Council; UNCLOS III)

administration of territories by, proposal for, 6: 8, 6: 8n. 17, 12n. 31

and the Authority, 1: 278, 424, 6: 503–504, 6: 504n. 7

budget of, 1: 375, 425, 481

Commission on Transnational Corporations, 1: 363–364

and Commissions of the Council, 1: 281

Economic and Social Council, 1: 285

establishment of, 6: 7

flag of, 1: 245

and marine environment preservation/protection, 4: 16, 414

and NGOs, 6: 505

participation in disputes with States, 5: 64

ships flying the flag of, 3: 128–134, 3: 133n. 10

specialized agencies of, 1: 245, 3: 132, 3: 132n. 4, 6: 503–504, 6: 503n. 3

UNCLOS III participation by, 1: 407

United Nations Administrative Tribunal, 6: 498–499, 6: 499n. 5

United Nations Charter. *see* Charter of the United Nations

on traffic separation schemes, 2: 212–213, 365–366

on water column, use of term, 4: 611 (*see also* Division for Ocean Affairs and the Law of the Sea)

United Nations Special Fund Caribbean Fishery Project, 3: 132

United Nations Suez Canal Clearance Operation in Egypt, 3: 132

United States

on accommodation of activities, 6: 208–210

on activities in the Area, 6: 73, 82, 244–245, 253

on air space over the continental shelf, 2: 903

on amendment/revision of the Convention, 5: 256–257

on anadromous stocks, 2: 668–669, 671–672

on Annex III, 6: 651–652, 656–657, 6: 657n. 16, 6: 660–661, 667, 671–672, 674

on annexes, 5: 286–287

on archaeological/historical objects, 5: 159, 161

on artificial islands, installations and structures, 2: 920, 922–923

on the Assembly, 6: 373, 378–380, 382–383, 392, 394, 400–401

in Assembly working group on the rules of procedure, 6: 384

on the Authority, 6: 40

    establishment, 6: 341

    financial arrangements, 6: 530, 539–540, 545

    organs, 6: 366, 369

    powers/functions, 6: 360

    privileges and immunities, 6: 565

on baselines/bays, 3: 477

on the benefit of mankind, 1: 3–4, 6: 141–142, 6: 142n. 16

on the Boat Paper, 6: 60n. 223

on the breadth of the territorial sea, 1: 37, 2: 496, 3: 482

on cables and pipelines on the continental shelf, 2: 911–912

on coastal States' rights/interests, 6: 156

on the common heritage of mankind, 6: 26–27n. 93, 6: 96–97

on compulsory dispute settlement, 5: 6, 130

on conduct of States, 6: 115

on conservation/management of living resources, 2: 598, 602–603, 3: 292–293, 306–308

on the continental shelf, 2: 493, 847–849, 903, 920, 922–923, 928, 967–968, 981

Convention participation by (*see under* Convention)

on cooperation of States in conservation/management of living resources, 3: 298–299

on the Council

    composition/decision-making, 6: 421–423, 429–431

    organs, 6: 461–462

    powers/functions, 6: 453

on delimitation disputes, 5: 128

on delimitation of continental shelf between opposite or adjacent coasts, 2: 967 – 968, 981

on developing States' participation, 6: 221–222, 224

on disclosure of information, 5: 156–157

discussions/agreements/deals re UNCLOS III issues, 1: 57–58

on dispute settlement, 5: 6, 6: 597–598, 600, 609–610, 6: 610n. 2

on drilling on the continental shelf, 2: 928

drug trafficking treaty with the U. K. , 3: 228

on the Economic Planning Commission, 6: 469–471

on enforcement of laws and regulations of coastal States, 2: 786–788, 790–791

on the Enterprise, 6: 39–40, 43, 506–507, 515–516, 518–521, 539

on environmental protection, 6: 192

on the exclusive economic zone, 1: 44–45, 2: 356, 519, 529, 536–537

on exploration/exploitation, 6: 297–298, 302–303, 305, 310, 734 (*see also* Truman Proclamations)

First Committee (UNCLOS III) participation by, 6: 48–52

on good faith and abuse of rights, 5: 151

Green Book proposed by (*see* Green Book)

on highly migratory species, 2: 651–652, 656, 2: 657n. 14, 2: 996–997

on the high seas, use of term, 3: 64–65

on the high seas régime, 3: 62

in Informal Consultations with the Secretary-General, 6: 57–59, 6: 58n. 219

on innocent passage, 2: 177–178, 194, 203, 227, 284–286

on installations in the exclusive economic zone, 2: 575, 577–578

on the international régime, 6: 31–32

on landlocked States, 2: 696

on the Legal and Technical Commission, 6: 464, 480–481

on legal status of resources, 6: 109n. 11

re implied consent, 4: 566

re information to coastal States, 4: 529-531

re installations and equipment, 4: 618-619

re international cooperation, 4: 468-471, 475-477

re principles for conduct, 4: 456-457, 460

re publication and dissemination of information and knowledge, 4: 482

re responsibility and liability, 4: 640

re right to conduct research, 4: 443

re suspension or cessation of research, 4: 574-575

re territorial seas, 4: 491

re water columns, 4: 611

on marine technology development/transfer, 4: 691, 708 – 709, 4: 709n. 6, 4: 714-716

membership in the Authority, 6: 63n. 227

mining interests of, 6: 689n. 42

on mining rights, 6: 658

on the moratorium resolution, 6: 25-26n. 90

on NIEO, 6: 32n. 106

on nuclear-powered ships/substances, 2: 220

oceans policy of, 6: 26-27n. 93

on the Optional Protocol of Signature concerning the Compulsory Settlement of Disputes, 5: 5n. 4

on payments/contributions from exploitation of the continental shelf, 2: 933-935, 938-939, 941, 944

on peaceful purposes, 3: 89, 6: 146, 148

on policies on activities, 6: 244-245, 253

on the Preparatory Commission, 5: 476, 6: 56

on production authorizations, 6: 691

on production policies, 6: 277-278

on prompt release of vessels, 5: 67

on prospecting, 6: 660

on protection of human life, 6: 201-203, 6: 203n

on qualifications of applicants, 6: 671, 674

on regional marine scientific and technological centres, 4: 728-729

on Resolution II, 6: 833-835, 837, 839-841

on resources, use of term, 6: 73

on responsibility and liability, 5: 164

on responsibility/liability, 6: 120

on the Review Conference, 6: 332-333

on rights/obligations under contracts, transfer of, 6: 750

on rights of protection of coastal States, 2: 233

on rights/privileges of membership, suspension of, 6: 591-592

on the right to fish on the high seas, 3: 281-282

on RSNT, 6: 41

on the Rules and Regulations Commission, 6: 478

seabed mining legislation of, 6: 834, 844

on sea lanes/traffic separation schemes, 2: 213, 470-471

on the Secretary-General, 6: 483, 487-488, 492, 497-498, 502

on security of tenure, 6: 735

on settlement of disputes in the exclusive economic zone, 2: 568

on sovereignty over the high seas, 3: 95

on States' rights/duties in the exclusive economic zone, 2: 557, 560-561, 563

on the Statute of the Enterprise, 6: 760, 763-764, 780, 802-803, 810-813

on straits, 2: 302-303

strategic/security interests of, 1: 42-43

on superjacent waters/air space, 2: 903-904, 6: 88

on suspension of contractors' rights, 6: 745-746

on technology transfer, 6: 177, 6: 178n. 6, 6: 180, 183, 187, 519-520

on transfer of rights to exploit living resources, 2: 777

on the Tribunal, 5: 333

United Nations Convention on the International Sea-Bed Area draft by, 5: 171

on uses of the seabed, 6: 22, 6: 26-27n. 93

on utilization of living resources in the exclusive economic zone, 2: 616-617, 619-620, 626-627

Universal Declaration of Human Rights, 3: 186, 4: 370

Unlawful acts (offences) against navigation safety, 3: 36, 185-195, 3: 188n

Uruguay

(*see also* Latin American and Caribbean States; Latin American States)

on artificial islands, installations and structures, 2: 581

on baselines, 2: 97, 106

on bays, 2: 115

on the breadth of the territorial sea, 3: 485

on charts, 2: 146

on conservation of straddling stocks, 3: 302n. 11

on encloscd/scmi-enclosed seas, 3: 343, 357

on the exclusive economic zone, 2: 538–540, 581

on islands, régime of, 3: 328, 334

on landlocked States, 3: 411–412

on low-tide elevations, 2: 127

on marine scientific research, 4: 580n

on opposite or adjacent coasts, 2: 136

on ports, 2: 121

on roadsteads, 2: 124

on the Secretary-General and Secretariat, 6: 483, 487, 492, 497

on settlement of disputes in the exclusive economic zone, 2: 568

Use of force, 1: 213–214, 221, 337

Use of terms and scope, generally, 1: 208, 2: 27–47, 2: 30n, 4: 749–759, 6: 70–76

(*see also specific terms*)

Use of the seas, 1: 207–208, 229, 313, 334

User State, use of term, 2: 43

USSR. *see* Soviet Union

Vallarta, José Luis (of Mexico), 1: 95, 116, 1: 416n. 39, 4: xiv, 6: xlvii

Varma, M. (of Estonia), 3: 483

Vehicles, 1: 256

(*see also* Submarines)

Venezuela

(*see also* Latin American and Caribbean States; Latin American States)

on the continental shelf, 2: 845

Convention rejected by, 1: xxviii, 6: 52

on delimitation of continental shelf between opposite or adjacent coasts, 2: 980

on the draft Agreement, 6: 62n. 226

on islands, régime of, 3: 338

as location for the Convention, 1: 452

marine environment protection/preservation proposals from

atmospheric pollution, 4: 210

on opposite or adjacent coasts, 2: 141

on reservations to the Convention, 5: 221

resolution expressing gratitude to, 1: 435

on the Secretary-General, 6: 483, 487, 492, 497

and straits, 2: 292, 2: 292nn. 48-49

withdrawal as host of Conference, 5: 304

Verdross, Alfred V. , 1: 151

Versailles Treaty (Treaty of Peace; 1919), 3: 384

Vessels

(*see also* Arrest; Assistance; Boarding; Craft; Danger; Design; Detention; Enforcement; Equipment; Fishing; Fishing vessels; Flag States; Foreign ships or vessels; Government ships; High seas; Immunity; Inspection; Installations; Investigation; Loss; Manning regulations; Master of a ship or vessel; Merchant ships; Monetary penalties; Nationality; Nondiscrimination; Noxious substances; Nuclear -powered ships; Officers; Passage; Penalties; Piracy; Pollution; Ports; Proceedings; Registry; Release; Responsibility and liability; Seaworthiness; Seizure; Ships; Sovereign immunity; Sunken ships; Warships)

certificate for, 1: 304, 308

data collection/sharing, 3: 667

detention of, 4: 274

disposal of, 2: 34

dumping from, 1: 208, 299-300, 303

evidence of condition of, 1: 304

flying the flag of a State, 2: 36, 3: 36, 100-102, 3: 100n, 3: 506

government, powers of enforcement of, 4: 326-329

hazards to, 1: 308

inspection of, 3: 108, 601

marine environment protection/preservation from pollution by

atmospheric pollution, 4: 207-213

coastal States' enforcement, obligations re, 4: 279-302

design, construction, equipment, operation and manning guidelines for, 4: 66

and enforcement of dumping, 4: 232-239

flag States' enforcement re, 4: 243-257

in ice-covered areas, 4: 392-398

investigation guidelines, 4: 18–19

maritime casualties, measures for avoiding, 4: 304–314

provisions generally, 4: 176–206, 4: 184–185n. 8

RSNT on, 4: 62–63

seaworthiness, measures relating to, 4: 273–278

and sovereign immunity, 4: 416–421

States' liability due to enforcement of regulations, 4: 377–381

suspension and restrictions on proceedings involving, 4: 358

marine scientific research and use of, 4: 459–461, 477, 597–602, 625

nationality of, 3: 103–109, 3: 107n. 7

other than warships, innocent passage in the territorial sea, 3: 468–474

pollution by, 1: 301–302, 3: 34, 4: 58–61, 6: 159, 197, 215 (*see also* Pollution)

prompt release of, 1: 332–333, 5: 66–71

release of, 4: 274

research, 1: 317, 320

seaworthiness of, 4: 273–278

vs. ships, 3: 101

submarines, 6: 148

sunken ships, 6: 227 (*see also* Archaeological/historical objects)

use of term, 2: 36, 45–46, 156, 3: 101, 4: 17–18, 758–759

Vice-President. *see* Tribunal

Vienna Convention on Consular Relations (1963), 1: 464n. 29, 4: 375

Vienna Convention on Diplomatic Relations (1961), 1: 464n. 29, 4: 375

Vienna Convention on the Law of Treaties (1969), 6: 334n. 17

on adoption of treaties, 5: 195

amendment/modification, use of terms, 5: 247

on amendment of multilateral treaties, 5: 277, 6: 59n. 222

on annexes, 5: 287–288

application of guidelines for treaties, 5: 183, 194, 5: 194n. 18

application of successive treaties relating to the same subject-matter, 5: 232–233n. 4

on conciliation, 5: 311, 319

on consular officers, 2: 242–243

and the Convention vs. the Geneva Conventions, 5: 235

on customary law, 1: 463–465, 1: 464n. 29

denunciation/withdrawal guidelines of, 5: 170–171, 280–281, 284–285

Warioba, Joseph (of Tanzania), 5: 477n. 11, 6: xlv, 56, 489

Warning signals, 1: 230, 263, 321, 4: 629-631

Warships

  (*see also* Exceptions/exclusions; Flag States; High seas; Military; Sunken ships)

  in archipelagic waters, 3: 628

  boarding of merchant ships by, 3: 509-510

  Convention on the Territorial Sea and the Contiguous Zone on, 2: 249, 254, 261, 2: 261n. 2

  damage caused by, 1: 218

  enforcement by, 1: 308

  and flag States, 2: 256-259, 2: 257n

  hot pursuit by, 1: 251, 3: 247, 250-251, 254-256, 258, 510, 615

  immunities of, 1: 218, 246, 312, 2: 260-265, 3: 153-156, 3: 155n, 3: 607

  and innocent passage, 2: 155, 162-163, 175, 196, 2: 197n. 11, 2: 203, 3: 474, 502, 561-562

  laws and regulations on, 2: 248-265

  and marine environment preservation/protection, 4: 416-421

  marine environment preservation/protection by, 4: 326-329

  maritime casualties measures and exceptions for, 4: 306

  nationality of, 1: 218, 250

  noncompliance with coastal State laws and regulations, 1: 218, 2: 253-259, 2: 255n

  Part XII's applicability to, 1: 312

  piracy by, 1: 248, 3: 203-205, 3: 205n, 3: 613

  right of visit by, 1: 250, 3: 237-246

  rules applicable to, 1: 218

  seizure by, 1: 249, 3: 509, 614

  in straits, 3: 480, 568

  use of term, 1: 218, 2: 38, 248-252, 3: 154, 3: 154n. 1, 3: 506-507, 561

Waste classification, 4: 172-174

Waste disposal

  (*see also* Dumping)

  "black list" of waste, 4: 165-166

  harmful effects of (*see* Environmental protection)

  and incineration at sea, 2: 34n, 2: 35-36, 4: 754-755

  and transit passage through straits, 1: 222

draft articles, 4: 38-39, 55-57, 4: 55-57n. 8

re dumping, 4: 235

re global and regional cooperation, 4: 80

re imminent or actual damage, 4: 84

re pollution, 4: 87-88, 113, 128-129, 138-140, 150-151, 4: 184-185n. 8, 4: 184-187, 209, 245-246, 4: 245-246n. 3, 4: 316-317

re port States' enforcement obligations, 4: 262

re preferential treatment for developing states, 4: 106

re publication of reports, 4: 118

re scientific criteria for regulations, 4: 95-96

re seaworthiness of vessels, 4: 274

re technical assistance to developing countries, 4: 101

re violations proceedings, 4: 322

Working Group 3 (Sub-Committee 3), 4: 442-443, 464-465, 468, 491, 583

Working Group of 21. *see* WG. 21

Working Group of Legal Experts, 5: xxx

Working Group of the Whole, 6: 305, 654, 761, 810-811

Working Group on Marine Scientific Research, 4: 585

Working Group on the International Régime, 6: 34-35, 6: 37n. 124

Working Paper I, 4: 594

Working Paper on Final Clauses, 5: 236-237, 251-252

Working Paper on the Settlement of Law of the Sea Disputes, 5: 7-8

World Administration Radio Conference (1979), 3: 236

World Bank, 3: 121, 6: 760, 778, 786-787, 797-798, 800, 801

World Climate Research Programme, 4: 437

World Data Centres, 4: 477-478, 4: 478n. 3

World economy, 6: 243-244, 247-248, 251, 253-254, 318, 328-329

World Health Organization (WHO), 2: 376n. 12, 4: 16, 5: 247

World Intellectual Property Organization (WIPO), 4: 700

World Maritime University, 4: 688

World Meteorological Organization (WMO), 3: 176n. 11, 4: 16, 397, 4: 397n. 4, 4: 437, 4: 611n. 2

World Peace through Law Conference (1967), 6: 16

World Trade Organization

(*see also* General Agreement on Tariffs and Trade)

World Weather Watch (WWW), 4: 611n. 2

Wrecks, 6: 228–229

    (*see also* Archaeological/historical objects)

Wright, Quincy, 6: 7n. 15

Wünsche, Harry (of the German Democratic Republic), 1: 93, 1: 415n. 39, 1: 418, 5: 13, 402, 6: 46, 603, 616, 618

WWW (World Weather Watch), 4: 611n. 2

Yankov, Alexander (of Bulgaria), 4: xix

    commentaries on work of, 4: xiii

    influence of, 1: 63

    on national marine science, technology and ocean service infrastructures, Annex VI provisions re, 4: 746

    RSNT work of, 1: 120

    SNT work of 1: 116

    Third Committee chaired by, 1: 94–95, 411

Yaoundé seminar. *see* African States Regional Seminar on the Law of the Sea

Yellowfin tuna, 1: 345

Yemen, 2: 199n. 26, 2: 359–360, 372, 382, 388, 395, 3: 161

Young Loan **case**. 1: 148, 151, 1: 151n. 76, 152n. 80

    (*see also Travaux préparaioires*)

Yugoslavia, 6: 24–25

    on archipelagic States, 2: 400, 418–419

    on artificial islands, installations and structures, 2: 584n. 10

    on baselines for archipelagic States, 2: 418–419

    on the breadth of the territorial sea, 3: 486

    dissolution of, 3: 375

    on enclosed/semi-enclosed seas, 3: 350, 361, 363

    on the exclusive economic zone, 2: 584n. 10

    on geographically disadvantaged States, 2: 729, 764

    on landlocked States, 2: 730

    on marine environment protection/preservation, 4: 137

    sanctions against, 3: 91

    on straits, 2: 312–313, 2: 328n. 7

    on the Tribunal, 5: 339, 5: 339n. 17

on utilization of living resources in the exclusive economic zone, 2: 631, 633 – 635, 2: 635n. 25

Yuzhmorgeologiya (Soviet Union; _now_ Russian Federation), 6: 67, 696 – 697, 6: 696n, 697n. 48

Zaire, 2: 600, 625, 698, 2: 698n. 4, 2: 729, 765, 771, 6: 839

Zambia, 2: 85, 136, 516–518, 534–535, 538–539, 6: 844

Zonal management approach

to marine environment protection/preservation, 4: 48

re activities in the area, 4: 151–152

re coastal States' enforcement obligations, 4: 217–218, 285

re dumping, 4: 159–160, 235

re global and regional cooperation, 4: 80

re pollution, 4: 71, 151–152, 186–187, 210

States' duties regarding, 4: 58–61, 65

re transferring or transforming hazards or pollutants, 4: 71

and marine scientific research, 4: 523

Zuleta, Bernardo (of Colombia), 1: 15, 66, 412